Henry Hobhouse:
Fünf Pflanzen verändern die Welt
Chinarinde, Zucker, Tee, Baumwolle, Kartoffel

Mit 5 Schwarzweißabbildungen und 4 Karten
Aus dem Englischen von
Franziska Jung

W0047829

Klett-Cotta
im
Deutschen
Taschenbuch
Verlag

Ungekürzte Ausgabe
Januar 1992
Deutscher Taschenbuch Verlag GmbH & Co. KG, München
© 1985 Henry Hobhouse
Titel der englischen Originalausgabe:
Seeds of Change. Five plants that transformed mankind
Sidgwick & Jackson, London 1985
© der deutschsprachigen Ausgabe:
1987 Ernst Klett Verlag für Wissen und Bildung GmbH,
Stuttgart
ISBN 3-608-93097-3
Umschlaggestaltung: Celestino Piatti
Umschlagabbildung: Reinhild Hofmann, München
Satz: Setzerei Lihs, Ludwigsburg
Druck und Bindung: C. H. Beck'sche Buchdruckerei,
Nördlingen
Printed in Germany · ISBN 3-423-11498-3

## Das Buch

Wer glaubt, daß nur Königshäuser und Revolutionen den Gang der Geschichte bestimmten, der irrt! Und der lasse sich von Henry Hobhouse' ausgefallenem Buch über die heimlichen Helden der Historie aufklären: den Chinarindenbaum, das Zuckerrohr, den Tee, die Baumwolle und die Kartoffel; gerade sie haben die Neuzeit entscheidend geprägt. Mit welchen umstürzlerischen Leistungen können diese fünf Weltveränderer aufwarten? Mit Chinarinde wurde die Malaria als eines der großen, lebensbedrohenden Übel abgemildert, so daß Hobhouse pointiert folgert: „Chinarinde eröffnete dem weißen Mann die Tropen und versetzte ihn in die Lage, Weltreiche zu bauen." Das Zuckerrohr, auf den karibischen Inseln von schwarzen Sklaven in Plantagen kultiviert, „war der Grund für den schändlichen Sklavenhandel, der die Karibik schwärzer als Afrika werden ließ". Der Tee spielte eine herausragende Rolle sowohl im amerikanischen Unabhängigkeitskrieg als auch beim Niedergang des alten China. An der Baumwolle entzündete sich das Sklavenproblem der amerikanischen Südstaaten aufs neue, „später trieben die Baumwolle und das Sklavenproblem die Vereinigten Staaten in den Bürgerkrieg". Und schließlich verursachte ausgerechnet die Kartoffel die große irische Hungersnot, und dieser nahrhaften Knolle ist es vermutlich auch zuzuschreiben, daß John F. Kennedy Amerikaner war. „Faszinierend und originell, aber nicht minder fundiert und mit Fakten eindrucksvoll untermauert ist die pointierte Geschichtsbetrachtung des Henry Hobhouse, der das anthropozentrische historische Verständnis mächtig erschüttert." (,Spektrum der Wissenschaft')

## Der Autor

Henry Hobhouse, Jahrgang 1924 und Eton-Schüler, studierte Jura, arbeitete als Journalist für den ,Daily Express', den ,Economist' und das ,Wall Street Journal' und stieg dann in den USA rasch zu einem der ersten TV-Direktoren der CBS-News auf. In den fünfziger Jahren kehrte er nach England zurück, wo er seit nunmehr dreißig Jahren eine Farm bewirtschaftet.

# Inhalt

Dieses sehr persönliche Buch ist einem originellen Thema gewidmet. Sein Grundgedanke rührt von meiner Unzufriedenheit mit den üblichen Erklärungen des menschlichen Verhaltens in der Geschichte her: jenen gewöhnlich sehr unbefriedigenden Ursache/Wirkung-Erklärungen. Die Geschichtsbücher sind voll der Heldentaten von Männern und Frauen – ihre Handlungen sollen es gewesen sein, die Veränderungen, Entwicklungen, Katastrophen ausgelöst haben. Wenn die Leute gerne lesen oder hören, daß solche Dinge das Ergebnis direkter und absoluter Eingriffe von Menschen sind, ist das keine Überraschung, denn Menschen haben schon immer gerne geglaubt, daß sie den Zeitenlauf beeinflussen und ihm die Richtung weisen.

Doch solche Behauptungen verschleiern oft die Wahrheit. Dieses Buch handelt von einer Quelle des Wandels, die bislang im Verborgenen geblieben ist, weil der Mensch zu ausschließlich auf seinen Mitmenschen geschaut hat. Jener vitale und größtenteils verkannte Faktor der historischen Entwicklung ist nicht der Mensch, sondern es sind Pflanzen.

Warum verloren die Mittelmeervölker die Vorherrschaft in Europa? Was brachte später die Europäer dazu, sich nach der Renaissance über den ganzen Globus auszubreiten? Der Ausgangspunkt der europäischen Expansion aus dem Mittelmeerraum und vom atlantischen Kontinentalschelf aus hatte nichts mit, sagen wir, Religion oder Frühkapitalismus zu tun – aber ziemlich viel mit Pfeffer. Mit dem unentbehrlichen Pfeffer würzte man im Mittelalter ansonsten fades Gemüse und überdeckte den Geschmack von verdorbenem Fleisch und stinkendem Fisch. Als in den frühen achtziger Jahren unseres Jahrhunderts die gesunkene *Mary Rose* der königlich-britischen Flotte vom Meeresgrund gehoben wurde, fand man im Besitz fast aller Matrosen, die mit ihr im Jahre 1545 untergegangen waren, einen kleinen Beutel Pfefferkörner. Bis zum Anfang des 16. Jahrhunderts verdankte Venedig seinen Reichtum und seine Pracht den Profiten des Pfefferhandels, der praktisch ein venezianisches Monopol darstellte; doch von ungefähr 1470 an behinderten die Türken die Überland-Handelswege östlich des Mittelmeers. Das führte dazu, daß all die großen portugiesischen, italienischen und spanischen Forscher nach Westen oder Süden segelten, um in den Orient zu gelangen. Die Entdeckung Amerikas war ein Abfallprodukt der Pfeffersuche.

All das ist den Historikern bekannt, aber seine Bedeutung für den großen europäischen Exodus wird unterschätzt. Pfeffer war eine so bedeutende – aber gleichzeitig so prosaische – Ursache, daß in den 500 Jahren, die seither vergangen sind, die Historiker alle möglichen anderen Gründe für die vom Pfeffer inspirierten europäischen Seefahrten erfunden haben. Welche relativ junge Nation, wie zum Beispiel Amerika, mag ihre Entdeckung aus so prosaischen Motiven abgeleitet sehen? Welches Kind möchte hören, daß es bloß das Ergebnis einer offensichtlich beiläufigen Affäre ist?

Wenn man schon dem Pfeffer keinen sonderlichen Einfluß auf die Weltgeschichte zuschreibt, dann erst recht nicht den Pflanzen, von denen dieses Buch handelt. Wer hat der Chinarinde, dem Zucker, dem Tee, der Baumwolle oder der Kartoffel genügend Bedeutung beigemessen? Auch andere Pflanzen haben in der Geschichte eine Rolle gespielt, und sie tun es bis heute. Tabak zum Beispiel, eine Leidenschaft, die in einigen Ländern zur Mode wurde, war der Hauptexportartikel, der um 1774 die chronisch defizitäre Handelsbilanz der amerikanischen Kolonien ausglich. Wurde die amerikanische Revolution also mit Tabak finanziert? Eine verlockende Theorie. Aber wenn es nicht der Tabak gewesen wäre, hätte dann nicht etwas anderes – Holz, Getreide für die karibischen Inseln, Trockenfisch für Südeuropa – seinen Platz eingenommen, wie es nach 1783 dann tatsächlich der Fall war? In jüngerer Zeit konnten dank des Maistransfers von Amerika nach Afrika Grundnahrungsmittel für vielleicht 100 Millionen Menschen bereitgestellt werden, und das ist von mindestens ebenso großer Bedeutung wie die Kartoffel für die irische Geschichte. Aber im Gegensatz zur Kartoffel in Irland wurde Mais nicht immer unter Verzicht auf alle anderen Getreidearten angebaut, und während die Iren sich in den fünfzig Jahren nach der Hungersnot von 1845/46 die Kartoffeln abgewöhnt haben, geht die afrikanische Mais-Geschichte noch weiter.

Nachdem ich also diese und viele weitere – alles in allem fast 80 – Pflanzen und Pflanzentransfers angesehen hatte, wurde mir klar, daß die fünf in diesem Buch dargestellten diejenigen waren, die die wichtigsten Rollen in der Geschichte gespielt und demzufolge die Welt, in der wir heute leben, am meisten beeinflußt haben.[1]

Mit Chinarinde wurde eines der großen lebensbedrohenden Übel in Europa, Asien und Westafrika beseitigt: Malaria. Chinarinde öffnete dem weißen Mann die Tropen und versetzte ihn in die Lage, Weltreiche zu bauen. Nur dank des Chinins konnten Weiße in Gegenden siedeln, die bis dahin von der Krankheit besser als von irgendeiner menschlichen Unternehmung verteidigt worden waren. Als zweite große Konsequenz des Chinins konnten riesige Menschenmassen leichter als billige Arbeitskräfte in andere Gebiete verlegt werden – insgesamt wahrscheinlich über 20 Millionen. Ohne Chinarinde wären sie in ihrer neuen Heimat gestorben. Tamilen in Sri Lanka und Inder in Afrika, auf den Fidschiinseln und in der Karibik zum Beispiel stellen heute oftmals bedrängte und unruhige Minderheiten dar, manche leben 20000 Kilometer von dem Land entfernt, das ihre Vorfahren 100 Jahre zuvor verlassen mußten. Wer führt ihre Verschleppung auf Chinarinde zurück? Zum dritten lösten die Kosten und die Knappheit natürlichen Chinins eine Suche nach synthetischem Ersatz aus, aus der sich heute ein riesiges Spektrum von Industrien ableitet. Ohne die anerkannte Weltspitzenposition auf diesem Gebiet hätte Deutschland wahrscheinlich nicht in zwei Weltkriege ziehen können.

Das Zuckerrohr, das zur Zeit der Renaissance vom weißen Mann in die Karibik gebracht und von schwarzen Sklaven – den einzigen, die im dortigen Klima arbeiten konnten – auf Plantagen kultiviert wurde, war der Grund für den schändlichen Sklavenhandel, der die Karibik schwärzer als Afrika werden ließ. Und all dies zugunsten eines Produktes, das für die Ernährung völlig überflüssig ist, das, solange teuer, einen Luxus darstellt und, wenn billig, eine Gefahr. Die brutale Behandlung der Sklaven kann sicher nicht mit den Zahnschmerzen, dem Herzstechen oder der Fettleibigkeit der Zuckerkonsumenten verglichen werden. Und doch steht das Leiden der Konsumenten außer Zweifel, denn neben den anerkannten Drogen ist Zucker wahrscheinlich die schädlichste der allgemein konsumierten süchtigmachenden Substanzen; auch wird er mit mindestens einer Krebsart in Verbindung gebracht.

Der Tee folgte den Gewürzen als die wichtigste Ware des Fernosthandels; um 1700 war er neben Kaffee und Kakao, die eine weniger ungestüme Geschichte haben, zu einem der großen alkoholfreien Getränke geworden. Für 250 Jahre sollte er die Salons beherrschen. (Bis zum Ersten Weltkrieg wurden nur sehr wenige kalte alkoholfreie Getränke konsumiert, teils, weil es an Kühlmöglichkeiten mangelte, teils, weil vor der Motorisierung die Transportkosten hoch waren, und teils, weil man ungekochte oder nicht sterilisierte Flüssigkeiten mit Argwohn betrachtete.) Als Preis für den Tee wurde der Niedergang Chinas beschleunigt, eines Landes, dessen Zivilisation bereits hoch entwickelt war, als Europa noch von Barbaren bewohnt wurde und Amerika noch viele Jahrhunderte auf seine Entdeckung warten mußte. Daß man über hundert Jahre lang Tee gegen Opium tauschte, stellt ein Verbrechen dar, welches noch nicht einmal heute von irgend jemand als die von Menschen verursachte Katastrophe erkannt wird, die sie in der Tat war. Im amerikanischen Unabhängigkeitskrieg war Tee ein entscheidender Faktor; Tee beförderte die Entwicklung des Porzellans in Europa und China; Tee beeinflußte ständig die Konstruktion der Segelschiffe; und als man den Tee nach Indien und Sri Lanka gebracht hatte, entwickelten sich im 19. Jahrhundert „Gärten", die den Geschichtsverlauf des Subkontinents prägten.

Baumwolle, ins Hochland der US-amerikanischen Südstaaten gebracht, gab der im Schwinden begriffenen Sklaverei neue Impulse; sie bot sich an als Goldgrube, als politisch-ökonomische Daseinsberechtigung der Lebensart der Südstaaten. 75 Jahre später trieben die Baumwolle und das Sklavenproblem die Vereinigten Staaten in den Bürgerkrieg, den Krieg zwischen Nord und Süd. Er war eine inkompetent geführte, barbarische Auseinandersetzung und, nach Verlusten gemessen, der größte Konflikt zwischen den Napoleonischen Kriegen und dem Ersten Weltkrieg – und dennoch war jener homerische Kampf offensichtlich vonnöten gewesen, um die Nation zu schmieden.

Fast jeder bringt die Kartoffel mit der europäischen Geschichte in Verbindung, besonders aber mit der großen irischen Hungersnot von 1845/46. Doch es gibt noch andere Fragen, die nicht immer gestellt werden: Warum war Irland, als einziges der westeuropäischen Länder, für die Kartoffel so besonders geeignet – oder war es das gar nicht? Warum übernahmen die Iren überhaupt die Kartoffel? Warum wuchs die Bevölkerung so drastisch – und schuf damit ideale Bedingungen für eine Hungersnot? Warum unterstützten die Briten, als offensichtliche Antwort auf Irlands Probleme, den Freihandel? Warum wurden nach den Massenemigrationen ganz bestimmte Landstriche der USA irisch – was man „das Ergrünen Amerikas" nennen könnte? Hatten die Briten irgendeine Vorstellung, was die irische Tragödie und der Freihandel für sie bedeuteten? Noch heute kann man die Konsequenzen der Kartoffel in den turbulenten wechselseitigen Beziehungen zwischen Großbritannien, Irland und den USA erkennen.

Dieses Buch wurde geschrieben, um Fragen zu stellen, nicht um sie zu beantworten; um Fenster zu öffnen, nicht um Ansichten zu ändern; um klarzustellen, nicht um zu überreden; um zu interpretieren, nicht um zu indoktrinieren. Wenn man glaubt, Pflanzen hätten in der Geschichte keine sonderlich fundamentale Rolle gespielt, wird man in diesem Buch sogar nur wenige neue Fakten finden; dann verneint man aber eine Wahrheit, die jeder Naturfreund anerkennen muß. Die Welt kann sich nicht allein durch bewußt von Menschen gewollte Taten weiterentwickeln. Die Natur kann unseren Fortschritt aufhalten und die Natur kann ihn beschleunigen; und der Mensch wäre ein Narr, wenn er glaubte, daß er viel mehr tun könnte, als die Saat des Wandels zu verbreiten.

Henry Hobhouse

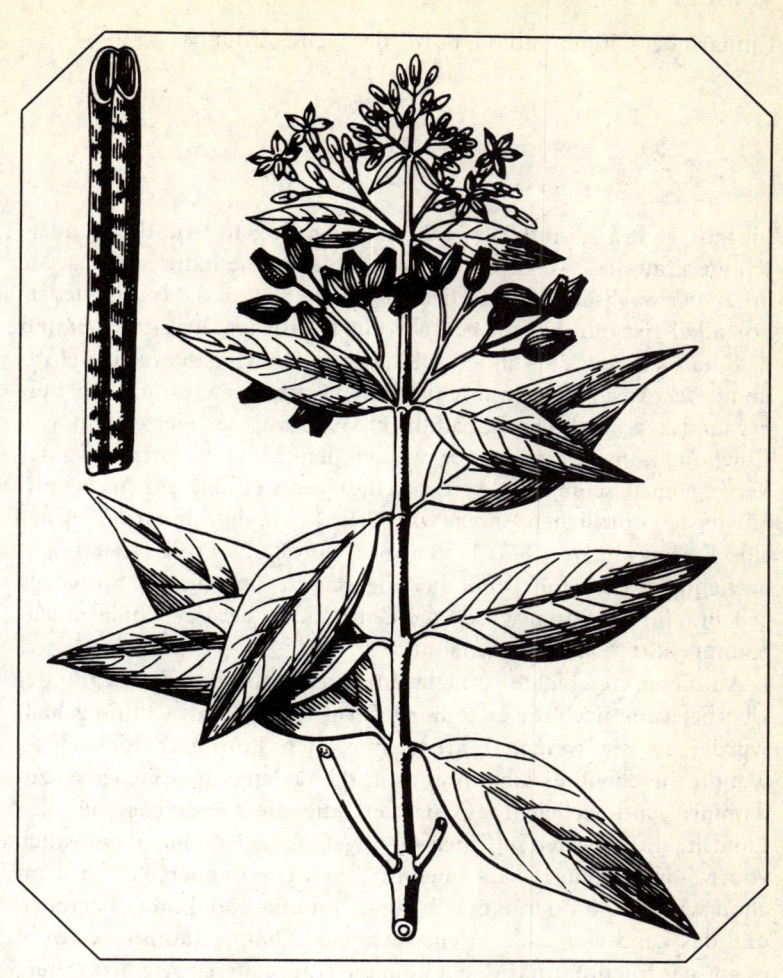

*Chinarindenbaum*

Im Jahr 1638 lag im Palast zu Lima, im heutigen Peru, die wunderschöne Frau des Vizekönigs krank darnieder. Sie hatte Malaria. Sie litt an der wechselfiebrigen Form der Krankheit, und die sich wiederholende Krise mit ihrem Wechsel von kalt-trocken, heiß-trocken und heiß-naß kam ein ums andere Mal; offensichtlich gab es keine Hoffnung, der Ausgang war absehbar. Der Gatte der Gräfin, Don Luis Fernandez de Cabrera Bobadilla y Mendoza, der vierte Graf von Cinchon, konsultierte immer wieder den Leibarzt. Mit äußerster Verwegenheit schlug der Arzt in seiner Verzweiflung ein Arzneimittel aus den nördlichen Anden vor: *Quinquina*, die Chinarinde. Über eine Entfernung von 800 Kilometern wurde aus Loxa (oder Loja), im heutigen Ecuador, Rinde herbeigeschafft, und die Gräfin wurde geheilt.[1] Ihr zu Ehren wurde die Gattung, zu der der Chinarindenbaum gehört, *Cinchona* genannt.[2]

An dieser Geschichte ist nicht nur interessant, daß die Gräfin der Überlieferung nach die erste Europäerin war, die mit Chinin geheilt wurde; als sie wenige Jahre später nach Europa zurückkehrte, wandte sie ebenfalls Chinin an, um die endemischen Fieber einzudämmen und vielleicht auszurotten, die die Ländereien um den Landsitz ihres Gatten in Cinchon, ungefähr 40 Kilometer südöstlich von Madrid, immer wieder heimsuchten. Die Ländereien von Cinchon wurden von den Flüssen Tagus, Jarama und Tajuna begrenzt, und das Land war schlecht entwässert und häufig sumpfig, obwohl es an sich fruchtbar hätte sein können. Mit vitaleren Arbeitskräften, frei von Malaria, konnten die Sümpfe jetzt trockengelegt und durch Reisfelder ersetzt werden.[3] Noch zweieinhalb Jahrhunderte lang sollte niemand wissen, wie Chinin wirkte oder wie die Malariakranken so offensichtlich „geheilt" wurden. Obwohl dies der Vorläufer großartiger Fortschritte in der Chemotherapie und in der gesamten Wissenschaft der synthetischen Chemie war, auch der Vorläufer zahlreicher tropischer Besiedlungen und unfreiwilliger Völkerwanderungen, wurde von dem Ereignis damals kaum Notiz genommen.

1737 schrieb in seinem völlig neuen, großartigen botanischen Werk, *Genera Plantarum*, Linnaeus den Namen „Cinchon" falsch; der Fehler wurde erst 1878 von zwei spanischen Botanikern, Ruiz und Pavon, korrigiert. Damals war die direkte Linie der gräflichen Familie schon ausgestorben. Das Schloß Cinchon wurde von Napoleons Armeen im Krieg zerstört. Das verschlafene Städtchen dämmert abseits der Hauptstraße im Niemandsland vor sich hin und weiß nichts von seinem historischen Rang.

\*

1981 schaffte die Weltgesundheitsorganisation (WHO) offiziell die Pocken ab, das heißt, die WHO erklärte triumphierend, daß die Krankheit nicht länger existiere. Skeptiker betrachteten diese medizinische Sonntagsrede mit einigem Vorbehalt, weil man 20 Jahre zuvor schon dieselben hehren Hoffnungen hinsichtlich der Malaria gehegt hatte. Aber seit den sechziger Jahren ist die Malaria wieder auf dem Vormarsch, und so hat dieses krankmachende Übel wieder einmal begonnen, alle Feuchtgebiete der Erde zu befallen.

Das Wort „Malaria" stammt aus dem Italienischen, von *mala* (schlecht) und *aria* (Luft), und hat seinen Ursprung im 19. Jahrhundert; früher waren „Sumpffieber" und noch einige andere Begriffe dafür gebräuchlich.[4] Heutzutage kennt man den Überträger der Krankheit und den Lebenszyklus des von ihm auf den Menschen übertragenen Erregers sehr gut, aber all dies hat man erst in unserem Jahrhundert nach und nach herausgefunden.

Beim Überträger handelt es sich, kurz gesagt, um eine Stechmücke; die Malaria- oder Fiebermücke gehört zur Familie *Culicidae*, Gattung *Anopheles*. Es gibt beinahe 400 identifizierbare Arten und Unterarten, aber nur 60 davon übertragen Malaria. Die männliche *Anopheles* ist unschuldig; das Männchen lebt von Nektar und Fruchtsäften und belästigt keinen. Die weibliche Malariamücke kann ihre Eier nur auf stehendes Wasser legen. Auch muß sie kurz zuvor warmes Blut gesaugt haben, was sie gewöhnlich nachts tut. Am Tag ruht sie satt und zufrieden. Wenn sie menschliches Blut saugt, infiziert die Mücke diejenige Person mit dem Blut desjenigen Menschen, den sie vorher gestochen hat.[5]

Dreier Elemente bedarf es, wenn sich die Krankheit erfolgreich ausbreiten soll: Mücken der richtigen Art, stehendes Wasser und infizierte Menschen. Wenn einer dieser Faktoren fehlt, ist die Malaria „abgeschafft". In gebirgigen Gegenden zum Beispiel sind die Mücken ebenfalls fleißig, aber sie saugen sauberes, reines Blut und stellen daher kaum mehr als eine Belästigung dar. In Gebieten, wo man das stehende Wasser durch Drainagen abgeleitet oder mit einem Kerosinfilm bedeckt hat, kann die Mücke nirgendwo ihre Eier hinlegen. An anderen Orten sind die Mücken mit Hilfe von Insektiziden ausgerottet worden. Aber all diese Umstände bestehen nur auf Zeit, man bringe die drei wieder zusammen, und die Krankheit wird sich wieder einmal weltweit ausbreiten.[6]

Einige Menschen, vor allem die Schwarzen Westafrikas, sind gegen Malaria immun, weil ihre Blutgruppe sie auf besondere Weise gegen die Schädigungen schützt, die der Parasit an den roten Blutkörperchen verursacht. Bei den meisten Menschen wird das Hämoglobin der roten Blutkörperchen durch Malaria in Hämatin umgewandelt; Fieber, gefolgt von Krämpfen, befällt das ganze System. Die Zuckungen werden immer stärker; das Gesicht verfärbt sich bläulich; unfreiwilligem Zähneklappern folgt unkontrollierbares und immer stärkeres Gliederschütteln; Anfälle können folgen; das Fieber, welches kalt-trocken begann, wird heiß-trocken; als nächstes folgt eine Pause, wie im Zentrum eines Wirbelsturms. Dann beginnt das Schwitzen.

Auf die dritte Phase, die heiß-nasse, folgt völlige Erschöpfung. Bleibt der Patient unbeaufsichtigt, kann jetzt der Tod eintreten, oder der Kranke fällt in einen Tiefschlaf, aus dem er scheinbar erfrischt erwacht. Der ganze Zyklus dauert 6 bis 12 Stunden. Einige, wenn auch nicht sehr viele, sterben beim ersten Anfall. Einige wenige machen nur eine einzige Attacke durch, die sie gegen weitere Infektionen immunisiert. Gewöhnlich verläuft die Krankheit in Form eines verzehrenden, immer wiederkehrenden Fiebers, das sich unkontrollierbar jederzeit wiederholen kann, manchmal durch einen Schock ausgelöst, manchmal aus keinem ersichtlichen Grund. Normalerweise bleibt der Körper für den Rest seines Lebens infiziert.

Die pathologischen Langzeitwirkungen der wiederholten Fieberanfälle bestehen in der Zerstörung der roten Blutkörperchen und der Umwandlung des Hämoglobins. Die Folgen sind, vereinfacht ausgedrückt, Anämie, Melanosis (Dunkelfärbung der Haut), Vergrößerung der Milz und eine bleibende Schädigung der Leber, die letzten Endes, und zwar in vielen Fällen, zu einer tödlichen Krebserkrankung dieses Organs führen kann. Umfassende Erschöpfungszustände und äußere Anzeichen des Verhungerns sind für schwere Fälle typisch, da der Blutkreislauf den Körper nicht mehr ernähren kann.

Die einzigen Stellen auf der Erde, an denen niemals Malaria aufgetreten ist, sind die Antarktis und ein paar Inseln, wie zum Beispiel die Falkland-Inseln, wo zufällig niemals ein infizierter Mensch mit der richtigen Mückenart zusammengetroffen ist. Sonst aber haben das Bilgenwasser der Schiffe und die globalen Fluglinien einen Großteil dazu beigetragen, daß sich die Krankheit durch das Zusammentreffen von Mücken und Kranken ausbreiten konnte. Von Menschen eingeschleppte Malaria fand sich von Archangelsk in Nordrußland (64° nördlicher Breite) bis Córdoba in Argentinien (32° südlicher Breite). Die Mücken reagieren auf Höhenunterschiede viel weniger empfindlich, als man allgemein annimmt. Malaria-Anopheles wurden am Toten Meer (396 Meter unter dem Meeresspiegel) genauso gefunden wie in fast 3000 Meter Höhe in Kenia oder in noch größerer Höhe in Bolivien. Beide Gebirgsregionen liegen sehr dicht am Äquator.

Niemand weiß, wie Malaria entstanden ist oder wo sie ihren Ursprung hat, doch es ist nicht unvernünftig anzunehmen, daß die Krankheit im Gefolge einer infizierten Mücke, eines dauerhaft Erkrankten (der jüngste heute lebende menschliche Überträger wird vermutlich nicht vor 2050 sterben) oder eines tiefgelegenen Flughafens in der Nähe stehenden, nicht mit Kerosin besprühten Wassers irgendwo wieder ausbrechen wird. Diejenigen, die ökologische Werte mit Nachdruck verteidigen, garantieren mit ihrer Kampagne gegen schwer abbaubare Insektizide und die Anwendung von Kerosin auf stehendem Wasser beinahe, daß die Malaria zurückkehren wird.[7]

Wenn ihr Zyklus auch nur zeitweise unterbrochen wird, geht die Malaria drastisch zurück. Entwässerung, ein begrenztes Gebiet (die Mücke kann nur gut drei Kilometer weit fliegen), trockene, hochgelegene Wohnorte, eine Dürreperiode, Nächte (nur dann fliegt die weibliche Mücke) unter 5°C, Winter – all dies sind Faktoren, die die Ausbreitung der Krankheit verhindern. Auch begrenzte Maßnahmen können helfen; man kann Moskitonetze benutzen, in den Räumen sehr helles Licht anlassen oder höher als sechs Meter über dem Boden schlafen. Letzteres hat eine Reihe von Zivilisationen hervorgebracht, deren Angehörige in Hütten auf Stelzen in einigem Abstand über dem stehenden Wasser leben, das ihren Tagesaufenthalt und ihre Nahrungsquelle darstellt: zum Beispiel am See von Glastonbury um 200 v. Chr., in der Poebene um 100 v. Chr. und in einigen Teilen des heutigen Borneo.

Wie die Krankheit die menschliche Gesundheit zerstört, ist anschaulich beschrieben, wenn auch nicht hinreichend quantifiziert worden. Im Tarai-Gebiet in Indien, an der Grenze zu Nepal auf dem Weg nach Darjeeling, in einer der gesündesten Gegenden der Erde, wurde vor 100 Jahren die Bevölkerung wie folgt geschildert: „… jämmerlich, teilnahmslos, garstig, flache Nasen, abstehende Ohren, große Köpfe, aufgeblähte Bäuche, dürre Gliedmaßen und fahle Gesichtsfarbe. Die Kinder, die dem Malariatod entgehen, leiden an Unterernährung, blasser Haut, vergrößerter Milz, einer riesigen, geschädigten Leber und manchmal Ödemen."[8] Heute, da die Malaria „abgeschafft" ist, wäre das Befinden der Einheimischen in keiner Weise anders, wenn nicht die Europäer im letzten Jahrhundert Gegenmaßnahmen ergriffen hätten. Im Tarai-Gebiet wird, wie auch andernorts, die Malaria mit Sicherheit wieder auftreten.[9]

In Italien finden sich seit über 2000 Jahren Belege für das „Sumpffieber". Seit 300 v.Chr. gab es Fortschritte und Rückschläge. In der Campagna nördlich Roms – oder im alten Latium, das beinahe dasselbe Gebiet umfaßte – wurden die einheimischen latinischen Stämme auf eigenem Grund und Boden im Krieg besiegt und dazu versklavt, auf den riesigen, *latifundia* genannten Ländereien den Boden zu bestellen. Die Entwässerung wurde vernachlässigt, und Malaria breitete sich aus. Eine elegante Lösung wurde vorgeschlagen: Man zwinge die Aristrokraten, auf ihren Landgütern zu leben. Dann würden sie das Fieber ausrotten oder selbst sterben. Cicero und Cato stimmten zu. In den achtziger Jahren des vergangenen Jahrhunderts war Ostia, einst viel gesünder als Rom, so schlimm dran wie kein anderer Ort in Italien. Rom selbst, nach Horace Walpole um 1750 von Malaria heimgesucht, war um 1900 gesund; die im gleichen

Jahr berüchtigten Pontinischen Sümpfe ließ Mussolini in den dreißiger Jahren trockenlegen. In der Stadt Venedig und ihrem Hinterland, die Ende des 18. Jahrhunderts von der Krankheit gebeugt wurden, besserte sich die Lage dank der Österreicher um 1860, verschlimmerte sich zwischen 1870 und 1890 und wurde erst in unserem Jahrhundert wieder zum Besseren gewendet. Die Poebene war bei Napoleons Italienfeldzug von 1796 bereits ein Schlachtfeld, bevor auch nur eine Seite einen einzigen Schuß abgefeuert hatte; vor 100 Jahren erholte sie sich, erlitt in beiden Weltkriegen Rückschläge und neigt immer wieder dazu, der Malaria anheimzufallen, wenn vorbeugende Maßnahmen vernachlässigt werden.

Die Erfindung der Eisenbahn ließ nicht nur Mücken und Kranke sich ausbreiten, sie erlaubte auch den Bessergestellten, während des Sommers den fiebergeplagten Orten zu entfliehen, die sie im Winter ganz gerne bewohnten. Charleston in Süd-Carolina entwickelte sich schon früher zu einem Zufluchtsort für die Herren des umgebenden Landes, aber nach dem Eisenbahnbau floh man während der Sumpffieberzeit auch aus anderen amerikanischen Städten. Sobald die Verbesserungen des Verkehrswesens es zuließen, wurden New Orleans, Richmond, Philadelphia allesamt während des Sommers gemieden. Viele andere Städte in ähnlicher Lage wurden von denen, die es sich leisten konnten, verlassen. Da die Stadtväter sich in die Berge oder an die gesündere Küste zurückgezogen hatten, wurde begreiflicherweise wenig unternommen, um die Zustände zu bessern. Es waren die Holländer, die oft keinerlei Ausweichmöglichkeiten hatten, welche als erste ihre Städte entwässerten und sie auch im Hochsommer bewohnbar machten. Aus diesem Grunde wurde Amsterdam kaum heimgesucht, obwohl es der Malaria ideale Bedingungen bietet, und die Holländer nahmen ihr Wissen um die Vorbeugung mit sich in ihre ostindischen Kolonien.

All diese Anstrengungen wurden unternommen, noch ehe man den Lebenszyklus der Mücke kannte. Aber man braucht kein Buchwissen, um zu überleben. Niemand weiß, warum ein neugeborenes Kalb giftige Pflanzen meidet. Niemand weiß, warum Weidetiere das Gras in der Nähe von Exkrementen ihrer eigenen Art ignorieren, sich aber das auf den Ausscheidungen anderer Tiere gewachsene schmecken lassen und so die Aufnahme von Parasiten, die ihre eigene Art befallen, umgehen. Niemand weiß, wie ein Reh von Geburt an zwischen einer gefährlichen und einer harmlosen Schlange unterscheiden kann. Genauso pflanzte sich, lange bevor der Mensch lesen und schreiben konnte, der Zusammenhang zwischen Sümpfen, stehendem Wasser, Fieber und Mücken tief in sein Bewußtsein ein, gerade wie das Lamm weiß, daß der Hund des Schäfers harmlos, ein fremder jedoch gefährlich ist.

In der Regel wird eine Krankheit erst kurz vor dem Zeitpunkt identifiziert, zu dem dann auch Mittel und Wege zu ihrer Heilung, Vermeidung oder zur Vorbeugung gefunden werden. Mit anderen Worten, der Identifizierung folgt die Kontrolle auf dem Fuß. Zum Beispiel bei der „Schwindsucht", der tödlichen Geißel des 19. Jahrhunderts. War es Tuberkulose oder Krebs oder ein psychosomatisches Leiden? Bevor der Unterschied zwischen Tuberkulose und Krebs erkannt wurde, war es unmöglich, die „Schwindsucht" zu analysieren; genauso verhielt es sich mit dem Wechselfieber, der Sumpfkrankheit, dem Sumpffieber, der Malaria, die lange Zeit mit anderen Fieberkrankheiten verwechselt wurde, besonders mit dem Gelbfieber, das ebenfalls Mücken, Schmutz, Feuchtigkeit und eine hohe Bevölkerungsdichte voraussetzt. Die Konzentration von Menschen ist der Schlüssel für zahlreiche Krankheiten, und in vielen Gegenden Europas kann man während der letzten 2000 Jahre eine zyklische Verlaufsform registrieren. Wenn die Menschen in einem malariagefährdeten Gebiet ein paar Jahre lang schlechte Ernten hatten oder sich ihre Zahl rapide vergrößerte, wenn die Regierenden ihre Aufgaben vernachlässigten und Maßnahmen gegen die Malaria in Vergessenheit geraten ließen, pflegte sich die Bevölkerung sehr rasch in einem Deprivationszyklus, wie man das heute nennt, wiederzufinden.

Wie alle Arten versucht auch der *Homo sapiens*, die Zahl der zu seiner Spezies gehörenden Individuen zu vergrößern. Dies ist das Ziel der Vermehrung. Doch Erfolg im Übermaß zieht ausgleichende Gerechtigkeit nach sich. Der typische Kreislauf von Fieber, Unterernährung und Lethargie ist in Malariagebieten eine unmittelbare Folge der Überbevölkerung, und wenn man kaltschnäuzig genug ist, kann man dies als eine natürliche Methode der Geburtenkontrolle ansehen, wie sie auch die Hungersnöte in den von zyklischen Trockenperioden bedrohten Gebieten darstellen. Ein energischer, unter-

nehmungslustiger Mittelalter- oder Renaissance-Regent konnte gute
Entwässerung und hygienische Maßnahmen einführen oder wieder
einführen und so einer Gegend zu ökonomischer Lebensfähigkeit
und politischer Bedeutung verhelfen. Doch dann pflegte das Unglück
in Form von Überbevölkerung hereinzubrechen und der Niedergang
sich zu wiederholen. Das Nildelta erlebte während der Zeit, aus der
wir historische Quellen besitzen, mehrere Male einen solchen Verfall. Dasselbe trifft auf die Gegend am unteren Euphrat zu und auf
den Zusammenbruch der Indus-Zivilisation vor der Invasion der
Moguln. Nach dem Untergang des Römischen Reiches kam es zu
ähnlichen Zyklen: in den feuchten Niederungen zwischen Sevilla
und Cadiz in Spanien, im Rhone-Delta, an der Donaumündung und,
ein historisch noch besser belegter Fall, im Küstengürtel Portugals.

Kampfunfähigkeit, mangelnde Leistungsfähigkeit und kurze Lebenserwartung der Überlebenden ließen ganze Zivilisationen zu Op-
fern beutegieriger Nachbarn werden. Feudale Gesellschaften erlagen
einem solchen Zyklus in besonderem Maß, denn der einzige Reichtum, der einem mittelalterlichen Landesherrn zufiel, bestand aus
dem Überschuß, den sein Land, seine Tiere und seine Leibeigenen
erwirtschafteten. Besonders viele Menschen waren daher nötig, um
das Land zu verteidigen, militärisch aggressiver zu sein und über-
schüssige Arbeitskraft dem Land des Herrn für ein paar Tage in der
Woche oder für ein paar Monate im Jahr zur Verfügung zu stellen.
Die große Zahl begünstigte die Krankheit, und der Zyklus begann
wieder von neuem. Nicht nur um Nahrung zu finden, sondern auch
um der Malaria zu entgehen, machten sich Nomaden häufig bestimmte Weisen des Umherziehens zu eigen. Und es ist bemerkenswert, daß die Bevölkerungsdichte in den Feuchtgebieten der Welt
abnahm, nachdem die starren Schranken der Leibeigenschaft gefallen waren – sobald der Mensch nicht mehr an ein bestimmtes Stück
Land gebunden war, stimmte er immer mit den Füßen ab und wählte
ebenso die Gesundheit wie genügend Nahrung, Wasser und Schutz-
möglichkeiten. Bei der Volkszählung von 1801, der ersten im englischen Königreich, ergab es sich, daß die Feuchtgebiete wesentlich
dünner besiedelt waren als die gesünderen Distrikte und als das
*Domesday Book* (ein Ende des 11. Jahrhunderts angelegtes Grund-
buch) für dieselben Gemeinden ausgewiesen hatte.

In früheren Zeiten zog jede Bevölkerungskonzentration das nach sich, was man das „Fieber" nannte: Wenn es in einer großen Stadt kein „Fieber" gab, bedeutete dies, daß die Stadt frei von Malaria war, und die bloße Existenz von Städten wie Jerusalem, Ephesus oder Rom, die alle große Massen von freiwilligen Besuchern, Pilgern oder unfreiwillig importierten Sklaven verkraften mußten, deutet bereits das Fehlen von Malaria an, wenn „Fieber" nicht im Zusammenhang mit der Ankunft von Fremden erwähnt wird. Wo immer sich Menschenmassen vermischten, ließ dies die Bevölkerungsdichte ansteigen, und sei es nur für eine kurze Zeit. Kriege sind das herausragende Beispiel für diese Art Populationssteigerung, und Tod durch Krankheit sowie meistens, wenn auch nicht immer, Kampfunfähigkeit durch Malaria sind Charakteristika aller früheren Kriege, eigentlich aller Kriege bis in unsere Gegenwart.

In der Neuzeit haben verschiedene militärische Unternehmungen zu weit größeren Verlusten als sonst geführt, weil die Malaria den Verteidigern zu Hilfe kam. Sie schützte Cartagena im Jahr 1741, Walcheren im Jahr 1809 sowie Rangoon im Jahr 1824 und forderte dabei mehr Todesopfer als die Kampfhandlungen der Verteidiger. Als die Briten 1878/79 Zypern friedlich einnahmen, mußten trotzdem viele Menschen sterben, weil das Auswärtige Amt nicht auf die Einheimischen hörte, die von endemischer Malaria berichteten. Die erheblichen Verluste waren genauso hoch wie die eines ausgewachsenen Feldzugs und wirkten sich sogar noch auf das Militärbudget des nächsten Jahres aus. Andere Länder, vor allem Frankreich, verspotteten die Briten wegen ihrer Inkompetenz. Doch nur drei Jahre später tötete in Tunis die Malaria 25mal so viele Franzosen wie die einheimischen Widerstandskämpfer.[10] In Friedenszeiten war die Malaria-Sterberate dank geringerer Bevölkerungsdichte geringer als im Krieg, aber sie stieg dennoch. Die Krankheit war ursprünglich in bestimmten Gegenden Europas, Asiens und wahrscheinlich in Afrika nördlich des Äquators zu Hause. Der weiße Mann breitete sie über die ganze Welt aus.

In Amerika hatte das verheerende Auswirkungen. Während der ersten Kolonisierung Virginias tötete die Malaria viel mehr Weiße als die Indianer, aber postwendend verloren die Indianer erhebliche Bevölkerungsteile der Küstenstämme, wahrscheinlich mehr als die Hälfte während zehn Jahren weißer Besiedelung. In allen Feuchtgebieten wiederholte sich das, und es mag mit den Ausschlag dafür gegeben haben, daß Neger und nicht die für Malaria anfälligen Indianer versklavt wurden. Von den Letztgenannten waren in der Karibik schon viele nur 20 Jahre nach Ankunft der Spanier tot. Die „Lethargie" der Indianer, die jeder Berichterstatter vermerkte, könnte eher auf das immer wiederkehrende, entkräftende Fieber zurückzuführen gewesen sein als auf eine falsche geistige Einstellung.

Selbst nach Australien brachte der weiße Mann die Malaria. Obwohl die Moskitos nur in bestimmten sumpfigen Gegenden nahe der Küste gedeihen und sich im trockenen Landesinneren nicht vermehren können, wurden bemerkenswerterweise die australischen Ureinwohner in jenen Gegenden, wo sich das Fieber halten kann, elendig in Mitleidenschaft gezogen. Hinsichtlich Indiens verfügen wir über jede Menge Informationen aus dem 19. Jahrhundert, denn sobald das Fieber einmal identifiziert war, entwickelten die Engländer eine übergroße Aufmerksamkeit gegenüber diesem Problem. Als die Bevölkerung erst 150 Millionen betrug, tötete die Malaria eine Million Babys unter einem Jahr, eine weitere Million Kinder zwischen einem und zehn Jahren und ließ weitere zwei Millionen (meistens über zehn Jahren) aufgrund wiederholter Fieberanfälle zu Krüppeln werden. Dies geschah in einem „normalen" Jahr; in einem „unnormalen" verdoppelten sich die Verlustraten. Geht man von der niedrigeren Zahl aus, verlor Indien jedes Jahr 1,3% seiner Bevölkerung unter zehn Jahren, und dies entspricht den Lebendgeburten, die nötig sind, um die Bevölkerungszahl im heutigen Westeuropa aufrechtzuerhalten, der Nettoreproduktionsrate, die bei 1,2% liegt. Man kann sich kaum des Schlusses erwehren, daß die Malaria einen Geburtenkontrollmechanismus darstellte und daß, hätte es keinen wissenschaftlichen Fortschritt gegeben, die natürliche Bevölkerung des heutigen Indien, ohne exzessive Malaria einerseits oder ihre Kontrolle andererseits, ungefähr 100 Millionen Menschen betrüge. In Wirklichkeit sind es beinahe 700 Millionen.

Die Weißen waren niemals auf den Gedanken gekommen, daß sie die Malaria über die ganze Welt verbreitet hatten: eher umgekehrt. Immer wurde den Eingeborenen die Schuld an der Krankheit zugewiesen, auch wenn es Anzeichen gab, daß der weiße Mann sie eingeschleppt hatte. Europäern wurde geraten, ihr Haus niemals dichter als eine Meile an ein Eingeborenendorf zu bauen und niemals Eingeborenenkinder ins eigene Haus zu lassen. Man glaubte, daß die Eingeborenenkinder eher die Malaria in ihrem Blut hätten als die Erwachsenen, obwohl man dies nur aufgrund von Beobachtungen hätte wissen können. Bei den Negern der amerikanischen Südstaaten befolgte man diese Regeln nicht, weil man wahrscheinlich bemerkt hatte, daß Neger gegen das Malariafieber immun waren.

Überall, wohin auf der Welt der weiße Mann kam, wurde eingedenk der Krankheit die Apartheid gefördert. Häufig wird behauptet, daß die Rassentrennung allein auf Vorurteile, kulturelle oder sexuelle Ursprünge zurückzuführen sei. Aber viele der Regeln haben eine streng hygienische Basis. Kein umsichtiger Kapitän würde in fremdem Land die Apartheid fördern, wenn seine Mannschaft fast ein Jahr auf See gewesen ist, aber in jenen Gegenden, wo die Malaria zu Hause war, galt für eine Mannschaft, die zurück nach Europa fahren sollte, strengste Disziplin. Die Seeleute blieben an Bord. In anderen, „sicheren" Gebieten, zum Beispiel in der Südsee, erlaubten Forscher wie Cook und Bougainville ihren Männern, an Land zu gehen. Man achtete darauf, daß die Männer keine große Zuneigung zu bestimmten, einzelnen Eingeborenenfrauen entwickelten. Captain Bligh ließ solche Vorsicht fahren, und jeder weiß, was mit ihm geschah.

Wo die Malaria in prähistorischer Zeit zuhause war, ist nur unzureichend dokumentiert. Es gab so viele Arten von Fiebern, und die meisten konnte man nicht identifizieren. Man kann zu der Ansicht neigen, daß es überall in den Tropen Malaria gab, aber warum hatte sich, wenn dies der Fall war, nur in Westafrika Resistenz in erheblichem Umfang entwickelt? Wäre die Malaria in den amerikanischen Tropen heimisch gewesen, hätte sie die Zivilisationen der Inkas, Azteken oder Mayas unmöglich gemacht. Bei einer so hohen Sterberate, wie sie in Malariagebieten üblich ist, hätte es nicht den Überschuß an Menschen für die Sklaverei, die Blut- und Menschenopfer gegeben, die die Spanier bei ihrer Ankunft vorfanden. Auch hätten die Briten nicht behaupten können, daß bestimmte, von den Spaniern nicht entdeckte karibische Inseln malariafrei seien; Barbados soll zum Beispiel bis 1660 keine Malaria gekannt haben; damals hatte die Insel eine weiße Bevölkerung von über 20 000 Grundbesitzern und angestellten Dienern, abgesehen von schwarzen Sklaven, die natürlich immun waren. Auch hätten auf den Westindischen Inseln die eingeborenen Arawaks und Kariben nicht nach Ankunft der Spanier vom „Fieber" dezimiert werden können, wenn die Spanier es nicht mit sich gebracht hätten. Das sind, wie noch viele andere, Indizienbeweise, aber man kann voller Überzeugung als sicher annehmen, daß die Malaria nur in Europa, Asien und Westafrika zuhause war und wahrscheinlich nirgendwo sonst.

Warum wußten die Eingeborenen Limas dann aber von der peruanischen Rinde, die aus den Bergen kam? Der Leibarzt, der die Gräfin von Cinchon kurierte, war vielleicht ein gelehrter, geistig beweglicher Mann der Nachrenaissance; vielleicht wußte er, daß Chinarinde gegen andere Fieber als Malaria benutzt wurde (wie es die Europäer auch mehr als 300 Jahre lang hielten); vielleicht wußte er, daß Chinin ebenso das Fieber senken wie zum Beispiel eine gewöhnliche Grippe lindern konnte. Wenn die Malaria also in Peru nicht heimisch war, wozu benutzten dann die Indianer die Rinde? Von anderen Fiebern, Geburten, nachgeburtlichen Behandlungen und Fehlgeburten wurde berichtet, sowohl in Lateinamerika wie in anderen Teilen der Welt, nachdem die Rinde von den Europäern verbreitet worden war. Wenn man dieser Argumentation folgt, stellt die peruanische Rinde/Jesuitenrinde/Chinarinde/das Chinin in gewisser Hinsicht einen Zufallstreffer dar: ein Heilmittel, das Tausende von Meilen von der Quelle der Krankheit entfernt gefunden wurde. Üblicherweise gilt so etwas als sehr ungewöhnlich, da der Erfolg menschlicher Ansiedlung immer davon abhing, ob das Mittel gegen ein Übel innerhalb der Reichweite jener Menschen zu finden war, die an der Krankheit litten. Ohne solchen Rückhalt waren die Aussichten trübe: Trockenperioden bedeuteten Hunger; ein Klimawechsel zog eine Völkerwanderung zum Zwecke des Überlebens nach sich; eine Krankheit wie die Pest bot keine andere Aussicht als den Tod. Bevor das Chinin entdeckt wurde, wirkte sich die Malaria genauso verheerend auf die Sozialstruktur aus wie jede andere Epidemie und stellte einen ständigen, bohrenden Alptraum für alle Mittelmeerländer dar. Niemand wußte, daß die Rettung 8000 Kilometer vom Infektionsherd entfernt lag.

*

Dr. Juan de Vega, der Arzt der Gräfin von Cinchon, kehrte 1648 nach Spanien zurück. Er war so eine Art Gelehrter und hatte 1636 eine Grammatik der Indianersprache der Gegend von Lima veröffentlicht. Er hatte einen gewissen Rindenvorrat mitgebracht und ihn in Sevilla, einem von der Krankheit schlimm betroffenen Teil Spaniens, für einen englischen Sovereign pro Unze – etwa 200,– DM nach heutiger Währung – verkauft. Wie nicht anders zu erwarten, konnten nur die ausgesprochen Reichen sich das Mittel leisten. Eine Zeitlang war die Chinarinde unter dem Namen „Rinde der Gräfin" bekannt, aber man hätte sie wohl besser „des Doktors Alterspension" genannt.

Der Import der Rinde entwickelte sich zu einem neuen Geschäft; in Lateinamerika betätigten sich die Jesuiten als Beschützer und Freunde der eingeborenen Indianer, und es waren die Jesuiten, die das Sammeln der Rinde in Peru, Bolivien und Ecuador organisierten, sie pulverisierten und zugunsten des Ordens verkauften. Um 1650 begann man die Chinarinde mit der Societas Jesu in enge Verbindung zu bringen und sie „Jesuitenrinde" zu nennen, wodurch diese zu einem Streitpunkt wurde. In Europa wurden die Jesuiten von den Protestanten keineswegs geliebt oder geachtet, und deren Vorurteile ließen sie zu der Ansicht neigen, daß die Medizin überhaupt nichts tauge. Einer der großen Protestanten der Geschichte starb vorzeitig, weil er dieser anti-jesuitischen Abneigung anhing; wahrscheinlich ist er das berühmteste Malariaopfer Englands. Er litt an chronischer Malaria, weigerte sich sein Leben lang, sich korrekt behandeln zu lassen, und nannte Chinin einmal das „Teufelspuder". Sein Name: Oliver Cromwell.

Ludwig XIV., König von Frankreich, glaubte, daß die Societas Jesu ihm helfen könnte, die Jansenisten, Protestanten und andere seinem autoritären Regime Abtrünnige zu unterdrücken; Chinarindenextrakt konnte er direkt von der Societas bekommen, aber er war entschlossen, von diesem Monopol unabhängig zu werden. Im Jahre 1679 kam er nicht nur in den Besitz einer Nachschubquelle für die Rinde, sondern auch hinter das Geheimnis der Chininzubereitung, das ihm ein irisch-englischer Arzt, Sir Robert Talbor (oder Talbot), offenbarte. Sir Robert wurde hoch belohnt, erhielt einen französischen Adelstitel, eine große Pension und 2 000 Louisdor auf die Hand. Von diesem Moment an entwickelte sich Frankreich, das man gegen Ende des 17. Jahrhunderts als Speerspitze jeglichen Fortschritts ansah, zum Zentrum des Nordatlantikhandels.

Heute würden viele meinen, daß die Belohnung Ludwigs XIV.

mehr als großzügig gewesen war, denn das ganze „Geheimnis" bestand darin, die Chinarinde in einem Mörser fein zu pulverisieren und jenes Pulver mit Weißwein zu mischen. Diese einfache, aber wirksame Methode, Heilkräuter dem Körper zugänglich zu machen, war weit verbreitet und wurde gewiß von den meisten Botanikern jener Zeit empfohlen.

Ein großer Teil der Rinde war von geringem Wert, und sie wurde oft verfälscht. Wer genug Geld hatte, pflegte sich einen Pulvervorrat anzulegen und ihn für zukünftige Fieberanfälle aufzuheben, aber bis zu dem Zeitpunkt, da man es brauchte, konnte das Pulver seine Kraft verloren haben; und es hätte vielleicht sowieso nichts bewirkt, denn es gab Rinde in fünf verschiedenen Farben und mehr als 70 Arten und Varianten von Bäumen, von denen eine große Zahl klinisch wertlos war. Niemand wußte, welche Rindensorten halfen, was sie enthielten oder warum das, was sie enthielten, das Leiden der Fiebergeplagten zu verringern schien. Viele haben ihr Antimalaria-Mittel wahrscheinlich jahrelang aufgehoben, nur um dann festzustellen, daß es nichts half. Im Jahre 1809 verkaufte ein gewitzter Yankee-Kapitän der britischen Armee, die bei Walcheren in Flandern lag, eine Ladung Chinarinde. Die Briten verloren durch das Fieber um die 1 000 Mann pro Tag – mehr, als sie im Kampf gegen den Feind verloren –, aber weder die Yankees noch die Briten wußten, ob es sich um die richtige Rindensorte handelte oder warum einige Männer genasen und andere nicht. Der Amerikaner hatte den Briten eine gemischte Ladung verkauft, aber daran trug er so wenig Schuld wie die Indianer, die die Rinde gesammelt hatten, oder wie die Spanier, die sie an die Küste transportiert hatten.[11]

Nachdem Ludwig XIV. sich in das Geschäft mit der Chinarinde eingeschaltet hatte, stieg in der englischen Aristokratie der Gebrauch des Chinins rapide an, denn alles, was französisch war, stand hoch im Kurs. Auch in den wohlhabenderen Kreisen Deutschlands, der Niederlande und der Schweiz kam Chinin in Gebrauch. Die umsichtigen Jesuiten sicherten sich die Kontrolle über das Geschäft in Spanien, Portugal und Italien.

Bis zu Beginn des 20. Jahrhunderts wußte niemand, wie Chinin wirkte, so daß bis dahin das ganze Geschäft immer mit einem Hauch von Magie umgeben war. Man bedenke, daß weite Gebiete der Erde der Besiedlung erschlossen wurden, riesige Menschenmengen von dem immer wiederkehrenden, entkräftenden Fieber errettet wurden, eine unermeßliche Zahl Kinder gerettet wurde und heranwachsen konnte, daß unvorstellbare demographische, soziale und agrarökonomische Veränderungen ermöglicht wurden – und all das durch ein paar Unzen eines Pulvers, dessen chemische Wirkungsweise völlig mysteriös blieb.

In gewisser Hinsicht ist die Wirkungsweise immer noch ein Mysterium. 250 Jahre lang, bis zum Jahr 1900, konnte man den Weg des Parasiten genausowenig verfolgen wie den Kurs eines Schiffes im Nebel vor der Erfindung des Radars. Ehe man in den vierziger Jahren unseres Jahrhunderts das Elektronenmikroskop entwickelte, schränkten die vom optischen Mikroskop und dem menschlichen Auge erreichbare Vergrößerung und Bildschärfe die Möglichkeiten der Forscher ein. Sogar heute noch gestehen aufrichtige Autoritäten ein, daß die diesbezüglichen Experten immer noch Wissenslücken haben und daß einige chemotherapeutische Produkte nicht besser sind als das Chinin vor 300 Jahren. Über die Wirkungsweise eines synthetischen Mittels sagte eine weltweit anerkannte Autorität: »Wir wissen, daß es funktioniert; wir wissen bloß noch nicht warum.«

Der Malariaerreger hat zwei Charakteristika, die seine Erforschung schwierig, aber auch faszinierend machten. Er hat zwei Wirte: die Mücke und den Menschen (oder ein anderes warmblütiges Lebewesen). Er hat ferner die Fähigkeit, sowohl in der Mücke wie auch im Menschen sich einmal ungeschlechtlich zu vermehren, ein andermal geschlechtlich, wie wir alle anderen auch. Der Erreger wird von der Mücke aus dem Blut eines Menschen aufgenommen und vermehrt sich dann im Magen der Mücke. Der mit Erregern durchsetzte Speichel der Mücke bleibt dann am Rand der Wunde hängen, wenn die Mücke einen anderen Menschen sticht. Der Erreger wandert sodann in die Leber, wo er sich reichlich vervielfältigt: 2000- bis 40000mal, je nach Art des Erregers. Wenn diese ungeschlechtliche Phase nach ein oder zwei Wochen zu Ende ist, brechen diese aus Zellteilung hervorgegangenen, »geklonten« Erreger in das umgebende Gewebe und in die roten Blutkörperchen ein, wo sie dann, wie die Menschen, erst einmal heranwachsen müssen, ehe sie sich der geschlechtlichen Vermehrung widmen können.

Wie jedes andere junge Lebewesen wachsen die Erreger nun ungeheuer schnell und vergrößern sich um den Faktor 40 bis 60. Sie ernähren sich vom Hämoglobin der roten Blutkörperchen, wobei sich die rote Farbe des Bluts in ein dunkles, „melanistisches" Pigment verwandelt, das man einst „Melanin" nannte, heute aber als *Hämatin* bezeichnet. Wenn das Pigment durch den Erreger hindurchgegangen ist, hat es sich also zu *Hämatin* oder *Hämazoin* verwandelt, und die Blutfarbe eines menschlichen Opfers kann, wo immer medizinische Hilfsmittel nicht zur Hand sind, als das erste sichere Anzeichen für Malaria betrachtet werden.

Die Nährstoffe des menschlichen Blutfarbstoffs haben den Erreger in die Lage versetzt, nicht nur rapide zu wachsen, sondern auch, sich zu vermehren. Schließlich ist es einigen Erregerarten sogar möglich, wieder zurück in die Leber zu wandern und das Ganze von vorn zu beginnen (was man früher als Rückfall betrachtete). Keines der möglichen Gegenmittel hat jemals im ersten der fünf Malariastadien beim Menschen gewirkt. Diese erste Phase unmittelbar nach dem Mückenstich dauert nur ungefähr eine halbe Stunde, dann verschwindet der Erreger aus dem Blut und nistet sich im Gewebe der Leber ein. Wenn es möglich wäre, die Eindringlinge gleich bei ihrer Ankunft zu erlegen – ein Verfahren, das man üblicherweise prophylaktisch oder vorbeugend nennt –, wäre das ganze Problem natürlich gelöst. Aber nichts kann dies bewirken. Dieses Problem bleibt ungelöst.

Wenn in der zweiten, der Inkubationsphase, der Erreger sich in der Leber vervielfältigt, kann Chinin ebenfalls nichts ausrichten.

Erst wenn in der dritten und vierten Phase der Erreger im Blutstrom lebt und sich zunächst ungeschlechtlich durch Teilung und dann auf die normale, geschlechtliche Weise vermehrt, kann Chinin den meisten Erregerarten schweren Schaden zufügen, auch wenn es die geschlechtliche Vermehrung jener Organismen nicht verhindern kann, die *Falciparum*-Malaria hervorrufen; genausowenig kann Chinin eine zweite Invasion aus der Leber verhindern. Chinin ist also ein Mittel, das erst nach Ausbruch der Krankheit wirkt. Jahrelang glaubte man, daß man mit einer täglichen Dosis die Krankheit im Zaum halten könnte. Doch man konnte natürlich nur den Schweregrad des Anfalls reduzieren, so daß der Kranke viele Jahre lang mit den Parasiten in der Leber lebte und diese erst abgetötet wurden, wenn sie in den Blutkreislauf gelangten. Leberschäden wurden dadurch in Grenzen gehalten, daß die Organismen unfähig waren, im Blutstrom zu überleben. Wer täglich eine Dosis Chinin nahm, litt an schwachen Formen der Malaria mit eingeschränkten Leberschäden. Dies ist nicht dasselbe, wie „gesund" zu sein. Man kann es mit einer ständigen Erkältung vergleichen, ohne daß es jemals zu einer Grippe kommt. Die Langzeitschäden an der Leber – und wir haben nur eine – dürfen nicht vergessen werden. Die synthetischen Mittel unterscheiden sich in ihrer Wirkungsweise vom Chinin, und wir werden zu gegebener Zeit auf sie zurückkommen.

Der Chinarindenbaum, von dem die „peruanische Rinde" stammt, wächst nicht allein in Peru, sondern entlang eines schmalen Gürtels kühler und ausgeglichener Temperaturen an den Hängen und in den Tälern und Falten der Anden von 10° nördlicher bis 19° südlicher Breite. In der freien Natur kommt er unter 750 Meter oder über etwa 2700 Meter Meereshöhe nicht vor. Unterhalb dieser Region wachsen Palmen, Bambus und alle möglichen Arten tropischer Vegetation, darüber einige kümmerliche Hochgebirgssträucher und -büsche. Im breiten Bereich dazwischen gibt es viele Arten von Chinarindenbäumen, von denen einige wertvoll, andere medizinisch wertlos sind.

Die Inkas hatten erst seit höchstens 300 Jahren in Peru Fuß gefaßt, als die Spanier um 1530 in jene Gegend kamen. Das Machtzentrum der Inkas war Cuzco auf der Hochebene der peruanischen Anden. Ihr berühmtester Herrscher, der Große Inka Huayana Capac, war gerade vor einem Jahr gestorben, als die ersten Spanier unter Pizarro ankamen. Die Inkas hatten im westlichen Südamerika ein riesiges Gebiet erobert, bis hinunter nach Santiago de Chile, und die Spanier bemächtigten sich dieses Reiches mit relativ geringem Aufwand. Die Inkas kannten keine Schrift, waren aber sehr zahlreich und wahrscheinlich die fähigsten Steinmetze, die die Welt bislang gesehen hat. In den Ebenen stellte Mais ihr Grundnahrungsmittel dar und oberhalb der Grenze des Getreideanbaus die Kartoffel. Umsichtig bevorrateten sie diese für künftige Versorgungsengpässe, und sie führten darüber Buch mit dem hochentwickelten System der *Quipus*, bei dem – analog dem Binärsystem der Computer – Zahlen in Knoten codiert wurden. Die Inkas verehrten ihren Staat und unterwarfen die individuelle Freiheit den Bedürfnissen des Staates mit derselben Scheußlichkeit wie irgendein moderner Diktator. Daß Pizarro im entscheidenden Augenblick mit bloß 183 Männern die Indianer durch Verrat unterwerfen konnte, nahm ihm keiner übel. Die Inkas pflegten sich selbst solcher Strategien zu bedienen und bewunderten die List ihrer Eroberer.

Hinsichtlich der Chinarinde ist es eine Ironie des Schicksals, daß die meisten südamerikanischen Indianer glaubten, alle menschlichen Krankheiten seien entweder heiß oder kalt und trocken oder naß. Also konnte eine Krankheit heiß-trocken, heiß-naß, kalt-trocken oder kalt-naß sein. Das Mittel mußte das Gegenteil des jeweiligen Zustands sein. Wenn also ein Patient an einer heiß-trockenen Krankheit litt, gab man ihm einen kalt-nassen Trank. Der Verlauf der Malaria mit ihren drei unterschiedlichen Phasen verwirrte sie. Wenn man zu irgendeinem Zeitpunkt des Zyklus Chinarinde verabreichte, erhöhte diese zunächst die Körpertemperatur, bevor sie das Fieber senkte. Dies stand im Widerspruch zur indianischen Doktrin. So sehr waren die Indianer in ihrer Voreingenommenheit befangen, daß sie sich sogar noch um 1890 weigerten, selbst kostenloses Chinin zu nehmen, und daran festhielten, daß ein kühlender Trank das einzige Gegenmittel sei.

Heutige amerikanische Anthropologen halten nichts von solchen Berichten, von denen eine ganze Anzahl aus dem späten 19. Jahrhundert überliefert ist. Die gängige moderne Lehrmeinung besagt, daß die Spanier die Indianer „gezwungen" hätten, an die aristotelische Medizin zu glauben, die auf dem Gegensatz der Temperamente fußte, das heißt, daß kühlende Getränke genauso nötig waren, um dem Fieber zu begegnen, wie heiße, um eine unnormal niedrige Körpertemperatur zu kurieren. Ist es nicht wahrscheinlicher, daß die aristotelische Gegensatz-Theorie universal ist? In den dreißiger Jahren unseres Jahrhunderts hat man sie bei Eskimos gefunden, die vorher noch nie mit irgendwelchen Weißen zusammengetroffen waren, in den vierziger Jahren in Tibet und bei den Kalahari-Höhlenmenschen.

Man kann es als eine weitere Ironie der Frühgeschichte der Chinarinde betrachten, daß ihre Ausbeutung von fortschrittsfeindlichen Intellektuellen kontrolliert wurde. Das ursprüngliche Einsammeln der Rinde in den Anden lag fest in den Händen der Indianer und

Spanier, und der Handel mit und innerhalb Europas war zunächst eine rein jesuitische Angelegenheit. Dies führte zu zwei unerwünschten Ergebnissen. Das erste resultierte aus dem lahmen Arm der spanischen Laienbürokratie, die mit all ihrer Korruptheit und Ineffizienz das Sammeln der Rinde erschwerte. Das zweite bestand, wie bereits erwähnt, im protestantischen Vorbehalt gegen alles Jesuitische, was die Verbreitung der pulverisierten Rinde auf das katholische Europa begrenzte – wenn man von kleineren Mengen absieht, die wenige liberale protestantische Aristokraten erreichten.[12] Alle großen territorialen Fortschritte, die die (protestantischen) englischen, holländischen und amerikanischen Soldaten und Siedler bis zum Ende des 18. Jahrhunderts machten, wurden ohne Mithilfe von viel Chinin erreicht. Der einzige Ort der Vereinigten Staaten, an dem man vor der Unabhängigkeitserklärung regelmäßig Chinin benutzte, war wahrscheinlich New Orleans, das sowohl französischen wie spanischen Ursprungs war.

Bis 1780 wurde die einzige wirkungsvolle Rinde, die man aus Südamerika exportierte, vom peruanischen Hafen Payta aus verschifft. Es handelte sich nur um eine bestimmte Art, *Cinchona officinalis*, die aus der Gegend von Loxa stammte. Peruanische Rinde war teuer. Sie wurde gesammelt, nicht angebaut, und die Bäume gingen dabei zugrunde. Angeblich haben die Jesuiten darauf bestanden, daß als religiöse Verpflichtung für jeden gefällten Baum ein anderer gepflanzt werden sollte. Doch wie die Zehn Gebote wurde dieses Gesetz häufiger gebrochen als beachtet, und um 1795 bemerkte der deutsche Naturforscher Humboldt, daß allein in der Gegend von Loxa 25 000 Bäume pro Jahr verlorengingen. Diese Zerstörung natürlichen Reichtums war im Verhältnis so tiefgreifend wie heute die Vernichtung der Wale, und Humboldt sorgte sich genauso wie ein moderner Umweltschützer.

*

Aller menschlicher Fortschritt resultiert aus einer bestimmten naturwissenschaftlichen Einstellung gegenüber allem Unbekannten; schon Francis Bacon hat sie 1585 treffend zum Ausdruck gebracht: „Wir sollen nicht", schrieb er, „uns eine Vorstellung machen oder vermuten, sondern *entdecken*, was die Natur tut oder was zu tun sie veranlaßt werden kann." Soweit die erste überlieferte schriftliche Äußerung einer grundlegenden Stimmung der Nachrenaissance, die die ganze wissenschaftliche Aufklärung in Europa ins Rollen brachte. Mit der Malaria sollte diese Aufklärung jedoch einige Jahrhunderte lang ihre Mühe haben.

Seit 1640 wußten die Spanier – wie später andere Europäer und Amerikaner –, daß es jenes Fiebermittel gab, Chinin, welches von der Rinde kam, aber mehr war ihnen nicht bekannt. Bis etwa 1830 machte man sich lediglich eine Vorstellung oder vermutete, was die Natur tat oder tun konnte; nur wenige machten sich daran, wirklich zu entdecken. Man forschte in zwei Hauptrichtungen: zum einen in der chemischen, um die aktiven Inhaltsstoffe der Rinde herauszufinden. Unausgereifte Methoden, falsche Schlüsse und eingeschlagene Irrwege verzögerten den Fortschritt der Aufklärer, während die Reaktionäre die Fragwürdigkeit des ganzen Unternehmens herausstreichen konnten. In den vierziger Jahren des 18. Jahrhunderts behauptete man in Frankreich nicht ganz ohne Grund, daß, wenn lediglich die Hälfte der mit Chinarinde behandelten Patienten genas, ihre Heilung genausogut auf Zauberei, Zufall oder Gebete zurückgeführt werden könne. Noch hatte kein Aufklärer herausgefunden, welche Art Rinde die erwünschte Wirkung zeigte.

Der erste Durchbruch gelang mit der Entdeckung eines Zusammenhangs zwischen den feinen Fasern, die die diagonalen Bruchstellen in der Rinde bedecken, und der Wirksamkeit des Fiebermittels in der Rinde selbst. Dieser Zufallstreffer bahnte einer intensiven internationalen analytischen Forschung den Weg. In dem halben Jahrhundert zwischen 1779 und 1829 legten über 300 veröffentlichte Monographien Zeugnis davon ab, welche Anstrengungen Männer mit primitiven Methoden und häufig fehlerhaften Reagenzien unternahmen. Französische, englische, deutsche, schottische, russische, schwedische und niederländische Chemiker beteiligten sich an der Suche. Das Rätsel wurde schließlich von Louis Pasteur im Jahre 1852 gelöst. Bemerkenswerterweise stammte keiner der beteiligten Wissenschaftler aus Spanien, aus dessen Kolonien und Exkolonien damals alle Rinde kam. Auf dem Feld der Naturwissenschaften hat es den Spaniern seltsamerweise an Wissensdurst gemangelt.

Bei des Rätsels Lösung kam die Entdeckung zu Hilfe, daß die Rinde, analog dem Strychnin oder Morphin, vier Alkaloide in unterschiedlichen Anteilen enthält: Chinin, Cinchonin, Quinidin und Cinchonidin, wobei die letzten drei nur etwas weniger wirkungsvolle Fiebermittel sind als Chinin selbst. Der Einfachheit halber bezeichnet man alle vier Alkaloide als Chinin.

Nachdem man erst einmal einen Test für die vier Alkaloide gefunden hatte, konnte der relative Wert der verschiedenen Rindenarten genau festgestellt werden. Bis dahin hatte sich eine Verabreichung des Rindenpulvers entweder als wirkungsvoll erwiesen, oder der Patient blieb seinem Tod oder seinem Überleben aus eigener Kraft überlassen. (In Ostasien gab man Rindenpulver-Lösungen aus einer bestimmten Ladung zunächst malariageplagten Kulis, bevor der Käufer einen Preis aushandelte. Wenn jedoch reiche Europäer im Fieber darniederlagen, wurde nicht ganz so vehement gefeilscht.)

Einen heißen Markt gab es von 1780 an in Paris, Amsterdam und London; der Großhandelspreis lag bei ungefähr 1 £ pro Pfund; doch als nach 1820 die Lieferungen aus Südamerika zunahmen, fiel er. Von etwa 1840 stieg die Nachfrage wieder, und die Preise kletterten abermals auf 1 £ pro Pfund. Dies entsprach etwa 350,- DM in heutiger Währung. Da man etwa zwei Pfund Rinde brauchte (das Fiebermittel machte etwa 4% davon aus), um einen Malaria-Anfall zu behandeln, und so pro Woche die Inhaltsstoffe von beinahe einem Pfund benötigte, um eine Rückkehr des Fiebers zu verhindern, konnten sich ohne Zweifel auch dann nur die Wohlhabenderen gegen die Krankheit schützen, als man die wertvollen Rindenarten identifizieren konnte, die Methoden der Aufbereitung formalisiert hatte und Chinin-Bisulfate in jeder erstklassigen Apotheke vorrätig waren.

Zwischen 1820 und 1850 wurden am anderen Ende des Handelsweges die Rindensammler in den Wäldern der Anden ermutigt, immer mehr Rinde der wertvollsten Arten aufzutreiben. Die Rinde wurde in höchst verschwenderischer Weise geerntet und so geschält, daß der Baum unvermeidlich einging. Der letztmögliche Zeitpunkt für eine Erneuerung des Baumbestandes verstrich genau in jener historischen Epoche, da die spanischen Kolonien nach erheblichen Anstrengungen in den Jahren 1810 bis 1830 unabhängig wurden.

Das große spanische Reich südlich der Landbrücke von Panama wurde niemals von einem spanischen Herrscher und, abgesehen von den Regierungsbeamten, nur von sehr wenigen Granden besucht. Im

Gegensatz zu Mexiko wohnten niemals viele Spanier permanent in Südamerika, und der Kontinent war relativ dünn besiedelt. Die Spanier suchten zwar im heutigen Peru oder Bolivien ihr Glück zu machen, kehrten jedoch nach Spanien zurück, um dort ihren Lebensabend zu verbringen und zu sterben. In den ersten 300 Jahren des Kolonialreichs wurden nur wenige reinblütige Spanier in Südamerika geboren, obwohl spanische Saat vom nördlichen Kalifornien bis ins südliche Chile aufging. Der Schwerpunkt spanischer Unternehmungen lag bei den Silberminen in Peru und Bolivien, wobei die großen Minen von Potosi im heutigen Bolivien zwischen 1550 und 1650 angeblich mehr als die Hälfte der Weltsilberproduktion hervorbrachten.

Es gibt keinen Anhaltspunkt dafür, daß es vor Ankunft des weißen Mannes in Südamerika Malaria gab, aber die Krankheit war in ganz Europa verbreitet, und Spanien war besonders schlimm betroffen. Die Häfen und Sümpfe jenes Landes waren während der Fiebersaison entvölkert, denn die Flucht stellte die einzige Vorbeugemaßnahme dar. Daher muß man annehmen, daß die Vorsichtsmaßnahmen, die man in Spanien während der Fiebersaison traf, auch in der Neuen Welt angewandt worden wären, wenn das Fieber dort im 16. Jahrhundert ebenfalls verbreitet gewesen wäre. Doch im Jahre 1638 hielt sich die Gräfin von Cinchon zusammen mit dem ganzen Hof des Vizekönigs in Lima auf Meereshöhe auf. Rings um Lima hatten die Spanier bewässerte Felder angelegt, die bei unzureichender Bewirtschaftung häufig einen idealen Lebensraum für Malaria-Mücken abgeben. Und doch hielt sich die Gräfin in Lima auf und dachte nicht im geringsten daran, sie könnte vom „Fieber" niedergestreckt werden. Es ist also wahrscheinlich, daß die Spanier selbst die Krankheit mitgebracht hatten und daß die Malaria sich erst nach einer erheblichen Zeit spanischer Besetzung auf dem südamerikanischen Subkontinent ausbreitete.

Die Andenrepubliken – Kolumbien, Ecuador, Peru, Chile und Bolivien – schüttelten die spanische Herrschaft um 1820 ab, aber als sie endlich eine halbwegs stabile Unabhängigkeit erlangt hatten, eigentlich erst in den späten dreißiger Jahren des 19. Jahrhunderts, war die Malaria in den tieferliegenden Gebieten aller fünf Länder heimisch. Doch das Heilmittel war jetzt bekannt und fand, wenn auch zu einem hohen Preis, weite Verbreitung. Der Rindenexport nach Europa war mit mindestens einer Million Pfund Rinde um 1840 ein gedeihliches Geschäft, und im Jahr 1860 lieferte allein Bolivien beinahe dieselbe Menge. Wieviel davon in die Vereinigten Staaten gelangte, ist nicht bekannt, aber es muß nicht wenig gewesen sein, denn der Chinarinden-Mangel traf die Südstaaten schwer, als die Nordstaaten während des Bürgerkrieges ihre Blockade errichtet hatten.

Um 1850 entschieden die Briten, daß eine gesicherte Versorgung mit Chinarinde aus den von ihnen kontrollierten Kolonien vonnöten sei und daß die Bäume auf Plantagen angepflanzt werden müßten und die Rinde nicht bloß in irgendwelchen fremden Wäldern gesammelt und dann auf unsicheren, spekulativen Wegen gehandelt werden dürfte. Allein in Indien hatte die britische Armee einen jährlichen Bedarf von wenigsten 750 Tonnen, mehr, als in den fünfziger Jahren des 19. Jahrhunderts exportiert wurde und zur Verfügung stand. Jahr für Jahr starben in Indien zwei Millionen Erwachsene an Malaria, und wenn man deren Leben verlängern wollte, benötigte man zehnmal soviel: 7500 Tonnen. Wenn man die ökonomische Leistungsfähigkeit der 25 Millionen Menschen erhalten wollte, die die Malaria zwar überlebt hatten, aber vom immer wiederkehrenden Fieber verkrüppelt wurden, benötigte man wenigstens noch einmal das Zehnfache. Ganz zu schweigen von Afrika mit seiner Malariarate von bis zu 60% in einigen Gebieten. Auf der ganzen Welt mangelte es an peruanischer Rinde, und alles deutete darauf hin, daß die Wälder bald erschöpft sein würden. Seufzend machte sich die britische Führungsschicht ans Werk, wobei ihre Intelligenz auf verschiedenen Ebenen arbeitete, genauso wie bei einigen frühzeitlichen Tieren das „Gehirn" auf alle Körperteile verteilt war (heutzutage nennt man das „Konsens"). Zu jener Zeit hatten sich die Briten in Indien von ihrem ursprünglichen Interesse, dem Handel, weit entfernt und waren zu Herrschern des größten Teils dessen geworden, was heute als Indien, Pakistan und Bangladesh bekannt ist. Die Ostindiengesellschaft, die im Jahr 1834 ihr Monopol auf den Handel zwischen Indien und dem Rest der Welt verlor, hatte sich, nicht ganz logisch, zu einer Privatgesellschaft entwickelt, die einen Subkontinent regierte.[13]

Die Ostindiengesellschaft galt mehr als 100 Jahre lang als Rivalin einheimischer Produzenten. Sie importierte aus China das erste Porzellan, das der durchschnittliche Engländer oder Amerikaner jemals sah, das beste Baumwolltuch aus Indien, die besten Schiffsausrüstungen, die erlesenste Seide. Als England sich zum Baumwollproduzenten mauserte, wurde die indische Baumwollindustrie wie vieles andere geopfert. Im Jahre 1784, als es noch keine erwähnenswerten Baumwollfabriken in England gab, hatte Indien für 5 Millionen £ Sterling Baumwollwaren exportiert, die in England mehr als das Doppelte wert gewesen waren. Noch im Jahre 1813 wurde im Hafen von Kalkutta Baumwolle im Wert von mehr als 2 Millionen £ für den Export nach England bereitgestellt. Doch um 1828 hatte sich das Verhältnis umgekehrt. Indien importierte maschinell hergestelltes Baumwolltuch aus Lancashire im Wert von mehr als 1,5 Millionen £ netto.[14] Die indischen Städte wurden entindustrialisiert und lagen so brach darnieder wie die verrottenden Industriegebiete der nördlichen USA in unseren achtziger Jahren.

Die Arbeitslosen waren gezwungen, aufs Land zu ziehen, und eine parallele, mit der ersten nicht im Zusammenhang stehende Entwicklung ließ sie zu Leibeigenen werden: Im 18. Jahrhundert hatte die Ostindiengesellschaft in Bengalen damit begonnen, die einzige erhobene Binnensteuer, die Grundsteuer, so auszubauen, daß die Steuereintreiber zu einer erblichen Klasse von „Grundherren" wurden. Schließlich wurden die Steuereintreiber zu Herrschern über Land und Pächter, die sich unter der Last, bis zur Hälfte ihrer Ernte dem Steuereintreiber zahlen zu müssen, immer tiefer in Schulden verstrickten. Da sie darum kämpfen mußten, wenigstens ihre Grundbedürfnisse erfüllen zu können, vernachlässigten die Bauern gemeinschaftliche Aufgaben wie den Bau von Straßen, Kanälen und Flußregulationen, und wie nicht anders zu erwarten, nahm die Malaria dramatisch zu. Daß eine vorindustrielle, auf Handwerk gegründete Gesellschaft in einen übervölkerten und besitzlosen Bauernstand umgewandelt worden war, hatte der Ostindiengesellschaft kurzfristig sehr viel Geld eingebracht, aber dies bedeutete auch das Ende für die Ostindiengesellschaft und bereitete Indien und Großbritannien während der nächsten 100 Jahre jede Menge Schwierigkeiten. Keine Verrückten waren es gewesen, die solche Fehler begangen hatten, sondern gedankenlose und pragmatische Herrscher, die das Leben nur sehr kurzsichtig sahen. Dahinter standen kommerzielle Einflüsse und Interessen, deren Perspektive noch kurzfristiger war und oft nicht über die nächste Ernte hinausreichte.

Nachdem sie als Nebeneffekt ihrer Landpolitik die Ausbreitung der Malaria so weit gefördert hatte, daß sie die Effektivität der in Indien dienenden Weißen bedrohte, hielt die Ostindiengesellschaft nach einem billigen Fiebermittel Ausschau, da sie pro Jahr ungefähr 100 000 £ für importierte Chinarinde ausgab, mit der allerdings nur die wichtigeren der Einwohner aller Hautfarben versorgt werden konnten. Man brachte das Anliegen in London vor, wo die Herrscher Indiens keinen Grund sahen, warum Chinarindenbäume nicht aus den Anden geholt und in den südindischen Bergen heimisch gemacht werden könnten, da diese ungefähr dieselben Höhenlagen und Breitengrade aufwiesen wie die Heimat der Bäume.

Zum selben Schluß – daß Millionen tropischer Subjekte des britischen Empire eine tägliche Dosis „peruanischen Rindenextraktes" brauchten – war noch eine andere Gruppe des englischen Establishments gekommen: die Leute von den Kew Gardens. Der Kew Palace war einst ein königlicher Kindergarten für die zahlreichen Kinder von George III.; ihn umgaben ornamentale Gärten, die Georges Mutter, Prinzessin Augusta, und ihr Landlord, Lord Capel, entworfen hatten. Die Gärten waren immer wichtiger gewesen als der Palast, ein schlichter, schmuckloser Ziegelsteinbau aus dem 17. Jahrhundert. Um 1840 waren die Kew Gardens mit dem wahrscheinlich weltweit besten botanischen Museum, dem besten Herbarium und der besten Bibliothek zur Schaltzentrale der britischen Botanik geworden.

Zu den in Kew beschäftigten Wissenschaftlern hatte als großer Pionier der ersten Stunde auch Sir Joseph Banks gehört, der als nicht ausgebildeter Verwaltungsbotaniker sich des Gebiets zu einer Zeit angenommen hatte, als es noch kaum eine systematische Botanik irgendeiner Art gab. In den sechziger Jahren des 18. Jahrhunderts hatte der sehr reiche Sohn eines reichen Vaters in Oxford botanische Vorlesungen eingeführt, als er selbst noch studierte. Er unternahm Forschungsreisen nach Neufundland und Labrador, von wo er Hunderte unbekannter botanischer Arten mitbrachte; er begleitete Captain Cook auf seiner ersten Reise in den Pazifik, wobei er auf eigene Kosten ein Schiff ausrüstete und als Expeditionsbegleiter Zeichner, Maler und einen ausgezeichneten Botaniker, Dr. Solander, anheuerte. Dank Banks' Leistungen wurde die Expedition zu einer der bis zum heutigen Tag wertvollsten Forschungsreisen in der Naturgeschichte. Er konnte Captain Cook nicht bei seiner mit dem Tode endenden Reise zu den Sandwich-Inseln (heute Hawaii) begleiten, erforschte aber zum Trost als einer der ersten Engländer Island und die westlichen Hebriden.[15] Es ließ sich kaum vermeiden, daß Banks Präsident der Royal Society wurde, die im Großbritannien des 18. Jahrhunderts die Quelle, den Sammelplatz und das organische Herz aller Naturwissenschaft darstellte. Von den Anhängern seiner eigenen intellektuellen Ausrichtung wurde er zu jener Zeit sehr bewundert, aber, wie J. H. Maiden im Jahre 1909 in *Sir Joseph Banks* schrieb, „er neigte dazu, die mathematischen und physikalischen Sektionen der Royal Society zu mißbilligen und übte seine Autorität mit gewissem Belieben aus". Dies ist noch viel zu höflich formuliert – Banks mischte sich überall ein, war streitsüchtig, rechthaberisch und umgeben von all den Günstlingen, Schmarotzern und Feinden, die sich um solche Persönlichkeiten zu scharen pflegen.

Zwischen all seinen Gedankenblitzen hatte Banks vorgeschlagen, alle Arten von Chinarindenbäumen, die in den Anden wachsen, zu sammeln, zu züchten und auszuprobieren. Nach seinem Tod im Jahre 1820 versäumte es eine ganze Generation, diese Idee zu verfolgen, und als englische und niederländische Naturforscher darangingen, die Heimat der „peruanischen Rinde" systematisch zu erforschen, war die Lage in Südamerika für jeden Botaniker schwierig, wenn nicht gefährlich geworden.

Während der dreißig Jahre der Unabhängigkeitskriege – zwischen 1820 und 1850 – erlebten die fünf Andenrepubliken nicht weniger als 34 Aufstände, Unruhen und Revolutionen, ganz abgesehen von jenen, die sie von Spanien unabhängig gemacht hatten. Ein Menschenleben zählte nicht. Verschiedene Fraktionen, die oftmals vom letzten oder vom nächsten *Caudillo* (Führer) oder von unzufriedenen Generälen angeführt wurden, befehligten Armeen unterschiedlicher Größe, die zahlreiche verschiedene Gebiete beherrschten oder sich gegenseitig streitig machten. Im westlichen Südamerika wird das Klima sowohl von der geographischen Breite wie von der geologischen Höhe beeinflußt; es erstreckt sich von den tropischen Zonen bis zu antarktischen und vom Meer bis in 6000 Meter Höhe. Die

Kommunikation war natürlich erschwert und von menschlicher Unzulänglichkeit geprägt. Die Anden erstrecken sich über ein Gebiet, das größer ist als das der Vereinigten Staaten, aber sie sind lang und schmal – etwa 8 000 Kilometer lang und nur 600 bis 1 600 Kilometer breit. Als spärlich besiedelte Gegend wiesen die Anden wahrscheinlich weniger als ein Prozent der Bevölkerungsdichte Europas um 1850 auf. Die exakte Zahl ist niemandem bekannt, aber sie war klein genug, daß ein Mann für viele Jahre untertauchen konnte, ohne daß jemand hätte sagen können, ob er noch am Leben oder ermordet worden oder einem der vielen wilden Tiere, einer Schlange oder einem Fieber in diesem weiten, leeren Land zum Opfer gefallen war. Die indianische Urbevölkerung, den halbwegs bessergestellten Schichten an Zahl unterlegen, war vom spanischen Kolonialismus erheblich reduziert und in den Bergbaugebieten konzentriert worden. An Nahrungsmitteln herrschte Mangel; nur zum Teil wurde er durch Importe aus Argentinien entlang der miserablen Straßen gemildert.[16] Brasilien war durch die Sümpfe und Regenwälder des oberen Amazonas so gut wie abgeschnitten. Der beinah einzige sichere Reiseweg führte über das Meer, wenn man nicht zu Fuß, zu Pferd oder mit dem Maultier über Land reiste. In den Anden selbst gab es nur wenige Straßen, die sicherlich alles andere als flächendeckend waren. Nach Gold und Silber war die wertvollste Handelsware von Gewicht die Chinarinde.

Botaniker sahen in den Berghängen und Schluchten ein Paradies, denn wegen der Steilheit des aufgeworfenen, gefalteten Gebirges wechselt die Vegetation sehr rasch. Zahlreiche Arten sind nur in den Anden heimisch, aber Mitte des 19. Jahrhunderts war nur die peruanische Rinde von ökonomischer Bedeutung. Ein ehrgeiziger Amateur, Clements Markham, überredete das India Office und den Direktor der Kew Gardens, daß es ein vielversprechendes Geschäft wäre, Chinarinden-Pflanzen auszuwählen und sie in Indien zu züchten.[17] In ihrer sparsamen Art statteten die Autoritäten die Expedition mit minimalem Budget aus. Die ganze Prozedur des Pflanzentransfers von Bolivien nach Südindien kostete wahrscheinlich weniger als 10 000 £ (heute etwa 1,5 Millionen DM); bei diesem Preis machten die Briten ein gutes Geschäft.[18]

Markham, Jahrgang 1830, war der Sohn eines Kanonikers aus Windsor und der Enkel eines Baronets und Grundbesitzers aus

Yorkshire. Seine Eltern waren, wie so viele im frühen Viktoriani-schen Zeitalter, alles andere als reich, erfreuten sich aber bester Beziehungen; so trat der junge Markham mit 14 in die Royal Navy ein, hatte es mit 16 bis zum Fähnrich zur See und mit 21 bis zum Leutnant gebracht. Noch vor seiner Volljährigkeit hatte er an einer Expedition in die Arktis teilgenommen, die – ohne Ergebnis – nach dem Forschungsreisenden Franklin gesucht hatte. Im zarten Alter von 22 quittierte er den Dienst bei der Royal Navy, um sich aus-schließlich (aber amateurhaft) als Forschungsreisender und Geo-graph zu betätigen; England hat solche Leute zu Hunderten hervor-gebracht, doch die meisten von ihnen fielen erfolglos – gewöhnlich infolge eines frühen, plötzlichen Todes – dem Vergessen anheim. Markham bereiste in den Jahren 1852–54 auf eigene Faust die östli-chen Anden und schrieb seine Erlebnisse in drei Büchern nieder. Unmittelbar nachdem die Meuterei von 1857 Indien erschüttert hatte, überzeugte Markham das India Office in London, daß man ihn eine Expedition nach Südamerika organisieren und eine Anzahl von kleinen, lebenden Cinchona-Pflanzen holen lassen sollte, die auf geeignetem Boden in günstigen Klimalagen Indiens heimisch ge-macht werden sollten. In den Jahren 1859–62 setzte er dies in die Tat um. Ungefähr ein weiteres halbes Dutzend Engländer war noch daran beteiligt, aber sie waren so bescheiden oder verschwiegen, daß wir über ihren Beitrag nichts wissen. Markham äußert sich freund-lich, aber gönnerhaft über ihre Leistungen und bedankt sich bei „Dr. Spruce, Mr. Pritchett, Mr. Cross, Mr. Writ und Mr. Ledger", die er mit jovialer Unaufrichtigkeit als „meine Mitarbeiter" bezeichnet. Eine parallele holländische Unternehmung, mit der Cinchona-Pflan-zen aus den Anden nach Java gebracht werden sollten, hatte schließ-lich ebenfalls Erfolg (siehe unten), aber anscheinend waren zunächst viele Pflanzen der falschen Art, mit niedrigem Fiebermittelgehalt, beschafft worden.

Markham hatte sich das Ziel gesetzt, jedem, der in Indien von der Malaria bedroht war, eine prophylaktische Dosis „zum Preise von weniger als einen Viertelpenny täglich" zur Verfügung zu stellen. Ein revolutionäres Ziel, denn solange die Rinde noch von Indianern in den Wäldern der Anden gesammelt und in London, Paris oder Am-sterdam verabreicht wurde, hätte eine vorbeugende Dosis für einen Inder eher einen Shilling pro Tag gekostet – 48mal soviel wie Markham sich erhoffte. Dies war auch ein Mehrfaches dessen, was ein Kuli am Tag für Nahrungsmittel ausgeben mußte; der vorbeugende Schutz eines Arbeiters kam also teurer als seine Ernährung. Es war nicht leicht, das Chinin unter die Leute zu bringen, denn die Kulis wollten nicht mit ihrem eigenen Geld dafür bezahlen: „Lieber riskieren sie Arbeitsunfähigkeit und Tod, als daß sie ihre kleinen Vergnügungen aufgeben."[19] Einen Viertelpenny und einen Shilling im Indien des Jahres 1860 zu heutiger Währung in Beziehung zu setzen, fällt nicht leicht, aber es ist wohl angemessen, auf der Basis des Lohnes eines ungelernten Arbeiters ihren heutigen Gegenwert mit ungefähr 1,– DM bzw. 50,– DM anzugeben. In den Industriezentren des Westens würden sich heute die Lohnarbeiter weigern, 50,– DM pro Tag für eine Vorbeugemaßnahme auszugeben. Arbeitslose würden alleine das Ansinnen für blanken Hohn halten. Im Jahr 1860 gab es in Indien viele Arbeitslose, viele ohne irgendein Einkommen und viele Bauern, deren Erträge gerade zum eigenen Lebensunterhalt reichten. „Ein Viertelpenny pro Tag" war da ein nobles Ziel für einen viktorianischen Wohltäter der Menschheit; abgesehen davon war es auch ein guter Slogan, der das Wohlgefallen eines jeden Politikers erregen konnte.

Nach vielen Schwierigkeiten und Abenteuern hatten Markham und seine Mitstreiter schließlich Erfolg, sei es mit oder sei es ohne die Hilfe von Kew Gardens. Einige der Pflanzen wurden nach Kew geschickt und dort in den fremden Gewächshäusern entlang der lieblichen Themse vermehrt. Einige Wurzeln, Pflanzen und Samen wurden auch an die botanischen Gärten in Kalkutta geschickt und dort zur Vermehrung gebracht. Einige nahm Markham persönlich mit, der in einer romantischen Anwandlung schrieb: „Derjenige, der bei seiner ersten Ankunft den gefälligsten Eindruck von Indien zu erheischen wünscht, muß auf den Spuren Vasco da Gamas wandeln und an der Küste von Malabar, dem Garten der Halbinsel, landen… Spät am Abend schifften wir uns mit einem Kanu auf dem Beypur aus." Am nächsten Tag traf Markham mit seinem schottischen Gastgeber McIvor, dem Oberaufseher der Regierungsgärten in Ootacamund, zusammen; dieser hatte bereits die Lagen ausfindig gemacht, auf denen die Cinchona-Pflanzen heimisch gemacht werden sollten. Markham, der andere zeitlebens mit zurückhaltendem Lob heruntermachte, bezeichnete ihn als „guten, praktisch veranlagten Gärtner".

Die Berge von Nilgiri, die aus vier für die Kultivierung von Cinchona geeigneten Gebieten ausgewählt worden waren, wiesen die einheimische Vegetation auf, zu der Rhododendron, Berberitzen, Lilien, Bärlappgewächse, Stechpalmen, Zimtbäume, Maulbeerbäume, Bärenklau und Jasmin gehörten. Außerdem hatten die Engländer jede Menge Pflanzen, Gemüse und Früchte aus Nordeuropa hier eingeführt, neben denen Orangen, Zitronen, Limetten, Bananen, Muskatnüsse, Mispeln und Platanen ebenso gediehen wie Tabak, Zuckerrohr und europäische Brennesseln, letztere mit nicht zu bändigender Hemmungslosigkeit und voll subtropischer Wildheit. Da die unterschiedlichsten Höhenlagen zur Auswahl standen, gedieh hier beinahe alles, angefangen von Pflanzen, die ständige Temperaturen um die 30°C brauchen bis hin zu solchen, die während der kalten Jahreshälfte milde Nachtfröste benötigen. Für die Cinchona wählte man, entsprechend ihrer Heimat in den Anden, einen Temperaturgürtel von 7 bis 25°C aus.

Der Transport der Pflanzen von den Anden nach Kew, nach Kalkutta und in die Berge von Nilgiri wurde überhaupt erst dank der Erfindung der „Wardschen Kiste" im Jahr 1830 möglich. Diese geht auf den Einfall eines gewissen Nathaniel Bagshaw Ward zurück, eines Physikers aus London, eines großen Amateurbotanikers und Mitglieds der Royal Society und der Linnéschen Gesellschaft. Ward setzte die Larve einer Motte in einen versiegelten Glaskrug, um ihre Verwandlung zum Mottenstadium zu beobachten; er bemerkte ferner, daß eine Pflanze (einige sprechen von zwei Pflanzen) sich innerhalb dieses abgeschlossenen Lebensraums vom Samen zum Setzling entwickelte. Er hatte das Prinzip eines einzigartigen, spezialisierten Lebensraums entdeckt, in dem sich dank der im Gefäß versiegelten eingeschlossenen Luftfeuchtigkeit tagsüber Dampf und Kohlendioxid, nachts Sauerstoff, Tau und (je nach Außentemperatur) Reif entwickelten. Von außen konnten keine Krankheiten, Pilze oder Viren die Pflanzen im Behälter angreifen. Luft und Feuchtigkeit reichten aus, da sie sich im abgeschlossenen Lebensraum permanent erneuerten, und die Nährstoffe des Bodens, vorausgesetzt man hatte zunächst genügend eingebracht, ließen die Pflanze wachsen. Die Stoffwechselrate der Pflanze konnte man durch die Außentemperatur, der man den Behälter aussetzte, kontrollieren. Vor der Zeit der Dampfschiffe oder gar Flugzeuge konnte es sechs Monate dauern, ehe man vom äußersten Ende der Welt Kew erreichte, und Dr. Wards Erfindung, die wir heute als Terrarium bezeichnen, erwies sich als unverzichtbar. So überlebte auf einer mehrfach unterbrochenen Reise von Neuseeland nach Kew eine Pflanze länger als ein Jahr. Bei den Sammelunternehmungen für Kew, beim kommerziellen Pflanzentransfer und bei der Verbreitung verschiedener Arten über die ganze Welt spielte während des 19. Jahrhunderts die zusammenklappbare, aus Holz und Glas gebaute Wardsche Kiste eine entscheidende Rolle.

In der Zwischenzeit hatte in den Bergen von Nilgiri der „gute, praktisch veranlagte Gärtner" McIvor die Entwicklung seiner Cinchona-Pflanzungen schnell und effizient vorangebracht; er hatte Bäume in vollem Sonnenlicht und in unterschiedlichen Schattenlagen wachsen lassen, hatte beschnitten und gedüngt, gekreuzt und gepfropft und Hybriden gezogen. Doch sein größter Beitrag zur Domestizierung der peruanischen Rinde bestand darin, daß er zwei wirtschaftliche Verfahren entwickelte, die eine Zerstörung der neuen Pflanzungen ausschlossen und eine jährliche, der Menge nach einigermaßen konstante Ernte ermöglichten. Gleichzeitig resultierte daraus eine erhebliche Qualitätssteigerung. McIvor begann damit, daß er ein Sechstel der Bäume alle sechs Jahre aberntete, woraus eine insgesamt begrüßenswert höhere Alkaloid-Produktion resultierte. Diese Technik machte dann einer anderen Platz, die als „Moosen" bekannt wurde; dabei schälte man die Rinde in Längsstreifen vom unteren Teil des Stammes und umgab dann den ganzen Umfang des Stammes mit einem einheimischen Moos, dank dessen sich die Streifen von selbst erneuern konnten. Die Wirkung des Mooses auf den Wunden der Bäume ist analog der mikrobakteriellen Wirkungsweise des Torfmooses auf menschlichen Wunden; bei der Bildung neuer Haut zur Abheilung von Fleischwunden ist dieses fast genauso effizient wie Penicillin-Pilze. (Die heilsame Wirkung des Mooses stellt ein unerforschtes Gebiet alternativer Medizin dar, das man nicht ignorieren sollte, man denke zum Beispiel an Indianer, Eskimos und Wikinger.) „Bemooste" Rinde produzierte einen Alkaloidgehalt von ungefähr sieben Prozent; beim sechsjährigen Ausholzen erhielt man der Zimtrinde ähnliche Stücke von ungefähr sechs Prozent Gehalt; „natürliche" Rinde hat ungefähr vier Prozent. All diese Werte hängen immer von der jeweiligen Art, Jahreszeit, Sonneneinstrahlung,

Bodentemperatur usw. ab, wie bei jeder anderen Nutzpflanze auf der ganzen Welt. Aber in den ausgesuchten Lagen der Nilgiri-Berge liegt die mittlere Jahrestemperatur bei ungefähr 15°C, die Minimum- bzw. Maximumwerte betragen 7°C bzw. 25°C. Die Berge liegen auf ungefähr 11° nördlicher Breite, so daß die Sonneneinstrahlungswerte während des ganzen Jahres einigermaßen konstant sind und es weder erwähnenswerte Winter noch, in den gewählten Höhenlagen, Frost gibt.

In den Bergen von Nilgiri wurden sowohl regierungseigene wie kommerzielle Plantagen betrieben. McIvor fuhr damit fort, Varianten auszuwählen und zu testen sowie Informationen, Samen, Rindenabschnitte und ganze Pflanzen mit den botanischen Gärten von Kalkutta, Singapur und Kew auszutauschen. Genauso korrespondierte er auch mit den Niederländern in Java.

Um 1880 war die Cinchona-Industrie etabliert. Um diese Zeit lag die „gesammelte" Spitzenproduktion aus den Andenrepubliken bei ungefähr 20 Millionen Pfund Rinde, und von diesem Zeitpunkt an konnten die Südamerikaner mit den ostindischen Plantagen nicht mehr mithalten. Die indische Produktion wies zum größten Teil einen niedrigen Gehalt einer Alkaloid-Mischung auf, die man heute als „Totachinin" bezeichnet und von den zeitgenössischen Engländern und Niederländern in Asien „Quinetum" genannt wurde. Diese niederprozentige Mischung wurde subventioniert, um einen Preis von nur einem halben Viertelpenny pro Dosis zu ermöglichen; um 1880 konnte man sie in Bengalen, der am stärksten betroffenen indischen Provinz, auf jedem Postamt kaufen. Die Gesamtmenge des produzierten Totachinins läßt sich kaum feststellen, aber sie reichte vermutlich aus, um 10 Millionen Menschen mit einer täglichen Dosis zu versorgen.

Erstaunlicherweise kooperierten die vielen britischen Autoritäten in England, Kalkutta, Südindien, Singapur und Ceylon kaum. Es gab keinerlei Koordination zwischen den Regierungsstellen, ganz zu schweigen von der zwischen Regierung und kommerziellen Plantagenbetreibern, Chemikern, Pharmazeuten und Händlern.

Der kommerziellen Produktion reinen Chinins wurden in Indien bloß Steine in den Weg gelegt, in Ceylon aber war sie kommerziell wie ökologisch zum Scheitern verurteilt. Dort hatten britische Plantagenbetreiber eine erfolgreiche Kaffee-Industrie aufgebaut, die dank der vereinten Anstrengungen eines einheimischen Nagetiers, der Golunda-Ratte, und eines importierten Pilzes, *Henileia tastatrix*, beinahe ausgelöscht worden wäre; was die Ratten in den Bergen von Ceylon an Pflanzen übrig ließen, erledigte der dort prächtig gedeihende Pilz. Da sie dazu verdammt waren, ihr Land, das Klima und die Arbeitskräfte zu nutzen, investierten die Pflanzer in erheblichem Umfang in Cinchona-Büsche, ohne der Biochemie genügend Aufmerksamkeit zu widmen. Acht bis zehn Jahre später stellten sie fest, daß sie nicht mit den Pflanzungen auf Java konkurrieren konnten, wo man dank einer Kombination von geographischer Lage und Höhe beinahe das Doppelte an aktiven Alkaloiden pro Hektar produzierte wie die Pflanzer in Ceylon. Nachdem sie zunächst durch die Kaffee-Schädlinge und dann durch die Mißachtung der Lebensbedingungen der Cinchona zweifach ruiniert waren, wandten sich diejenigen, die dies überlebt hatten, dem Tee zu, und dessen Geschichte wies und weist viel größere kommerzielle Heldentaten auf.

In Indien selbst nahm die Regierung einen Großteil der privaten wie der staatlichen Pflanzenproduktion in Anspruch. Sie hatte sich zum Ziel gesetzt, nicht nur jedem dem Risiko ausgesetzten Weißen, sondern auch jedem Arbeitskuli, der aufgrund irgendeiner Tätigkeit fortwährend in Malariagebieten arbeiten mußte, Schutz zu gewähren. Natürlich umfaßte dies nicht gerade einen erheblichen Prozentsatz der Bevölkerung. Wer keiner Tätigkeit nachging, blieb ausgeschlossen; genauso ging es den Selbständigen, wenn sie nicht schlau genug waren, ihr Einkommen für das prophylaktische Fiebermittel auszugeben. Die meisten von ihnen sahen sich dazu nicht in der Lage.

Kulis in festen Arbeitsverhältnissen, ihre Frauen und Familien waren es, die in den mit hohem Risiko behafteten Gebieten den Schutz dieser neuen Entwicklung genossen. In vielen Teeplantagen, Bewässerungsanlagen oder militärischen Einrichtungen wurde jeden Morgen bei einer Art Parade die tägliche Dosis verteilt und eingenommen. Die in der Gegend lebenden anderen „Einheimischen" blieben ungeschützt. Wer immer das nötige Geld hatte, konnte sich natürlich in allen Städten und Dörfern, egal welcher Größe, Chinin kaufen, aber die meisten Inder lebten am Rande des Existenzminimums und verfügten kaum über Geld. Für die Selbständigen stellte der Preis von einem Viertelpenny pro Tag einen zu großen Anteil ihres Einkommens dar.

Der indische Cinchona-Anbau war ein voller Erfolg, um 1880 galt die Wirksamkeit des Heilmittels als erwiesen, und dem britischen Empire stand mehr für die Chinin-Produktion geeignetes Land zur Verfügung als all den anderen, nicht-britischen Tropenländern auf der Welt. Doch trotz dieser Vorteile bot der Freihandels-Instinkt des britischen Establishments den Obrigkeiten genügend Anlaß, alle weiteren Entwicklungen außerhalb Indiens in den Händen privaten Unternehmertums zu lassen.

Die Holländer, die zur gleichen Zeit wie Markham ihre Cinchona-Pflanzen nach Java gebracht hatten, zielten mit ihrer Produktion auf den europäischen Markt. Ihr botanischer Direktor, Dr. De Vrij, ein Chininexperte, der erst nach den Briten mit der Arbeit begonnen hatte, sorgte mit seinem energischen und höchst kommerziellen Führungsstil dafür, daß sie einen höheren Anteil des reineren, besser geeigneten eigentlichen Chinin-Alkaloids erzielten. Während die indische Produktion zum größten Teil in Indien verblieb, wurde die niederländische nach Aufbereitung in London oder Amsterdam weltweit verkauft.

Es war nur logisch, daß die Holländer diesen natürlichen Vorteil weiter ausbauten und das wahrscheinlich einzige rein niederländische Kartell der Neuzeit schufen. Mit einem sanften, klugen, schlauen und offensichtlich harmlosen Gebaren, wie es den Zeitgenossen Rembrandts würdig gewesen wäre, riefen die modernen niederländischen Händler einen Verband namens „Kina" ins Leben. Von Amsterdam aus ruinierte dieses Kartell jeden Händler, der dem Verband nicht angeschlossen war und das Monopol zu unterlaufen versuchte. Infolgedessen wurde britisches Chinin fast ausschließlich dort verbraucht, wo es produziert worden war; nach dem Vorbild Indiens versuchte man in Malaya, Burma, Ceylon, Mauritius, Ostafrika und in der Karibik Plantagen aufzubauen. Manchmal hatte man mehr Erfolg, manchmal weniger.

Zu dieser Situation war es teils gekommen, weil in allen diesen Ländern die Malaria ein lokales Problem erheblichen Ausmaßes darstellte, und teils, weil die Briten und die Niederländer schon immer gut miteinander auskamen, nachdem die frühere Rivalität im 17. Jahrhundert zu Englands Gunsten beigelegt worden war.[20] Mit Sicherheit bereitete das Kina-Monopol den Erbauern des britischen Weltreiches größtenteils keinerlei Kopfschmerzen, auch wenn die

Niederländer den Welthandel mit Chinin immer stärker dominierten: um 1914 zu 60 %, um 1939 zu 80 %. Chininsulfate konnte man beinahe in ganz Westeuropa in jeder Apotheke kaufen, und kein Reisender, der etwas auf sich hielt, machte sich ohne einen Vorrat auf den Weg. Rund ums östliche Mittelmeer mußte man Chininsulfate jedoch immer noch per Post aus Westeuropa, Athen oder Konstantinopel kommen lassen.[21]

Der amerikanische Chinin-Nachschub kam während dieser Zeit, bis zum Ersten Weltkrieg, in Form roher Rinde aus den Andenrepubliken oder als aufbereitetes Chinin aus Europa. Offensichtlich fand in den Vereinigten Staaten niemand dieses Geschäft wichtig oder lukrativ genug, um die Aufmerksamkeit eines der großen Kapitalisten zu erregen. Chinin war wie Tee ein Produkt von untergeordneter geschäftlicher Bedeutung, welches die Amerikaner nur zu bereitwillig Fremden überließen. Erst als die Japaner anfingen, eine Bedrohung für den größeren Teil des Chininhandels darzustellen, machte sich die amerikanische Regierung um den Chinin-Nachschub ein wenig Sorgen. Die Japaner sollten aber erst in den dreißiger Jahren unseres Jahrhunderts zu einer Gefahr werden, und schon viel früher, um 1850, hatten Deutsche und Briten angefangen, nach einem synthetischen Ersatz zu suchen.


Die organische Chemie ist, wie die meisten anspruchsvollen Fächer, nicht gerade ein Thema der Populär- oder Subkultur. Und doch wäre die moderne Welt, und die Popkultur vielleicht in besonderem Maße, ohne synthetische Chemie nicht vorstellbar – sie hat das Zeug zu einer entweder sehr langweiligen oder sehr faszinierenden Disziplin. Zur historischen Bedeutung des Chinins gehört es, daß es die hohen Kosten und die Knappheit des Chinin-Nachschubs waren, die die Suche nach einem Ersatz auslösten, welche wiederum der gesamten Steinkohlenteer-Chemie den Weg bahnte. Die Suche nach einem Chinin-Ersatz erlangte von 1830 an Bedeutung, die nach Farbstoffen von 1850 an, die nach Sprengstoffen von 1860 an, Saccharin 1892, Aspirin 1904, Viskose nach 1910, synthetischer Kautschuk und Petroleum seit den zwanziger, PVC, Nylon, Sulfonamide seit den dreißiger Jahren. Bei all diesen Entdeckungsreisen war der Weg verschlungen, führte häufig im Kreis, häufig in eine Sackgasse. Wie bei der physikalisch-geographischen Entdeckung der Welt durch die Europäer gab es im Verhältnis zu den Erfolgen weit mehr Enttäuschungen, von denen die meisten vergessen sind; wie bei den geographischen Reisen war das Nebenprodukt häufig wichtiger als das Ziel, das der Pionier sich gesteckt hatte. Wie dem physisch Reisenden war dem Wissenschaftler die hoffnungsfrohe Reise oft vertrauter als die Ankunft. Während der ganzen Reise repetierte man die einst falsche Überzeugung der Alchimisten: Natürliche Stoffe können synthetisch erzeugt werden.

Synthetische Stoffe erhält man, indem man die Struktur der Ausgangschemikalien so umbaut, daß der neuentdeckte Stoff den natürlichen nachahmt oder irgendeinem Marktbedürfnis genügt. Doch dies ist, um ehrlich zu sein, nur eine der möglichen Vorgehensweisen. Der Chemiker kann auch bloß als wahrer Forscher, als Entdekker oder Abenteurer handeln und an einer rein intellektuellen Reise Freude finden. Wieder andere, zu gewissen Zeiten oft die meisten, suchen das Eine und finden etwas Anderes.

Im Jahr 1834 suchte der deutsche Chemiker F. F. Runge nach einem synthetischen Chinin-Ersatz. In Wirklichkeit erfand er „Chinolin", eine organische Base, die er aus Steinkohlenteer gewann. 1842 wurde dieselbe Base aus natürlichen Substanzen hergestellt, indem man die vier Alkaloide der Cinchona-Rinde mit Ätznatron destillierte. So wurde bewiesen, daß das Natürliche dasselbe war wie das Synthetische. Doch Chinin selbst konnte noch nicht synthetisiert werden. Indem er Anilin mit Ätznatron ausfällte, fand Runge auch einen leuchtendblauen Farbstoff, der schließlich große Bedeutung erlangen sollte, kommerziell aber erst viele Jahre später, in den siebziger Jahren des 19. Jahrhunderts, hergestellt werden konnte. Chinolin selbst sollte kommerzielle Bedeutung dadurch erlangen, daß es 1856 die Ausgangsverbindung für Chinolinblau und 1887 für Chinolinrot darstellte. Chinolin stand Anilin an Bedeutung nicht nach, aber die Produkte aus beiden Basen konnten noch viele Jahre lang nicht in großen Mengen nutzbar gemacht werden.

An Farbstoffen war interessant, daß man sie tonnenweise benötigte. In den dreißiger und vierziger Jahren des 19. Jahrhunderts lieferten die Engländer mehr als 60 Prozent der gesamten Weltproduktion, und der riesige Ausstoß ihrer neuen Baumwollfabriken verlangte nach neuen Arten von Farbstoffen. Pflanzenfarben waren an ihre Grenzen gestoßen. Jede mögliche Substanz hatte man unter die

Lupe genommen. Viele der traditionellen Woll- und Leinenfarben taugten für Baumwolle nicht; mit Ausnahme weniger Farben, zum Beispiel der aus *Indigofera* („Indigo") oder aus dem Extrakt von *Acacia, Catechu* („Cutch") gewonnenen, waren Pflanzenfarben nicht „echt"; dies bedeutet, daß sie weder mit der Textilie noch mit der Beize, die dann ein stabiles Pigment gebildet hätte, eine Verbindung eingingen. Die meisten Pflanzenfarben sind also mehr oder weniger „flüchtig" und bleichen mit der Zeit im Sonnenlicht, beim Tragen oder Waschen aus. In vorsynthetischer Zeit waren die Kleider die großen Schmutzfinken; auch wenn die Leute sich aufs schönste reinlich hielten, ihre Kleider, die das Waschen oder Reinigen nicht vertrugen, stanken zum Himmel. Pflanzenstoffe ergaben Farben, die kaum länger als ein paar Monate „fest" blieben und nur sauber sein konnten, solang sie neu waren: echtes Gelbholz („alter Fustik", rötlich-goldgelb), *Rhus* (hellgelb), *Rhamnus cathartica* (blaßgrün), Flechten (purpur), *Rubia* (Färberröte), Galläpfel (schwarz). Alle synthetischen Alternativen wurden entwickelt, nachdem der Preis und die beschränkte Verfügbarkeit natürlicher Farben die Versorgung mit gefärbtem Baumwolltuch schwierig gemacht hatten. Sentimentale Leute bedauern, daß die ländlich-schlichten Schattierungen pflanzlicher Farben verschwunden sind. Sie sollten nicht bedauern, daß die Gerüche, die den Träger solcher Kleidung notwendigerweise begleiteten, ebenfalls verschwunden sind.

Als im Jahr 1845 der Prinzgemahl fast ganz ohne sonstige Unterstützung das erste *Royal College of Chemistry* in London ins Leben rief, überredete er A. W. Hofmann von der Universität Bonn, nach England zu kommen und die neue Institution zu leiten. Hofmann hatte mit Liebig zusammengearbeitet, als dieser die Natur des Anilins untersuchte und die Eigenschaften der Amine, Ammoniakradikale und organischen Phosphorkomponenten feststellte, die in den Jahren 1880 bis 1900 mit den neuen Farbstoffen erfolgreich zur Anwendung kamen. Liebig hatte das Geheimnis der Chemie des Pflanzenwachstums enthüllt: Hofmann bildete in seinem Gefolge die nächste Generation großer Chemiker aus.

Im Jahr 1856 baute der 18jährige William Henry Perkin, einer von Hofmanns Studenten, sich zu Hause ein grobschlächtiges und gefährlich aussehendes Labor, und noch ehe er 19 war, hatte er einen Farbstoff erfunden. Er hatte gar nicht danach gesucht, sondern nach synthetischem Chinin. Seinen Farbstoff nannte er „Mauvein", was die Öffentlichkeit schnell wieder zu „Mauve" (malvenfarbig) abkürzte. Es war nicht die erste praktisch synthetische Farbe gewesen, aber die erste mit einem synthetischen Namen. Noch ehe Perkin die Volljährigkeit erlangte, hatte er in Greenford, nahe Harrow in Nordlondon, eine profitable Fabrik aufgebaut. Er, der Gründer der Steinkohlenfarbstoff-Industrie, wurde ein reicher Mann.

Zwar war Hofmann als Deutscher von einem anderen Deutschen, dem Prinzgemahl, geholt worden, um Großbritannien zu helfen; zwar war es mit Perkin ein englisches Genie gewesen, das auch noch das Herstellungsverfahren für künstliches Azarinrot erfand; und doch sollte Hofmann nach dem Tod des Prinzgemahls enttäuscht nach Deutschland zurückkehren, und Perkin sollte, als er erst 37 war, sein Unternehmen verkaufen (an einen Deutschen) und den Rest seines Lebens als Millionär und Amateurchemiker verbringen. Das gesamte Versagen der britischen Industrie ist in dieser Geschichte enthalten: Deutschland erlangte die Vorherrschaft auf dem Gebiet der synthetischen Chemie; die Briten bevorzugten, wie Perkin, die reine Wissenschaft.

Als pensionierter Steinkohlenteer-Chemiker tat Perkin dann noch etwas, das vielleicht der größte Dienst war, den er jemals der Welt geleistet hatte; etwas von viel größerer Bedeutung als seine beiden synthetischen Farben oder sein Kunstwort „Mauvein" oder seine erfolgreiche Karriere als nicht ausgebildeter Chemieingenieur oder sein Ritterschlag (1906), bei welchem König Edward bemerkte: „Mauve ist eine meiner Lieblingsfarben, und ich bin erfreut, den Erfinder kennenzulernen."

Der König ließ unerwähnt, daß Perkin als erster eine Farbe erfunden hatte, die von Ästheten wie Oscar Wilde und Aubrey Beardsley benutzt wurde, um Menschen, Neuartiges, Ideen zu umschreiben. Dies ist der erste bekannt gewordene Fall, bei dem nicht die Kunst die Natur imitiert, auch nicht die Natur die Kunst, sondern die Mode das Labor, welches kurz zuvor erfolgreich die Natur mit der Farbe „Mauvein" übertroffen hatte.

Jener große Dienst, den Perkin der Menschheit erwies, bestand darin, daß er den jungen Chaim Weizmann unterstützte und förderte, ihn als Forschungsassistenten beschäftigte und ihn mit Erfolg an der Manchester University unterbrachte. Aus der Steinkohlenteer-Technologie entwickelte Weizmann ein Azeton-Verfahren, durch welches die Briten in die Lage versetzt wurden, die Millionen Tonnen von Sprengstoffen herzustellen, die sie für den Ersten Weltkrieg benötigten. Weizmann wurde Direktor der chemischen Forschung bei der britischen Admiralität; Arthur Balfour, erster Lord der Admiralität in den Jahren 1915 und 1916, war einer der wenigen Politiker auf der Welt, der die Bedeutung wissenschaftlich fundierter industrieller Verfahren erkannte und Chaim Weizmanns Leistung sehr hoch schätzte. Als Außenminister belohnte er Weizmann mit der Balfour-Deklaration von 1917, mit der den Juden in Palästina ein „nationales Heim" versprochen wurde; und Weizmann wurde der erste Präsident des Staates Israel, jenes Nebenprodukts des Zweiten Weltkriegs.

Diese Abfolge ist bemerkenswert: Liebig, der die Natur der botanischen Chemie entdeckte, lehrte Hofmann, der das Wesen der organischen Steinkohlenteer-Basen erkannte. Hofmann lehrte Perkin, der zum Industriellen wurde. Perkin lehrte Chaim Weizmann, der erheblichen, vielleicht ausschlaggebenden Einfluß darauf hatte, daß die Briten im Ersten Weltkrieg gewannen. Der Krieg hätte vielleicht gar nicht stattgefunden, wenn mehr fähige Engländer sich der organischen Chemie angenommen und diese nicht den Deutschen überlassen hätten – ein Punkt, den Prinz Albert durchaus erkannt hatte, als er 1845 Hofmann aus Bonn holte. In jenem Jahr produzierten die Briten 150 000 Tonnen Baumwolle, die gefärbt werden mußten. Eine Generation später, als die Farbstoffe schon zur Hälfte von Deutschen oder von Deutschen in Großbritannien produziert wurden, waren es doppelt so viele Tonnen. Um 1900 wurde der größte Teil aller Farbstoffe von Deutschen in Deutschland produziert. Von Briten mit einfacher Technologie hergestelltes graues, gebleichtes und ungefärbtes Baumwolltuch erreichte eine Exportquote von 80 Prozent, doch viel einfaches Tuch wurde in anderen Ländern gefärbt und weiterverarbeitet. Die Briten hatten ihre Vorliebe für den einfachen Weg an den Tag gelegt, für die weniger aufwendige Technologie, die ein nationales Charakteristikum der zweiten Hälfte des 19. Jahrhunderts war und uns als ein Unterthema durch das ganze Buch hindurch immer wieder begegnen wird: der Schlüssel zu Großbritanniens heutigem Verfall und Niedergang.

Warum dies passierte, bleibt eines der ungeklärten Rätsel der Geschichte, aber Großbritannien zeigte von etwa 1860 an eine ganz außergewöhnliche Neigung, am technologischen Wandel von vorneherein Abstriche zu machen. Als Prinz Albert 1845 den Deutschen Hofmann holte, um die britische Chemieforschung richtig aufzubauen, war der Mehrwert, den die britische Industrie durch die Bearbeitung roher Baumwolle erwirtschaftete, doppelt so hoch wie die Rohstoffkosten.

Zwei Generationen später, um 1900, betrug der von der britischen Baumwollindustrie im Vergleich zu den Rohstoffkosten erwirtschaftete Mehrwert nur noch die Hälfte, im Verhältnis zu dem von 1845 also nur noch ein Viertel. Vom Mehrwert leben die Industrienationen. Der Rückgang des Mehrwertes prophezeite den Niedergang Großbritanniens. Aber ehe dies jemand bemerkte, war es wahrscheinlich schon zu spät.

Als um 1926 die ICI (Imperial Chemical Industries) aus vier großen Gesellschaften gebildet wurden, konnten elf der vierzehn „Gründungsväter" des Zusammenschlusses nachweisen, daß sie deutschen Ursprungs waren. Die Gründung der ICI war ein defensiver Schachzug, mit dem man die Segnungen dessen erlangen wollte, was man damals „Rationalisierung" nannte. Im Laufe der Zeit brachte die Gesellschaft eine ganze neue Managergeneration hervor, die den defensiven Zusammenschluß in ein riesiges Weltunternehmen verwandelte, das auf dem Gebiet der neuen Kunststoffindustrie dem DuPont-Konzern Auge in Auge ins Gesicht sehen kann.

Doch bevor es soweit war, sollte sich die Suche nach einem Chininersatz als eine Frage von geopolitischer Bedeutung erweisen. Für die amerikanischen Kriegsanstrengungen war die erfolgreiche Produktion synthetischen Chinins genauso wesentlich wie die synthetischen Kautschuks oder synthetischen Flugbenzins für die Nazis. Beim Zweiten Weltkrieg denkt man häufig an die bemerkenswerten Mengen Stahl, die man für Waffen, Schiffe, Flugzeuge, Panzer brauchte, man meint Metall, wenn man an Materialschlachten denkt, aber er war auch der erste Krieg, bei dem synthetische Stoffe eine absolut entscheidende Rolle spielten. Trotz des Erbes eines schlechten Industriemanagements im späten viktorianischen England sollte Großbritannien auf dem Gebiet dieser neuen Wissenschaft eine bedeutende Rolle übernehmen.

*

In Preußen und im Deutschen Reich lagen die Verhältnisse anders. Im Jahr 1870 war das neue Kaiserreich die jüngste Nation Europas, selbstbewußt, ein Parvenü vielleicht. Der politische und idealistische Nationalismus, der das Wilhelminische Reich ermöglichte, gründete sich auf Sprache und Gefühl, und parallele patriotische Impulse des Handels und der Industrie zielten darauf ab, alles, wenn möglich, im eigenen Land zu produzieren. Zölle schotteten ausländische Einfuhren ab. Deutsche Hersteller wurden ermutigt, ja gezwungen, einheimische Produkte zu kaufen, und sie taten dies auch bereitwillig.

Liberale Deutsche aus dem Mittelstand bekundeten ihre Ablehnung des neuen Regimes dadurch, daß sie nach England und den Vereinigten Staaten auswanderten, genau wie nach 1848 oder wie im Jahr 1816, als die Wiederkehr des Ancien régime dem englisch-preußischen Sieg über Napoleon auf dem Fuß gefolgt war.

Um 1900 wirkte sich die deutsche „Selbstversorgung" gravierend für den Welthandel aus, und die Schutzzölle waren so hinderlich wie heute die der USA. Ohne die Basis einer vierzigjährigen Autarkie wäre das Deutsche Reich auch nicht in der Lage gewesen, einen Krieg ungeheuerlichen Ausmaßes ins Auge zu fassen, geschweige denn, ihn mehr als vier Jahre lang gegen halb Europa zu führen. Obwohl weniger als zehn Prozent aller Handelsgüter durch die alliierte Blockade kamen, konnte Deutschland von 1914 bis 1918 Krieg führen – eine erstaunliche Leistung.

Die deutsche „Ersatz-Kampagne" konzentrierte sich natürlich größtenteils auf die Chemie. Die Karriere Paul Ehrlichs (1854–1915) illustriert den Zusammenhang zwischen organischer Grundlagenchemie, Farbstoffen, Arzneimitteln und der nationalen deutschen Anstrengung. Ehrlich, ein rastloser Geist, war ausgebildeter Arzt, aber von Hofmann darauf gebracht worden, den Weg von Krankheitserregern im menschlichen Kreislauf zu verfolgen. Als Indikatoren benutzte er Hunderte von Farbstoffen. Zu diesem Zweck brauchte er unbedingt die neuen synthetischen Farbstoffe, denn natürliche Farben sind nicht farbecht und verlieren im Blut all ihre Merkmale. Er entdeckte, daß die Farbstoffe nebenbei von erheblichem Einfluß auf die Zellstruktur waren. Er verliebte sich in die Eleganz der Farbenchemie und bemerkte mit einem Seufzer, daß er Farbenchemiker hätte werden sollen. Er war einfach zu bescheiden.

1881 war der Malariaerreger von Laveron mit Hilfe des Mikroskops identifiziert worden. Zehn Jahre später benutzte Ehrlich Methylenblau, damals eine Standardfarbe, um der Malaria im Kreislauf eines deutschen Matrosen, der an tertiärer Malaria litt, nachzuspüren. Der Matrose wurde geheilt. Ehrlich bezeichnete dies als Zufall, aber ob Zufall oder nicht, ob Absicht oder Nebeneffekt, eine Wiederholung gelang nicht, denn vor der Entdeckung der Vogelmalaria gab es keine zuverlässigen Testverfahren. Erst von ungefähr 1910 an konnte man Chininersatzstoffe an Kanarienvögeln und Wellensittichen testen.[22]

Nicht allein die Entdeckung der ersten Malaria-„Kur" mittels eines Ersatzstoffes ließ Ehrlich zu einem so bedeutenden Chemiker werden; der Mann hat eine größere historische Wertschätzung verdient. 1905 entwickelte er aus einem roten Farbstoff ein Mittel gegen die Schlafkrankheit. Die Schlafkrankheit (*Trypanosomiasis*) wird von der Tsetsefliege übertragen und befällt Menschen wie Tiere, vor allem Nutzvieh. Ihr Erreger war nach dem der Malaria der historisch erfolgreichste Parasit Afrikas, die schlimmsten Seuchen rief er dort hervor. Auch heute noch wird das Vieh vorsorglich gegen die Tsetsefliege geschützt. Bezeichnenderweise hatte Ehrlich eigentlich nach einem Mittel gegen Malaria gesucht, und er suchte immer noch nach einer synthetischen Arznei dagegen, als er fünf Jahre später „Salvarsan" oder, wie er es nannte, „606" erfand, das erste erfolgreiche synthetische Mittel gegen Syphilis. Doch nicht genug damit. Er verbesserte die Herstellungstechnik von Seren, ein erheblicher Fortschritt für die praktische Pathologie; er entwickelte einige wertvolle Testverfahren für Gegengifte unter simulierten Laborbedingungen, denn er lehnte es ab, Tiere für medizinische Versuche zu mißbrauchen; die Steinkohlenteer-Chemie entwickelte er in jeder erdenklichen Richtung weiter, sei es direkt, sei es zum Beispiel als Lehrer; er leistete bedeutende Beiträge zur frühen Krebstherapie auf Steinkohlenteer-Basis. Alles in allem befruchtete er eine ganze Generation von Chemikern, die die Welt zum industriellen Gebrauch der Kohle als Rohmaterial führen sollte. Insbesondere brachte er andere Pharmazeuten und Chemiker dazu, den Zusammenhang zwischen Blutzellen, durch Blut übertragenen Parasiten, synthetischen Farben und synthetischer Chemotherapie zu erkennen. Seine Suche nach einem aus dem Rohmaterial Steinkohlenteer gewonnenen synthetischen Chinin führte zu vielen anderen Experimenten, zahlreichen anderen Entdeckungen und schließlich dazu, daß Ehrlich und seine Nachfolger Deutschland zu einer Spitzenposition auf dem Gebiet der organischen Chemie verhalfen. Trotz seines verdienstvollen, makellosen und ziemlich langweiligen Privatlebens gäbe er ein hervorragendes Objekt für eine Biographie ab.

Sprengstoffe oder Dünger, Kampfgase, synthetische Textilien, synthetischer Kautschuk, „Plastik", Farbstoffe und Arzneimittel, synthetisches Petroleum – Ehrlich und seine Schüler brachten das Kaiserreich und die Weimarer Republik an die Weltspitze. Die deutsche chemische Industrie überlebte die Niederlage des Ersten Weltkriegs, die schwachen Regierungen und die Inflation der frühen zwanziger Jahre und sogar alle Krisen zwischen 1929 und 1934. Die Nazis überlebte sie nicht. Innerhalb eines Jahres nach Hitlers Machtergreifung waren die meist jüdischen Nachfolger Ehrlichs, der selbst Jude war, emigriert, um ihr Leben zu retten. Doch ihr Weggang konnte die deutsche Kriegsrüstung nicht verhindern. Und noch heute befruchtet das Erbe der frühen Synthetik-Pioniere die chemische Industrie in beiden deutschen Staaten.[23]

Die Deutschen hatten beizeiten erkannt, daß die Industrie intellektuell von der Wissenschaft vorangetrieben werden muß, welche sich wiederum durch den Nutzen, den die Industrie aus der Wissenschaft zieht, finanziert. Paul Ehrlichs ganze Arbeit zum Beispiel hat sich durch den Gewinn, den die Farbenindustrie aus seiner Forschung erwirtschaftete, vielmals bezahlt gemacht. Offensichtlich haben die Schweizer, Franzosen und Amerikaner daraus ihre Lehren gezogen. Nicht so die Briten. Als einzige unter den Industrienationen haben sie die reine von der angewandten Wissenschaft so getrennt, als sei die eine rein und die andere so schmutzig, daß man sie am besten anderen überläßt. Das Land mit den meisten naturwissenschaftlichen Nobelpreisen pro Kopf der Bevölkerung hat gleichzeitig die schlechteste Bilanz hinsichtlich der Anwendung des Wissens für industrielle Zwecke.

Man kann es sich heute, in den späten achtziger Jahren, vielleicht nur schwer vorstellen, aber die Viskose, der synthetische Kautschuk, synthetisches Petroleum und die synthetischen Arzneimittel sind allesamt während des Ersten Weltkriegs in Deutschland erfunden und über das Laborstadium hinaus entwickelt worden. Doch erst im Jahr 1926 stand das erste spezifische Antimalaria-Mittel, Pamaquin, zum

Verkauf bereit, genauso wie erst in den dreißiger Jahren synthetische Kautschuk- oder Petroleumprodukte in Umlauf kamen. Pamaquin (Plasmoquin) wurde 1930 von Atebrin (Mepacrin) abgelöst. Auch Atebrin zeigte Mängel, vor allem eine Gelbfärbung der Haut — ein Hinweis auf Langzeitschäden der Leber —, Hautausschläge, in hohen Dosen auch Geistesstörungen. Trotz alledem war es *das* Arzneimittel des Zweiten Weltkriegs und wurde zu Tausenden von Tonnen von Deutschen wie Alliierten gleichermaßen hergestellt, von Millionen von Männern und Frauen im Mittelmeerraum und in Ostasien eingenommen. Atebrin, im angelsächsischen Raum heute Mepacrin genannt, rettete die Amerikaner im Pazifikkrieg, und sie verdankten dies den Heimlichkeiten einiger Chemiker des britischen ICI-Konzerns. Als sie den Krieg als unvermeidlich erkannten, begannen sie 1938, das deutsche Herstellungsverfahren für Atebrin zu simulieren, und zur Zeit des Überfalls auf Pearl Habor, im Dezember 1941, hatte ICI nahe Grangemouth in Schottland die Großfabrikation laufen. Mit dem nächsten deutschen Mittel, Chloroquin (Amodiaquin), das wesentlich sicherer war als Atebrin, machten die Amerikaner während des Krieges dasselbe, doch sie konnten es erst von 1944 an tonnenweise herstellen. Chloroquin ist dem eigentlichen Chinin ganz ähnlich, unterdrückt aber Falciparum-Infektionen wesentlich effektiver. Es ist heute noch in Gebrauch, während Atebrin von einem ähnlichen Mittel, Primaquin, abgelöst wurde. Das nächste von ICI entwickelte Mittel, Proguanil, stand Ende des Zweiten Weltkriegs zur Verfügung, und es ist noch heute das sicherste von allen, ein Präventivmittel par excellence: Es wird vom Körper schnell aufgenommen und wieder ausgeschieden, und obwohl es sehr schnellen Schutz bietet (innerhalb von 24 Stunden), wirkt es vor allem auf die Parasiten in der Leber und nicht auf die im Blutkreislauf. Einiges deutet darauf hin, daß ein paar Parasiten eine gewisse Resistenz gegenüber dem Mittel entwickeln, vor allem in Malaysia, Neuguinea und Ostafrika, aber diese Resistenz soll lokal begrenzt sein und nur sporadisch auftreten. Ein anderes Präventivmittel ist das Pyrimethamin, das in wesentlich geringeren Dosen als Proguanil genommen werden kann. Auch gegen Pyrimethamin soll sich in Ost- und Westafrika sowie im Orient örtlich begrenzt Resistenz entwickeln. Während das Mittel für Erwachsene sicher ist, kann es bei Kindern ernsthafte, permanente Schäden mit sogar tödlichem Ausgang nach sich ziehen. Doch sein Vorteil liegt darin, daß Erwachsene es nur einmal pro Woche nehmen müssen und trotzdem geschützt sind.

Im Verlauf dieser Entwicklung wurden in den dreißiger Jahren auch die Sulfonamide entdeckt und auf ihre Anti-Malaria-Eigenschaften getestet, doch alsbald vergessen, da sie sich als nicht so effektiv wie Atebrin erwiesen. In den sechziger Jahren versuchte man noch einmal, bestimmte Sulfonamide in ihrer lang vorhaltenden Form einzusetzen, besonders gegen Falciparum-Parasiten. Sulfonamide verstärken die Wirkung von Pyrimethamin um den Faktor dreißig, und Sulfadionade multipliziert die Wirksamkeit des Sulfadiazins bis zu einhundertmal, wenn man es gegen nicht-resistente Parasitenstämme einsetzt. Diese Art Kombination wird heute allgemein bei schwierigen Fällen eingesetzt.

Um zu den neuesten Überlegungen hinsichtlich der Malariatherapie zu kommen, müssen wir an den Anfang der Malariageschichte zurückgehen. Seit den fünfziger Jahren, als die Weltgesundheitsorganisation und andere Institutionen äußerst optimistisch das Aussterben der Krankheit voraussahen, sind keine konventionellen Arzneimittel mehr dagegen entwickelt worden. Wie bereits bemerkt, hat die Malaria in den vergangenen 25 Jahren eine erhebliche Renaissance erlebt, aber die Biochemie hat sich ebenfalls weiterentwickelt. Im wesentlichen haben sich zwei potentielle Malariatherapien herausgeschält.

Die eine besteht darin, ein Antigen zu entwickeln, mit dessen Hilfe ein sicherer Impfstoff ermöglicht würde, der lange Zeit verläßlichen Schutz böte; für die andere von Mücken übertragene Tropenkrankheit, das Gelbfieber, gibt es dies bereits. Doch die andere Entwicklung ist noch interessanter.

Wie bereits erwähnt, sind die westafrikanischen Schwarzen, obwohl sie fast immer Überträger der Krankheit sind, gegen die Auswirkungen der Malaria immun.[24] Diese Schwarzen leiden an der „Sichelzellenanämie", wobei die Malariaparasiten durch hohe Konzentrationen reaktiver Sauerstoffmoleküle in den roten Blutkörperchen zerstört werden. (Gerade dieses Vorhandensein reaktiven Sauerstoffs verhilft den Blutkörperchen zu ihrer Form und den Malariaparasiten zu einem Abenteuer mit tödlichem Ausgang.) Für Testzwecke stehen bereits Arzneimittel zur Verfügung, die – bei Vögeln – die Malariaparasiten dadurch töten, daß sie die Bildung solcher Sauerstoffmoleküle fördern.

Diese „Kur" hat einen 300 Jahre alten Vorläufer. Im Jahr 1684 empfahl ein portugiesischer Schriftsteller folgendes Mittel gegen Syphilis: „Kaufe von einem Schiff eine jungfräuliche Schwarze, teile mit ihr einen Monat lang das Lager, und die Heilung wird sich einstellen." Zweifellos wird der moderne Leser zu dem Urteil kommen, daß es sich hierbei um einen zügellosen und grausamen Unsinn handelt.

Er hätte unrecht. Von 1920 bis 1950, als die ersten wirkungsvollen Antibiotika zur Verfügung standen, bestand bei tertiärer Syphilis die Therapie überraschenderweise aus absichtlich hervorgerufener Malaria; Tausende wurden so geheilt.

Wenn im Jahre 1684 ein Mann das Sklavenmädchen gekauft hätte und sie tatsächlich eine Jungfrau und damit frei von Geschlechtskrankheiten gewesen wäre, hätte er sich bei ihr mit Malaria angesteckt, welche ihn von der Syphilis geheilt hätte. Doch von nichts kommt nichts auf dieser Welt: Das Mädchen hätte sich mit Syphilis infiziert und der Mann sich mit Malaria. Wenn er kein Chinin zur Hand gehabt hätte, wäre er vielleicht an Malaria gestorben.[25]

Der Rat des portugiesischen Schriftstellers war vor 300 Jahren soviel wert wie der daraus gezogene Nutzen. Doch erst in diesem Jahrhundert kam man darauf, warum die Kur wahrscheinlich funktioniert hat. Unbeantwortet bleibt jedoch die Frage, wie man 1684 ein Mädchen von der Syphilis heilte, wenn es keine Malaria bekommen konnte...

In seinem zu Recht hochberühmten und vielbewunderten Werk *History of the World* stellte J. M. Roberts fest: „Die Wende des Geschichtsverlaufes nach 1500 war ohne jedes Beispiel. Noch nie zuvor hatte sich eine einzige Kultur über den ganzen Globus ausgebreitet... Gegen Ende des 18. Jahrhunderts hatten die europäischen Nationen... über die Hälfte der gesamten Landfläche der Erde in Besitz genommen... Nur das durch Klima und Krankheiten noch immer abgeschottete Innere Afrikas schien undurchdringlich." Dr. Roberts ließ die Malaria unerwähnt, der Begriff taucht auch nicht in seinem Register auf. Ich stelle dies nicht fest, um seine Leistung zu schmälern, sondern um die Notwendigkeit des vorliegenden Buches im allgemeinen und dieses Kapitels im besonderen zu betonen.

Das Chinin und seine synthetischen Ersatzstoffe sind Nebenprodukte von solchem Wert, daß es kaum möglich ist, den Einfluß, den die Malaria und ihre schließliche Kontrolle auf die Geschichte hatten, zu übertreiben. „Was wäre, wenn" zu fragen, gilt auf dem Gebiet der Geschichtsschreibung als unmodern und als akademische Zeitverschwendung: Wir sind, was wir sind, sagt man heute; wir sind das, was die Vergangenheit uns werden ließ; und die Gegenwart – oder die Vergangenheit, die die Gegenwart hervorbrachte – wird nicht in Abrede gestellt; auch ohne uns über die Vergangenheit den Kopf zu zerbrechen, haben wir genug damit zu tun, die Gegenwart zu bewältigen und gleichzeitig nach der Zukunft zu greifen. Aber die Gegenwart ist das Kind der Vergangenheit, die genauso die Mutter der Zukunft wie die der Gegenwart ist. Überlegen wir einmal, wie die Weltgeschichte einerseits ohne Malaria, andererseits ohne Chinin verlaufen wäre.

Das ist nicht unsinnig, es hat nichts mit jenen Gedankenspielen zu tun, bei denen man sich zum Beispiel ein Leben ohne Verbrennungsvorgänge vorstellen soll – was dazu führen würde, daß alle bekannten Gesetze der physikalischen Chemie auf den Kopf gestellt würden, und eine Welt ergäbe, in der das Oberste so zuunterst gekehrt wäre, daß sie nur auf einem anderen Planeten existieren könnte. Keine Malaria zu kennen wäre genauso wie keine Krankheit zu kennen, die eine Frau dann tötet, wenn sie das vierte Mal schwanger wird, oder einen Mann, der mehr als zweimal heiratet. Solche hypothetischen mörderischen Krankheiten gibt es nicht, aber beide würden eine geeignete Form der Geburtenkontrolle darstellen, was offensichtlich der Sinn vieler Krankheiten im Tier- wie im Pflanzenreich ist. (Krankheiten halten das Anwachsen der Bevölkerung im Zaum und befördern das „Überleben der Stärkeren". Dies ist „grausam": Wenn aber die Malaria beseitigt ist und der Nahrungsmittelvorrat nicht zugleich mitwächst, übernimmt keiner die Kontrollfunktion, das ist noch grausamer. Auch Dürreperioden töten die Mücken und können zu dem Ergebnis führen, daß die Zahl der überlebenden Menschen steigt, die dann an Hunger sterben.) Die Vorstellung, daß es keine Malaria gibt, ist noch nicht einmal albern. Bis 1492 gab es in Europa keine Syphilis. In weiten Teilen Afrikas, in Nord- und Südamerika oder in Australien gab es, ehe der weiße Mann dorthin kam, keine Tuberkulose, keine Masern, keine Grippe. Bis vor kurzem gab es auch kein Aids. Es ist also legitim, die Möglichkeit einer Welt ohne Malaria in Betracht zu ziehen. Sie hätte eine völlig andere Vergangenheit und Gegenwart. In einer großen, höchst produktiven und historisch bedeutsamen Zone gab es zwar Malaria, nicht aber die anderen Fieberkrankheiten – Gelb-, Lassa- oder Sumpffieber. In diesem riesigen Gebiet, besonders rund ums Mittelmeer und im Nahen Osten, hätte die Welt ohne Malaria anders ausgesehen. Zunächst hätte es immer wiederkehrende Übervölkerungskrisen gegeben, die zu Hungersnöten – viel mehr, als es dort tatsächlich gab – geführt und statt der Krankheit den Hunger zum Mittel der Bevölkerungskontrolle gemacht hätten. Die Araber hätten nicht am Rande des trockenen afrikanischen Hochlandes, an den Grenzen der Sahelzone, haltgemacht. Die Wikinger hätten nicht nur Kolonien jenseits der nordatlantischen Inseln gegründet, sondern wären vielleicht auch noch viel weiter südlich als Sizilien vorgedrungen, vielleicht sogar weiter östlich als Kiew. Die Welt wäre in die Hände jener gefallen, die, ohne das Gebot des „Sumpffiebers", über die bestmögliche Kombination der notwendigen Qualitäten verfügt hätten. Die Feuchtgebiete der Welt wären viel stärker und auf einer viel stabileren Basis bevölkert worden, während die kühleren Hochebenen von geringerer Bedeutung geblieben wären. Westafrika wäre viel dichter besiedelt worden, und zwar von allen Rassen und nicht nur von der, die sich über die Jahrhunderte hinweg die Fähigkeit, der Malaria zu widerstehen, angeeignet hatte – den Negern im engeren Sinn.

Und nun stellen wir uns Malaria ohne Chinin oder seine synthetischen Ersatzstoffe vor. Wiederum wäre die ganze Weltgeschichte seit 1650 anders verlaufen.

Während der ersten 150 Jahre weißer Besiedlung in der Karibik und in Amerika mußte man, wie bekannt, ohne Chinin auskommen; bei den Indianern, die der Malaria nie zuvor begegnet waren, und bei den armen weißen Zwangsverpflichteten, die die Krankheit nur aus dem für die Mücken weniger günstigen Europa kannten, führte dies bekanntlich zu sehr hohen Sterblichkeitsraten. Die von der Malaria hervorgerufenen Erschöpfungszustände ereilten in früheren Zeiten alle Weißen in den Südstaaten, und als die Nordstaaten in den Jahren 1862–65 ihre erfolgreiche Blockade errichtet hatten, führte der plötzliche Chininmangel zu erheblichen Ausbrüchen des Fiebers in der konföderierten Armee und trug so zum Erfolg des

Nordens bei. Wäre Chinin zur Hand gewesen, hätte die entscheidende blutige Schlacht von Gettysburg zu einem anderen Ausgang führen können. Für die Jahre der Blockade sind keine Importzahlen überliefert, aber es ist bekannt, daß Chininsulfat im Jahre 1864, mit dem Goldwert verglichen, das Zehnfache des vor dem Krieg üblichen Preises kostete, und dies mag als Maßstab dienen, was ein Leben ohne Chinin für die Mehrheit bedeutet haben muß.

Wenn man einen Moment darüber nachdenkt, was alles dank Chinin geschehen konnte, wird der entscheidende Einfluß der Jesuitenrinde klar. Weil man die Malaria erst gegen Ende des 19. Jahrhunderts wirklich im Zaum halten konnte, waren die Neger der Welt vier Jahrhunderte lang die beliebteste Arbeitskraft der Tropen gewesen. Vielleicht würde es zu weit führen, wenn man behauptete, das Fehlen eines billigen Fiebermittels hätte direkt dazu geführt, daß man die immunen Neger als Sklavenrasse allen anderen vorzog. Aber es ist klar, daß man, sobald billiges Chinin in der Karibik und in Lateinamerika erhältlich war, Inder und Chinesen als Arbeiter ins Land holte.

Dr. Roberts beschrieb „das Innere Afrikas" als „noch immer durch Klima und Krankheiten abgeschottet ...". In der Tat, solange kein Chinin zu einem genügend niedrigen Preis zur Verfügung stand – das heißt, nicht vor 1880 –, war der Wettlauf um Westafrika nicht möglich gewesen: Es schien, als hätte der Chininmangel den Lauf der Geschichte aufgehalten. Nicht allein das Innere Schwarzafrikas war betroffen: Noch in den vierziger Jahren unseres Jahrhunderts war die Malaria in Gebieten, die bis auf eine Meile an die Hochwassermarken eines Dutzends westafrikanischer Häfen heranreichten, weit verbreitet. In Ostafrika lagen die Dinge etwas anders. Die Malaria kam dort nicht nur seltener als in Westafrika vor, die Einheimischen waren auch nicht resistent dagegen, so daß die Araber, die das Land im 8. Jahrhundert besiedelten, wahrscheinlich keine Malaria mit sich ins Innere gebracht hatten. Als die Weißen ankamen, war die Krankheit mit Sicherheit nicht endemisch, und im Inneren des heutigen Kenia, Uganda und Tansania wurde sie erst zu einem Problem, als es dort zu einem bemerkenswerten Bevölkerungsanstieg kam.

Die Beweise sind bloß anekdotischer Natur, aber vor Ankunft des weißen Mannes, also bis zum 18. Jahrhundert, scheint es in Ostafrika keine ernsthaften Malariafälle gegeben zu haben. Aus der Zeit vorher haben wir nur äußerst dürftige Kunde, aber die wenigen Anhaltspunkte lassen darauf schließen, daß es kein „Sumpffieber" gab. Auf längere Sicht scheint auch der Umstand, daß die zwar dunkelhäutigen, aber nicht echt negriden Einwohner Ostafrikas gegen Malaria nicht immun sind, diesen Punkt zu belegen.

Indien ist das Land, auf das sich Chinin während der letzten 100 Jahre im guten wie im bösen am entschiedensten auswirkte. Riesige Feuchtgebiete des Subkontinents wurden bewohnbar und der Gesundheit von Weißen wie Indern relativ zuträglich. In Assam baute man Tee an, im Industal Reis und in großen Teilen Südindiens eine Vielzahl von Getreiden. Eine riesige Menge indischer Männer wurde erstmals zu Lohnarbeitern und ließ Frauen und Kinder zurück, die als Subsistenzbauern die winzigen Flecken Land bebauten, die das einzige waren, was die Bauern besaßen. Doch obwohl Chinin Millionen von früher brachliegenden Hektar Land für die Landwirtschaft erschlossen hatte, fiel aller Gewinn allein den Weißen zu und nicht der einheimischen Bevölkerung.

In ganz Indien und Ceylon konnte man nun Kulis als Kontraktarbeiter verpflichten, mit Chinin am Leben erhalten und für die Laufzeit ihres Vertrages an die Plantage binden. Unzählige wurden von Vermittlern innerhalb Indiens selbst verschoben; und in Ceylon wurden die einheimischen Singhalesen durch willigere Tamilen aus Südindien ersetzt, woraus permanente, noch heute virulente Rassenspannungen herrühren. Nahezu die halbe Bevölkerung des modernen Sri Lanka stammt von Kontraktarbeitern ab, die dank des Chinins hierhergebracht werden konnten.[26]

Der Handel – denn es war ein regelrechter Handel – mit Kontraktarbeitern konnte entstehen, weil Indien zum Überschußgebiet wurde; Entwässerungsmaßnahmen, bessere Versorgung mit Nahrungsmitteln und eine dank des Chinins höhere Geburten-(bzw. Überlebens-)rate hatte in vielen Gebieten zu Überbevölkerung geführt. Also exportierte man indische Arbeiter nach Ost- und Südafrika, Mauritius, Malaya, auf die Fidschiinseln und in die Karibik (vor allem nach Britisch-Guayana); dort ersetzten oder ergänzten sie die Einheimischen, denen die indische Arbeitsmoral fremd war oder die sich weigerten, für Geld zu arbeiten, wenn sie sich doch ohne bezahlte Arbeit und ohne Geldausgeben eines vollkommen glücklichen Lebens erfreuen konnten.[27]

An vielen Orten wurden ganze Industrien nur deshalb neu gegründet, weil Arbeiter aus dem heutigen Indien, Pakistan und Bangladesh zur Stelle waren. Zucker konnte in Natal (Südafrika) nur angebaut werden, weil man indische Arbeiter dort hingebracht hatte, Tee in Ceylon aus demselben Grund. Neue Gewerbezweige wie Bananen in der Karibik, Kautschuk und Zinn in Malaya oder Landwirtschaft in Ostafrika wurden nur durch den Überschuß an Arbeitskraft aus Indien ermöglicht, einen Überschuß, der der Existenz des Chinins zu verdanken war. Dieser riesige Bevölkerungstransfer war weniger inhuman als die Sklaverei, wurde von den Sozialhistorikern weniger beachtet und hatte nichtsdestotrotz ebensolche Auswirkungen wie der afrikanische Sklavenhandel. Das vielleicht berühmteste Ergebnis dieser indischen Diaspora ist nicht in der Entwicklung einer Industrie zu sehen oder in einem ethnischen Problem, sondern in einem Individuum: Zeit seines Lebens zeigte sich Mahatma Gandhi von seinen Erfahrungen als indischer Emigrant in Südafrika betroffen.

Auch die Chinesen wurden, nachdem man ihr Leben mit Chinin schützen konnte, in alle Welt verschifft. Malaysia, Singapur, Hawaii, Indien, die Karibik und die pazifischen Inseln: heutzutage alles Heimatländer von Exilchinesen, deren Vorfahren von irgendeinem damaligen Spekulanten für soundsoviel pro Kopf dorthin gebracht worden waren. Die europäische Besiedlung Indochinas, Siams und Burmas wäre in dem Ausmaß, das sie Ende des 19. Jahrhunderts erreichte, ohne eine tägliche Dosis des Fiebermittels nicht möglich gewesen. Belgisch-Kongo, Französisch-Äquatorialafrika, Deutsch-Ost- und Westafrika und Niederländisch-Indien konnten nur Dank der Chinarinde in Form einer organisierten, von Weißen überwachten Plantagenökonomie ausgebeutet werden.[28]

Die Amerikaner haben sich in Panama wesentlich umsichtiger verhalten als die Briten in Zypern. Um 1890 war Panama, nicht viel anders als 200 Jahre zuvor, vom Fieber geschüttelt; Weiße durchquerten das Land nur mit Hast und einer erheblichen Chinindosis. Nachdem man in Kalifornien Gold entdeckt hatte, war die 1855 vollendete, über die Landenge führende Eisenbahn gebaut worden; über die Hälfte der am Bau Beteiligten starb am „Fieber". Bevor die Amerikaner den Bau des Kanals von den Franzosen übernahmen, starben die Leute in einem fort, doch weil die Frühsymptome der Malaria denen des Gelbfiebers sehr ähnlich sind, konnte man die

Gelbfieberfälle nicht behandeln, bevor die Krankheit so weit fortgeschritten war, daß sie zum Tode führte. Die Amerikaner legten die Sümpfe trocken und besprühten die Gewässer mit Kerosin — was nötig ist, um beide Krankheiten zu bekämpfen —, gaben jedermann eine tägliche Chinindosis und waren dann in der Lage, sich an die Ausrottung des Gelbfiebers zu machen. Ein Triumph der Präventivmedizin, aber ohne Chinin hätte kein Arzt die Arbeit aufnehmen können, und die Kanalzone wäre, zusammen mit den meisten Tropengegenden, ein Grab des weißen Mannes geblieben.

Synthetiks — das Wort ruft bei vielen eine zwiespältige Reaktion hervor. Der Begriff hat einen abwertenden Klang — ein Ersatz für das Echte. In Wirklichkeit sind einige synthetische Stoffe viel besser als das Naturprodukt — Kautschuk ist ein gutes Beispiel, denn sein synthetischer Ersatz, Neopren, widersteht Öl und anderen aggressiven Flüssigkeiten viel besser als irgendeine natürliche Kautschukmischung.

Dank synthetischen Chinins konnten die Alliierten den Zweiten Weltkrieg gewinnen. Anderenfalls hätte es keinerlei Schutz für die zusätzlichen 25 Millionen Männer und Frauen in den Streitkräften gegeben, die für eine gewisse Zeit an irgendeinen fremden Ort gebracht wurden, an dem die Malaria zu Hause war. Hätte es kein synthetisches Chinin gegeben, wären die Japaner im Pazifikkrieg siegreich geblieben, und der Krieg ums Mittelmeer hätte einen völlig anderen Ausgang genommen.

Echtes Chinin wurde als erstes Naturprodukt in der unterstützenden Chemotherapie angewandt; es war auch das erste, für das die synthetische Chemie einen Ersatz suchte. In gewisser Hinsicht mag die natürliche Chemotherapie der synthetischen Alternative vorzuziehen sein. Chinin ist billiger als die Ersatzstoffe, angenehmer im Gebrauch und hat weniger Nebeneffekte. Hundert Jahre lang haben wir die Leistungsfähigkeit der synthetischen Chemie bestaunt; sie hat uns nicht nur die systemischen — über das Blut wirkenden — Arzneimittel beschert, die gegen Schlafkrankheit, Malaria und die meisten gewöhnlichen Infektionskrankheiten helfen, sondern auch Düngemittel, Textilfasern, Kunststoffe und Hunderte weiterer Produkte, die heute in jedem Haushalt gebräuchlich sind. Chinin jedoch bleibt das erste, allgemein akzeptierte und rein natürliche systemi sche Heilmittel. Wenn man heute Synthetiks kreiert, vergißt man, was Bacon 1585 sagte: „Wir sollen nicht uns eine Vorstellung machen oder vermuten, sondern *entdecken*, was die Natur tut oder was zu tun sie veranlaßt werden kann."[29]

Heute nimmt man an, daß einige Pflanzen im Amazonasgebiet chemisch wirksame natürliche Stoffe enthalten, die noch nie von Wissenschaftlern untersucht worden sind. Doch das Amazonasbekken wird systematisch zerstört, ein Schicksal, das ironischerweise erst durch Chinin möglich wurde. Sind in der Natur vorkommende chemotherapeutische Stoffe schon zerstört worden, die Krebs hätten heilen können? Die bei Depressionen wirksamer gewesen wären als synthetische Mittel? Die mißgebildete Föten, multiple Sklerose oder angeborene Behinderungen hätten vermeiden können? Gibt es noch viel mehr Pflanzen, die Heilmittel gegen unsere Zivilisationskrankheiten enthalten? Sollten wir das nicht herausfinden, bevor wir ihre Umwelt für immer zerstören?[30]

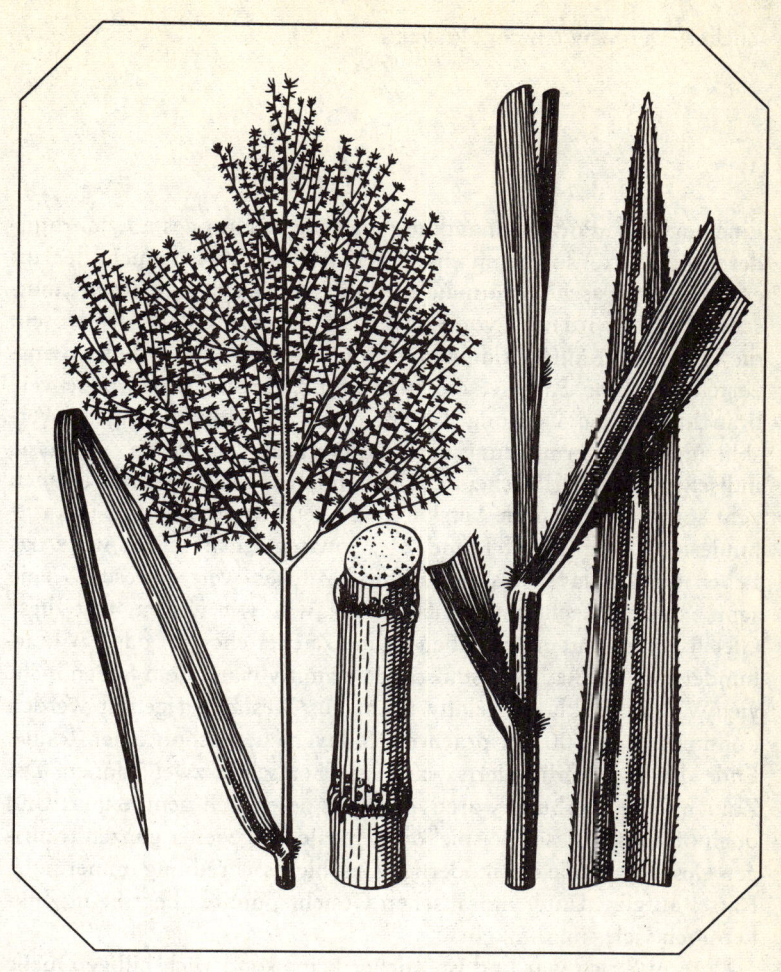

Zuckerrohr

Eine englische Porzellanhandlung warb zu Beginn des 19. Jahrhunderts für Zuckerdosen mit einem geistreichen Werbespruch, der auf eine zeitgenössische Strömung des liberalen Denkens baute: „Indischer Zucker wird nicht von Sklaven gemacht", stand auf den Dosen, die es so dem Käufer erlaubten, sein reines Gewissen öffentlich auszustellen. „Eine Familie, die fünf Pfund Zucker pro Woche verbraucht", so die Werbung weiter, „kann 21 Monate lang die Versklavung oder Ermordung einer Mitkreatur verhindern, wenn sie indischen statt karibischen Zucker nimmt! In 19½ Jahren können acht solche Familien die Versklavung oder Ermordung von 100 verhindern!!"[1] Wenn fünf Pfund 21 Monaten entsprachen, wäre das Leben eines Sklaven also 450 Pfund Zucker Wert gewesen – eine sehr extreme Rechnung. Nach allem, was wir wissen, traf diese Gleichsetzung mit einer halben Tonne Zucker eher auf das 17. Jahrhundert zu, als die Lebensumstände primitiv waren, ein Leben nicht viel Wert und Sklaven relativ leicht aus Westafrika geholt werden konnten. Um 1700 entsprach ein Sklavenleben schon einer Tonne. Ende des 18. Jahrhunderts waren es eher schon zwei Tonnen. Die Zahlen jener Werbung waren also eher polemisch denn exakt. Und doch offenbart dieses Beispiel die zentrale Frage jener ganzen traurigen Geschichte, die der modernen Geschichtsschreibung immer noch Rätsel aufgibt. Unter moralischen Gesichtspunkten liegt beim Zucker noch vieles im dunkeln.

Unterm Strich war und ist Zucker keine sonderlich billige Quelle der menschlichen Energieversorgung; lange Zeit war er, richtig umgerechnet, viel teurer als Getreide. Bis zum 16. Jahrhundert aber war die ganze europäische Welt mit verschwindend geringen Zuckermengen ausgekommen, mit einer bloßen Prise pro Kopf während ihrer ganzen Geschichte. Auch während der Blüte der Renaissance wurde nur ein Teelöffel voll pro Kopf und Jahr verbraucht. Zucker ist zu nichts nütze, aber er macht süchtig. Zwischen 1690 und 1790 wurden 12 Millionen Tonnen Zucker nach Europa importiert, was alles in allem etwa genausoviel Menschen das Leben kostete. Heute wird in Europa dieselbe Menge in weniger als einem Jahr verbraucht, eine mehr als hundertfache Steigerung. Und heute sind die Konsumenten die Sklaven.

Das Zuckerrohr[2] stammt aus Polynesien, wo man ihm fast magische Eigenschaften nachsagte und es mit einem Mythos umgab, der vielleicht aus der Tatsache resultiert, daß oft kleine Stücke, die an fremden Ufern angespült wurden, sofort wieder blühten und gediehen. So kam das Zuckerrohr wahrscheinlich auch nach China, Indien und in andere Länder. Im alten Indien machte man regen Gebrauch davon, in China wurde es schon um 1000 v. Chr. als süßes Aphrodisiakum gekaut. Doch erst 300 Jahre später raffinierte man in Indien, in Bihar am Ganges, erstmals eigentlichen Zucker; von dort aus wurde dieser dann in ganz China eingeführt.

Der indische Zucker wurde aus einer Zuckerrohrart namens *Puri* gewonnen. Während der nächsten 2000 Jahre verbreitete sich diese Art immer weiter westwärts, bis sie im 18. Jahrhundert in der Neuen Welt auf Arten traf, die aus Polynesien und Indonesien stammten. Kolumbus soll es gewesen sein, der 1494 *Puri*-Pflanzen von den Kanarischen Inseln nach Haiti brachte. In der Karibik setzte sich bald die Bezeichnung *Creole*[3] durch.

Bis zum Mittelalter, als Zuckerrohr im Mittelmeerraum auftauchte, hatte man in Europa keinen Zucker gekannt. Alexander der Große jedoch soll, so nimmt man an, bereits um 325 v. Chr. im Industal dem Zuckerrohr begegnet sein. Ehe man Zuckerrohr zu Kristallzucker verarbeiten konnte, hatte man lange Zeit ausschließlich mit Honig gesüßt. Bienen sind sehr effiziente Zuckerproduzenten. Honigbienen finden wir erstmals im Jahre 5551 v. Chr. in Ägypten erwähnt, und sie begegnen uns in zahlreichen babylonischen Quellen sowie im ganzen Alten Testament. In Ägypten sagte man dem Honig magische Eigenschaften nach: Er wurde zu einem Sirup verarbeitet, der im Alter zu einem längeren aktiven Leben verhelfen sollte, zu einer Süßspeise, die angeblich beruhigte, und auch zu einem Aphrodisiakum. Im alten Ägypten wie in Babylonien, Ur, Persien und Indien spielte Honig bei allen möglichen religiösen und weltlichen Zeremonien eine Rolle. Es überrascht nicht, daß Moses den zeremoniellen Gebrauch von Honig untersagte, da die Ägypter

ihn mit denselben Fleischeslust-Assoziationen bedacht hatten wie
den Alkoholmißbrauch.

Bis 650 v. Chr. finden sich bei den alten Zivilisationen keine
Hinweise auf Bienenzucht. Gewöhnlich wurde aller Honig „gejagt",
das heißt, von wild lebenden Bienenschwärmen gesammelt. Die
Zeitgenossen Homers verstanden noch nicht recht, wie die Bienen
Honig machten, und die Qualitätseigenschaften des Endproduktes
wurden eher den Bienen zugeschrieben als dem, was sie sammelten.
In römischer Zeit beschrieben dann Cato, Plinius der Ältere, Varro
und vor allem Vergil erstmals die Bienenhaltung im domestizierten
Sinn als Beherrschung des Schwärmverhaltens. Das Vierte Buch von
Vergils *Georgica* enthält die ersten Verse über Bienenzucht; die
ganze damalige zivilisierte Welt las es, und folglich setzte sich die
Bienenhaltung anstelle des Honigsammelns im ganzen Mittelmeerraum durch. Trotz Moses' Verbot schrieb die frühe Christenheit
dem Honig magische Eigenschaften zu – im Gegensatz zu den Vorstellungen der alten Ägypter diesmal aber religiöse. Bis ungefähr
600 n. Chr. wurde Honig im Rahmen des Taufrituals verwandt; der
Biene schrieb man die Tugend der Jungfräulichkeit zu – weswegen in
der katholischen Kirche der Gebrauch von Bienenwachskerzen obli-
gatorisch wurde.[4]

Lange bevor sie Christen wurden, verarbeiteten die Kelten, Ger-
manen und Slawen Honig schon zu Met. Vom Ural bis nach Irland
gehörten in ganz Nordeuropa Honig und Met zur üblichen Nahrung
der Privilegierteren. Im frühen Mittelalter erlangte die Metproduk-
tion in Bayern, Böhmen und an den Ostseeküsten geradezu industrielle Ausmaße. Vom Beginn des 15. Jahrhunderts an aber wurde
Met allmählich vom Bier verdrängt und der Honig nach und nach
vom neuen Rohrzucker. In Rußland fand dieser Wechsel erst mit
dem Aufkommen der Zuckerrübe im 19. Jahrhundert statt. Noch in
den sechziger Jahren des letzten Jahrhunderts wurde in einigen Teilen Rußlands Bienenhonig in großem Maßstab zu Met verarbeitet,
wie Tolstoi in einem Brief an seine Frau vermerkt.

Zwischen dem Vorkommen von Naschkatzen und dem Klima
scheint übrigens ein gewisser Zusammenhang zu bestehen. Wo man
Weinbau trieb, wurde immer viel weniger Zucker oder Honig konsumiert als dort, wo dies nicht möglich war. Welche Rolle dabei der
Sonnenschein oder der in Obst und Wein enthaltene Zucker spielten,

kann man nicht sagen, aber in allen Kulturen der nachrömischen Welt stellten Zucker beziehungsweise Honig einerseits und Alkohol andererseits deutlich Alternativen dar, lange bevor Ogden Nash das letzte Wort in Sachen Alkoholabhängigkeit sprach: „Candy's Dandy, but Liqour's Quicker." (Sinngemäß: „Süßigkeiten sind schick, aber mit Schnaps geht's schneller." A.d.Ü.)

Mohammed hatte seinen Anhängern den Alkoholgenuß verboten. Zunächst wurde in den Ländern des Islam zur Herstellung alternativer süßer Getränke also auf Honig zurückgegriffen, doch schon 100 Jahre nach dem Tod des Propheten im Jahr 632 war die Zuckerproduktion aus Persien eingeführt und überall in Syrien, Palästina, auf den Inseln Kleinasiens, Zypern, Kreta, Sizilien, in Ägypten, Nordafrika und Südspanien etabliert worden. Die Zuckerherstellung überlebte die allmähliche Vertreibung der Mauren von den Gestaden des Mittelmeers und wurde sowohl von Moslems wie von Christen als profitables, expandierendes Geschäft von etwa 1300 an[5] für zwei Jahrhunderte fortgeführt. Italienische Bankiers dominierten den Zuckerhandel (nicht jedoch die Produktion), wobei letzten Endes Venedig den Vertrieb in der ganzen damals bekannten Welt kontrollierte. 1319 kam der erste Zucker nach England, 1374 nach Dänemark, 1390 nach Schweden – als neuartiges, teures Gut[6], das man in der Medizin verwandte, weil man mit ihm wie mit keiner anderen Ingredienz die abscheulichen Mixturen von Heilkräutern, Innereien und anderen Substanzen der mittelalterlichen Pharmakologie genießbar machen konnte. Sein Preis war viel zu hoch, als daß Zucker zu einem normalen Nahrungsmittel hätte werden können:

*Preise für 10 Pfund Zucker beziehungsweise Honig, ausgedrückt in Prozent des Wertes einer Unze Gold (Durchschnittswerte von London, Paris und Amsterdam)*

| Zeitraum: | Zucker: % vom Goldwert | Honig: % vom Goldwert |
|---|---|---|
| 1350–1400 | 35 | 3,3 |
| 1400–1450 | 24,5 | 2,05 |
| 1450–1500 | 19 | 1,5 |
| 1500–1550 | 8,7 | 1,2 |

Binnen 200 Jahren waren die Preise für Zucker wie für Honig also dramatisch gefallen. Manches deutet darauf hin, daß der Rückgang bei beiden auf eine Produktionssteigerung des Zuckerrohrgewerbes zurückzuführen war.

Zu dieser Zeit wurde das erste außerhalb des Mittelmeerraumes angebaute Zuckerrohr auf dem europäischen Markt eingeführt. Die Portugiesen hatten auf Madeira, den Azoren und São Tomé Pflanzungen angelegt und die Spanier auf den Kanarischen Inseln. 50 Jahre später begannen sie mit der Zuckerrohrproduktion in der Karibik, und sie waren auch die ersten, die außerhalb Europas Sklaven hielten. Aller Zucker, der bis 1550 aus der westlichen Hemisphäre importiert worden war, bestand lediglich aus einigen wenigen Zuckerhüten, die als Beweis der prinzipiellen Produktionsmöglichkeit oder als bloße Kuriositäten mitgebracht worden waren. Bis in die zweite Hälfte des 16. Jahrhunderts hatten die atlantischen Inseln und die Neue Welt noch keinerlei Auswirkung auf Produktion, Distribution oder Preise, und erst von 1650 an erlangten sie eine dominierende Stellung. Doch schon vor 1600 hatte Venedig seine Stellung als der große Warenumschlagplatz für den Zucker wie für den Gewürzhandel zugunsten von Amsterdam aufgegeben, und zwar aus denselben, komplizierten Gründen. Wie wir sehen werden, war all dies Teil einer großen Veränderung: Das Epizentrum des Welthandels verlagerte sich aus dem Mittelmeerraum an den Atlantik.[7]

In diesem Kapitel wollen wir uns aber der anderen Seite der Zuckergeschichte zuwenden: warum ein überflüssiges „Nahrungsmittel" dafür verantwortlich ist, daß die Karibik und Südamerika afrikanisiert wurden. Das ist zwar nur ein kleiner Teil der Welt, aber er war bis 1800 Schauplatz von mehr als 80 % des Zucker- wie des Sklavenhandels. Und infolgedessen löste diese relativ kleine Region gleichzeitig nahezu die Hälfte aller Seefahrten, friedlicher wie militärischer, der westeuropäischen Länder aus. Doch ehe wir die Geschichte hören, sollten wir uns vielleicht fragen, wie die Leute überhaupt dazu kamen, raffinierten Zucker nicht bloß als Kuriosität, sondern generell zu essen, und warum sie regelrecht süchtig danach wurden.

Was ist denn Zucker eigentlich, im biochemischen Sinn? Alle eßbaren Pflanzen enthalten in unterschiedlichen Anteilen Fasern, Eiweiß, Fett, Stärke und Zucker. Alle Pflanzen- und Allesfresser, also auch der Mensch, verwandeln mittels biochemischer Prozesse Fasern und Stärke in Zucker. Dieser steht dann im Kreislauf als Energiespender zur Verfügung. Stärke und Zucker kommen in allen Früchten und Gemüsen vor, und ehe industrieller Raffineriezucker Verbreitung fand, kam die Menschheit auch ohne ihn ganz gut zurecht. Raffineriezucker ist nichts anderes als reiner oder fast reiner Rohr- oder Rübenzucker.

Wenn reiner Zucker in großen Mengen konsumiert wird, stellt sich das ganze Stoffwechselsystem um. Wenn jemand Obst ißt, das, sagen wir, 10 % Fructose und 10 % Glucose enthält, müssen die übrigen 80 % sonstiger Bestandteile eine ganze Reihe von Verdauungsprozesse durchlaufen, damit die Zuckerverbindungen verfügbar gemacht werden können. Wenn man reinen weißen Rohr- oder Rübenzucker zu sich nimmt, muß der Magen weniger arbeiten, die Energie wird nicht als stetiger Tropfen produziert und verbraucht, sondern eher wie eine Springflut.

Wenn man große Zuckermengen zu sich nimmt (es gibt Leute, die mehr als vier Pfund pro Woche verbrauchen), kann man fast den gesamten Energiebedarf des Körpers damit decken; was man sonst noch ißt oder trinkt, wird zum bloßen Vehikel. Die Produktion jener Enzyme, die Stärke in Zucker verwandeln, wird eingestellt, wenn der Körper sich erst einmal daran gewöhnt hat, daß ihm Zucker in direkter Form zur Verfügung gestellt wird, so daß es für den Magen schwierig wird, die den Zucker begleitenden Fasern und die Stärke zu verdauen. Natürlich ißt man nichts, was man schwer verdaulich findet, also reduzieren die Nahrungsmittelfabrikanten weiter den Faseranteil der industriell gefertigten, abgepackten Lebensmittel. So entsteht ein Teufelskreis, in dem das Opfer davon abhängig wird, daß ein konstanter Industriezuckerstrom dem Blutkreislauf zugeführt und gleichzeitig der Faseranteil der Nahrung weiter reduziert wird.

Der Zuckerabhängige neigt zu Korpulenz, Zahnproblemen und Mangelernährung; letztere kann in extremen Fällen dazu führen, daß der Zucker alles andere „verdrängt", was Vitamin- und Mineralienmangel zur Folge hat und vielleicht sogar Darmkrebs verursachen kann. Weil der reine weiße Zucker im Stoffwechselsystem sehr schnell zur Verfügung steht, steigt und fällt der Zuckerspiegel des Abhängigen sehr rasch, während die Bauchspeicheldrüse extrem hart arbeiten muß, damit die großen Zuckermengen verdaut werden können. Der Körper gewöhnt sich an ein Überfluß/Mangel-Syndrom des Blutzuckers, und dies ruft eine chemische, nicht psychologische Abhängigkeit hervor. Der Kreislauf signalisiert einen selbstinduzierten Blutzuckermangel, und der ganze Zyklus kann sich innerhalb einer Stunde wiederholen. Wer so wirklich vom Zucker abhängig ist, kann ohne Nachschub in sehr kurzen Zeitintervallen nicht auskommen.

In England griff der massenhafte Zuckerkonsum früher als in anderen Ländern um sich, und vielleicht kann man die britische Vorliebe für Weißbrot als Resultat der Zuckerabhängigkeit betrachten. Sozialhistoriker haben diese Ende des 18. Jahrhunderts einsetzende, unlogische Vorliebe der Engländer für weißes Brot mit der britischen Klassengesellschaft in Verbindung gebracht, aber es gibt auch gute biochemische Gründe für diese Präferenz. Bei hohem Zuckerkonsum fehlen die Enzyme, die für die Verdauung von Vollkornbrot nötig sind, weil der Industriezucker ihre Entstehung regelrecht verhindert. Wenn man andererseits genügend diätetische Fasern zu sich nimmt, entwickelt man kein Verlangen nach Zucker. Wenn man sowohl Fasern als auch Zucker ißt, wie bei bestimmten Frühstücks-Nahrungsmitteln, nimmt man exzessiv zu, wobei der Zucker alles Gute, was die Faseranteile tun könnten, zunichte macht.

Um 1800 konsumierten die Engländer mehr als 18 Pfund Zucker pro Kopf und Jahr. Zucker kostete damals mehr als fünfmal soviel wie Energie in Form von Mehl und mindestens zehnmal soviel wie Energie in Form von Kartoffeln; Zucker konnten sich daher nur die Reichen leisten. Also müssen einige Leute mehr als das Doppelte der durchschnittlichen Menge – sagen wir, 36 Pfund pro Jahr – verzehrt haben, was über 350 Gramm die Woche macht. Bei solch einem Zuckerkonsum konnten nur wenige noch Brot mit hohem Faseranteil verdauen. Daß Weißbrot zum mythischen Symbol der Reichen wurde, war also ungeachtet aller klassenkämpferischen Überlegungen in der Biochemie begründet. Schon seit Perikles' Zeiten war „weißes" Mehl, das man durch Bleichen mit verschiedenen (manchmal gefährlichen) Chemikalien erhält, in tonangebenden Kreisen zum Fetisch geworden. Doch erst mit dem massiven Zuckerkonsum der Neuzeit wurde es für den menschlichen Verdauungstrakt zunehmend problematischer, mit Faser- oder Ballaststoffen fertigzuwerden.

Zuckerabhängigkeit wird häufig nur als ein Problem Jugendlicher angesehen, das sich später von selbst erledigt; doch gewöhnlich tritt der Alkohol an seine Stelle, der sogar noch schneller als Zucker ins Blut übergeht – innerhalb von Minuten, wenn er ohne gleichzeitige Nahrungsaufnahme genossen wird. Zwischen hohem Zuckerkonsum und hohem Alkoholkonsum, jeweils außerhalb der Mahlzeiten, besteht ein eindeutiger Zusammenhang. Zuckerhaltige wie alkoholische Getränke geben, zwischen den Mahlzeiten getrunken, dem Blutzucker einen regelrechten „Schub", welchen Menschen, die sich ausgewogen ernähren (einschließlich Wein zu den Mahlzeiten) nicht brauchen.

Erst in letzter Zeit hat man herausgefunden, was der hohe Zuckeranteil der Nahrung zusammen mit ihrem niedrigen Faseranteil den Mitgliedern der westlichen Überflußgesellschaften antut; dazu gehört auch mindestens eine Form von Krebs, die auf Ernährung mit niedrigem Faseranteil zurückgeführt wird. All das ist so gut bekannt, daß es hier nicht weiter ausgeführt werden muß. Nach den illegalen Rauschmitteln, nach Tabak und Alkohol ist Zucker die gefährlichste „Droge", die von der reichen, weißen Menschheit konsumiert wird.

In der Antike waren zwei Drittel der Bevölkerung Athens unter Perikles und vielleicht die Hälfte der Bevölkerung des Römischen Reichs unter Julius Cäsar Sklaven. Im alten Ägypten lag der Anteil vermutlich noch höher. Die Sklaven rekrutierten sich in Griechenland wie in Rom aus Nachkommen von Sklaven, Kriegsgefangenen und Schuldnern. Diener, Athleten, Ärzte, Buchhalter, Künstler, Philosophen, Sänger, Schauspieler sowie Männer und Frauen zur Befriedigung fleischlicher Gelüste gehörten dazu. Mit Ausnahme des Heeres, der Priesterschaft und der Justiz fanden sich Sklaven in fast allen Berufen; viele waren ihnen allein vorbehalten. Nur Priester, Bauern, Soldaten, Richter und bestimmte Händler und Handwerker waren freie Bürger. Einem armen Athener oder Römer mag die Versklavung durchaus als eine Möglichkeit erschienen sein, genug zu essen zu bekommen, in einem besseren Haus zu wohnen, schuldenfrei und sicher unter der Protektion eines guten Herrn zu leben. Bis die verrückten Grausamkeiten späterer Cäsaren um sich griffen, gibt es keine substantiellen Hinweise darauf, daß die Sklaven in Rom generell schlechter behandelt worden wären als in Athen. Erst von

50 n. Chr. an wurde das Sklavendasein zunehmend beschwerlich. Sklaven hatten keine Bürgerrechte; Sklaven durften nur unter Folter Zeugenaussagen machen (denn ohne Folter konnte man so einem Zeugen ja nicht glauben); wenn ein freier Bürger starb, wurden alle seine Sklaven umgebracht, ohne die Frage von Schuld oder Unschuld zu prüfen; in Sizilien, Spanien und in der Poebene nahm die Sklaverei ein riesiges, gewissermaßen industrielles Ausmaß an. Sie war ein festgefügter Bestandteil des institutionellen Sadismus des späten Römischen Reichs und von solcher Unmoral, daß man bezweifeln muß, ob das späte Rom noch irgendeine Bewunderung verdient.[8]

Die Araber begriffen die Sklaverei im großen und ganzen als wirtschaftliches Problem. Ihr Denken war wesentlich pragmatischer als die widersprüchlichen römisch-christlichen Ansichten darüber. Obwohl das Christentum zunächst von den Armen und den Sklaven in der antiken Welt verbreitet worden war, entwickelte die Kirche eine ambivalente Einstellung zum Sklavenproblem, nachdem das Christentum sich als Hauptreligion etabliert hatte. Denn solange die Reichen und Mächtigen nicht für sich selbst sorgen konnten oder wollten, war die Sklaverei zur Aufrechterhaltung des zivilisierten Lebens unentbehrlich. Die Hochgeborenen konnten kämpfen und dichten und philosophieren, vor Gericht erscheinen, disputieren, feilschen und handeln, Spiele und gesellschaftlichen Umgang pflegen, aber die harte Schufterei des immer gleichen täglichen Einerlei war nichts für sie. Doch solche Verhältnisse konnten nur in einer festgefügten, abgeklärten Gesellschaft aufrechterhalten werden, und mit dem Zusammenbruch des Römischen Reichs verschwand auch die Sklaverei; an ihre Stelle traten Krieg, Mord, das Abschlachten der Gefangenen und all die anderen Schrecken, die wir mit der Übergangszeit zwischen dem Ende des Römischen Reichs und dem Aufkommen des Feudalismus in Verbindung bringen.

Aus den Wirren, die der Untergang Roms hinterlassen hatte, entwickelte sich ganz folgerichtig der Feudalismus.[9] Infolge der Barbareninvasionen aus dem Norden waren Siedlungen immer von kräftigen und unbarmherzigen Völkern bedroht, die das Gebiet des früheren Reichs durchzogen. Also suchte, zum Beispiel, die Bevölkerung des Loiretals den Schutz eines benachbarten Adligen und seiner Truppe von Desperados. Günstigenfalls wurde dieser Schutz für soundso viele Arbeitstage auf dem Land des Adligen oder gegen

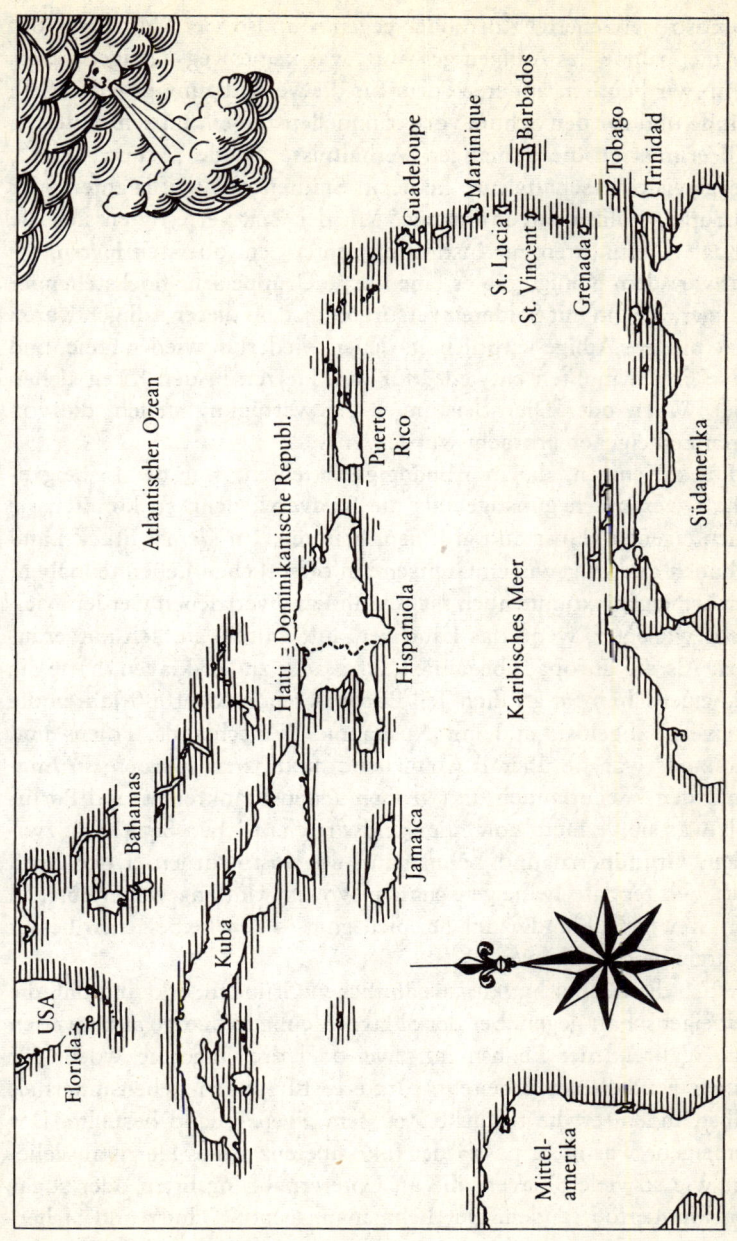

*Die Karibik*

soundso viel Scheffel Korn oder gegen soundso viel Mann Fußvolk für die Truppe des Adligen gewährt, was keineswegs lästiger ist, als wenn wir heute in anderer Form für die Verteidigung gegen äußere Feinde und für den Schutz vor Kriminellen zahlen. Im schlechtesten Fall erinnerten die damaligen Verhältnisse an die „Schutzgelder", die gewisse Geschäftsleute heute in Städten mit ineffizienter oder korrupter Polizei zahlen müssen. Mit der Zeit verfestigten sich die feudalen Strukturen zur Institution; unter dem obersten Herrn, sagen wir: dem König, gab es eine kleine Gruppe sehr hochstehender Adliger, die ihn mit Soldaten versorgten; jedem dieser Adligen waren viele niedere Adlige verpflichtet, denen wiederum wieder Freie, und diese Freien mußten entweder für ihre Herren in den Krieg ziehen oder Waren oder Dienstleistungen zur Verfügung stellen, die von ihren Leibeigenen erbracht wurden.

Für diejenigen, die in Abhängigkeit lebten, war die Leibeigenschaft wesentlich günstiger als die Sklaverei, denn so konnten sie einen eigenen Hausstand gründen, heiraten, ein kleines Stück Land bebauen und in gewissen Grenzen am öffentlichen Leben teilhaben; der Leibeigene konnte auch nicht vom Land vertrieben werden, vielmehr wurde er, wenn das Land verkauft wurde, einfach mitveräußert. Als die Europäer begannen, Afrikaner zu versklaven, hatte die Leibeigenschaft im größten Teil Europas schon seit 1000 Jahren die Sklaverei abgelöst, und mit Ausnahme Deutschlands, Polens und Rußlands war sie überall weitgehend modifiziert worden; in England, den Niederlanden und großen Teilen Frankreichs und Portugals war sie de facto von einer geldwirtschaftlichen Beziehung zwischen Grundherrn und Lehnsmann abgelöst worden. Doch auch dort, wo feudale Leibeigenschaft in vollem Umfang weiterlebte, in den Weiten Rußlands zum Beispiel, ging es den Leibeigenen besser als irgendeinem Sklaven.

Auch die Araber hatten, aus ähnlichen Gründen, erkannt, daß die Leibeigenschaft gegenüber der Sklaverei einige Vorzüge aufzuweisen hat. Während der Lehnsmann zwei oder drei Tage die Woche für seinen Feudalherrn arbeitete, sorgte er für seinen Lebensunterhalt selbst, indem er die restliche Zeit sein eigenes Land bestellte. Der Leibeigene war nicht passiv der Inkompetenz seines Herrn ausgeliefert wie so viele Sklaven, die an Unterernährung litten oder sogar den Hungertod fanden. Der Lehnsmann genoß Schutz und Sicherheit und war gleichzeitig motiviert, hart zu arbeiten. Der Sklave war rechtlich nicht gesichert, konnte sich gegen ungerechte Behandlung durch seinen Herrn nicht wehren und sah außer der Peitsche, die ihn antrieb, keinerlei Grund zu arbeiten. Der Leibeigene war im gewissen Umfang gegen Mißbrauch rechtlich abgesichert und durfte in der Kirche oder der Moschee seine Religion ausüben, während Sklaven der Zutritt zur zweiten verwehrt blieb und sie zum Gang in die erste nicht gerade ermutigt wurden.[10]

Von körperlicher Arbeit hatten (und haben) die Araber keine hohe Meinung, doch sie gaben hervorragende Planer, Verwalter und Agronomen ab. Daneben feilschten und handelten sie gerne, so daß sie aus allem, einschließlich der Sklaverei, ein Geschäft machten. Ihre Kriege finanzierten sie mit der Beute; Kriegsgefangene wurden verkauft; moslemische Piraten machten die Seefahrt im ganzen Mittelmeer unsicher; die Handelswege der Araber reichten bis hinunter an die westafrikanische Küste, wo sie bei Überfällen auf das Hinterland die schwarzen Diener und Leibwächter holten, die in den arabischen Städten so hoch geschätzt waren; aus dem gleichen Grund errichteten sie in Sansibar Außenstellen. Doch hatten die Araber selbst nur wenige Negersklaven, meist als Diener, kaum welche in der Landwirtschaft oder der Warenproduktion.

Prinz Heinrich von Portugal (1394–1460) war ein Mann, der trotz seines Beinamens „der Seefahrer" kaum sein Schloß verließ. Soweit wir wissen, unternahm er nur eine einzige Seereise, die ihn bloß nach Ceuta nahe Tanger führte, gerade dreißig Seemeilen vom nächstgelegenen Punkt Europas entfernt. Trotzdem hat er in vielerlei Hinsicht den portugiesischen Aufbruch in den Atlantik inspiriert, vorangetrieben und in die Bahn geleitet. In den 100 Jahren nach 1420, insbesondere nach Heinrichs Tod, entdeckten die Portugiesen, Spanier und andere europäischen Nationen den größten Teil jener Welt, von der man bei Prinz Heinrichs Geburt noch nichts gewußt hatte – beinahe den ganzen Globus mit Ausnahme des Südpazifikraums, der noch einmal soviel umfaßte wie die den Mittelmeervölkern zu Beginn des 15. Jahrhunderts bekannte Welt. Prinz Heinrich war vielleicht kein großer Seefahrer, aber für das Zeitalter der Entdeckungen tat er so viel wie sonst kein einzelner Mann mehr.

Im Jahr 1425 erteilte er Vollmacht, auf Madeira eine portugiesische Siedlung zu gründen. 1432 wurde auf einer Plantage nahe dem heutigen Funchal, der Hauptstadt Madeiras, das erste Zuckerrohr zu Pulpe verarbeitet und raffiniert; bis dahin hatten die Europäer schon planlos fast alle Wälder der Insel zerstört und planvoll fast alle Eingeborenen ausgerottet. (Die Zuckerrohrplantagen Madeiras mußten später dem profitableren Weinbau weichen.) Die Plantagen wurden zunächst von gut 1000 Männern bewirtschaftet, die in einer gewissen Form von Leibeigenschaft aus Portugal herbeigeschafft worden waren: Sträflinge gehörten dazu, Schuldner und störrische Juden, die sich weigerten, zum Christentum überzutreten. Afrikaner fanden sich keine darunter, auch waren sie keine Sklaven, sondern eher das, was später in Amerika die Zwangsverpflichteten waren. Auch auf den anderen Inseln des Ostatlantiks begann man Zuckerrohr anzubauen, eine Generation und mehr, bevor die ersten Siedlungen in der Karibik gegründet wurden.

Um 1510 schließlich gab es vielleicht ein gutes Dutzend Zuckerrohrplantagen auf den karibischen Inseln; Arbeiter, Maschinen, Pferde – alles wurde importiert, um die landwirtschaftliche Entwicklung in neuen Ländern voranzubringen, die einen Ozean weit von den Märkten entfernt lagen. Drei Gründe waren für diese eigenartige Kolonialexpansion ausschlaggebend:

Zunächst mußten die extrem hohen Kosten, die die Besiedlung der Karibik verursachte, wieder hereinkommen. Alle möglichen tropischen Nutzpflanzen probierte man in dieser Hinsicht aus. Mit vielen davon konnte man gerade die Selbstversorgung mit Lebensmitteln sichern, aber niemand hätte sein Leben riskiert, bloß um in den Tropen gerade sich selbst versorgen zu können. Sodann konnte man Zucker immer verkaufen, wohingegen andere landwirtschaftliche Produkte mit höherem Risiko behaftet waren. Zucker war ein Wachstumsmarkt, da die Nachfrage sich, wie bei allen süchtigmachenden Stoffen, innerhalb kurzer Zeit vervielfachte. Schließlich stellte die Zuckerrohrpflanze selbst einige Ansprüche, sie verlangt üppige Wachstumsbedingungen, was ihren Anbau beim Stand der spätmittelalterlichen Landwirtschaft schwierig machte.

Ehe das europäische Wissen um die Pflanzenphysiologie über die Regeln, die in den Versen Vergils und Ovids niedergelegt waren, hinausgewachsen war, konnte man dem Problem der Bodenfruchtbarkeit nur dadurch begegnen, daß man das Land jedes zweite oder dritte Jahr brachliegen ließ, wie es bei der mittelalterlichen „Dreifelderwirtschaft" üblich war. Die karibischen Inseln hingegen waren ursprünglich dicht bewaldet und dünn besiedelt, so daß man das uralte Verfahren der Brandrodung anwenden konnte, das heute noch in einigen Gegenden der dritten Welt üblich ist. Dabei wird ein Teil des Buschlands, der Savanne oder sogar des Waldes niedergebrannt, das brandgerodete Land sodann in Monokultur[11] bebaut, bis es erschöpft ist und der Prozeß an anderer Stelle wiederholt wird. Bis zu drei Jahre lang ermöglichen die Überreste des verbrannten Pflanzenmaterials wesentlich bessere Erträge, als würde man dasselbe Land kontinuierlich bebauen, auch wenn man es jedes zweite Jahr brachliegen ließe. Im Idealfall wird bei der Brandrodung ein Feld ein paar Jahre bebaut, dann gibt man ihm vielleicht 20 Jahre, während denen es von Busch und Wald zurückerobert wird, um sich zu erholen, ehe man den Zyklus von vorn beginnt.

Abgesehen vom einzigartigen Vorteil der Bodenfruchtbarkeit des brandgerodeten Waldlands bot der Anbau des Zuckerrohrs 4000 Seemeilen oder drei Monate von den Märkten Europas entfernt keinen logischen Vorteil. Seit 150 Jahren waren die Preise, wie wir gesehen haben, gefallen, und sie sollten noch zwei Generationen lang weiter sinken, bis um 1560 der Zucker – am Goldwert gemessen – nur noch halb soviel kostete wie um 1500. Die Preise stiegen zwar nach 1570 wieder steil an, doch die gehandelten Mengen blieben im Vergleich zu den heutigen immer noch winzig. Die gesamte europäische Zuckerproduktion des Jahres 1600 würde sicherlich in ein einziges modernes Frachtschiff passen: viel weniger, als heute in einem einzigen Jahr in New York City, London oder Hongkong verzehrt wird.

Prinz Heinrich der Seefahrer sandte – vielleicht vom Mythos Atlantis besessen – viele Schiffe nach Westafrika, nach den Kanarischen Inseln und den Azoren aus. Eines von ihnen kehrte 1443 mit leeren Händen aus Äquatorialafrika zurück, stieß jedoch auf eine Galeere, nahm die Mannschaft gefangen und versklavte sie. Diese Männer, Moslems von gemischt arabisch-negrider Abstammung, behaupteten, daß sie einem stolzen Volk angehörten und nicht als Sklaven taugten. Sie argumentierten mit Nachdruck, daß es im Hinterland Afrikas viele schwarze Heiden gäbe, die „Kinder des Ham"[12], die ausgezeichnete Sklaven abgäben und die sie im Austausch für ihre eigene Freiheit als Sklaven liefern könnten. Dies war der Startschuß für die moderne Sklaverei – noch nicht für den transatlantischen Sklavenhandel, der erst noch kommen sollte, aber für seinen Vorläufer, den Handel mit Sklaven zwischen Afrika und dem südlichen Europa.

Das Neue daran war nicht nur, daß die Sklaven schwarz und die Händler weiß waren, sondern daß darum ein ganz neuer Mythos entstand, der das Geschäft rechtfertigte. Die Neger waren ja bloß die „Kinder des Ham" und folglich unwert, als menschliche Wesen angesehen zu werden; von freien weißen Männern konnte man nicht erwarten, daß sie auf Zuckerrohrplantagen arbeiteten; die Neger hielt man davon ab, Christen zu werden, und man verbot ihnen, lesen und schreiben zu lernen, so daß man sie kaum als Menschen betrachten mußte. 1443 war die erste Schiffsladung Sklaven in Lissabon eingetroffen, und nur zwei Generationen später waren solche Theorien bereits allgemein akzeptiert; wahrscheinlich waren sie nötig, um das Gewissen des weißen Mannes so abzustumpfen, daß es zu dieser monströsesten Verirrung in der Geschichte des Abendlands kommen konnte. Lange bevor die spanischen Christen irgend etwas vom Inneren Afrikas wußten, hatte sich in der Hafenstadt Sevilla ein blühender Sklavenmarkt entwickelt, auf dem Jahr für Jahr Hunderte von Schiffsladungen mit Negern aus den portugiesischen Handelsstationen Westafrikas eintrafen.

Die spanische Landwirtschaft brauchte diese Neger einzig und allein wegen des Zuckers. Die Spanier, weniger fähige Agronomen als die Araber, hatten festgestellt, daß sie mit einem größeren Einsatz von Arbeitskraft weniger Zucker produzierten als ihre Vorgänger. Die Anbau- und Bewässerungsverfahren, die die Araber mit Hilfe von Leibeigenen und freien Arbeitskräften durchgeführt hatten, waren vernachlässigt worden. Also mußten die Spanier in großem Umfang in Sklavenarbeit investieren.

Wir wissen heute nicht mehr, ob es unzureichende Anbaumethoden, schlechte Bewässerungen oder die Sklavenarbeit waren, die zur Zeit der Renaissance so viel Inkompetenz in Spanien aufkommen ließen. Führte die Sklaverei dazu, daß man die Kunst des Ackerbaus – welche die persönliche Aufsicht des Besitzers erfordert – vernachlässigte? Führte die Sklaverei dazu, daß man die Bewässerungssysteme – um die man sich täglich kümmern mußte, wenn sie mit Erfolg funktionieren sollten – verfallen ließ? Führte die Sklaverei dazu, daß in der Neuzeit der Begriff der körperlichen Arbeit in Verruf geriet – wie in Athen und Rom, jenen Gemeinwesen, die sich schon früher ihrer Zurückhaltung in Handwerk und Landwirtschaft gerühmt hatten?

Oder war alles nur eine Frage des Kapitals? Wenn so gut wie alle freien Mittel in Sklaven investiert wurden, blieb wohl kaum noch etwas für Bewässerungssysteme übrig. Wie bekannt, hatten die Araber schon vor dem 11. Jahrhundert in Algerien, Marokko und Südspanien Bewässerungssysteme installiert, die bis zum 20. Jahrhundert ihresgleichen suchten. Jene, die sie zum Beispiel um 980 in Marrakesch gebaut hatten, funktionierten noch, als die Franzosen 900 Jahre später dorthin kamen. Man hat sie ein wenig renoviert, und sie sind noch immer in Betrieb; allerdings muß man ständig Geld für Reparatur- und Erneuerungsarbeiten hineinstecken; solche Investitionen waren natürlich nicht möglich, wenn die Mittel durch die hohen Investitionskosten für Sklaven erschöpft waren.

Die Spanier hatten einen Weg gefunden, der Versklavung der Afrikaner zu moralischer Achtbarkeit zu verhelfen; die Türken waren es jedoch, die ihre ökonomische Notwendigkeit begründeten. Zwischen 1520 und 1570 eroberten die Ottomanen Zypern, Kreta, die Ägäis, Ägypten und die meisten nordafrikanischen Küstenländer. Dabei zerstörten sie den größten Teil des mediterranen Zuckergewerbes, denn im Gegensatz zu ihren moslemischen Brüdern, den von ihnen verdrängten Arabern, waren die Türken keine begnadeten Händler, und für Ungläubige hatten sie nur erbitterte, streng auf Abstand bedachte religiöse Verachtung übrig. Nach 1570 gingen die Zuckerpreise steil in die Höhe, an realen Gegenwerten gemessen stiegen sie in den letzten 30 Jahren des 16. Jahrhunderts um mehr als das Vierfache. In der Zwischenzeit hatte bei den wohlhabenden Westeuropäern der Zucker den Honig abgelöst, und noch ehe Tee, Kaffee und Kakao Europa erreichten, war die Zuckerabhängigkeit groß genug geworden, daß man in Erwägung zog, ob nicht die Neue Welt die aus dem Lot geratene Alte Welt wieder ausbalancieren könnte. In Europa wurde um 1600 Zucker in großen Mengen lediglich von Spanien produziert.

Zum Teil war die Verteuerung des Zuckers gegen Ende des 16. Jahrhunderts aber auch auf eine Inflation zurückzuführen, die dadurch ausgelöst worden war, daß immer größere Geldmengen in ganz Europa zur Verfügung standen. Über die lateinamerikanischen Gold- und Silberschätze und ihre Auswirkungen auf Europa ist schon viel debattiert worden. Da jene Zeit noch keine einfallsreichen Manager kannte, die die Schätze in Spanien oder in den Kolonien mit Erfolg gemehrt hätten, ist dieser immense Kapitalregen, ein Glücksfall vom Gegenwert des Bruttosozialprodukts von 5 oder 10 Jahren, zum größten Teil ungenutzt versickert. Schuld daran waren die Dummheit und die Unflexibilität einer Monarchie, die theoretisch zwar absolut, tatsächlich jedoch im doppelten Sinne beschränkt war. Ganz Europa wurde davon in Mitleidenschaft gezogen, nicht zuletzt aber Portugal, das seit 1580 von Spanien abhängig geworden war. Als die Spanier 1640 die Oberherrschaft über ihren Nachbarn wieder verloren, hatten die Portugiesen ihre herausragende Position als transatlantische Händler, Siedler und Kaufleute verloren. Im Zuckergeschäft, als Kolonialmacht und im eigentlichen Sklavenhandel wurden die Portugiesen von den Niederländern abgelöst und diese wiederum von den Engländern und Franzosen.

In wenigen Jahren hatten die Spanier mit nur ein paar Tausend Männern in einem erstaunlichen Ausbruch freibeuterischen Unternehmergeistes den größten Teil Südamerikas erobert (mit Ausnahme Brasiliens, das Portugal gehörte). Doch sie waren nur widerwillige Kolonisten: In den ersten 100 Jahren nach Kolumbus emigrierte noch nicht mal eine halbe Million Spanier in die Karibik oder aufs amerikanische Festland, und noch geringer war die Zahl jener, die auf Dauer dort bleiben wollten; die Regierung mußte Ländereien verschenken, um wenigstens einige dazu überreden zu können, sich für immer dort niederzulassen. Jeder einzelne Spanier hatte den Ehrgeiz, gerade genug Geld zu verdienen, um ein „Don" zu werden und sich zu Hause in Spanien ein Landgut kaufen zu können. Einige von ihnen, zum Beispiel die Gefolgsleute von Cortes und Pizarro, schafften dies binnen weniger Jahre. Ihre Zahl war klein: 600 kamen mit Cortes, 180 mit Pizarro; die Schätze der Inka oder Azteken reichten für alle. Auf den karibischen Inseln gab es jedoch keine vergleichbaren Goldgruben. Die neugebackenen Grundbesitzer stellten fest, daß sie entweder selbst arbeiten mußten – was zu umgehen ja gerade der Grund für ihre Atlantiküberquerung gewesen war – oder jemand anders finden mußten, der für sie arbeiten würde. Die wenigen Einheimischen jedoch, die den Ansturm der Siedler überlebt hatten, versteckten sich in den Bergen, scheu und eingeschüchtert, oder aßen doch tatsächlich die Spanier einfach auf (in Hispaniola – heute Haiti – wurden um 1520 wirklich zwei Grundbesitzer von Kariben aufgegessen).

Seit 1450 hatten die Portugiesen afrikanische Sklaven nach Cadiz und Sevilla importiert; sehr viele arbeiteten auf den Zuckerrohrplantagen und in den Reisfeldern Südspaniens, und doch gab es keinen Sklavenüberschuß, der es erlaubt hätte, die erforderlichen zwölf jedem Herrn Abenteurer mit auf den Weg zu geben. Die Preise für Sklaven gingen unausweichlich in die Höhe, und die Herren Abenteurer machten sich verdientermaßen unbeliebt. Immer mehr Schwarze mußten importiert werden, um jene zu ersetzen, die mit über den großen Teich gegangen waren. Letzten Endes lag jedoch die Lösung auf der Hand: Von ungefähr 1530 an wurden Sklaven aus Afrika direkt in die Karibik geschickt.

Im Jahr 1514 wurde Bartolomé de Las Casas (1474–1566) ein Stück Land in der spanischen Kolonie Kuba übereignet; zu diesem Land gehörten ungefähr 100 eingeborene Kariben. Daß erfolgreiche Eroberer die Bewohner eines Stück Landes einfach diesem selbst zuschlugen, war ein in Europa völlig übliches Verfahren und ein anerkannter Bestandteil des Feudalsystems: Mit dem Land wechselten auch jene, die daran gebunden waren, den Herrn. Als die Spanier ihr Land von den Mauren zurückeroberten, hatten sie die aus den Schlachten siegreich hervorgegangenen Überlebenden auf diese Weise entlohnt; genauso verfuhren sie bei der Besiedlung der ostatlantischen Inseln, genauso dann später in Amerika. Diese Übereignung von auf dem jeweiligen Land lebenden Menschen war in Spanien als *Repartimiento* bekannt.

Auf den meisten karibischen Inseln waren die einheimischen indianischen Arawak von den viel aggressiveren Kariben verdrängt worden. Die Arawak waren ein kleines, untersetztes Volk von friedlicher Gesinnung, das über einen Teil des heutigen Lateinamerika verstreut lebte, von Südbrasilien und Bolivien bis hinauf nach Florida und zu den Bahamas. „Arawak" bedeutet „Mehlesser", sie waren Vegetarier; die Maniokwurzel war ihr Grundnahrungsmittel. Ihre Webereien, ihre Holz- und Metallarbeiten, einschließlich Gold, bezeugten ihre Kunstfertigkeit. Für die Azteken, Inkas und Kariben waren sie ein leichtes Spiel; sie alle vertrieben oder versklavten die Arawak, zumindest aber zerstörten sie ihre Sozialstruktur.

Die Kariben hatten ihren Namen vom Entdecker Kubas, Kolumbus, erhalten; *Cariba* bedeutet im Spanischen „ein tapferer Mann". Sie aßen Menschenfleisch, und so mußte ihr ursprünglicher Name „Karibal" – durch Zufall oder in absichtlicher Anspielung auf lateinisch *canes,* „Hunde", variiert – als allgemeine Bezeichnung für Menschenfresser herhalten: Kannibalen. Sie bevorzugten tierisches Eiweiß, verabscheuten Gemüse und waren wahrscheinlich aus der Mitte Brasiliens in die ebenfalls nach ihnen benannte Karibik gelangt, getrieben von ihrer ständigen Suche nach Fleisch, welches sie sich lieber durch die Jagd als durch die Viehhaltung besorgten. Wie die Arawak vertrugen auch sie die harte Behandlung als Sklaven nicht, und viele von ihnen starben entweder Hungers oder zogen sich die für sie tödlichen Krankheiten des weißen Mannes zu. Vermutlich war bereits über die Hälfte aller Eingeborenen umgekommen, als 1517 Las Casas vorschlug, als Alternative afrikanische Neger einzusetzen.

Nur 25 Jahre waren seit Kolumbus' erster Expedition von 1492 vergangen, aber viel hatte sich in der Zwischenzeit getan. San Salvador (Guanahani), Santa María de la Concepción, Fernandina, Kuba und Hispaniola waren bei dieser ersten Expedition entdeckt worden, und Kolumbus hatte den begierigen Händlern Sevillas nicht nur Gold mitgebracht, sondern auch Bananen, Baumwolle, Papageien, fremdartige Waffen, geheimnisvolle getrocknete und lebende Pflanzen sowie viele tote Vögel und Tiere, die man niemals zuvor in Europa gesehen hatte; auch fünf „Inder", wahrscheinlich Arawak, hatte man mit nach Spanien genommen, um sie dort taufen zu lassen. Bei Kolumbus' Rückkehr empfing man ihn wie einen Helden, denn er war zwar nicht – was das ursprüngliche Ziel der Expedition gewesen war – nach Japan oder China und auch nicht auf die Philippinen oder nach Indonesien gelangt, aber er hatte die Neue Welt gefunden. Als er 1504 seine vierte Reise unternahm, war er bereits ein todgeweihter Mann, aber er hatte bis dahin den größten Teil der Karibik entdeckt, die Besiedlung von mindestens 20 Inseln initiiert und bereits so viel Gold nach Spanien zurückgebracht, daß man alle von ihm verursachten Ausgaben mehrmals davon hätte bezahlen können.

Wenn man die äußerst erfolgreichen Reisen des Kolumbus mit jenen nur wenig erfolgreichen des Amerigo Vespucci vergleicht, ist man einmal mehr, und zwar nachhaltig, von der Bedeutung der „Public Relations" beeindruckt. Kolumbus starb beinahe in Ungnade: Vespucci, ein Mann mit besten Verbindungen, tat kaum mehr, als dem neuen Kontinent seinen Vornamen zu geben. Kolumbus aber litt nicht nur zeitlebens unter einem schlechten Ruf, sondern ist auch seither immer unterbewertet worden.

Las Casas gab auf seinen kubanischen Ländereien ein gutes Beispiel für jenes unausgegorene Denken ab, das Menschen dazu bringt, sich für das kleinere Übel zu entscheiden. Weil man die eingeborenen Kariben und Arawak zu Arbeiten gezwungen hatte, die sie nicht tun konnten oder wollten, weil die Mehrheit von ihnen den gewaltsamen oder den Hungertod jederzeit der Versklavung vorzog und weil man in Peru und Mexiko sogar eine noch schlechtere Behandlung der Eingeborenen als völlig normal betrachtete, hatte Las Casas vorgeschlagen, Schwarze einzuführen. Sie galten als fügsam, zur Dienstbarkeit bereit und als gute und willige Arbeiter. So kam es zum transatlantischen Sklavenhandel.

Doch Las Casas sollte lange genug leben, um seinen Entschluß bedauern zu können. Wenn schon die Behandlung der eingeborenen Indianer in ganz Lateinamerika schlecht war, so erwies sich der Handel mit afrikanischen Sklaven als noch viel größeres Übel. Las Casas, der als erster Mann der westlichen Hemisphäre zum Priester geweiht worden war, wurde Bischof von Chiapa in Mexiko und wegen seines Einsatzes für die unterprivilegierten Indianer als „Apostel der Anden" bekannt. Der spanische Regent oder sein Vizekönig pflegte Gesetze zu erlassen, die durchaus human und annehmbar waren; ein Großteil der Leiden der Indianer und Schwarzen rührte jedoch daher, daß an Ort und Stelle niemand darauf sah, daß diese Gesetze auch in der Praxis angewendet wurden. Der schrecklichste Mißbrauch wurde so gang und gäbe, daß Las Casas sein Bistum aufgab und 1547 nach Spanien zurückkehrte. Im Jahr darauf betrieb er eine landesweite Kampagne gegen jenen Sklavenhandel, den er selbst ins Leben gesetzt hatte, um die Indianer zu retten. Seine Kampagne war ein Fehlschlag, aber wenn sie von Erfolg gekrönt gewesen wäre, hätten daraus hervorgegangene Gesetze wahrscheinlich die Versklavung, Verschleppung und den vorzeitigen Tod der Hälfte aller jemals verschifften Afrikaner verhindern können. 1554/55 glaubte er, Kaiser Karl V. so weit überzeugt zu haben, daß er der Freilassung der Sklaven zustimmen würde. Statt dessen sah sich Karl V. mit der Notwendigkeit konfrontiert, seine eigene Haut retten zu müssen. Er dankte ab und lebte von da an in einem kleinen Haus nahe dem Kloster Yste in der Erstremadura.[13]

Es sollte nicht das letzte Mal gewesen sein, daß das dringende private Bedürfnis nach persönlichem Seelenheil einen Beitrag zur öffentlichen Verurteilung der Sklaverei und des Sklavenhandels leistete. Trotzdem ist es in der Geschichte ein ziemlich seltenes Ereignis, daß der Initiator einer neuen Entwicklung seinen Irrtum erkennt und seine grobe Fehleinschätzung wiedergutzumachen versucht. Las Casas aber war bald vergessen, und es sollte noch 200 Jahre dauern, bis die Sklaverei und der Sklavenhandel nachdrücklich in Frage gestellt und dann erfolgreich attackiert wurden. Bis dahin jedoch war der Zucker zum am meisten gehandelten Lebensmittel der Welt geworden.


Die pauschale Zuwachsrate des Zuckerhandels betrug im 17. Jahrhundert 5 %, 7 % im 18. und beinahe 10 % im 19. Jahrhundert. Die wechselseitigen Beziehungen zwischen Zucker, Seefahrt, Steuern, Handelspolitik, Investitionskapital und vor allem Knechtschaft und Sklaverei sind komplex; für unsere Zwecke können wir sie vielleicht am besten mit der Geschichte dreier Karibikinseln, Barbados, Jamaika und Kuba, illustrieren, die jeweils für die Entwicklung in je einem der drei Jahrhunderte typisch sind. Französische Überseebesitzungen sind nicht dabei, weil – dank des englischen Interesses an der Karibik – fünf englisch-französische Kriege im 18. Jahrhundert das französische Zuckergewerbe so schädigten, daß die französische Zuckerproduktion und -distribution zu einer beiläufigen Aktivität in Friedenszeiten verkam. Die Zucker-Geschichte des heutigen Haiti belegt dies zweifelsfrei.[14]

Alle Zucker-Kolonien, zu welcher Nation sie auch immer gehörten, waren schon vor dem Zuckerboom von Weißen beherrscht worden. Die meisten von ihnen waren wegen des Bergbaus, als Nachschubbasen für den Bergbau, wegen des Handels, wegen der Freibeuterei oder als Spekulationsobjekte einiger vereinzelter Feudalkapitalisten gegründet worden. Europa war im 17. Jahrhundert von religiösen Kämpfen geprägt, vom Dreißigjährigen Krieg, von der Auseinandersetzung zwischen König und Parlament in England, vom Niedergang Spaniens und Portugals und von der Expansion der Niederlande sowie ihrer Vormachtstellung im Handel. Diese Wirren brachten zahlreiche Dissidenten aller Art dazu, sich in der neuen Welt niederzulassen, obwohl in einer Zeit, da das Leben unsicher war, Seereisen höchst gefährlich und die Kenntnis der westlichen Hemisphäre dürftig, die Auswanderung sicher eine schwere Prüfung darstellte. Die meisten der europäischen Emigranten waren Männer, weswegen das Verhältnis der Geschlechter in den Kolonien aufs empfindlichste unausgewogen war. Zahlreiche Emigranten dürften nur wenige Jahre an einem Ort geblieben sein, bevor sie ruhelos weiterzogen, um zu sehen, ob nicht in einer anderen Kolonie ihnen mehr Glück winkte; viele werden ihren nie aufgezeichneten Lebenslauf vielleicht erst in ihrer dritten oder vierten neuen Heimat beendet haben. Genaue Zahlen kennen wir nicht, aber Tausende von Abenteurern müssen in der ganzen Karibik umhergezogen sein, ohne eine deutlichere Spur ihrer Wanderungen zu hinterlassen als die Geschichten, die Reisende anderen skeptischen Begleitern erzählten.

Gewöhnlich fand eine Forschungsexpedition ein wenig oder gar nicht bewohntes Stück Land. Bei ihrer Rückkehr nach Europa überredete man Kapitalisten, Anteile zu zeichnen und ihre jüngeren Söhne oder andere Verwandte als Siedler dorthin zu schicken. Die Herrn Abenteurer überredeten dann Männer der besitzlosen Klassen, sie zu begleiten, oder sie kauften häufig einfach zwangsverpflichtete Diener, die Schuldner oder Kleinkriminelle gewesen waren. Solche zwangsverpflichteten Weißen mußten sieben oder mehr Jahre Knechtschaft auf sich nehmen, nach deren Ablauf sie freie Männer waren, jedoch nicht nach Europa zurückkehren durften. Auf diese Weise wurde Barbados von Engländern besiedelt, obwohl auch niederländische, spanische und portugiesische Seeleute von seiner Existenz wußten.

Barbados, eine Insel von 430 Quadratkilometern, bot ein relativ günstiges Klima, eine ungefährliche einheimische Tierwelt, Wasser in Überfluß und jede Menge Bauholz. Zur Zeit der englischen Restauration (nach 1660) war Barbados zu einer der am dichtesten besiedelten landwirtschaftlichen Regionen der Welt geworden und ernährte vielleicht 40 000 Menschen, zwei Drittel davon Weiße, was einer Bevölkerungsdichte von fast 100 pro Quadratkilometer entspricht.[15] Im Jahrzehnt von 1660 bis 1670 war Barbados der weltgrößte Zuckerproduzent; alle Bäume jedoch waren gefällt, und der Boden hatte nach kaum mehr als einer Generation des Zuckerrohranbaus seine Fruchtbarkeit eingebüßt. Barbados war daher die erste Insel, die in der Hoffnung, mit Hilfe des Dungs die Fruchtbarkeit wiederherstellen zu können, Vieh in riesigen Stückzahlen einführte. Die Siedler der ersten Einwanderungswelle hatten noch als Kleinbauern Tabak, Indigo, Baumwolle, Ingwer sowie andere Gewürze für den Export und Maniok, Mehlbananen, Bohnen und Mais für die Selbstversorgung angebaut. Als das Land mühsam erschlossen worden war, verließen Tausende von Kleinbauern die Insel, und Zucker, Sklaverei und Kleinkapitalismus etablierten die Monokultur, die zum Erkennungszeichen der gesamten Karibik werden sollte. Die ersten enttäuschten Weißen gingen, um ihr Glück auf anderen Inseln sowie in Carolina und Virginia zu versuchen, was dazu führte, das in der ersten Zeit diese Gegenden enge Beziehungen zu den karibischen Inseln im allgemeinen und zu Barbados im besonderen unterhielten. Diese Beziehung zu Nordamerika bestand noch vor und nach der Revolution: Washington, Hamilton und Jefferson hatten zum Beispiel Einnahmequellen auf Barbados.

Als einzige karibische Insel wechselte Barbados in den endlosen Kriegen, die sich bis 1815 hinzogen, niemals den Besitzer. Doch schon im Jahr 1670 sorgte man sich, daß die Zahl der weißen Grundbesitzer nicht zur Verteidigung ausreichte. Um 1643 betrug die Zahl derer, denen mehr als 100 Morgen Land gehörten, beinahe 16 000. Aufgrund der Erschöpfung des Bodens und der Abwanderungen waren es 1670 nur noch 5000. Neben diesen weißen Grundbesitzern gab es mehr als 30 000 Zwangsverpflichtete und schwarze Sklaven. Diese wurden auf Barbados besser behandelt als irgendwo sonst, denn selbst nach Einführung der Zucker-Monokultur war die Insel von eher kleineren Gütern gekennzeichnet. Die durchschnittliche Betriebsgröße lag im späten 17. Jahrhundert bei ungefähr 200 Morgen, wobei auf jedem Gut noch eine von Wasser, Wind oder Ochsen angetriebene Zuckermühle stand. Die Bevölkerungsstruktur hatte sich jedoch drastisch gewandelt. 1645 gab es, so eine Aufzeichnung, 18 000 Weiße, davon 7000 freie, und nur 4000 Schwarze, allesamt Sklaven. Die Sklaven verachteten die weißen Zwangsverpflichteten, die häufig ein schlechteres Leben als die Schwarzen führten, denn ihre Arbeitskraft war billiger zu haben als die eines Schwarzen. Um 1675 hatten die 32 000 Schwarzen die 21 000 Weißen an Zahl jedoch weit übertroffen; von den letzteren waren weniger als die Hälfte freie.

Das Zahlenverhältnis von Schwarzen zu Weißen war auf Barbados jedoch niemals so extrem wie auf anderen Inseln, mehr als fünf Schwarze scheinen niemals auf einen Weißen gekommen zu sein. Auf anderen Inseln betrug das Verhältnis 15:1 oder gar 20:1. Wie jedoch solche Zählungen bei einer so mobilen Bevölkerung und bei der Möglichkeit, mit einem kleinen Boot in wenigen Stunden die nächste Insel zu erreichen, durchgeführt wurden, weiß heute niemand mehr. Allerdings kam es auf Barbados seltener zu Sklavenaufständen als auf anderen Inseln.

Die geringe Betriebsgröße auf Barbados bedeutete, daß viele Grundbesitzer in der Tat bloß Güter bewirtschafteten, die nicht viel größer waren als vergleichbare landwirtschaftliche Besitzungen zu Hause. Außer Zucker hätten alle Nutzpflanzen ohne Sklavenarbeit angebaut werden können — was auch tatsächlich der Fall gewesen war, ehe der Zucker die Insel ökonomisch zu dominieren begann. Danach allerdings war Zucker einfach bares Geld wert. Baumwolle war im 18. Jahrhundert noch nicht so gefragt; Tabak konnte man in Virginia besser anbauen; Kaffee und Kakao versprachen noch viel weniger Profit als die genannten Produkte. Mit Ausnahme des Goldes war der Zucker vor 1750 das einzige Kolonialprodukt, das die Handelsbilanz zugunsten der Kolonie gewichtete.

Zweimal pro Jahr, beim Pflanzen und beim Ernten, erforderte der Zuckerrohranbau eintönige, harte Arbeit; das war es, was die Arbeit schwarzer Sklaven „unvermeidlich" machte. Zuckerrohr wurde gepflanzt, indem man eine flache Grube von einem Quadratmeter Umfang und einigen Zentimetern Tiefe aushob, in die das kleine Pflänzchen gesetzt wurde. Der Sinn der flachen Grube bestand darin, die anschließende Bewässerung wesentlich zu erleichtern. Angeblich war es unmöglich, körperliche Arbeit dadurch einzusparen, daß man Reihen pflügte. Wenn schon das Ausheben dieser Gruben unter der heißen Sonne eine harte, den Weißen nicht zuzumutende Arbeit war, dann kamen die Ernte des Zuckerrohrs, das Zerkleinern und das Auskochen des Zuckers für Weiße erst recht nicht in Frage. Das Rohr wurde in Mühlen zerkleinert und der Zucker dann in einer Reihe offener Bottiche im „Zuckerhaus" ausgekocht. Das Raffinieren des Zuckers geht ähnlich vor sich wie die Raffinade des Erdöls; zunächst erhält man die dickeren, dunkleren Anteile, dann die helleren und immer feineren. Heute kann man aus Rohrzucker jeden beliebigen Grad gewinnen – von der Melasse über den schwarzen Zucker und die braunen Varianten bis hin zum feinen, weißen Kristallzucker. Im 17. Jahrhundert konnte man mit den kleinen, primitiven, nur jeweils einer Plantage gehörenden Anlagen nur Melasse und einen einzigen Zuckertyp gewinnen. Die Hitze war ekelhaft, denn es gab keine Möglichkeit, das Zuckerhaus zu kühlen. Von gut 60°C Hitze wurde berichtet, und sogar bei Nacht sollen die Temperaturen nahe den Bottichen noch bei 50°C gelegen haben. Die hohe Luftfeuchtigkeit trug ihren Teil zur Erschöpfung bei. Das war eine Arbeit für Schwarze, nicht für Weiße: für Sklaven, nicht für freie Männer.

Als sie um 1680 alle Bäume abgeholzt hatten, begannen die Herren Barbados', das Holz zur Befeuerung ihrer Bottiche von anderen Inseln, aus Guayana und aus Carolina zu importieren; sie holten sogar Kohle aus Newcastle in England. Auch als sie Brennstoffe importieren mußten, sahen sich die weißen Herren noch nicht genötigt, mehr zu tun, als gerade notwendig war, um den Zucker exportieren zu können, denn die Arbeitsbedingungen auf den Feldern und im Zuckerhaus waren derart, daß kein Weißer dort arbeiten wollte, und selbst die Schwarzen rührten sich nur, wenn sie die Peitsche zu spüren bekamen. So sagte man jedenfalls. Und so kam es zur Brutalisierung des Herren-Sklaven-Verhältnisses.

Von 1637 bis 1808, als der Sklavenhandel eingestellt wurde, und bis 1834, als die Sklaven freigelassen wurden, bietet Barbados ein durchgehendes statistisches Bild. Die Insel zeichnet sich dadurch aus, daß sie seit der Regierungszeit von Charles I. nur von Engländern regiert wurde und im Gegensatz zu allen anderen Zucker-Inseln offensichtlich von massivem Elend verschont blieb. Dennoch mußte Barbados – völlig legal – während 175 Jahren 350 000 Sklaven und beinahe 100 000 zwangsverpflichtete Weiße importieren; zu dieser Zahl muß man noch die Kinder addieren, die von den schätzungsweise 100 000 schwarzen Frauen, die irgendwann zu dieser Zeit auf Barbados lebten, geboren wurden. Wenn wir nur ein Kind pro Frau annehmen (was sicherlich nicht übertrieben ist), macht das zusammen 550 000 Sklaven, Weiße und Schwarze, Alte und Junge, Männer und Frauen, die in jenen 175 Jahren auf Barbados lebten und starben. 1675 gab es dort mehr als 40 000 zwangsverpflichtete Weiße und versklavte Schwarze. 1843 wurden lediglich 66 000, allesamt Schwarze, freigelassen.

Riesige Anstrengungen hat man in den letzten Jahrzehnten unternommen, um herauszufinden, wieviel Menschen von diesem ganzen transatlantischen Sklavenhandel betroffen waren. N. Deer schätzte 1949, daß insgesamt 12 bis 13 Millionen nach Amerika gebracht worden waren. Heutige Zählungen liegen niedriger: wahrscheinlich sind zwischen 1450 und 1900 11,7 Millionen exportiert worden – wovon 9,8 Millionen in der Neuen Welt ankamen. In dieser pauschalen Zahl sind zwei weitere Verlustziffern noch nicht berücksichtigt: Die erste, die bei jeder Art von Sklavenhandel in Anrechnung gebracht werden muß, umfaßt die Verluste an Land in Afrika, deren Größe unbekannt ist. Kriege, Überfälle und Hinterhalte, die allesamt nur dazu dienten, Gefangene versklaven zu können, forderten ihren Tribut; Markt- und Schwarzhandel sowie die Transportwege erhöhten die Zahl der Opfer; die Massenunterkünfte (oder „Einfriedungen") in den Exporthäfen taten ein übriges; Krankheiten, Unfälle, Fluchtversuche und so weiter kamen hinzu.

Die andere Verlustziffer, durch die sich gerade das Zuckergewerbe auszeichnet, besteht aus der unbekannten, aber offensichtlich großen Zahl nicht überlebender Kinder. Als man im 19. Jahrhundert, nach Einstellung des Sklavenhandels in den USA, in der Baumwollindustrie den Mangel an Arbeitskräften zu spüren bekam, ermutigte man nachdrücklich die Sklaven, für Nachkommen zu sorgen, und obwohl so gut wie keine Sklaven mehr importiert wurden, verdoppelte sich ihre Zahl innerhalb von 60 Jahren – das Doppelte der Geburtenrate der freien Weißen. Und dies angesichts der Tatsache, daß die Lebenserwartung der schwarzen Frauen niedriger war als die der weißen. Die deprimierenden Verhältnisse auf den meisten Plantagen dämpften die Triebe der Sklaven. Unterworfene Völker haben immer eine niedrigere Geburtenrate, und zudem war das Verhältnis der Geschlechter überall unausgewogen; es gab viel mehr Männer als Frauen. Junge Sklaven konnten kaum richtig arbeiten, ehe sie Teenager waren, und es war einfach billiger, einen ausgewachsenen Sklaven zu kaufen, als das Geschäft mit einem Dutzend Jahren Unterhalt für einen jungen zu belasten. Ob die Kinder von Sklaven überlebten, hing daher in sehr großem Ausmaß von der Einstellung der Eltern ab, die kaum eine Hoffnung für jene sahen und sich zumindest nach außen keine sonderliche Mühe gaben, sie am Leben zu erhalten. Auf einigen Plantagen starben 80% der Neugeborenen im ersten Lebensjahr. Weder aus der Sicht der Herren noch aus der der Sklaven gab es zwingende Gründe, die Nachkommenschaft der Sklaven zu fördern. Einigen christlichen Herren erschien in der Tat die absichtliche Vermehrung der Sklaven noch schändlicher als die Schrecken des Sklavenhandels. So wurde, absichtlich oder zufällig, die Sklavenvermehrung im Zuckergewerbe genauso unterdrückt wie sie später im Baumwollgewerbe gefördert wurde.

Auf einer Plantage mit, sagen wir, 50 Sklaven mußten jedes Jahr fünf Erwachsene ersetzt werden, wenn diese Zahl erhalten bleiben sollte. 20% derer, die in Afrika eingeschifft wurden, starben an Bord; um in Barbados schließlich fünf lebende Sklaven zu haben, mußten also sechs bis sieben in Afrika losgeschickt werden. Weitere, heute nicht mehr quantifizierbare Verluste entstanden durch den langen Marsch aus dem Inneren Afrikas zum Hafen und durch auf Barbados totgeborene, abgetriebene oder vernachlässigte Kinder.

Zwischen 1637, als die erste Zuckerplantage auf Barbados entstand, und 1808, als der letzte legale Sklave in der Karibik eintraf, lag hier der Gegenwert eines Sklaven zwischen einer halben Tonne Zucker vor 1700 und zwei Tonnen um 1805. Der durchschnittliche Gegenwert belief sich im 18. Jahrhundert auf etwa eine Tonne pro Sklave: Auf zwei Tonnen stieg er erst kurz vor Abschaffung des Sklavenhandels. Zwei Tonnen Zucker – das ist weniger, als 1000 heutige Schulkinder innerhalb einer Woche in Form von Imbissen, Limonaden, Eiskrem und Süßigkeiten verbrauchen.

Während einer sehr langen Zeit produzierte ein durchschnittlicher Sklave Jahr für Jahr ein Zehntel seines Gegenwertes. Eine Tonne also für die lebenslange Arbeit eines Sklaven, der gefangengenommen und gefesselt wurde, zur afrikanischen Küste marschieren mußte, wie ein Schwein bis zum Verkauf eingepfercht wurde, verkauft und an Bord wieder angekettet wurde, auf dem Sklavenmarkt der Insel nochmal verkauft wurde und sich dann erst an die Bedingungen in der Karibik gewöhnen mußte, bevor er dem Plantagenbesitzer den ersten Profit einbrachte – der erstaunte Sklave hätte, wenn er überhaupt so lange lebte, die Dinge wohl in etwas anderem Licht gesehen. Doch nur wenige Sklaven wußten überhaupt, daß ein schwarzer Mann in etwa dem Wert einer Tonne raffinierten Zuckers entsprach, nicht für die Stunde, nicht für die Woche, sondern für sein ganzes Lebens.

Wie wir wissen, könnten wir auch ohne Zucker ganz gut auskommen, auch heute, wo er billig und in riesigen Mengen verfügbar ist. Warum wandelte er sich dann von einem Luxusartikel einiger weniger um 1600 zu einem Artikel des täglichen Gebrauchs vieler 200 Jahre später? Jeder um 1600 in England konsumierten Tonne entsprachen zehn Tonnen um 1700 und 150 Tonnen um 1800. Um 1600 wurde nur wenig Zucker von Sklaven produziert, und aus der Karibik gelangte überhaupt noch keiner direkt nach England. Um 1800 wurde so gut wie jede Tonne, die nach England gelangte, von Sklaven angebaut und produziert. 1801 betrug die Bevölkerung Englands ungefähr neun Millionen, und der Zuckerverbrauch lag bei mindestens 17 Pfund pro Kopf und Jahr; dies ergibt einen Gesamtverbrauch von über 70 000 Tonnen. Da in jenem Jahr der Gegenwert eines Schwarzen bereits zwei Tonnen betrug, entsprach dieser Gesamtverbrauch über 35 000 schwarzen Sklaven, die auf den Inseln in der Zuckerproduktion verschlissen wurden. Oder anders: Für jeweils 250 Engländer – Männer, Frauen und Kinder eingeschlossen – mußte jedes Jahr ein Schwarzer sein Leben lassen.

Hier sind wir am Kern der sozialen Problematik. Wie konnte eine relativ fortgeschrittene Zivilisation so süchtig nach Zucker werden, daß sie eine solche mörderische Abhängigkeit zuließ? 1801 brachte die Zuckerabhängigkeit, wo immer sie grassierte, im Verhältnis mehr Leute um als die heutigen Rauschgifte. Natürlich liegen die Dinge beim Drogengeschäft anders, da hier jene getötet werden, die nach dem Produkt süchtig sind, während das Zuckergeschäft meistenteils nur die Sklaven umbrachte.

Unter allen Suchtmitteln ist der Zucker also ein historisch höchst bemerkenswertes Phänomen, da er nicht die Konsumenten, sondern die Produzenten tötete. Jede Tonne entsprach einem Leben. Jeder Teelöffel voll sechs Tagen Sklavenarbeit. Hätte irgend jemand ihn im 18. Jahrhundert angerührt, wenn man ihm die Sache so dargelegt hätte? Aber natürlich sahen es damals nur die wenigsten so. Nachdem Sklaverei und Sklavenhandel eine solche Bedeutung für Europa erlangt hatten, daß es unmöglich geworden war, bei diesem Thema neutral zu bleiben, argumentierte man, daß das Leben eines Schwarzen in Afrika noch ein bißchen schlechter als das eines schwarzen Sklaven wäre. Kriege, Hungersnöte und die innerafrikanische Sklaverei machten es wahrscheinlich, daß die Lebenserwartung eines Schwarzen in seinem Ursprungsland keineswegs höher war als die eines schwarzen Sklaven unter einem weißen Herrn. (Dieses Argument erinnert moralisch an das des Jägers, der in der Jagd kein ethisches Unrecht erkennen kann, weil seine Beute ja sowieso irgendeines grausamen Todes sterben müsse.) Was diese trügerische Rechtfertigung unter den Tisch fallen ließ, war der Abstumpfungseffekt bei den Sklavenbesitzern und anderen Nutznießern der Sklaverei, der sich für die Moral des Betreffenden wahrscheinlich schädlicher auswirkte als das ganze Leid, welches man alles in allem dem Schwarzen zufügte, der brutal seiner Heimat Afrika entrissen wurde, der die Schrecken der Überfahrt durchlebte und der die Erniedrigungen des Sklavenmarkts und der „Anpassung"[16] an die karibischen Verhältnisse erdulden mußte.

Mit der Zuckerproduktion stieg auch das Erfordernis, zu den Formen römischer Massensklaverei zurückzukehren. Bis ins 16. Jahrhundert einschließlich war im Mittelmeerraum die Sklaverei sowohl von Moslems wie von Christen weitergeführt worden, aber in besonderer Form. Sklaven galten – wie Gold, Juwelen, Kunstwerke und Wein – als Luxusgüter, nicht als Lebensnotwendigkeit; sie gehörten einfach zu dem, was wir heute als „gehobene Lebensart" bezeichnen würden. Sklaven wurden als Statusobjekte ausgestellt, in Paraden vorgeführt, ge- und verkauft, verschenkt und als Geschenke angenommen. Ihre ökonomische Bedeutung war kaum größer als die irgendeines Zierats.

Die moderne Sklaverei war von völlig anderer Machart. Zum ersten Mal seit der Zeit der römischen Latifundien wurden Sklaven massenhaft eingesetzt, um Feldfrüchte im großen Stil als Ware (und nicht nur für den Eigenbedarf) anzubauen. Zum ersten Mal in der Geschichte hatte man auch lediglich eine einzige Rasse zur Versklavung ausgewählt: Spanier und Portugiesen hatten freiwillig darauf verzichtet, Inder, Chinesen, Japaner oder gar Europäer als Sklaven in Amerika einzusetzen. Sie unternahmen auch erhebliche Anstrengungen, der Versklavung von Indianern ein Ende zu bereiten. Sie hatten gute, wenn auch sehr unterschiedliche Gründe dafür. Andere Europäer kamen, durch Erfahrung klug geworden, zu denselben Schlüssen. Am betrüblichsten aber ist bei dieser ganzen Geschichte, daß die Sklaverei wahrscheinlich überflüssig war. Um 1600 hätte es völlig im Bereich der Möglichkeiten der Europäer gelegen, Ochsen statt Menschen arbeiten zu lassen, Gehirn- statt Muskelschmalz einzusetzen und feudale Abgabesysteme zu übernehmen statt auf Sklaverei zu setzen. Doch Niederländer und Engländer betrachteten damals feudale Strukturen schon als altmodisch. Genauso sahen es um 1800 die frischgebackenen Amerikaner. Anstelle von Abgabesystemen förderten Zucker wie Baumwolle daher die Massensklaverei. Die Sklaven der karibischen Zucker- und der späteren amerikanischen Baumwollplantagen übertrafen seit der Antike als erste die Zahl von zwei Millionen Sklaven, die das Römische Reich 100 v. Chr. zählte.[17]

Aber in unserem verhätschelten, keimfreien, medizinisch bestens versorgten 20. Jahrhundert sollten wir nicht vergessen, daß das Leben auch für die Mehrheit der Weißen garstig, grausam und kurz war. Die Peitsche war auch für die Seeleute eine alltägliche Sache. Die Sorge ums tägliche Brot oder gar der Hunger war für alle, mit Ausnahme der Privilegierten, die Norm. Krankheiten konnten jederzeit Arme wie Reiche treffen, und gegen die meisten gab es weder Vorbeugemaßnahmen noch sichere Heilmittel.

Für die Zeit vor 1850 können wir über die Lebenserwartung, differenziert nach sozialer Schicht, Einkommens- und Berufsgruppen, keine exakten Angaben machen. Es gibt auch keine Anhaltspunkte, daß die Lebenserwartung in Europa immens größer war als in der Karibik oder in Afrika. Die Spanne dürfte in der Größenordnung von 25 % für alle Altersgruppen gelegen haben: mit Sicherheit nicht höher. Andererseits besagen solche Vergleiche für Menschen, die eher an der Qualität des Lebens als an seiner Dauer interessiert sind, gar nichts. Wie sehr der weiße Mann auch immer unter den Umständen oder seinen Mitmenschen oder Krankheiten gelitten haben mag, er hatte auf jeden Fall Hoffnungen, und daß man den Schwarzen solche Hoffnungen, wie bescheiden, wie dürftig, wie unwahrscheinlich auch immer, raubte, das war es, was den Sklaven ihr Leben ruinierte.

Als Kaffee, Tee und Kakao sich Europa zu erobern begannen, trieb dies die Zuckernachfrage immer weiter in die Höhe. Kaffeehäuser, Schokoladetrinken und Nachmittagstee galten als feine Lebensart, die von der Anrüchigkeit der Bierkneipen meilenweit entfernt war. Hatten sie zunächst als luxuriöse Annehmlichkeiten gegolten, so hielten sie schon im letzten Viertel des 17. Jahrhunderts Einzug in den Alltag der Mittelschicht. Doch ohne Zucker, so sagte man, waren alle drei ungenießbar und nichts für den verwöhnten Gaumen. Von 1680 an stellten diese drei modischen Heißgetränke einen gewaltigen Faktor für die Zuckernachfrage dar, und folglich steigerten sich Zuckerproduktion und -handel exponentiell, bis sie um 1700 ihre herausragende Bedeutung erlangt hatten.

Während der zweiten Hälfte des 18. Jahrhunderts entwickelten sich die gegen den Alkohol zu Felde ziehenden Temperenzler zu einer bedeutenden sozialen Bewegung; sie hatte ihren Ursprung in verschiedenen protestantischen Gruppierungen und war daher in Nordeuropa, vor allem in Großbritannien und den Niederlanden, sehr stark. Die gezuckerten Heißgetränke stellten eine willkommene Alternative zu Bier oder Wein dar, denn nicht abgekochtes Wasser zu trinken war immer noch gefährlich. Dieser Wandel im Sozialverhalten steigerte wiederum die Zuckernachfrage erheblich, etwa die Hälfte der Steigerungsrate dürfte auf sein Konto gehen. Als Zucker der „unverzichtbare Begleiter des Tees" geworden war[18], hatte Jamaika Barbados überholt und war zur wichtigsten englischen Karibikinsel geworden.

Jamaika ist eine große Insel, über 25mal so groß wie Barbados. Kolumbus hatte sie 1494 entdeckt, um 1500 war sie von den Spaniern besiedelt worden und dann für anderthalb Jahrhunderte in Vergessenheit geraten. Ihre Geschichte blieb, wie die anderer Inseln, nach der europäischen Eroberung noch für eine lange Zeit ein Geheimnis. Wir wissen nicht, auf welchen Inseln noch die eingeborenen, wilden, vegetarischen Arawak lebten, auf welchen schon die furchterregenden Kariben die Oberhand gewonnen hatten und welche völlig unbewohnt waren. Wie schon erwähnt, waren die Arawak und Kariben im 17. Jahrhundert zum größten Teil bereits ausgelöscht. 1796 brachten die Briten schließlich alle Kariben, die sie noch finden konnten, per Schiff auf ihre Besitzungen in Honduras und Nicaragua, was zu einem gewissen Teil vielleicht die turbulente Geschichte dieser beiden Länder erklären kann. Auf Jamaika behaupten manche Leute jedoch, vielleicht romantisch verklärt, daß noch einige Kariben, entweder „rote" (echte) oder „schwarze" (halbnegride) auf der Insel gelebt hätten, als die Briten 1655 dort ankamen. Von Kariben war jedoch nicht die Rede – nur von einer Gesamtbevölkerung von 3000 Weißen und Schwarzen –, als Cromwells Truppen die Insel besetzten: Teil seines „großen Plans", Spanien durch Inbesitznahme seiner Kolonien in die Knie zu zwingen.

Die weißen Spanier wurden gefangengenommen, während die Schwarzen sich in die Berge flüchteten und dort untertauchten. Ihre Nachkommen, die Maronen, leben bis auf den heutigen Tag verstreut in jenen Bergen; zur Zeit der Sklaverei sorgten sie jedoch für erhebliche Unruhe unter der schwarzen Bevölkerung. 15 Jahre lang verharrte diese große, kaum bevölkerte Insel, die ihre produktive Bevölkerung per Zufall verloren hatte, in einer Art Scheintod, da sie weder als spanische noch als britische Besitzung anerkannt wurde. Port Royal, nahe dem heutigen Kingston, war eine Fluchtburg der Ausgestoßenen und Gesetzeslosen: Freibeuter, Diebe, Verbrecher und Huren. Ihre nie aufgeschriebenen Lebensgeschichten bildeten die Vorlagen für die Erzählungen von Piraten, Schatzsuchern, Morden und schäbigen Glitzerwelten, die noch vielen Generationen wohlige oder eiskalte Schauer den Rücken hinunterjagen sollten. Nur zögerlich und halbwegs kriminell brach Jamaika in die Neuzeit auf.

Obwohl Zucker- und Sklavenhandel sich schon im letzten Viertel des 17. Jahrhunderts entwickelten, überflügelte die Zuckerproduktion Jamaikas erst in den zwanziger Jahren des 18. Jahrhunderts die von Barbados. Jamaika war jedoch der große Umschlagplatz des Karibikhandels, vor allem für Sklaven, und Kingston wie Port Royal stellten die natürlichen Zentren der gesamten britischen Besitzungen in der Karibik dar. Die Zahl der Weißen war jedoch verschwindend gering. Erst nach dem amerikanischen Unabhängigkeitskrieg überstieg die weiße Bevölkerung Jamaikas die Barbados'. Um 1783 lebten 20 000 Weiße auf Jamaika, 17 000 auf Barbados; während die – zurückgegangene – Bevölkerungsdichte auf Barbados jedoch noch bei 62,5 Weißen pro Quadratkilometer lag, waren es auf der viel größeren Fläche Jamaikas nur 1,5. Kamen auf Barbados nur vier Sklaven auf einen Weißen, so waren es auf Jamaika zehn. Und diese hier waren unzufrieden, sogar verbittert, und zehnmal eher zu aufrührerischen Umtrieben bereit als ihre Leidensgenossen auf Barbados.

Trotz seiner dünnen Besiedelung konnte man auf Jamaika Klaustrophobie bekommen. Dies lag vielleicht an den Bergen, die mit dem über 2 000 Meter hohen Blue Montain das Rückrat der Insel bilden, häufig in Wolken gehüllt und ringsum von dampfenden Wäldern bewachsen waren, die voller Maronen und anderer entlaufener Sklaven steckten, welche allzeit bereit waren, die Weißen zu überfallen und ihre schwarzen, geknechteten Brüder zu befreien. Jamaika machte niemals den Eindruck eines glücklichen Fleckens Erde.

Zur Zeit der Sklaverei entwickelten sich auf Jamaika sehr große, aber relativ unproduktive Grundbesitzungen. 1783 gab es über 100 Plantagen von durchschnittlich 700 Morgen, fast viermal so groß wie der Durchschnitt Barbados'. Auf so einer durchschnittlichen Plantage lebten und arbeiteten über 500 Sklaven, knapp 20 waren es auf Barbados. Diese 500 produzierten pro Kopf und Jahr nur halb soviel Zucker wie jene 20. Pro Morgen und pro Kopf wurde also sehr wenig erwirtschaftet, und hinzu kam, daß Jamaika ein schwieriges Klima hat und manchmal von Wirbelstürmen und Erdbeben heimgesucht wird. Eine ausgewogene Landwirtschaft wie auf Barbados hatte sich hier nie entwickelt. Weil es jede Menge Land gab, wurde dies nie ordentlich kultiviert. Land war billig, in Sklaven wurde viel mehr, vielleicht viermal soviel investiert. Der Schluß liegt nahe, daß zur Blütezeit Jamaikas, zwischen 1770 und 1810, diese ökonomischen Strukturen zusammen mit den Handelsinteressen den Ausschlag dafür gaben, daß die Sklaverei überleben konnte. Aufgrund seiner Zuckerproduktion war Jamaika die bedeutendste der karibischen Inseln, das Zentrum Westindiens und der Umschlagplatz für alle Handelsgewerbe, die irgendwie mit Zucker zu tun hatten; hier wurde das meiste Kapital investiert; innerhalb von 20 Jahren sollte die Insel zum größten Zuckerexporteur der Welt werden.

Wenn zu Beginn des 17. Jahrhunderts ein Händler nach Westafrika kam, bot man ihm in der Regel Sklaven im Austausch für seine europäischen Waren an. Zu Beginn wiesen einige Händler solche Angebote noch zurück, und sogar noch 1689, als der Dreieckshandel zwischen Afrika, der Karibik und Europa bereits fest etabliert war, hatten viele bei solchen Geschäften noch ihre Zweifel. Am deutlichsten drückte zu jener Zeit der Philosoph John Locke seine Gesinnung aus: „Sklaverei ist ein so abscheulicher und elender Zustand für einen Mann und der großherzigen Einstellung und dem Edelmut unserer Nation so direkt entgegengesetzt, daß es kaum vorstellbar ist, daß ein Engländer, und schon gar nicht ein Gentleman, dafür eintreten würde." Auch wenn dies zutrifft, waren es doch Hunderte von Engländern, die durch Versklavung anderer erst zu „Gentlemen" *wurden*. Im 17. und 18. Jahrhundert stiegen die „neuen Herren" von Bristol und Liverpool mittels des Sklavenhandels in der sozialen Hierarchie immer höher, und dieses Phänomen der „neuen Herren" gibt nicht nur Hinweise, warum der Dreieckshandel überhaupt entstand, sondern auch, warum er schließlich wieder zum Erliegen kam.

In den achtziger Jahren des 18. Jahrhunderts verkehrte sich das Verhältnis zwischen England und seinen Rivalen ins Gegenteil. Trotz des Verlustes seiner amerikanischen Kolonien im Jahr 1783 war das Vereinigte Königreich stark genug, um die Spitze des europäischen Widerstands gegen das revolutionäre und dann napoleonische Frankreich zu bilden, mit nur einer kurzen Pause einen 20 Jahre dauernden Krieg zu führen und nicht nur ihn zu gewinnen, sondern auch ein neues Imperium, welches größer war als das, was man durch die Unabhängigkeit der Vereinigten Staaten verloren hatte. Die Fähigkeit, Verluste an anderer Stelle wieder wettzumachen, ist in der englischen Geschichte tief verwurzelt, und sie verhalf dem Land zu seiner Vormachtstellung in Handel und Gewerbe. Dies ging nicht von heute auf morgen, genausowenig wie die Entwicklung, welche England zur ersten Nation werden ließ, die sich des Glanzes und Elends der industriellen Revolution erfreuen konnte. Die Gründe dafür liegen weit zurück, und sie treffen, das soll hier angefügt werden, einzig auf das eigentliche England zu; Schottland und Irland hatten andere Probleme, und beide leisteten ihren ganz eigenen Beitrag zur Geschichte Amerikas. Was England der Welt aber im besonderen Maße anbot, war der Zucker.

Viel früher als die anderen Europäer hatten die Engländer die feudale Leibeigenschaft in eine Geschäftsbeziehung zwischen Grundbesitzern und Pächtern umgewandelt. Die Leibeigenen wurden vielleicht gerne Pächter, aber es waren die Lords, die eigentlich davon profitierten. „Die grundbesitzende Klasse wandelte den Adelsstand in Besitzstand um, und aus feudalen Lords wurden wirkliche Grundbesitzer. Dies war die bedeutendste Veränderung in der ganzen englischen Geschichte."[19] Daß englischer Grundbesitz geldwirtschaftlich genutzt wurde, ermöglichte auch die Institution des Erstgeburtsrechts in ihrer ausgeprägtesten Form. Ohne Bargeld wäre es nicht möglich gewesen, jüngeren Brüdern und Schwestern eine Abfindung in Form eines kleinen Kapitalvermögens zu gewähren. Jeder englische Herzog hat geschätzte, sehr bescheidene Verwandte, die ihr Leben leben, als wären sie mit ihm überhaupt nicht verwandt; solch eine soziale Apartheid kann man sich in Frankreich oder Spanien, Englands Rivalen im 18. Jahrhundert, überhaupt nicht vorstellen. Damals wie heute waren aber einige dieser Verwandten nicht so sehr geschätzt, und in der Vergangenheit suchten viele von ihnen ihr Glück auf dem Meer, in den Kolonien oder in irgendeinem Gewerbe, das schnelleren Profit versprach als die Berufe, die traditionell den jüngeren Söhnen der Aristokratie vorbehalten waren: Heer, Marine, Jurisprudenz und Klerus.

Im Ausland war und ist es möglich, Dinge zu tun, die zu Hause aus sozialen, moralischen oder legalen Gründen inakzeptabel wären. So mancher Oberschicht-Engländer geriet vielleicht aus der Fassung, wenn er in irgendeinem fremden Land einen früheren Schulkameraden traf, dessen dortige Aktivitäten zu Hause die Aufmerksamkeit des Auges des Gesetzes auf sich gezogen hätten. So gibt es kaum einen englischen Peer aus alter Familie, dessen Verwandte verschiedener Grade nicht in jedem nur vorstellbaren legalen und illegalen Gewerbe tätig gewesen wären. „Man kann die Grenze", so ein Earl noch 1983, „beim Rauschgift ziehen. Mit allem anderen scheint sich meine Familie schon beschäftigt zu haben." 250 Jahre früher plauderte ein Botschafter, der ein Vorfahr des Earls gewesen sein könnte, über zwei Verwandte aus einer Seitenlinie – einer von ihnen war praktisch Pirat.

Neben solch noblen Nachkommen gab es die viel größere Zahl ebensolcher Abenteurer einfacherer Herkunft: Angehörige des nie-

deren Landadels, der emporstrebenden Händlerschicht, unversorgte
jüngere Söhne, uneheliche Nachkommen achtbarer Männer und
auch die, welche bei irgendeiner politischen Auseinandersetzung auf
der falschen Seite gestanden hatten. Schließlich fanden sich noch die
Zwangsverpflichteten ein, Kleinkriminelle oder Schuldner, oder einfach solche, die im Austausch für die Kosten der Überfahrt ihre
Arbeitskraft auf sieben Jahre verkauft hatten. Diese ganze Gesellschaft auf hoher See oder in den Kolonien war viel offener als die zu
Hause. „Gescheiterte Händler, verelendete Schuldner, verarmte Verschwender, Unzufriedene, kluge Köpfe und Wirrköpfe. Solche und
ähnliche Gemüter bevölkerten zunächst Westindien und machten
ein Irrenhaus daraus, für eine kurze Zeit. Aber von solchen geistes-
kranken Gemütern stammen viele gestandene und nüchterne Männer ab, wie diese modernen Zeiten zeigen."[20]
    Von ungefähr 1680 an bot der Dreieckshandel mit die schnellsten
Möglichkeiten, sein Glück zu machen. Dieses in ökonomischer Hinsicht sehr elegante Geschäft ließ den Sklavenhandel sich gleich drei-
fach auszahlen. Wie sein Name sagt, bestand es aus drei Teilen. Im
ersten wurden Waren von England nach Westafrika gebracht: Tand
und Flitterkram (niemals Gold!), Eisenwaren, grobes Tuch, Feuerwaffen, Schießpulver, Munition, Alkohol und Salz. Abgesehen vom
Salz war nichts davon für irgend jemand in Afrika lebensnotwendig;
nur die einheimischen Sklavenhändler brauchten die Gewehre für
ihre Arbeit und die anderen Waren, um weiter damit zu handeln.
Bezeichnenderweise ist das Salz das einzige Produkt von dieser Liste,
das noch heute in großen Mengen nach Westafrika exportiert wird.
Eingeborene Häuptlinge trieben den Handel landeinwärts weiter
und lieferten gefangene Sklaven. Kriege wurden oft einzig in der
Absicht angezettelt, Gefangene machen zu können, die dann als
Sklaven verkauft wurden. Manchmal standen in einem Krieg beide
Seiten mit verschiedenen weißen Sklavenhändlern in Geschäftsbezie-
hungen. Die Weißen fanden die Preis-Qualitäts-Relationen zu unbe-
ständig und willkürlich, und das Feilschen konnte sich tagelang hin-
ziehen. Früher oder später stach das Schiff zur Atlantiküberquerung
in See.
    Die gefürchtete Reise wurde unerträglich, wenn ein Schiff, vom
Pech verfolgt oder von einer inkompetenten Mannschaft geführt,
längere Zeit in einer Flaute festlag. Die wegen ihrer Flauten gefürch-

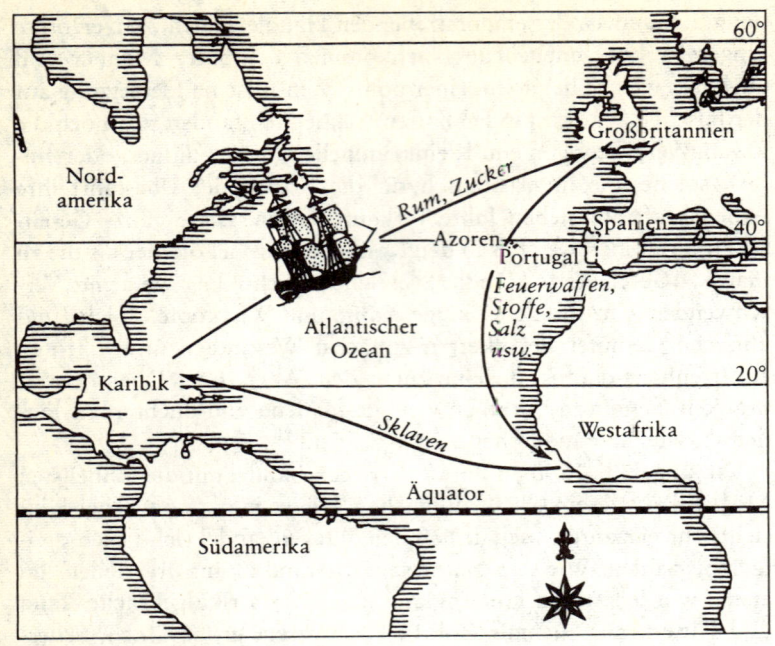

*Der Dreieckshandel*

teten Gegenden lagen in etwa entlang des echten Äquators, während des nördlichen Sommers also nördlich des geographischen Äquators, und ein Schiff, das im Juli oder August für mehr als einen Monat da hineingeriet, konnte die Hälfte seiner Sklaven und ein Viertel seiner Mannschaft verlieren. Wenn auf der Nordhalbkugel Winter herrschte, war die Überfahrt kühler, schneller und profitabler. Also plante man die Reise so, daß das Schiff London, Bristol oder Liverpool im Frühherbst in Richtung Afrika verließ, zwischen Dezember und Februar dann den Atlantik überquerte, in der Karibik im Frühling ankam und dann auf dem dritten Schenkel des Dreiecks im milderen nördlichen Sommer mit einer Ladung Zucker und/oder Rum nach England zurückkehrte.[21]

Um Meutereien und Selbstmord durch Überbordgehen zu verhindern, wurden die männlichen Sklaven angekettet. Frauen und Kinder konnten sich häufiger frei bewegen. Die westafrikanischen Ibos und Yoruba, aber nicht nur diese, glaubten, daß man seine Seele schnell in den Himmel bringen könne, wenn man über Bord sprang. Vor diesem Glauben mußten die Sklaven, eine wertvolle Handelsware, geschützt werden. Erwachsene Männer wurden aneinandergekettet, wobei es für jeden nur 1/10 des Platzes gab, der heute einem Flugpassagier zur Verfügung steht. Und so lagen sie schutzlos, oft in ihren eigenen Exkrementen, bis zu drei Monate lang. Der Gestank, das Gefangensein, die Angst vor dem Ungewissen, die Unmöglichkeit der Kommunikation, die fremden weißen Männer, all das kam zu den eigentlichen Schrecknissen der Seereise noch dazu und muß mit dazu beigetragen haben, daß immer eine gewisse Anzahl starb[22], wie fähig auch der Kapitän, wie umsichtig und kompetent die Mannschaft und wie problemlos auch immer die Überfahrt gewesen sein mag.

In der Karibik angekommen, konnte das Schiff dann vielleicht noch von Insel zu Insel fahren, aber irgendwann waren alle Sklaven von Bord und verkauft. Aus dem „Passagierschiff" wurde wieder ein Frachtschiff, das man mit Rum, Melasse und grobem, einmal raffiniertem Zucker belud und mit den dann vorherrschenden westlichen Winden binnen 30 bis 50 Tagen nach Hause steuerte. Unterwegs drohten noch Stürme, Kaperer, Piraten, feindliche Schiffe und Schäden an Rumpf und Takelage, und je nachdem kehrte das Schiff mit oder ohne Profit zurück. Wie waren die Profite? Für jene, die das Geschäft überlebten, sehr hoch. Anfangs ging bis zu einem Drittel der Schiffe durch Stürme, Überfälle und menschliches Versagen verloren, in Kriegszeiten sogar noch mehr.[23] Wenigstens die Piraten brachte die königliche Marine nach und nach unter ihre Kontrolle. In den frühen Tagen des Dreieckshandels lag der Einkaufspreis eines Sklaven in Westafrika bei 3 £, sein Verkaufspreis in der Karibik bei 25 £, das sind gut 800 %! Aber damals lagen die Verluste auf der Reise auch noch wesentlich höher, die Kapitäne waren unfähiger, die Schiffe weniger verläßlich, die Piraten ungebändigter und so weiter. Nach und nach wurde der Handel zu einer regelrechten Industrie ausgebaut, die allein mehrere hundert britische Schiffe gleichzeitig beschäftigte, ganz abgesehen von denen anderer Nationen. Als man die Sklaven in Westafrika aus immer größeren Entfernungen heranschaffen mußte, stiegen die Preise, und die Profitrate fiel auf eine Preisdifferenz von, sagen wir, 20 £ bis 30 £, mit andern Worten: 50 %. Doch dafür waren die Verluste an lebenden Sklaven auch auf

annehmbare 5 bis 10% gesunken. In seinem Spätstadium war der
Dreieckshandel ein Geschäft wie jedes andere, und die Profite aller
drei Zweige hingen vom Verschuldungsgrad der Pflanzer, dem Zuk-
kerpreis in Europa, der Besteuerung und der Kreditpolitik der Regierungen, von Kriegs- und Wetterrisiken ab. Der Dreieckshandel
folgte hinsichtlich seiner Profitabilität dem Verlaufsmuster aller anderen Geschäfte zu allen Zeiten. Solange die Risiken groß waren,
scheffelten die Erfolgreichen Geld, und die Erfolglosen gingen unter
oder verschwanden sonstwie aus der Geschichte. Als sich alles einge-
spielt und der Dreieckshandel sich stabil etabliert hatte, wurde auch
er schwerfällig und stumpfsinnig; die Profitraten fielen auf nur 25
bis 35% im Erfolgsfall, bei unveränderten Nebenrisiken.

Die geschäftlichen Gesetzmäßigkeiten des Dreieckshandels waren es,
die schließlich zu seiner Abschaffung führten, nicht seine Inhumani-
tät. Im Jahr 1790 stellte der Karibikhandel die bei weitem wichtigste
Handelsaktivität der britischen Nation dar:

|  | Karibikhandel (einschließlich Dreieckshandel) | Asienhandel (Indien, China, gesamter Indischer und Pazifischer Ozean) |
|---|---|---|
| Eingesetztes Kapital (ohne Auslandskosten) | £ 70 000 000 | £ 18 000 000 |
| Exporte (ohne Edelmetalle) | £ 3 800 000 | £ 1 500 000 |
| Importe | £ 7 600 000 | £ 5 000 000 |
| Regierungszölle | £ 1 800 000 | £ 800 000 |
| eingesetzte Tonnage | 300 000 Tonnen | 160 000 Tonnen |

(Bei allen Zahlen sind Regierungstransporte, Truppenbewegungen,
Lagerkosten und natürlich die Schiffe selbst nicht berücksichtigt.[24]
   Die Karibikhändler gelangten zu solcher Bedeutung, daß man im

Jahr 1763 die Zuckerinseln für wichtiger hielt als Kanada, sowohl das britische wie das französische, und bestimmte politische Gruppierungen hielten sie sogar für lebenswichtiger als die amerikanischen Festlandskolonien. Geschäfte mit der Karibik galten jedoch immer als unpopulär, denn an ihnen haftete etwas Arrogantes, die Mentalität des schnellen Reichtums, eine gewisse Anziehungskraft auf geborene Spieler und der anrüchige Makel der Sklaverei, der noch durch den elegantesten Salon wehte – die Sklaverei klebte am karibischen Granden wie der Pferdemist am Rennstallbesitzer. Die Opposition gegen Zucker und Sklaverei beschränkte sich nicht auf die Romantiker des ausgehenden 18. Jahrhunderts, auf Nonkonformisten oder die frühesten und unerschütterlichsten Gegner der Sklaverei, die Quäker. Samuel Johnson nannte Jamaika „ein Ort von großem Reichtum, eine Räuberhöhle von Tyrannen und ein Dschungel von Sklaven". In Oxford schlug er vor, „auf den Erfolg der nächsten Revolte der Neger in der Karibik anzustoßen". Schon vorher hatte Alexander Pope, der große Poet, Zeus zugestimmt, der – nach der Odyssee – festgelegt habe, daß, wer einen Mann versklave, die Hälfte seines Werts verliere. Vom ökonomischen Gesichtspunkt aus hatten Adam Smith und Jeremy Bentham Zeus' Kalkulation bestätigt, als sie feststellten, daß die Versklavung der Schwarzen einen Produktivitätsverlust von 50 % nach sich zöge. Bedächtige Männer hatten der Sklaverei und dem Sklavenhandel schon früh im 18. Jahrhundert den Rücken gekehrt. Merkantilistisch betrachtet, machte der Dreieckshandel in seinem Spätstadium schon keinen Sinn mehr.

Zwischen 1783 und 1793 kontrollierten die Briten auf die eine oder andere Weise mehr als die Hälfte des gesamten Zuckerhandels zwischen der Neuen und der Alten Welt. Und von diesen beinahe 60 % konsumierten die Briten selbst so viel, daß man fast sagen könnte, die Hälfte allen Zuckers, der über den Atlantik kam, verschwand in britischen Kehlen und, via Kanalisation, wieder im Atlantik. Mit anderen Worten: vielleicht 25 % der gesamten englischen Seehandelsleistungen, die Produktion einer Viertel Million englischer Arbeiter und die Leistungen all jener sonnengeplagten Weißen und Schwarzen in den Kolonien wurden verfuttert – angesichts der Alternativen eine teure Energiequelle.

In jedem Jahr dieser Dekade verzehrten die Engländer 70 000

Tonnen raffinierten Zucker, der – nach dem Energiewert bemessen – etwa 80 000 Tonnen Weizen ersetzte. Weizen kostete damals im Durchschnitt gut 10 £ pro Tonne. Die Ernten waren in diesem Jahrzehnt ziemlich ausgeglichen, und das Vereinigte Königreich importierte im Durchschnitt weniger als 15 000 Tonnen oder ungefähr 0,5 % der Eigenproduktion, die zum größten Teil aus Irland kamen. In den meisten Jahren hätten zusätzliche 80 000 Tonnen Weizen aus dem Baltikum, aus Amerika und aus Irland herbeigeschafft werden können. Der ganze Zuckeraufwand kostete den Briten ca. 5 bis 6 Millionen £ und ersetzte Weizen, für den im gleichen Zeitraum nicht mehr als 800 000 £ zu zahlen gewesen wären. Dies ist der Preis – nicht allein der Abhängigkeit, sondern auch der Korrumpiertheit.

Korrumpiert waren nicht allein die Konsumenten, diese armen Zuckerabhängigen, auch nicht die Sklaven, die von einem System degradiert wurden, das ihrer bedurfte, auch nicht allein die gehaßten und verachteten Sklavenbesitzer; korrumpiert war das gesamte System des Merkantilismus, das zur Zeit der amerikanischen Revolution herrschte.[25]

Der nachfolgenden Generation, die ihren Frieden mit Amerika schloß, wurde der Merkantilismus („parlamentarischer Colbertismus") dann suspekt: Hatte nicht gerade die merkantilistische Politik zum Verlust Amerikas geführt? Neue Prinzipien sollten gelten: Der Handel sollte dem Konsumenten dienen, nicht den einheimischen Industriellen bereichern. Importe sollten den Menschen des importierenden Landes ein komfortableres, sogar luxuriöses Leben ermöglichen; mangels Eigenproduktion zu importieren, wurde nicht länger als Übel angesehen. Nach den neuen Prinzipien von Adam Smith und anderen waren Exporte nicht dazu da, um Edelmetalle kaufen und horten zu können, sondern sollten jenen Individuen zugute kommen, die die Exportgüter herstellten, transportierten und handelten. Die Summe des Glücks der Individuen wurde zum höchsten Gut. Die Summe dessen, was die Individuen erwirtschafteten, wurde zum Reichtum der Nation.

Ähnliche Gesinnungen wurden in der gesamten zivilisierten Welt laut, vor allem in den Vereinigten Staaten und in Frankreich, wo die Enzyklopädisten über die Ideen Colberts gesiegt hatten. Das Jahrzehnt von 1783 bis 1793 sah die Grundlegung des freien Welthandels. Wäre nicht die Französische Revolution mit ihren Folgekriegen gewesen, hätte das Wirtschaftswachstum jener Dekade noch die ganze folgende Generation erfassen und der gesamten Welt, und nicht nur Amerika und England, zugute kommen können. Doch so verhalfen diese günstigen Umstände beiden Ländern zu einem Blitzstart ins nächste Jahrhundert.

Was nun den Dreieckshandel betraf, so war der in sich geschlossene Korruptionssumpf von Karibikgeschäften und den Leuten aus der Londoner City der neuen Generation verhaßt. Zu diesem Haß auf den Merkantilismus, der den frühen Vertretern des Freihandels einen moralischen Anstrich gab, den sie nie ganz loswurden, kam der philantrophische Widerwille gegen die Brutalität des Sklavenhandels und, vielleicht noch mehr, gegen seine merkantilistische Rechtfertigung. Wenn der frische Wind der individuellen Verantwortlichkeit und des individuellen Beitrags zum Wohlstand der Nation diese Rechtfertigung zunichte machte, würde dann nicht der Sklaverei die moralische Basis entzogen?

Vor diesem Hintergrund entstand eine bedeutende Allianz aus den Tories – der Partei der neuen Generation unter William Pitt dem Jüngeren (1783 Premierminister) – und den „Philantropen", die von dessen Freund William Wilberforce angeführt wurden. Der Merkantilismus, der „parlamentarische Colbertismus", war zusammen mit dem Sklavenhandel als völlig verantwortungslos in Mißkredit geraten und wurde zu Grabe getragen.

Die neue Generation glaubte an den Freihandel, und es war nur natürlich, daß sie sich mit jenen verbündete, die an die menschliche Freiheit an sich glaubten. Beide Parteien sahen, daß von immensen Aktivitäten – und immensem Elend – nur diejenigen profitierten, die es überhaupt nicht wert waren, da ihre Profite allein aus dem unrechtmäßigen Sklavenhandel herrührten. Aus praktischen wie moralischen Gründen kamen die „Abolitionisten" überein, daß der Sklaven*handel* als erstes abgeschafft gehörte. Er war der schrecklichste Aspekt all dieser Mißstände sowie am leichtesten und vor allem am billigsten abzuschaffen, da das Parlament keine Ausgleichszahlungen leisten mußte. Trotzdem brauchte das seine Zeit. Fünfmal unterlag Wilberforce, der Wortführer der Abolitionisten, im Parlament, ehe er endlich triumphieren konnte. 18 Monate nach der Schlacht von Trafalgar

(21. 10. 1805) erlitt auch die Sklaverei ihre große Niederlage, einen Schlag, von dem sie sich wie jener andere Feind nicht mehr erholen sollte.

*

Jede Schlacht wird gewonnen oder verloren, weil der Sieger stärker oder der Verlierer schwächer ist; das ist klar. Den Kampf zwischen Reform und dem Beharren auf dem Althergebrachten entscheidet jedoch nicht die Stärke der Reformisten; die Kraft der Vernunft und die günstigen Umstände sind es, die jenes Beharren zu überwinden helfen. Eine Reform ist kein Boxkampf, kein Fußballspiel und auch kein Wettstreit zwischen Vergangenheit und Zukunft oder zwischen Gut und Böse. Reform wird möglich, wenn die Umstände so beschaffen sind, daß sie es den Reformern ermöglichen, ihren Standpunkt als den einzig, unvermeidlich logischen darstellen können. Nicht anders war es, als der Sklavenhandel abgeschafft wurde. Niemand trat mehr für seine Aufrechterhaltung ein, nachdem erst einmal vier besondere Umstände eingetreten waren.

Zum ersten: Die cleveren Investoren der „neuen Generation" wandten sich anderen Bereichen zu, der industriellen Revolution, neuen Kanälen und neuen Handelsgeschäften außerhalb des Dreiecks. Darüber hinaus fingen die Bankiers an zu begreifen, daß der Zuckerhandel wie ein Alptraum auf ihren Bilanzen lastete. Plantagenbesitzer wie Händler litten unter dem hartgesottenen Kreditwesen, bei dem die Schuldner kaum ihre Zinsen, geschweige denn eine Tilgung zahlen konnten. Der Dreieckshandel war in das Spätstadium eines Massengeschäftes eingetreten, und wer klug war, investierte nicht mehr lange in solch ein Geschäft.

Zum zweiten: Weil nach der Seeschlacht von Trafalgar die Briten die Weltmeere beherrschten, konnten ohne Zustimmung der königlichen Marine weder Zucker noch Sklaven verschifft werden. Keiner konnte mehr gegenüber seinem Konkurrenten dadurch einen Vorteil erlangen, daß er ohne Genehmigung der königlichen Marine mit Sklaven handelte oder von billigen Sklaven produzierten Zucker importierte. Nach dem Friedensschluß konnte dann der Sklavenhandel, der von den Vereinigten Staaten schon 1794 und von Dänemark schon 1803 abgeschafft worden war, auch von der führenden Weltmacht[26] in Acht und Bann getan werden, auf daß kein anderes Land die britischen Märkte mit billigerem, von Sklaven produzierten Zucker unterlaufe. Oder war der von Sklaven produzierte Zucker vielleicht gar nicht billiger?

Dies war der dritte Umstand: Niemand wußte, ob Zucker nun billiger von Sklaven oder von freien schwarzen Arbeitern produziert wurde. Aber die Bankiers, von denen viele Quäker waren, hegten den Verdacht, daß freie Arbeiter weniger kosteten. Eines jedoch wußten sie genau: Wenn man den Sklaven*handel* unterband, würde der Wert der verbleibenden Sklaven in der Karibik in die Höhe schnellen. Die Abschaffung des Sklavenhandels würde also nicht nur die Erträge des eingesetzten Kapitals steigern, sondern auch unvermeidlicherweise dazu führen, daß man die erwachsenen Sklaven besser behandelte, da sie an Ort und Stelle nicht mehr einfach durch neue ersetzt werden konnten. So reichten sich christliche Moralisten und umsichtige Bankiers die Hände, um gegen eine Institution anzugehen, die man mit Verachtung strafte, die jedoch zugleich eine enorme Investition darstellte.

Der vierte Umstand: der Krieg selbst. Zu Friedenszeiten hätte man den Sklavenhandel ohne Entschädigungszahlungen nicht unterbinden können. Unter den Kriegsbedingungen des Jahres 1807 aber, als die Briten jede Tonne Schiffsraum brauchten und die Frachtkosten extrem hoch waren, konnten alle beteiligten Parteien zufriedengestellt werden, ohne daß dies zusätzliche Kosten verursacht hätte. Die Plantagenbesitzer verzeichneten eine Wertsteigerung ihrer Sklaven, die Bankiers sahen ihre Darlehen besser gesichert, und die Schiffseigner fanden auf der Stelle für ihre Laderäume eine andere Verwendung.

Im viktorianischen England erzählte man gern als Moral der Geschichte, daß gute Männer wie Wilberforce oder Clarkson über die böse Sklaverei triumphiert hätten; postfreudianische Sauertöpfe schlossen wiederum ganz logisch, daß Wilberforce und Co. schließlich mehr an ihr eigenes Seelenheil als an das der Sklaven gedacht hätten. Wenn man die zeitgenössischen Quellen studiert, findet man weder die eine noch die andere These bestätigt.

Die dritte Ausgabe der *Encyclopaedia Britannica* von 1792, erschienen in Edinburgh, war ein progressives Werk. Die Autoren begrüßten die amerikanische Revolution und, beim Stand der Dinge, natürlich auch die französische – Ludwig XVI. wurde erst nach Drucklegung dieser Ausgabe zur Guillotine geführt. Der Sklavenhandel wurde als unmoralische, unökonomische, ineffiziente Grausamkeit verdammt. Die Neger jedoch wurden folgendermaßen beschrieben:

„Die schrecklichsten Laster scheinen das Los dieser unglücklichen Rasse zu sein: Faulheit, Treulosigkeit, Rachsucht, Grausamkeit, Frechheit, Stehlen, Lügen, Gottlosigkeit, Ausschweifung, Gemeinheit und Maßlosigkeit sollen die Prinzipien des Naturgesetzes ausgelöscht und die Stimme des Gewissens zum Schweigen gebracht haben. Jedes Gefühl der Leidenschaft ist ihnen fremd, und sie geben ein abstoßendes Beispiel, was aus dem Menschen werden kann, wenn man ihn sich selbst überläßt."

Auch die Progressiven scheinen Ende des 18. Jahrhunderts nicht frei von Vorurteilen gewesen zu sein. Die eigentliche Sklaverei wurde ja schließlich nicht verdammt. Der *Handel* mit Sklaven erzürnte die Progressiven jener Tage, und sobald zu irgendeiner Zeit die Logik der Umstände es ermöglichte, würde, das war klar, der Sklavenhandel, nicht aber die Sklaverei selbst abgeschafft werden. Und genauso kam es dann, als bei den Plantagenbesitzern, den Bankiers und den Schiffseignern die entsprechenden Voraussetzungen gegeben waren.

Von 1807 an ging es mit der Zuckerindustrie in der Karibik bergab, zunächst langsam, dann immer schneller. Auf Jamaika sank die Produktion von 100 000 Tonnen im Jahr 1801 auf weniger als 5 000 Tonnen im Jahr 1913. Unmittelbar nach den kriegsbedingten Produktionsrekorden der Jahre 1801 bis 1805 setzte der Rückgang ein, und die Abschaffung der Sklaverei folgte in der nächsten Generation auf dem Fuße. Während der Napoleonischen Kriege hatte dann auch eine spezifisch europäische Entwicklung dafür gesorgt, daß die karibische Zuckerindustrie niemals wieder einen Boom erleben sollte.

Zucker war das erste Nahrungsmittel (oder vielmehr Genußmittel), von dem die Europäer so abhängig wurden, daß sie in den Tropen Monokulturen errichteten, um so ihre eigenen Bedürfnisse zu befriedigen. Weil der Zuckerrohranbau sehr arbeitsintensiv ist, lag das Verhältnis Sklaven/Zucker immer mindestens zehnmal höher als bei Tabak, Baumwolle oder irgendeinem anderen von Leibeigenen angebauten Agrarprodukt. Schätzungsweise gingen drei Viertel aller über den Atlantik verschleppten Afrikaner, möglicherweise also 15 von 20 Millionen Sklaven, auf das Konto des Zuckers. Doch seit 1750 kannte man Anbaumethoden, die es erlaubt hätten, eine andere Art Zucker in Westeuropa selbst anzubauen. Nur die Motivation fehlte noch.

Während der Napoleonischen Kriege mußten die französischen Zuckerfrachter in der Karibik immer wieder gegen die Blockade der königlich-britischen Marine anrennen. Ferner fehlten an die 100 000 Tonnen Zucker pro Jahr aus dem 1783 verlorengegangenen Dominica (Haiti). Zuckerknappheit und hohe Preise machten Napoleon auf die botanischen Entdeckungen Andreas Sigismund Marggrafs von der Berliner Akademie der Wissenschaften aufmerksam. Dieser hatte Mitte des 18. Jahrhunderts herausgefunden, daß es in Möhren, Pastinaken und, vor allem, Runkel- und anderen Rüben erhebliche Zuckeranteile gab. Jedes Kind wußte, daß reife Rüben süß schmeckten, aber Marggraf war der erste, der den Rübenzucker isolieren konnte. Doch erst lange nach Marggrafs Tod begann man aufgrund der kriegsbedingten hohen Zuckerpreise mit der praktischen Arbeit. Rübenarten wurden ausgewählt und gekreuzt, und 1801 wurde schließlich mit Unterstützung Friedrich Wilhelms III. die erste Rübenzuckerfabrik errichtet. Während des folgenden Jahrzehnts ging man in vielen kontinentaleuropäischen Ländern daran, eine Rübenzuckerindustrie aufzubauen; vor allem in Frankreich verfolgte man nach dem Frieden von 1815 dieses Ziel mit viel Dirigismus[27] und großen Subventionen: Niemals wieder wollten die Franzosen vom guten Willen der königlich-britischen Marine abhängig sein.

Nur 15 Jahre später stellte der Rübenzucker schon eine ernstzunehmende Konkurrenz für die tropischen Anbaugebiete dar. Und nur 30 Jahre später waren die europäischen Märkte für Rohrzucker so gut wie verschwunden. Um 1885 schließlich hatte die Rübe weltweit über das Zuckerrohr gesiegt. In einigen ärmeren, rückständigen Gebieten Osteuropas war es überhaupt erst der Rübenzucker, der aus dem Luxusartikel ein ganz normales Produkt des täglichen Bedarfs werden ließ. Heute, am Ende des 20. Jahrhunderts, kann jedes europäische Land, wenn es will, sich mit Rübenzucker selbst versorgen.

Vor diesem Hintergrund konnte der Abschaffung des Sklavenhandels im Jahr 1807 dann die Befreiung der Sklaven selbst im Jahr 1834 folgen. Diese zeitliche Verzögerung der Befreiung war auf zwei eng miteinander verknüpfte Fragen zurückzuführen: Welchen neuen Status sollten die Sklaven bekommen, und wie würde man die Sklaveneigner entschädigen? Wenn man die Sklaven zu Bauern machte und ihnen Land gab, würde es auf den Plantagen keine Arbeitskräfte mehr geben, und das Land würde, wie in den französischen Kolonien, wertlos. Machte man die Sklaven zu Lohnarbeitern, würden sie nicht wissen, was sie mit dem Geld anfangen sollten, denn sie waren es ja gewohnt, daß ihre Grundbedürfnisse immer in Naturalien erfüllt wurden. Schließlich entschied man, daß die Sklaven für eine Übergangszeit von sieben Jahren „Lehrlinge" werden und die Eigner mit bis zu 60 % des Marktwertes der Sklaven entschädigt werden sollten, wobei man davon ausging, daß die siebenjährige Lehrzeit den fehlenden 40 % entsprach. Außer den Plantagenbesitzern waren alle mit dieser Lösung zufrieden. Die Bankiers sahen ihr Geld wieder: Da die Plantagenbesitzer ihre Kredite ablösten, flossen fast alle Entschädigungssummen in die Londoner City zurück, wo sie vermutlich in den Eisenbahnbau investiert wurden. Liberale und Dissidenten beruhigten wie heutige Sozialisten ihr Gewissen damit, daß Staatsgelder benutzt wurden, um Fehler wiedergutzumachen. Die Sklaven erhielten ihre Freiheit. Nur die Plantagenbesitzer sahen sich mit einem Problem konfrontiert: Die „Lehrlinge" rannten einfach davon und suchten sich ein Stück eigenes Land, oder sie verdrückten sich in irgendeine Ecke der Zuckerrohrpflanzungen, wo sie Yamswurzeln, Pisangfeigen und Mehlbananen pflanzten, und drehten ihren Aufsehern eine lange Nase. Gleichzeitig fiel die Zuckerproduktion ins Bodenlose, innerhalb von fünf Jahren halbierte sie sich, und so sollte es immer weitergehen.

Zehn Jahre nach der Sklavenbefreiung, als die Zuckerproduktion in der britischen Karibik schon dramatisch zurückgegangen war, siegten in England die politischen Vertreter der Freihandelsidee, und nach und nach wurden alle Quoten und Schutzzölle abgebaut. 1851 war britischer mit ausländischem Zucker gleichgestellt. Die Karibik warf nichts mehr ab, sie war praktisch bankrott. Zwischen 1832 und 1848 wurden 105 englische Handelshäuser zahlungsunfähig und mußten Konkurs anmelden. In der Karibik gab es im gleichen Zeitraum über 1000 Konkurse. Die Plantagenbesitzer gaben der

Sklavenbefreiung die Schuld. Aber sie hatten unrecht. Sie hätten die Bankiers und alle anderen Vertreter der Freihandelsidee anprangern sollen. Kluge Bankiers liehen den Plantagenbesitzern kein Geld mehr. Klügere Bankiers hatten sich schon Jahre zuvor, als die Napoleonischen Kriege die Preise in die Höhe getrieben hatten, aus dem Karibikgeschäft zurückgezogen. Und die klügsten von allen hatten es noch viel früher wieder fallengelassen, gleich nach den stürmischen Anfangsjahren, vor allem während des Siebenjährigen Krieges von 1756 bis 1763 oder während des amerikanischen Unabhängigkeitskrieges von 1776 bis 1783. Die Plantagenbesitzer hatten niemals bedacht, daß clevere Kreditgeber nicht nur ihr Geld anzubieten haben, was bloß soviel wert ist wie alles andere Geld auch, sondern zugleich auch ihren kostenlosen Rat.

Die Kapitaldecken waren zu kurz geworden; Arbeitskräfte, die durch die Notwendigkeit, Geld zu verdienen, diszipliniert gewesen wären, gab es nicht; wenn es nicht bearbeitet wurde, war das Land wertlos; ihre einstige Lebensart war in tropischen Depressionen heruntergekommen: Die Plantagenbesitzer der Karibik sollten sich von diesen Schlägen niemals wieder erholen. Als während des Ersten Weltkriegs die britische Nachfrage nicht mehr durch Rübenzuckerimporte vom europäischen Kontinent befriedigt werden konnte, erlebte die karibische Rohrzuckerindustrie noch einmal einen Aufschwung, besonders auf Jamaika. Aber die großen Tage waren vorbei. Die Zuckernachfrage wuchs zwar immer weiter, doch zu ihrer Befriedigung gab es jetzt nicht allein die Rüben, sondern auch die neuen Anbaumethoden und den besseren Boden Kubas, jener Zuckerinsel, die für das 19. Jahrhundert typisch ist.

1492 hatte Kolumbus Kuba entdeckt und für den spanischen König in Besitz genommen. Mit Tabakpflanzen und Syphilis, den ersten europäischen Importen aus der Neuen Welt, kehrte er nach Spanien zurück. Fast 300 Jahre lang war diese riesige Insel, beinahe so groß wie England, von nicht mehr als 200 000 Weißen, Schwarzen und allen zwischen den beiden möglichen Mischlingen bewohnt. Ein Drittel davon lebte in der Hauptstadt Havanna. Bis 1820 wurde Kuba vom spanischen Vizekönig in Mexiko mitregiert; danach stellte die Insel zusammen mit Puerto Rico den traurigen Rest der einst riesigen spanischen Kolonien in Südamerika dar. Bodenständige

Kolonisten hatten versucht, die typischen Nutzpflanzen Spaniens auf Kuba heimisch zu machen: Wein, Oliven und Weizen. Nichts davon gedieh so recht, aber das Vieh, das man im 16. Jahrhundert herübergebracht hatte, vermehrte sich in der Hügellandschaft ganz ausgezeichnet, so daß man getrocknetes Rindfleisch nach Mexiko und Venezuela exportieren und auch Schiffe damit verproviantieren konnte.[28] Leder, das man nach Spanien exportierte, stellte bis zum Ende des 18. Jahrhunderts Kubas wichtigsten Exportartikel dar.[29]

Gold und Silber waren die Schätze, die die Spanier Jahr für Jahr aus der Neuen Welt holten, und die in Havanna beheimatete unschätzbar wertvolle Schatzflotte verstellte den Blick für die Möglichkeiten dieser Insel, die später der weltgrößte Zuckerproduzent werden sollte. Wie Portugal und auch Sizilien produzierte Spanien im eigenen Land genügend Zucker, und die spanischen Kolonien durften ausschließlich mit dem Mutterland Handel treiben – drei Jahrhunderte lang sogar nur exklusiv mit Sevilla. Wenn die Flotte Havanna in Richtung Spanien verließ, war sie bestens ausgerüstet: Zitrusfrüchte gegen Skorbut, grüne Gemüse und getrocknetes Rindfleisch dienten als Proviant. All diese Annehmlichkeiten verdankten sich Pflanzen und Tieren, die man einst aus Europa herübergebracht hatte, vermutlich auf dem Umweg über die Kanarischen Inseln, von denen auch ein großer Teil der ärmeren weißen Einwanderer stammte. Havanna, nach den Maßstäben des 18. Jahrhunderts eine Großstadt, war die Hure unter den Städten; die Stadt lebte nur für ihre Flotte und bot den begierigen Schiffsbesatzungen alles, was Seeleute schon immer gewollt haben: Besäufnisse, Glücksspiele und Frauen. 1762, als die Engländer einmal ein knappes Jahr lang die westliche Hälfte Kubas besetzt hielten, hatte Havanna schon lange den zwielichtigen Halbweltruf, den es erst 200 Jahre später, in den sechziger Jahren unseres Jahrhunderts, dank der bürgerlichen Tugenden der Kommunisten wieder loswerden sollte.

Man darf dabei nicht vergessen, daß die Spanier in Amerika instinktiv die spanischen Verhältnisse des 16. Jahrhunderts nachbildeten: große Städte und Kathedralen, zivile und Militärgouverneure, Marktflecken und Dörfer, in denen die Landbevölkerung konzentriert war. Im Gegensatz zu den Engländern lebten die Spanier in Mittelamerika eher als Städter; typisch für die englischen Besitzungen hingegen waren Landgüter verschiedener Größe, wie zu Hause.

Viel konnten die Engländer in den Jahren 1762 und 1763 nicht auf Kuba ausrichten, aber sie öffneten den Kubanern die Augen für die Möglichkeiten des Zuckerrohranbaus. Als Tabakproduzent hatte Kuba schon Bedeutung erlangt; man produzierte Schnupftabak, noch keine Zigarren; 1763 gab es über 100 Schnupftabakmühlen, Ende desselben Jahrhunderts über 200. Von den zu dieser Zeit schon lange ausgerotteten Indianern hatten die Spanier gelernt, wie man Süßkartoffeln, Yamswurzeln, Bananen, Mais, die meisten der heute bekannten Bohnenarten, Yuccas und die amerikanischen Kürbisarten anbaut. Sie gingen dabei nicht ganz so umsichtig vor wie einst die Indianer und verschwendeten viel Land, aber sie konnten es sich ja leisten. 1763 lag die Bevölkerungsdichte bei etwa zwei Einwohnern pro Quadratkilometer, viel niedriger als im mittelalterlichen Spanien oder Italien. 100 Jahre später waren es bei einer Gesamtbevölkerung von 1,6 Millionen achtmal soviel, 16 pro Quadratkilometer. Von Überbevölkerung kann man da eigentlich noch nicht sprechen; die dennoch beachtliche Steigerungsrate aber war auf Zucker zurückzuführen. Die Einführung der Zuckerwirtschaft bedingte nicht nur die Erschließung neuer Märkte – das spanische Mutterland war in dieser Beziehung ja autark –, sondern auch Kubas Eintritt in den Welthandel einschließlich des Sklavenhandels. Zuvor waren nur ein paar Tausend schwarze Sklaven nach Kuba gelangt und dort relativ gut behandelt worden; ohne die erdrückende Arbeit auf den Zuckerrohrfeldern hatten sie sich von selbst hinreichend vermehren können. Doch seit den siebziger Jahren des 18. Jahrhunderts wurden wahrscheinlich bis zu 2 Millionen Sklaven importiert. Die allerletzten, 600 an der Zahl, verzeichnete man im Oktober 1865 auf dem Gut des Don Marty: „Ihre Anlieferung wurde von den Autoritäten geleugnet, aber die Tatsache war damals allgemein bekannt."[30]

Kuba war dank seiner zerklüfteten Küstenlinie für den Schmuggel viel besser geeignet als die britischen Besitzungen, und Tausende von Sklaven gelangten in den 100 Jahren vor 1865 direkt, ohne Umweg über die Häfen, auf die Zuckerplantagen. Genaue statistische Angaben sind daher kaum zu machen, aber es scheint klar zu sein, das zwischen 1830 und 1865 mindestens 500 000, vielleicht mehr, an Land gebracht wurden. Auf den Plantagen lag die Sterberate bei etwa 10 %, genauso hoch wie 100 Jahre zuvor auf französischen oder britischen Besitzungen.

Zu diesen illegalen Sklaveneinfuhren kamen zwischen 1847 und 1880 noch ungefähr 140 000 chinesische Kulis, die über Kap Hoorn oder über das Kap der Guten Hoffnung rund um den halben Globus hierhergebracht worden waren. Nur 11 bis 12 % starben auf dieser Reise, vielleicht weil sie zäher oder weniger fatalistisch als die Negersklaven waren. Auf Kuba überlebten jedoch weniger als 25 %, und weniger als 1 % konnte nach China zurückkehren — weil man für die Kulis zunächst nur die Kosten für die Überfahrt bezahlen mußte, wurden solche "Kontraktarbeiter" in vielerlei Hinsicht sogar noch schlechter behandelt als die Sklaven.

Die internationale Ächtung des Sklavenhandels[31] verbesserte seine Bedingungen wohl kaum. Ganz im Gegenteil, in der Illegalität wurde er noch viel inhumaner. Man muß daraus die Lehre ziehen, daß Reformer, wenn sie auf der ganzen Linie Erfolg haben wollen, sicherstellen müssen, daß nach Beseitigung eines Mißstands nicht illegale Aktivitäten zurückbleiben, die noch viel abscheulicher sind. Vor allem die Amerikaner, die sich der Abschaffung des Sklavenhandels so oft widersetzt hatten, zeigten sich so wenig der neuen Moral zugeneigt wie ihre geistigen Nachkommen 100 Jahre später der Prohibition. Gesetze wurden nicht erlassen, um sie zu beachten, sondern um sie zu umgehen.

Von 1820 an patrouillierte die königlich-britische Marine regelmäßig vor Westafrika, auf den Passatrouten und natürlich in der Karibik. Eine vorzügliche Gelegenheit, in Friedenszeiten die Mannschaften bei der Stange und in Übung zu halten, und ein eleganter Weg, die Ausgaben für die Marine gegenüber jenen eingefleischten Sparsamkeitsfanatikern zu rechtfertigen, die die Bedeutung der königlichen Marine in Zweifel zogen. Mannschaften wie Offiziere dieser Schiffe hatten meist schon so viel von den Schrecken des neuen, illegalen Sklavenhandels gesehen, daß sie ihre Aufgabe mit evangelistischem Fanatismus verfolgten.

Und diesen Fanatismus brauchten sie auch. Die Verluste auf See waren jetzt höher, die Schiffe schneller. Auf Sklavenhändler waren sogar in Friedenszeiten Kopfprämien ausgesetzt, so daß eigentlich jeder ihr Feind war, und daher vermieden sie allen Kontakt mit anderen Schiffen, indem sie andere, verschlungene Routen fuhren. Krankheiten nahmen überhand. Einmal fanden die Briten ein führungslos dahintreibendes Sklavenschiff, dessen gesamte Besatzung,

Schwarze wie Weiße, Mannschaft wie Sklaven, durch eine Augenkrankheit erblindet war und sich nur noch herumtastend auf dem Schiff bewegen konnte. Wie man sich vorstellen kann, litten sie Hunger, obwohl sie reichlich versorgt waren.

Wie der Ozean selbst, so lud auch Kuba dazu ein, das Auge des Gesetzes zu umgehen. Es ließ sich ja so leicht zum Narren halten. Der interne Sklavenhandel zwischen den kubanischen Provinzen wurde 1820 für illegal erklärt, aber dieses Gesetz wurde genauso ignoriert wie sein Gegenstück in den Vereinigten Staaten. Bis in die zwanziger Jahre des 19. Jahrhunderts war es Kuba verboten gewesen, mit irgendeinem anderen Land als Spanien Handel zu treiben, aber *das* Gesetz hatte man 200 Jahre lang ignoriert. Kubanische Händler durften sich nur des schwerfälligen spanischen Bankensystems bedienen, und alle Kreditbriefe und sonstigen Verrechnungsdokumente mußten im 3000 Meilen entfernten Mutterland ausgefertigt werden. Folglich wurden sehr viele Transaktionen, auch ziemlich große, in bar abgewickelt. Kubas Außenhandel lag zum großen Teil in den Händen von Briten und Nord- wie Südamerikanern.


Die Engländer hatten zwar während ihres kurzen Gastspiels von 1762/63 den Zucker auf die Insel gebracht, doch es waren die Amerikaner, die nach der Sklavenbefreiung in den amerikanischen Südstaaten im Jahr 1865 die Vorteile des fruchtbaren kubanischen Bodens zu nutzen verstanden.

Vor dem amerikanischen Bürgerkrieg war auch in Louisiana und anderen Südoststaaten der USA Zucker von Sklaven produziert worden, und zwar mit erheblichem Profit. Nach Abschaffung der Sklaverei gaben jedoch die Männer des Südens und das Kapital des Nordens die Zuckermühlen der Südstaaten zugunsten neuer Gelegenheiten auf Kuba auf. Die Zuckerproduktion hatte sich in den Vereinigten Staaten für die Sklaven als genauso zerstörerisch erwiesen wie in allen anderen Gegenden auch, und „Zuckersklaverei" wurde zur gehaßten, gefürchteten Drohung für Tausende von Baumwollsklaven, die die Arbeit in einer Zuckermühle nicht kannten. Noch ein Jahr vor dem Bürgerkrieg betrug die Lebenserwartung in der Zuckersklaverei nur die Hälfte der sonst für Sklaven üblichen. Die Aussicht, in der Zuckerwirtschaft zu arbeiten, und sei es als freier Mann, stellte für keinen Schwarzen des Südens eine Verlokkung dar. Also wandten sich die Amerikaner Kuba zu.

Wie zum Teil bereits erwähnt, brauchte man für die Zuckerproduktion guten Boden, Brennstoff fürs Raffinieren, jede Menge Arbeitskräfte, einen lokalen Markt zur Versorgung mit allem Lebenswichtigen, Macheten für die Ernte, große Kessel für das Auskochen des Rohrs und Kleidung für Herren wie Sklaven. Ende des 18. Jahrhunderts standen davon auf Kuba, wie in der gesamten Karibik, nur Boden und Brennstoff frei zur Verfügung; der Mangel an Arbeitskräften war durch Krankheiten verschärft worden. Obwohl man zu dieser Zeit die Malaria mit Hilfe des Chinins in Schach halten konnte, wütete noch immer das ebenfalls von Mücken übertragene Gelbfieber, von dem man noch nicht wußte, daß es auch mit dem allgegenwärtigen Schmutz in Verbindung zu bringen war. Immer wieder grassierte es in Kuba, bis die Amerikaner im frühen 20. Jahrhundert den Schmutz und damit die Krankheit beseitigten.

Schwarze Sklaven stellten die Plantagenarbeiter, weiße die Handwerker. Indianer gab es, wenn überhaupt, im 18. Jahrhundert auf Kuba kaum mehr. Spanier aus dem Mutterland, die *Peninsulares*, blieben hier nie lang und kehrten gewöhnlich nach Erfüllung ihrer Aufgaben nach Europa zurück. Wenn sie blieben und auf Kuba eine Familie gründeten, bezeichnete man die Kinder als *Criollos*, wovon sich der Name *Kreolen* herleitet (der bei uns „Mulatten" bedeutet, aber nicht im Spanischen). Daneben gab es die echten Mischlinge, „Quadroons" (Viertelneger) und weitere Mischungsvarianten.[32] Die Spanier dachten längst nicht so rassistisch wie die Engländer. Mischehen wurden in den Kolonien kaum tabuisiert, und die wenigen Tabus betrafen eher die Klassengegensätze als die Rassentrennung. Schließlich hatten schon vom Mutterland her zahlreiche Spanier, wie auch die Portugiesen und andere Mittelmeervölker, neben anderen auch dunkelhäutige Vorfahren gehabt.

Als Sklaven illegal und damit teuer geworden waren, begann man Maschinen zu entwickeln, um Arbeitskräfte zu sparen. Die Bruchwalzen und kupfernen Kochkessel wurden integriert und mit Dampf betrieben, wobei man die Bagasse, die ausgepreßten Reste des Zuckerrohrs, gleich wieder als Brennmaterial verwandte. Die Ochsen, die einst die Mühlen angetrieben hatten, wurden genauso überflüssig wie die Sklaven, die sie gehütet hatten.

Nach 1855 veränderte eine andere Erfindung das Bild völlig: Nur noch eine zentrale Zuckermühle, gegebenenfalls kilometerweit von der Plantage entfernt, verarbeitete die Ernte von Tausenden Morgen Land, mit denen sie durch eine Eisenbahnlinie verbunden war, die oft einer amerikanischen Privatgesellschaft gehörte.[33] Die erste kubanische Eisenbahn – und die erste in Lateinamerika überhaupt – wurde schon 1845 fertiggestellt. Sie verband Havanna mit Guines, eine Strecke von über 70 Kilometern.

Alle diese arbeitssparenden Einrichtungen wurden mit amerikanischem, französischem und britischem Kapital errichtet; weiße Techniker oder Vorarbeiter aus Europa oder von den Kanarischen Inseln bedienten die Maschinen; Europäer mit Werksverträgen überwachten die Arbeit, die chinesischen Kulis und die Sklaven. Das Gewerbe überstand Revolten und politische Unruhen, und der technische Fortschritt ging unaufhaltsam weiter. Die Zuckerproduktion stieg von 200 Pfund pro Sklave und Jahr im Jahr 1760 auf ungefähr eine Tonne 1840 und ungefähr drei Tonnen 1880, dem Jahr der endgültigen Abschaffung der Sklaverei. Diese umfassende Steigerung war allein auf die Mechanisierung des Transports und der Raffinierung zurückzuführen, auf den Feldern hatte es so gut wie keine Fortschritte gegeben. Ende des 19. Jahrhunderts produzierte Kuba mit nur einem Drittel der Arbeitskräfte zehnmal soviel Zucker wie Jamaika noch zu Beginn desselben; in Maschinen wurde etwa fünfmal mehr investiert als in Land. Von der einen Million Tonnen, die im letzten Jahrzehnt des Jahrhunderts produziert wurde, stammten über drei Viertel aus Unternehmen mit US-amerikanischer Beteiligung. Das rapide, forcierte Anwachsen der Produktion führte schließlich dazu, daß 1925 das Fünffache, 5 Millionen Tonnen, geerntet werden konnte.[34]

Während der zweiten Hälfte des 19. Jahrhunderts schien es dieser großen, fruchtbaren Insel nie vergönnt zu sein, in Frieden zu leben. Vier amerikanische Präsidenten, zwei vor und zwei nach dem Bürgerkrieg, wollten Kuba kaufen und annektieren. Einige Spanier aus dem Mutterland wollten sich mit den *Criollos* zusammentun, um Unabhängigkeit von Spanien zu erlangen. Andere wollten, daß Kuba sich mit Mexiko vereinigte; wieder andere strebten eine halbkoloniale Abhängigkeit von Amerika an; nochmals andere hätten es gerne gesehen, wenn Kuba ein amerikanischer Bundesstaat geworden wäre. Bis zum kubanischen Unabhängigkeitskrieg von 1895 bis 1900 ließ sich für keines dieser polititischen Ziele eine Mehrheit unter den Weißen, geschweige denn unter Mulatten und Schwarzen finden.

Schließlich ging das Pulverfaß hoch. Mit dabei war unter anderem auch der junge Winston Churchill, der als Kriegsberichterstatter Augenzeuge einiger inkompetenter Militäraktionen auf spanischer Seite wurde. Im Februar 1898 explodierte im Hafen von Havanna das US-Kriegsschiff *Maine* und riß viele mit in den Tod. Die Explosion konnte später auf altmodisches, leicht entzündliches Pulver zurückgeführt werden, doch damals glaubte jeder, daß eine spanische Mine sie ausgelöst hätte. Die Vereinigten Staaten erklärten im April 1898 den Krieg und gewannen ihn innerhalb weniger Monate. 400 Jahre spanischer Herrschaft gingen zu Ende. Kuba wurde eine Republik unter amerikanischer Schutzherrschaft, was nicht nur die Unabhängigkeit von Spanien garantierte, sondern auch, daß das amerikanische Kapital während der ganzen ersten Hälfte des 20. Jahrhunderts weiterhin seine dominierende Rolle spielen konnte; erst in den vierziger Jahren wurde die Schutzherrschaft von der Politik der „guten Nachbarschaft" abgelöst.[35]

Die Vergangenheit der Karibik, von „Amerikas Hinterhof", unterscheidet sich sehr von der der Vereinigten Staaten, Louisiana und New Orleans einmal ausgenommen. Kuba wurde trotz seines ausgezeichneten Tabaks und seiner Versuche, im frühen 19. Jahrhundert Kaffee anzubauen, 200 Jahre lang vom Zucker beherrscht. Da die Spanier die Insel während der Napoleonischen Kriege vernachlässigen mußten, konnte sich die Zuckerwirtschaft eher nach den Gesetzen des freien Marktes und nicht nach merkantilistischen Grundsätzen entwickeln. Dies ging zu Lasten der Sklaven, aber der Zucker wurde dadurch billiger; dies wiederum führte dazu, daß die weitere Verbilligung des Zuckers und seine Vermarktung Hauptgegenstand der Überlegungen wurden.

Zur Zeit der Sklaverei war Zucker ein äußerst arbeitsintensives Geschäft gewesen. Auf Kuba zeigte sich zum ersten Mal, daß man mit „freien" Arbeitern, Maschinen und einem guten Management den ganzen Produktionsprozeß wesentlich ökonomischer gestalten konnte. Zucker wurde fast so billig wie andere energiereiche Nahrungsmittel. Doch dann gab es Probleme mit den Märkten. In guten

Jahren kann weltweit das Vier- bis Fünffache der Menge produziert werden, die eine selbst hochgradig zuckerabhängige Weltbevölkerung brauchen könnte. Kuba hatte den Weg gewiesen, und auch nach 1945 prägte es dem Weltmarkt noch seinen Stempel auf. Für Nachschub war ausreichend gesorgt; an der Nachfrage haperte es. Während des Zweiten Weltkriegs und der unterversorgten Nachkriegsjahre hatten die Vereinigten Staaten garantiert, jede von Kuba produzierte Tonne Zucker aufzukaufen. Kuba produzierte entsprechend. Doch sobald zu Beginn der fünfziger Jahre die weltweiten Engpässe überwunden waren, stellten die USA den pauschalen Aufkauf ein. Daß die *Yanqui*[36] einfach nicht alles aufnehmen konnten, was Kuba produzierte, führte also in gewisser Hinsicht zu jener wirtschaftliche Stagnation, die Fidel Castro den Weg ebnete. Wie viele andere Länder zeigte sich Kuba der sozialen Aufgabe, die Grundbedürfnisse aus eigener Produktion zu erfüllen, nicht gewachsen; sinkende Beschäftigung und sinkende Erlöse für die eigenen Exporte waren die unausweichliche Folge. Als weltgrößter Zuckerexporteur hatte es Kuba doch nie geschafft, politische Strukturen zu entwickeln, die dem 20. Jahrhundert angemessen gewesen wären. Also lockte der Kommunismus mit seinen verführerischen, vielversprechenden Lösungen.

Fidel Castro ist der Nachkomme eines Exsoldaten aus Galizien. Sein Vater war ein kräftiger, manchmal gewalttätiger Mann, der es zum Herrn über 10000 Morgen Zuckerrohr gebracht hatte. Fidels Mutter war einst die Köchin seines Vaters gewesen. Diesen Lebensweg von so bunter Herkunft schrieb Castro dann mit einigen Jahren Studium, mehreren Jahren revolutionärer Aktivitäten und noch viel mehr Jahren Regierungserfahrung fort. Die von ihm in Gang gesetzte politische Entwicklung brachte die Welt 1962 an den Rand eines dritten Weltkriegs; in den sechziger Jahren unterstützte er kommunistische Bewegungen in Lateinamerika und in den siebziger die UdSSR bei ihren Versuchen, afrikanische Nationen gegen den Westen zu mobilisieren. Immer noch fährt Kuba damit fort, einige Gegenden der Welt politisch und wirtschaftlich zu destabilisieren.

Mittlerweile kann man aus einigen Hinweisen schließen, daß Kuba nicht viel mehr getan hat, als einen Zuckeraufkäufer gegen einen anderen auszutauschen. Auch die Erträge, die heute geheimgehalten werden, scheinen noch in derselben Größenordnung zu liegen. Von allen früheren Zuckerkolonien hat Kuba, das während seiner Unabhängigkeit doch so viele Chancen gehabt hat, anscheinend die schlimmsten Fehlschläge einstecken müssen. Heute versorgt es, in einer Art neuer kolonialer Abhängigkeit, die UdSSR mit dem Zucker, den ihre einheimische ineffiziente Rübenzuckerindustrie nicht bereitstellen kann, den ihre Bevölkerung aber dringend benötigt. Obwohl Castro versucht hat, Kubas Zuckerabhängigkeit zu reduzieren, ist der Zwang zum Weiterproduzieren so stark wie je zuvor, und Kubas koloniale Abhängigkeit verfestigt sich. 500 Jahre ist es bald her, daß Kolumbus die Insel entdeckte, und seither hat Kuba insgesamt drei Mutterländer gehabt: 400 Jahre lang Spanien, etwas mehr als 50 Jahre lang die USA und seit nunmehr fast 30 Jahren die UdSSR. Man kann gespannt sein, wie die Verhältnisse bei der Fünfhundertjahrfeier im Jahr 1992 liegen werden.

Was hat der Zucker nun der Welt gebracht? Was er den Konsumenten gebracht hat, wissen wir; über verfaulte Zähne, Schäden am Verdauungssystem und psychisch bedingte Abhängigkeiten ist genügend geschrieben worden. Zucker ist heute so leicht zu haben und so billig, daß die Nahrungsmittelindustrie ihn in irgendeiner Form in jedes ihrer Produkte packt, in Brot, Gemüse, Suppen, Würstchen und Fleischfertiggerichte. Weil wir Zucker essen, sind wir fetter, neigen zur Verstopfung, haben Vitaminmangel, sind für Krankheiten und für Alkoholismus anfälliger und ständig von unserem Zahnarzt abhängig. In der Karibik aber hat der Zucker viel Schlimmeres angerichtet.

Die Indianer sind so gut wie ausgelöscht. Noch nicht einmal in den USA und in Australien ist die ursprüngliche einheimische Bevölkerung so spurlos verschwunden. Aber auch die weiße Elite hat die Karibik schon vor langer Zeit verlassen und kehrt nur ab und zu für ein paar Jahre zurück, um im Tourismus, im Bergbau oder mit Bananen ein paar neue Geschäfte zu tätigen. Nur wenige karibische Inseln haben jemals Anstrengungen unternommen, ihre Grundbedürfnisse aus eigener Kraft befriedigen und damit wirtschaftlich unabhängig werden zu können, obwohl die Karibik mehr einheimische Nahrungspflanzen als Europa kennt; sogar in einigen von den Umständen begünstigten Gegenden müßten die Leute ohne Nahrungsimporte, meist aus Kanada oder den USA, Hunger leiden. Zwischen dieser Gegend der Erde und dem Rest der Welt besteht ein ständiges Handelsdefizit. Es fehlt an Know-how, und man achtet nicht den Zusammenhang zwischen harter Arbeit und Profit, zwischen Ausdauer und Erfolg, zwischen Problemen, Motivation und Lösungen. Wer wollte den Einheimischen die Schuld daran geben? In ihrer sozialen und politischen Verzweiflung vertrauen sie auf Wundermittel und neigen zu den ausgeprägt irrationalen Religionsformen, zum Schwarzen Islam, zum Voodookult vermischt mit Katholizismus, zum Spiritualismus vermischt mit vielen protestantischen Sekten und zum Animismus vermischt mit Weiß-der-Himmel-Was. Doch das ist noch nicht das Schlimmste, was der Zucker hier angerichtet hat. Die Bevölkerung der Karibik unterscheidet sich erheblich von der des modernen Afrika. Sie schleppt das Erbe von – durchschnittlich – einigen hundert Jahren Sklaverei mit sich, aber das erklärt noch nicht alles. Die Einwohner stammen von Sklaven ab, die hier zusammengewürfelt wurden, ohne Gemeinsinn entwickeln zu können. Viele Inseln, das ist der entscheidende Punkt, wurden mit nicht zueinander passenden Menschen vollgestopft, ohne daß ihre neue Heimat ihnen eine menschenwürdige Förderung hätte bieten können. Ihre Kultur ist neu, roh, instabil, unheilvoll und haltlos, und daß sie sich auch weiterhin äußerlicher Einflußnahme nicht wird entziehen können, erregt die Sorge all jener, die die Karibik lieben.

Etwa 20 Millionen Afrikaner, vielleicht mehr, wurden ihrer Heimat entrissen und, sofern sie überlebten, in die westliche Hemisphäre verfrachtet, so daß heute dort mehr schwarzes Blut in den Adern fließt als in Afrika; drei Viertel davon wurden einzig und allein verschleppt, um die Bedürfnisse weißer Schleckermäulchen zu befriedigen. Diese Transaktion machte nicht in der Karibik halt. Mehr als die Hälfte aller schwarzen Sklaven Nordamerikas kam vermutlich auf dem Umweg über die Karibik dorthin.

Seit dem Zweiten Weltkrieg sind zahlreiche Einwohner der Karibik aus den ländlichen Slums in die städtischen gezogen oder nach England oder den USA ausgewandert. Sprache, Musik und Traditionen der Sklaven haben teilweise die amerikanische und europäische Populärkultur beeinflußt. Doch das Erbe der 440jährigen Sklaverei macht die Integration schwierig, vielleicht unmöglich. Eine Gesellschaft, in der Menschen der verschiedensten Herkunft harmonisch zusammenleben, ist immer noch ein Wunschbild und noch weit entfernt. In der Karibik findet man einige der schönsten Inseln der Welt, aber man kann sich der Gegenwart nur schwer erfreuen, wenn sich die Erinnerung an die schreckliche Vergangenheit dazwischendrängt.

Einst hatten diese Inseln einen gewaltigen kommerziellen Vorteil, die Arbeit der Sklaven. Sklaven stellten eine so hochgeschätzte Handelsware dar, daß sie das Hauptziel der Kriege und Beutezüge des 18. Jahrhunderts waren. Um den Feind zu schwächen, wurden sie verschleppt oder umgebracht. Auch dies trug keineswegs dazu bei, ein Zusammengehörigkeitsgefühl zwischen den einzelnen Inseln aufkommen zu lassen, die heute verschiedenen politischen Blöcken angehören.

Die Abschaffung des Sklavenhandels brachte eine gewisse Befriedung der Region und machte den Sklaven ihr Leben erträglicher. Nach ihrer Befreiung aber wurde klar, wie erbärmlich das Leben dort sein würde. Es gab keine Schulen, keine Straßen, keine Wasserversorgung und keine Abwasserkanäle. All das hatte man als für Sklaven „überflüssig" angesehen. Auch Teilen der Alten Welt mangelte es damals an solchen Annehmlichkeiten, aber dort gab es eine vorwärtsstrebende Mittelschicht, die im 19. Jahrhundert immer wieder lautstark nach solchen Segnungen des Fortschritts verlangte. In der Karibik fehlte sie. Dort gab es keine armen Weißen, keine weiße Mittelschicht, noch nicht einmal jene irgendwie aktiven und sozial mobilen Weißen der amerikanischen Südstaaten. Es gab nur ehemalige Besitzer, wenn sie überhaupt dageblieben waren, und ehemalige Sklaven, die nirgendwo anders hinkonnten.

Das erste Jahrhundert der „Freiheit" erlebten sie in Slumverhältnissen; Armut verschaffte sich in Aufständen Luft. Der Bevölkerungszuwachs war den Arbeits- und Ernährungsmöglichkeiten immer weit voraus. Seit dem Zweiten Weltkrieg haben sich die Verhältnisse hie und da verbessert, und einigen Schwarzen, die in der Karibik blieben, geht es heute besser als jenen, die in den fünfziger Jahren auswanderten. Auf den karibischen Inseln haben die glitzernden neuen Touristikzentren einigen Leuten wieder zu Lohn und Arbeit verholfen, aber noch immer gibt es zu viele Menschen am falschen Ort, und es wird noch Generationen brauchen, um jenen Gemeinsinn aufzubauen, der noch für den ärmsten afrikanischen Bauern eine Selbstverständlichkeit ist.

*Tee*

Im Jahr 1770 schrieb Mr. Twining, Direktor einer Teeimportfirma, die noch heute seinen Namen trägt, ein Pamphlet, in dem er beklagte, daß es nahe London ein Dorf gebe, dessen Hauptprodukt ein Material zur Verfälschung von Tee sei. Das Dorf produzierte 20 Tonnen davon pro Jahr und verkaufte sie für die Hälfte des Preises, der für Tee üblich war. Das Streckmittel bestand aus „Eschenblättern, die von Kindern gesammelt und in einem Kupferkessel mit Schafsdung gekocht wurden. Die Mischung wurde dann gestampft, um das Wasser herauszutreiben, getrocknet und vorsichtig geröstet, bis das Produkt Teeblättern ähnlich sah ... Für aromatische Tees der feineren Art mußten die Kinder Holunderblüten sammeln, die getrocknet und geröstet und zum doppelten Preis verkauft wurden ..."[1] Leichter zu haben und, wie sich noch heute ältere Leute erinnern können, viel weiter verbreitet waren Eisenfeilspäne. Daß mit Streckmitteln ein solches Geschäft zu machen war, zeigt, wie sehr sich die Engländer in den gut 100 Jahren seit Einführung des Tees an ihn gewöhnt hatten, wie sehr er schon zu einem täglichen Bedarfsartikel geworden war.

Tee, Kaffee und Kakao kamen alle zur gleichen Zeit, 1652, in London an. Der Begriff „Tee", der dem Produkt vorauseilte, taucht schon bei Shakespeare auf, und „Cha", die Bezeichnung für Tee in Kanton und Macao, verbreitete sich von 1550 an von Lissabon aus. „Cha" war in englischen Häfen noch bis in jüngste Zeit gebräuchlich. In der Oberschicht Englands wie Deutschlands hielt sich noch lange die als vornehm betrachtete französische Schreibweise „Thé". In Nachahmung verschiedener Bezeichnung aus dem Mandarin-Chinesisch sprach man den Namen auch „Te", „Thea" und „Kia" aus. Bemerkenswerterweise war der Begriff in Indien unbekannt, bis die Engländer ihn dort einführten.

Wahrscheinlich waren die Portugiesen die ersten Teetrinker Europas, denn schon von ungefähr 1580 an führten sie Tee nach Lissabon ein. Vielleicht hatten sie früher schon den arabischen Pfefferminztee getrunken, der schon vor der Ankunft des eigentlichen Tees weite Verbreitung gefunden hatte. Daneben kennen wir Kamillen-, Lindenblüten-, Beinwell- und viele andere Tees aus Pflanzenblättern, doch es gibt keinen Beweis dafür, daß irgendeiner davon schon früher in großem Maßstab konsumiert wurde. Der Pfefferminztee war vor allem bei den Mohammedanern beliebt, denen der Alkohol verboten war, oder bei den Völkern, die ihn den Arabern abgeschaut hatten. Warum also wurde Tee in Europa so populär?

Wie alle anderen erfolgreichen alkoholfreien Getränke enthält auch der Tee anregende Inhaltsstoffe, die gesellschaftlich nicht geächtet sind. Ohne sie wäre er wirkungslos wie heißes Wasser. Im 19. Jahrhundert identifizierten organische Chemiker schließlich das Alkaloid des Tees, das Tein, das dem Koffein eng verwandt, nur etwas schwächer ist.

Zu der Zeit, da diese Getränke ihren Siegeszug antraten, war in den meisten Städten und Dörfern das Wasser nicht so recht zum Trinken geeignet, solange man nicht wußte, wer wann das Wasser von welcher Quelle geholt hatte. Um Krankheiten, die das Wasser in sich bergen konnte, zu vermeiden, mußte man also langweilig schmeckendes abgekochtes Wasser trinken oder Alkoholika, die stark genug waren, um Krankheitskeime abzutöten. Wenn man die frühere Bedeutung eines Stoffes, der heute eine Selbstverständlichkeit darstellt, ermessen will, kann man sich ganz einfach vorstellen, wie das Leben ohne ihn wäre. Alkoholfreie Getränke sind hier ein gutes Beispiel: kaum vorstellbar, wie man ohne sie auskommen könnte. Die Alternative, Alkohol, wie verdünnt auch immer, muß erhebliche Auswirkungen auf die tägliche Arbeit, auf das Heranwachsen der Jugend, auf das Führen von Pferden oder auf die Navigation von Schiffen gehabt haben. Es ist schwierig, sich die moderne Welt ohne stimulierende alkoholfreie Getränke vorzustellen, und die spontane Aufnahme, die Tee, Kaffee und Kakao nach ihrer Ankunft in Europa fanden, beweist, daß sie eine Bedarfslücke füllten.

Um 1820 wurden Jahr für Jahr Abermillionen Pfund Tee nach Europa importiert und von hier wieder in die ganze Welt exportiert. Mehr als die Hälfte davon war britischer Tee. Allein im Vereinigten Königreich wurden vermutlich 30 Millionen Pfund konsumiert. Trotz des damals hohen Preises tranken ihn alle Briten, die ihn sich irgendwie leisten konnten.

All dieser Tee stammte aus Kanton, an der Südküste Chinas gelegen, und bis zu diesem Zeitpunkt war noch keiner der Händler jemals ins Landesinnere gelangt. Obwohl China dem Abendland einen großen Teil der vorindustriellen Technologie geschenkt hat, drang das Wissen um den Teeanbau und die „Fermentierung" nie nach Westen, nur nach Osten und Südosten bis Japan, Formosa und Java. In Indien war Tee unbekannt, nur einige Europäer und wenige europäisierte Inder tranken den aus China importierten.

Eine Laune der Geschichte ist es, daß man fast 200 Jahre lang einen Gebrauchsartikel vom anderen Ende der Welt importierte, daß daraus eine riesige Industrie erwuchs, die etwa fünf Prozent von Englands Bruttosozialprodukt ausmachte, und daß doch niemand wußte, wie Tee angebaut, verarbeitet und gemischt wurde.

In jener Hochphase des Merkantilismus, die der Renaissance folgte, breiteten sich europäische Einflüsse über den ganzen Globus aus und erschufen die Welt, wie wir sie heute kennen. Doch die Europäer glaubten an so manches, das sich später als Trugschluß erwies. Sie hielten sich selbst zum Beispiel für überlegen, talentiert, für geborene Führer. Die Italiener der Renaissance verfügten jedoch über keine Technologie, die den Chinesen desselben Zeitalters nicht auch bekannt gewesen wäre (s. Tabelle Seite 131). Eine ganze Menge hochentwickelter Technik mittlerer Größenordnung verlieh sogar China und Japan, und in einigen Fällen auch Indien, einen großen Vorsprung vor Europa. Persien und einige der arabischen Länder waren ebenfalls hier und da den Europäern überlegen. Die einzige Ausnahme von dieser Regel war das Schießpulver, das zwar auch die Chinesen entdeckt, dessen Gebrauch für Kriegs- und andere gewalttätige Zwecke sie jedoch wie die Japaner verabscheut hatten.

Im Gegensatz zu Schießereien schätzten die Chinesen den noblen Gebrauch des Schießpulvers für Feuerwerke sehr; aber es ist gut möglich, daß nicht dies den Ausschlag gab, sondern daß sie gemerkt hatten, daß Gewehre ihr hochentwickeltes, kompliziertes Feudalsystem zerstören könnten. Mit Sicherheit trifft diese Einschätzung auf Japan zu.[2] Doch was immer der Grund gewesen sein mag: Weil der Ferne Osten Gewaltanwendung mittels Schießpulver ablehnte, gab er sich den abendländischen Barbaren preis. Dank der Kanonen und Gewehre waren europäische Schiffe zur See überlegen, konnten eu-

Wanderung von mechanischen und anderen Techniken von China in den Westen

| Erfindung oder Entdeckung | Zeitpunkt des ersten Auftauchens (ohne besonderen Hinweis bedeutet nach Christi Geburt) | |
| --- | --- | --- |
| | China | Europa |
| Rotationsworfelmaschine mit Kurbelantrieb | 40 v. Chr. | spätes 18. Jahrh. |
| Rotationsfächer | 180 | 1556 |
| Blasebalgmaschinen bei der Metall-verarbeitung | | |
|   mit Wasserkraft betrieben | 31 | 13. Jahrh. |
|   mit Kurbelantrieb | 1310 | 1757 |
| Webstühle, mit denen man Muster weben konnte | um 100 v. Chr. | 4.–5. Jahrh. |
| Maschinen für die Seidenindustrie: | | |
|   um Garn gleichmäßig auf Haspeln zu spulen | 1. Jahrh. v. Chr. | ⎱ beides um das Ende |
|   Spindel, Garnherstellung | 1090 | ⎰ d. 13. Jahrh. |
|   mit Wasserkraft betrieben | 1310 | 14. Jahrh. |
| Schubkarre | 231 | um 1200 |
| Eisenguß | 2. Jahrh. v. Chr. | 13. Jahrh. |
| Gewölbte Pflugscharen | 9. Jahrh. | um 1700 |
| Reihensämaschine mit Trichter | 85 v. Chr. | um 1700 |
| Kardanaufhängung | 180 | um 1200 |
| Schiffbau | | |
|   Achtersteven-Steuer | 8. Jahrh. | 1180 |
|   wasserdichte Abteilungen | 5. Jahrh. | 1790 |
| Takelage | | |
|   leistungsfähige Segel | 1. Jahrh. v. Chr. | 19. Jahrh. |
|   Vorder- und Achtersegel | 3. Jahr. | 9. Jahrh. |
| Schießpulver | um 850 | 13. Jahrh. |
|   Raketen und Feuerwaffen | um 1100 | 15. Jahrh. |
|   Artillerieprojektile | um 1200 | um 1320 |
|   Sprenggranaten und Bomben | um 1000 | 16. Jahrh. |
| Magnetkompaß | 1020 | 1190 |
| Magnetkompaß mit Nadel | 1030 | um 1450 |
| Navigations-Magnetkompaß | 1174 | um 1600 |
| Papier | 105 | 1150 |
|   Buchdruck (Holz- und Metallblock) | 740 | um 1400 |
| Buchdruck mit beweglichen Lettern | 1045 (Ton) | – |
| Buchdruck mit beweglichen Metall-typen | 1314 (Holz) 1392 (Korea) | – um 1440 |
| Porzellan | 3.–7. Jahrh. | 18. Jahrh. |

(Nach Needham, Wissenschaft und Zivilisation in China. Suhrkamp 1984)

ropäische Soldaten unbehelligt an Land gehen und europäische Armeen schließlich die einheimischen schlagen, auch wenn diese sehr stark an Zahl waren.

Kostbare Metalle waren die einzigen Produkte, mit denen man im Fernen Osten generell Handel treiben konnte. Dies war kein rückständiges, dünnbesiedeltes Ende der Welt wie Amerika oder Afrika. Östlich von Suez waren die Oberschichten im besten Sinne kultiviert, hochgebildet; ihre Zivilisation war viel älter als die Europas, und mit fremden Völkern verkehrten sie sehr umsichtig. Jedem Kapitän oder Händler, der die lange Reise auf sich nahm, müssen die Kaufleute des Ostens so geheimnisvoll und verwirrend erschienen sein wie irgendein großer Mann in irgendeiner großen Stadt des Abendlandes.

Der zweite Trugschluß der Europäer der Postrenaissance war, daß sie alle anderen Völker der Welt für des rationalen Denkens nicht fähig hielten. Eine solche Fehleinschätzung ist derjenigen vergleichbar, die besagt, daß Frauen nicht vernünftig denken oder Kinder einen Plan nicht über denselben Abend hinaus weiterverfolgen könnten oder daß allen Tieren sogar die elementarsten Zusammenhänge von Ursache und Wirkung uneinsichtig seien. Und doch glaubte man noch im frühen zwanzigsten Jahrhundert wirklich, daß Orientalen so verwirrt und mystisch seien, daß ihre Gedankengänge von denen der Abendländer völlig verschieden sein müßten. Doch mit Sicherheit waren die Chinesen des 16. Jahrhunderts in der Lage, noch die subtilsten jesuitischen Schlußfolgerungen nachzuvollziehen, und sie bedienten sich sogar mit Vergnügen der Jesuiten für besondere diplomatische Zwecke.[3] Chinesen wie Japaner setzten gleichermaßen die elegantesten technischen Lösungen in die Tat um, wobei sie immer die Materialien benutzten, die an Ort und Stelle zur Verfügung standen. Bis zum Ende des 17. Jahrhunderts verfügten Japaner, Chinesen, Inder, Perser und Araber sicherlich über mehr naturwissenschaftliches Wissen als die meisten Europäer, und schon aus diesem Grund muß die logische Urteilskraft der Elite hoch entwickelt gewesen sein.

Übrigens wäre es falsch anzunehmen, daß alles, was die Portugiesen wußten, auch den Niederländern bekannt gewesen wäre oder daß Franzosen und Engländer den gleichen Schatz erwiesener Wahrheiten gehütet hätten. Navigation, Karten, die Position von Untiefen, Felsen, Riffen, von Strudeln und Strömungen – alles, was heute der ganzen Welt gleichermaßen bekannt ist, stellte damals ein eifersüchtig gehütetes Geheimnis dar. Wenn Magellan die Straße fand, der er 1519 seinen Namen gab, oder wenn die Franzosen früher und mit mehr Schiffen als irgendeine seefahrende Nation des 17. Jahrhunderts den Weg ums Kap Hoorn schafften oder wenn im 18. Jahrhundert die ganze Welt die Briten wegen ihrer Koppelkurs-Navigation beneidete, dann wäre es falsch zu glauben, daß solches, einen Vorsprung ermöglichendes Wissen schnell auch zu anderen Nationen vorgedrungen wäre. Diese Dinge waren Staatsgeheimnisse, und sie einem Fremden zu enthüllen, bot genügend Anlaß für eine Hinrichtung.

Von den ersten portugiesischen Forschungsreisen entlang der Küste Afrikas bis zur Entdeckung Australiens durch die Europäer verstrich eine Zeitspanne von 250 Jahren. Die ersten Forschungsreisenden, die sich von Europa, jenem kleinen, unbedeutenden Kontinent, in die Welt aufmachten, verfolgten bestimmte fixe Ideen. Die Forscher späterer Zeiten waren ganz anders. Sie waren nicht mehr von Ideen besessen. Ihnen konnte es nicht mehr ergehen wie Kolumbus, der glaubte, in Asien angekommen zu sein, als er die Karibik entdeckt hatte. Sie glichen nicht mehr jenen, die wie Hudson die Nordwestpassage suchten. Sie hatten kaum noch etwas mit jenen Spaniern gemein, die an das Eldorado glaubten. Die Klügeren unter ihnen gingen viel pragmatischer vor, suchten ihr Navigationswissen zu erweitern, beim Tauschhandel Vorteile zu erlangen und bei Kaperfahrten Profit zu machen. Die Realitäten des Lebens auf See und die unbekannte Natur der besuchten Länder ließen eine Art neuen Menschen entstehen, der den Regeln der Zweckmäßigkeit folgte. Derselbe Geist, der die Astronomen jener Zeit die Vorstellung von der Erde als Mittelpunkt des Universums aufgeben ließ, brachte auch die Seefahrer dazu, die an Land gebliebenen Autoritäten geringzuschätzen. Das große europäische Abenteuer der Postrenaissance, die Erforschung der noch nicht bekannten Welt, bot dem wachen Forschergeist im Osten, Süden oder Westen täglich Beweise, daß konventionelle Weisheiten Männern in ihrer Situation zu nichts nütze waren. Entsprach diese Geisteshaltung vielleicht den neuen Ideen der Religionsreformer? Nahm der Skeptizismus, diese Haupterrungen-

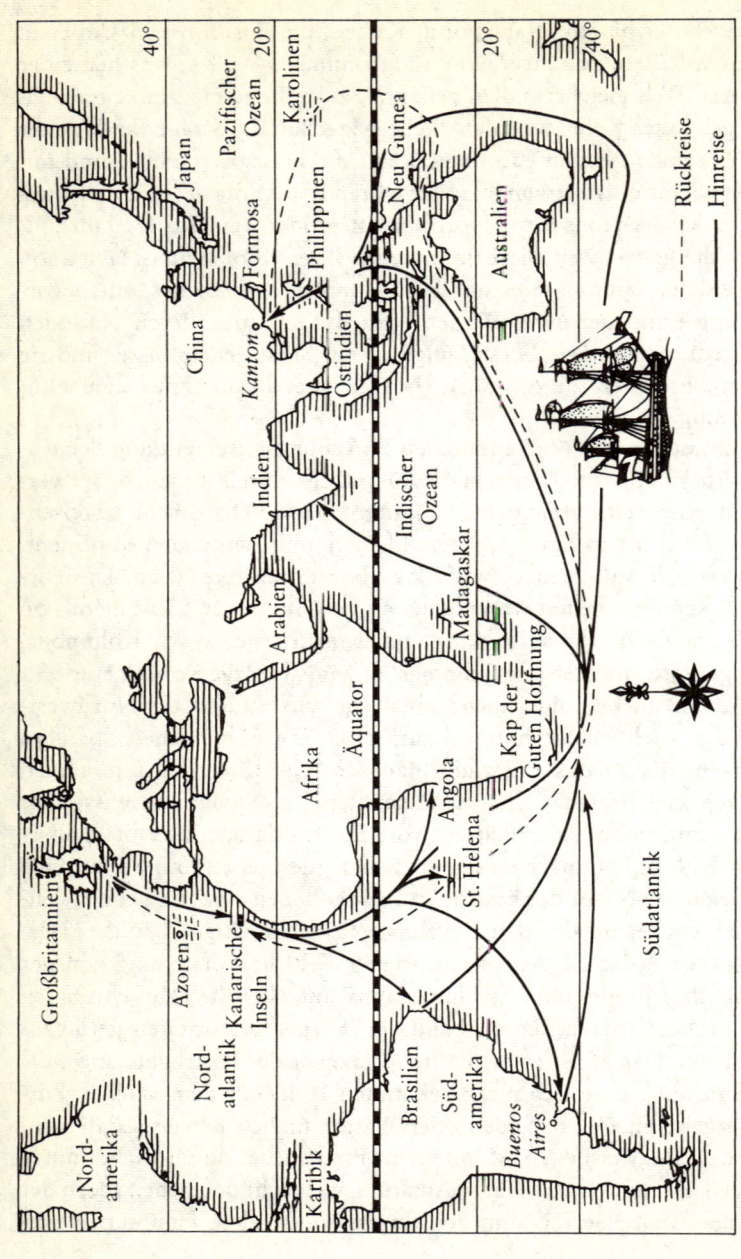

*Die Routen der Ostindienfahrer*

schaft der Aufklärung, seinen Ausgang vielleicht auf See? Wenn es so war, beschränkte er sich dann auf die atlantischen Seefahrer? War er so sehr Bestandteil der atlantischen Entwicklung, daß er zu einem Charakteristikum der atlantischen Länder wurde, das in vieler Hinsicht bis zum heutigen Tag gültig ist? Wie immer man diese Fragen beantworten mag, es gibt eine begrenztere Wahrheit, die man aus den Wissensmängeln einer jeden gegebenen Zeit gewinnen kann. Erfolgreiche Mittelmeervölker waren immer in der Lage, mit allen Fährnissen dieses gesamten Gebietes fertig zu werden. Der Atlantik stellt hier die Antithese dar. Wenige atlantische Vorhaben waren erfolgreich, solange nicht an Ort und Stelle ein Mann zurückgelassen wurde, der dort seine Mission in Angriff nahm.

Diese einfache Wahrheit ist eine Folge der Tyrannei der Zeit/ Entfernungs-Relation, die sich bis 1830–50 nicht wesentlich änderte und bestimmte, leicht einzusehende Auswirkungen hatte.[4] Der Mann vor Ort mußte entsprechend qualifiziert sein, oder die Operation würde fehlschlagen; und die Mächtigen daheim mußten diejenigen auswählen können, die ohne weitere Rückendeckung durch Intelligenz, Geld oder Arbeitskraft Erfolg haben würden. Kein politisches System hat jemals die perfekte Lösung für dieses Problem gefunden, aber die letztliche Überlegenheit der Briten im Ostwesthandel kann auf die Tatsache zurückgeführt werden, daß sie diese „atlantischen Regeln" befolgten und dadurch gewöhnlich erfolgreicher waren als ihre Opponenten.

Die echten britischen Fehlschläge, wie der Verlust der amerikanischen Kolonien, können dadurch erklärt werden, daß die „atlantischen Regeln" von ehrgeizigen Politikern gebrochen wurden, die versuchten, einem König zu dienen, der das Zwingende dieser Logik nicht verstand – einer Logik, die den Kolonisten wesentlich freier als irgend jemand zu Hause machte. Sogar die feudalistischen Spanier wußten genau, warum Männer nach Amerika gingen. Die Konquistadoren sagten, daß sie sich zur Verfügung stellten, um ihrem König und ihrem Gott zu dienen und – um reich zu werden. Vom Gedanken an Gold und Silber waren sie besessen, und das riesige spanische Weltreich sahen sie als Lehen des Königs. Die Portugiesen betrachteten sich, wie später auch die Niederländer und Engländer, eher als Händler denn als Imperialisten. Alle drei Völker stürzten sich als kopflose Handelsgehilfen auf die überseeischen Besitzungen, wenn nicht gar, wie man es oft den Engländern nachsagte, in einem Zustand geistiger Umnachtung. Die französische Position lag irgendwo zwischen der spanischen und der englischen, wobei der Staat wie im Falle Spaniens, jedoch erfolgreicher, eine bedeutende Rolle spielte, dem Individuum sich aber zugleich größere Möglichkeiten als in spanischen Diensten eröffneten.

Die Erforschungsphase der Postrenaissance könnte man mit den Kreuzzügen vergleichen, die ebenfalls ganz Westeuropa auf die Beine gebracht hatten; aber im Gegensatz zu jener immensen Anstrengung, die kaum etwas einbrachte, bauten die westeuropäischen Seefahrer die ganze Welt um. Der Unterschied rührt daher, daß zum einen sich die Zeiten geändert hatten, zum anderen die Horizonte wesentlich weiter gesteckt waren und zum dritten eben atlantische Völker und keine mediterranen das Heft in die Hand genommen hatten; entscheidend aber war, daß der Einzelne, sogar im rigiden Spanien, genug Reichtum gewinnen konnte, um zu Hause Besitz, vielleicht einen Titel und eine standesgemäße Braut erwerben und eine aristokratische Familie gründen zu können.

Diese Chance des sozialen Aufstiegs war von fundamentaler Bedeutung. Zum ersten Mal in der Geschichte konnte ein einfacher, ungeschliffener Seefahrer mit Mitteln, die von der Piraterie nicht weit entfernt waren, so viel beiseite schaffen, daß er sich zur Elite der etablierten Gesellschaft zählen durfte. Fern der Heimat konnte man die Piraterie pflegen, und nach ihrer Rückkehr würden die Überlebenden nicht abgeneigt sein, Stillschweigen zu bewahren, ein sehr rosiges Bild von den Geschehnissen zu zeichnen oder an Anfällen von Gedächtnisverlust zu leiden. Die wenigen, die Hawkins' Überfälle auf den spanischen Nordosten Südamerikas oder Drakes Weltumsegelung mitgemacht und überlebt hatten, würden ihren neuen Reichtum in wenigen Wochen oder Monaten durchgebracht haben oder sich in der sozialen Hierarchie einige Stufen höher als zuvor ansiedeln. So ward die Elite der Gesellschaft ausgelesen.

Heutige Yuppies sollten nicht glauben, daß an ihrer Geisteshaltung irgend etwas neu ist. Während der gesamten Geschichte haben Menschen versucht, die Erfolgsleiter zu erklimmen, indem sie sich Ruhm, Reichtum oder ein Statussymbol wie zum Beispiel einen entsprechenden Ehegatten zulegten. Die Sehnsüchte sind dieselben, manchmal die Ergebnisse auch, nur die Methoden wechseln.

Die westeuropäische Atlantikexpansion war unmittelbar von den ottomanischen Türken ausgelöst worden, die den Westeuropäern den Zugang zum östlichen Mittelmeerraum verwehrten. Die Türken, denen die Griechen zu Diensten waren, besiegten bis zur Schlacht von Lepanto 1572 jeden Rivalen. Nach dem Fall Konstantinopels im Jahr 1453 wurde der Handel behindert, von 1480 an wurde er extrem schwierig.

Alle frühen Reisen westwärts über den Atlantik dienten dem Zweck, einen Seeweg nach Indien – einst die pauschale Bezeichnung für Indien, Malaya und ganz Südostasien – zu finden, denn da kamen die Gewürze her. Auf Vasco da Gamas Spuren wurden von 1498 an während der nächsten 100 Jahre etwa 200 Fahrten ums Kap der Guten Hoffnung nach Osten unternommen; nur die Hälfte der Schiffe, die meisten portugiesisch, vielleicht die Hälfte niederländisch, kehrte zurück.[5]

Als die Portugiesen und später die Holländer endlich in die Ursprungsländer der Gewürze gelangt waren, verbilligten sich deren Produkte in Europa zunächst. Im Gegenzug versuchte jedes einzelne Land, ein Handelsmonopol zu errichten. Das geeignete Mittel dazu waren die Ostindiengesellschaften, Körperschaften von Händlern, die sich zusammengeschlossen hatten, um die Risiken zu reduzieren und den mörderischen Wettbewerb auszuschalten; gemeinsam, so hofften sie, würden sie stärker und erfolgreicher sein als jeder für sich allein. Sie konnten sich größere Schiffe mit besseren Mannschaften und stärkerer Bewaffnung erlauben, und ihre Leistungsbilanz nahm sich in der Tat besser aus als die einzelner Händler.

Engländer, Niederländer, Franzosen, Dänen, Spanier, Schweden, Schotten und, für eine sehr kurze Zeit, sogar Österreicher gründeten Ostindiengesellschaften. Die englische „John Company"[6], gegründet im Jahr 1600, war die erste und letztlich auch die wichtigste dieser Gesellschaften.

Bis 1580, als Spanien und Portugal „vereint" wurden und Lissabon in den Würgegriff Madrids kam, hatten sich die Niederländer darauf beschränkt, die Gewürze und tropischen Produkte, die die Portugiesen nach Lissabon brachten, von dort weiter nach Nordeuropa zu transportieren. Doch dann sahen die Niederländer, daß die Preise zu ihren Ungunsten stiegen; anstelle des Unternehmergeistes herrschten Korruption und Ineffizienz; der Handel war dem fanatischen Missionseifer der Spanier untergeordnet; in den Niederlanden wie auf hoher See herrschte praktisch ein ständiger Kriegszustand. Darauf wußten sie nur eine Antwort: sich direkt im Ostindienhandel zu engagieren.

Schon gegen Ende desselben Jahrhunderts schickten die Händler Amsterdams, Zeelands, Delfts, Rotterdams, Hoorns und Enkhuizens über ein Dutzend Schiffe pro Jahr nach Indien, in den malayischen Archipel und zu den anderen südostasiatischen Inseln. Sie bekämpften die Portugiesen, die Engländer und genauso sich untereinander. Die Vernunft verlangte nach einem nationalen Zusammenschluß, und so wurde die Niederländische Ostindiengesellschaft mit ihrem europäischen Hauptquartier in Amsterdam gegründet. Der Handel wurde reglementiert, die Importe der Gesellschaft von Handelszöllen befreit; die Gesellschaft war autorisiert, Verträge zu schließen, zu See und zu Land bewaffnete Truppen zu unterhalten, Handelsposten – Faktoreien genannt – zu errichten und Münzen zu prägen.

Das ostindische Hauptquartier errichteten sie in Batavia auf Java, auf den Ruinen der früheren einheimischen Hauptstadt Jacarta, die später mit bedeutendem Aufwand restauriert wurde und heute als Djakarta wieder Hauptstadt ist. Sie vertrieben die Portugiesen aus Ceylon und Malakka und gründeten, mit Konsequenzen großer Tragweite, die erste weiße Kolonie in Südafrika. Schließlich herrschten sie über acht auswärtige Gouvernements in Amboyna, Banda, Ternate, Macassar, Malakka, Ceylon, Java und am Kap der Guten Hoffnung. Faktoreien standen in Bengalen, an der Koromandelküste, in Surat, Thailand und am Persischen Golf. Bis ungefähr 1670 war die Niederländische Ostindiengesellschaft das reichste Unternehmen der Welt; sie half, die Blütezeit der niederländischen Zivilisation zu finanzieren: Rembrandt, Vermeer, Frans Hals, Vondel, Grotius, Spinoza, das weltgrößte Verlagswesen des 17. Jahrhunderts mit ungezählten, heute vergessenen weniger bedeutenden Autoren und Poeten, all die Maler, Architekten und, vor allem, Mäzene. Bis zu ihrem Niedergang war die Niederländische Ostindiengesellschaft Herr über 150 Handelsschiffe, 40 Kriegsschiffe, 20 000 Seeleute, 10 000 Soldaten und beinahe 50 000 Zivilisten in Lohn und Diensten; bei all dem schaffte sie es, eine Dividende von 40 % abzuwerfen. Der Neid aller Rivalen war ihr sicher.

Ihre Handelswege verbanden Japan, China, Indien, den Persischen Golf, Afrika und Europa sowie all diese Länder mit Amsterdam. Am Persischen Golf tauschte sie Gewürze gegen Salz, in Sansibar Salz gegen Nelken, Nelken gegen Gold in Indien, in China Gold gegen Tee und Seide, Seide gegen Kupfer in Japan, Kupfer gegen Gewürze auf den südostasiatischen Inseln. Dieser ganze innerasiatische Handel war beinahe so profitabel wie das Hauptgeschäft zwischen dem Osten und Europa. Prächtig gedieh die Gesellschaft trotz der Verluste durch Piraten – die Geißel des chinesischen Meeres –, Wetter, europäische Rivalen, Korruption, Ineffizienz, Diebstahl und Krankheiten. Sie war skrupellos: Sie bildete Monopole, vernichtete lokale Konkurrenten und trieb die Preise für die wichtigsten Gewürze um 180 % in die Höhe.

Zur Zeit der spanischen Armada (1588) waren die Niederländer und die Engländer religiöse und politische Alliierte gegenüber Spanien, doch nur wenige Jahre später wurden sie zu Konkurrenten im Handelsgeschäft. Als der Dreißigjährige Krieg (1618–1648) riesige Landstriche Mitteleuropas verwüstete, versuchten sowohl die Niederlande wie auch England, sich aus diesem bösen, mörderischen und anscheinend endlosen Krieg unter Christen herauszuhalten, der angeblich nur aus Glaubensgründen, nicht um politische oder territoriale Vorteile geführt wurde. Die Rivalität zwischen Engländern und Niederländern zeigte sich auf hoher See, nicht auf dem europäischen Festland.

Schon 1613 war vorgeschlagen worden, daß Engländer und Niederländer ihre Ostindiengesellschaften zusammenlegen sollten. Aber die Männer an Ort und Stelle weigerten sich, die Fusion, die zwischen Amsterdam und London so gut wie ausgehandelt war, zu ratifizieren. 1619 wurde feierlich ein „Beistandspakt" unterzeichnet, doch als die Nachricht in den Osten gelangte, kam es zu einem lächerlichen Schlagabtausch: Zunächst wurden die Feindseligkeiten eingestellt; holländische wie englische Schiffe hißten alle Flaggen, segelten auf und ab und schossen ohne Munition Salut. Doch nach einer Stunde wurden die Flaggen eingeholt, die Schiffe zum Gefecht bereit gemacht und die Kanonen wieder scharf geladen. Dieser nie erklärte Krieg kulminierte 1623, als es zum Massaker von Amboina kam, bei dem fast 100 Männer, Frauen und Kinder der Englischen Ostindiengesellschaft gefoltert und getötet wurden. Diese letzte

Greueltat besiegelte definitiv die niederländische Hegemonie über Südostasien; die Engländer mußten sich auf den indischen Subkontinent beschränken. Was für weitreichende Konsequenzen dies haben sollte, war den Engländern zunächst nicht klar. Voll Zorn hegten sie im stillen ihre Rachegelüste, die erst eine Generation später, zur Zeit Cromwells und Charles' II., im Krieg gegen die Niederländer ausbrechen sollten. Nur General Monk, ein gemäßigter Protestant, der allem Spanischen eher abgeneigt war, zitierte zustimmend ein andalusisches Sprichwort: „Rache ist eine Speise, die besser schmeckt, wenn sie kalt geworden ist." Erst als mit Wilhelm III. von Oranien und Maria II. von England 1689 die beiden Monarchien vereinigt wurden, kam die englisch-holländische Rivalität im Osten zum Erliegen. Doch zu dieser Zeit war die holländische Gesellschaft schon im Niedergang begriffen; das Handelsaufkommen ging Jahr um Jahr zurück, man beschränkte sich auf das Hauptgeschäft zwischen den südostasiatischen Inseln und Europa; die Niederländische Ostindiengesellschaft versank in einem Sumpf von Bürokratie, Korruption und Kopflastigkeit, die Monopolprofite hatten sie kraftlos gemacht. Obwohl sie aus ihrer Vormachtstellung im Ostasienhandel verdrängt worden waren, hielten sich die Holländer als Kolonialherren in Südostasien noch bis zum Zweiten Weltkrieg, als die Japaner den einheimischen Indonesiern zeigten, daß keine weiße Herrschaft ewig währen muß.

Die Englische Ostindiengesellschaft verdankte ihren Erfolg drei Faktoren, die eher zufälliger Natur waren. Wie häufig in der Geschichte, leitete man aus diesen zufällig entdeckten Umständen „Prinzipien" ab, nach denen die Menschen fürderhin ihre Geschäfte tätigten. Der früheste und vielleicht wichtigste dieser Zufälle ereignete sich 1609. Unter James I. hatten sich, besonders im Südosten Englands, Havarien ereignet, der Schiffsbau der damaligen Zeit war von Unzweckmäßigkeit gekennzeichnet. Um solche Mängel wettzumachen, gründete die Englische Ostindiengesellschaft an der unteren Themse ihre eigene Werft. Dort entwickelte man die „Ostindienfahrer", die die besten Handelsschiffe der Welt bleiben sollten, bis im 19. Jahrhundert die amerikanischen Klipper aufkamen.

Die englischen Ostindienfahrer mußten es mit indischen, chinesischen und anamitischen Piraten aufnehmen, mit europäischen Freibeutern, die kaum etwas anderes als Piraten waren, mit portugiesischen, französischen und niederländischen Rivalen, die vielleicht, wie sich herausstellen konnte, am Ende einer mehr als halbjährigen Reise mit England im Krieg lagen. Manchmal erwies sich ein fremdes Schiff, das wie ein Pirat aussah, als Marineschiff einer anderen Nation. Manchmal erwies sich eines, das wie ein Marineschiff aussah, als Pirat. Vor allem chinesische und japanische Dschunken waren für solche Überraschungen gut. Manchmal wurde irgendein verbrecherischer Inselherrscher von Niederländern, Portugiesen oder Franzosen dazu ermutigt, in scheinbar friedlicher Absicht an Bord eines englischen Ostindienfahrers zu gehen und dann ihn zu kapern zu versuchen – überall in Südostasien fand man Gauner, die zu so etwas bereit waren.

Aus all diesen Gründen baute die Ostindiengesellschaft ihre Schiffe mit größter Sorgfalt, rüstete sie mit den besten Segeln und dem besten Tauwerk aus, strich sie mit Teer und Farben allerbester Qualität. Weil sie sperrige Ladung transportieren mußten, waren die Schiffe nach modernen Maßstäben äußerst plump und nur mit Mühe zu manövrieren. Aber in Konstruktion und Ausführung waren sie, so sagte man damals, viel besser als die irgendeiner anderen Seefahrernation, einschließlich Frankreichs, das lange Zeit auf diesem Gebiet führend gewesen war. Die Ostindienfahrer waren zu schwerfällig, um Piraten oder anderen Feinden davonsegeln zu können, also rüstete man sie mit genügend Schießpulver und Munition aus, damit sie mindestens zwei Seeschlachten überstehen konnten. Obwohl sie oft im Konvoi segelten, gibt es auch viele Berichte von Schiffen, die sich allein erfolgreich verteidigt haben.

Auf St. Helena, der britischen Insel im Atlantischen Ozean, konnten sie ihre Vorräte ergänzen. Hier gab es frisches Wasser, frische Lebensmittel und andere Dinge, die man auf See benötigte. Von 1674 an bis zu den Napoleonischen Kriegen war dieser wichtige Stützpunkt Alleinbesitz der Englischen Ostindiengesellschaft; das Kap der Guten Hoffnung gehörte den Niederländern, die nicht immer freundlich gesinnt waren, und Madagaskar war eine wenig bekannte, unheimliche, ungastliche Insel, auf der sich Piraten aus allen europäischen Ländern versteckt hielten. Häufig legten die Schiffe auf den Kanarischen Inseln einen Zwischenaufenthalt ein, vor allem, um Zitrusfrüchte gegen den gefürchteten Skorbut an Bord zu nehmen, aber dann fuhren sie häufig an einem Stück den ganzen Atlantik hinunter, rund um das Kap der Guten Hoffnung und quer durch den ganzen Indischen Ozean nach Indien oder gar bis China, ohne ein einziges anderes Schiff zu sehen.[7] Für diese 40 000 Kilometer weite Reise brauchten sie ungefähr sechs Monate. Manchmal aber dauerte es viel länger, wenn Zufälle, Wind- oder Wetterbedingungen ein Schiff zwangen, nicht nur auf den Kanarischen Inseln und St. Helena, sondern auch in Brasilien, Buenos Aires oder Angola Zwischenstation zu machen. Doch versuchte man immer, die Schiffe so gut auszurüsten, daß sie die ganze Reise aus eigenen Mitteln bestreiten konnten.

Was für die Schiffe galt, traf auch auf die Mannschaften zu. „Die Fracht ist die Mutter der Heuer", lautete eine englische Doktrin, die noch bis 1854 Rechtsgültigkeit hatte. Ein Kapitän, der Schiffbruch erlitten hatte, wurde für seine erfolglose Reise nicht entlohnt. Die Seeleute wurden erst am Ende der gesamten Reise, von England nach England, bezahlt. Die Männer wurden so ausgewählt, daß das Schiff mit einer kleineren Mannschaft betrieben und verteidigt werden konnte, als sie auf Schiffen vergleichbarer Größe und Bewaffnung der britischen Marine üblich war. Modern ausgedrückt: hohe Produktivität war verlangt, und die Männer mußten entsprechend qualifiziert sein. Die Ostindiengesellschaft verfügte über bessere Offiziere als die britische Marine; dies waren Freiwillige und nicht, wie bei der Marine, Dienstverpflichtete. Abenteuer, der Wunsch, die Welt zu sehen, und die Liebe zum Meer boten jungen Männern schon immer hinreichend Grund, zur See zu fahren. Bei der Ostindiengesellschaft zu dienen, hatte jedoch noch einen ganz besonderen Reiz: Von der Einberufung, dem Pressen, Kidnapping, Menschenraub, oder wie immer man das Rekrutierungsverfahren der britischen Marine nennen wollte, war man freigestellt. Die Mannschaften der Ostindiengesellschaft waren daher vom Besten, nicht der jämmerliche Haufen aus aller Herren Länder, dieser Abschaum aller Seefahrer der Welt, mit dem die Marine ihre Aufgaben erledigen mußte.

Glücklicherweise hatte es die Gesellschaft auch geschafft, die Interessen der Offiziere ihren eigenen anzugleichen: Sie hatten das Recht, einen gewissen Anteil der Tonnage für eigene Geschäfte zu benutzen. Der Umfang dieses Privilegs variierte von Zeit zu Zeit, dürfte aber etwa bei 10 Tonnen für den Kapitän gelegen haben. Für die anderen Offiziere gab es entsprechend weniger. Eine Tonne konnte ungefähr den Gegenwert einer Jahresheuer abwerfen, wenn man die Zollbestimmungen umging und den Tee direkt an Schmuggler verkaufte – eine häufig geübte Praxis. Weil den Offizieren für ihren Privathandel nur begrenzter Raum zur Verfügung stand, tendierten sie dahin, nur den allerbesten Tee zu kaufen und mitzunehmen. Geschmuggelter Tee stand daher in dem Ruf, von besserer Qualität zu sein als die legal importierten Sorten, die von der Ostindiengesellschaft auktioniert wurden. Die Gesellschaft mißbilligte natürlich den Schmuggel, und jede Mannschaft, die nicht gut genug behandelt worden war, war bereit, jeden Kapitän oder Offizier, der sich an dieser Praxis beteiligte, zu verraten. Doch bei den Schmuggeltransaktionen fiel meistens genug ab, um auch noch der Mannschaft ein Schmiergeld zukommen zu lassen. Als Tee um 1784 knapp wurde, kam diese umfassende Verschwörung teilweise zum Erliegen; aber andere Waren traten bald an die Stelle des Tees, und der Privathandel blieb ein bedeutender Faktor, solange es die Gesellschaft gab.

Im 15. Jahrhundert hatte sich China, sei's zum Guten, sei's zum Schlechten, vom Rest der Welt abgeschottet. Der Hof wurde von Nanking ins viel weiter nördlich gelegene Peking verlegt. Der Überseehandel, den die Festlandchinesen trieben, wurde nach und nach eingestellt, bis er 1521 gänzlich für illegal erklärt wurde. Gerüchte verbreiteten sich, daß es China an gar nichts mangele. Die chinesische Geisteshaltung hatte sich immer durch Improvisationskunst, Entwicklungsfähigkeit und philosophischen Tiefgang ausgezeichnet, doch von ungefähr 1500 an wandelten sich diese Eigenschaften: Die eigene Vergangenheit wurde verklärt, regressiv und selbstzufrieden feierte man die Überlegenheit der chinesischen Kultur, man weigerte sich, allem Ausländischen irgendeinen Wert beizumessen. Aus dieser psychologischen Abwehrhaltung heraus entstand die Forderung, daß Außenhandel, wenn überhaupt, eine Angelegenheit der Ausländer sein müsse; dennoch waren es häufig Chinesen, „Hongs" genannt, die in Wirklichkeit als Verhandlungspartner, Bankiers und Händler auftraten. Ausländer wurden als „fremde Teufel" verachtet, aus Gründen der Staatsräson aber trieb man mit Japanern, Koreanern, den Formosa-Chinesen und den Europäern Handel.

Bis 1840 gab es keine Vertragshäfen in China; den Europäern war lediglich eine kleine Enklave bei Kanton zugewiesen, und sie durften lediglich mit den Hongs Handel treiben, die für die Zahlung der Zölle und korrekte Geschäftsabwicklung bürgten. Der Handel mit chinesischem Tee lag fast zur Gänze in den Händen der Englischen Ostindiengesellschaft, die auf diesem Gebiet beinahe das Monopol hatte, auch wenn sie hin und wieder von Niederländern, Portugiesen und Franzosen mit unterschiedlichem Erfolg bedrängt wurde. So lagen die Dinge von ungefähr 1686 bis 1834, als die damals modernen liberalen Tendenzen die Engländer dazu bewegten, den Teehandel für alle anderen zu öffnen.

Die Chinafrachter, welche die Gesellschaft neben den eigenen übrigens auch anmietete, liefen Kanton direkt an. Eine gewisse Zeitlang war es ihnen sogar verboten, über Indien zu fahren, damit die Mannschaften nicht in Versuchung geführt würden, sich im höchst profitablen lokalen Handel oder anderen korrupten Praktiken zu engagieren. Auf dem Weg rund ums Kap der Guten Hoffnung nach China machten die Ostindienfahrer oft einen Umweg in Richtung Südaustralien – das damals noch gar nicht entdeckt war –, den vierzigsten Breitengrad entlang und dann nordwärts an Neuguinea vorbei. Ende des 18. Jahrhunderts traten sie die Heimreise an, indem sie von Kanton aus genau ostwärts zwischen Formosa und den Philippinen hindurch in See stachen, dann südwärts durch die Karolinen fuhren, durch die Dampier-Straße und dann nördlich an Australien vorbei wieder vom Pazifischen in den Indischen Ozean gelangten. Diese Route war zwar 6 500 Kilometer länger als der direkte Weg über Singapur, wegen der meist günstigen Winde jedoch viel schneller. Außerdem konnte man so feindlichen Schiffen in der Straße von Malakka aus dem Weg gehen.

Von ungefähr 1680 bis etwa 1830 wußte niemand im Westen Genaues über Tee: Was es für eine Pflanze war, wie sie angebaut wurde, wie der Tee behandelt, sortiert und gemischt wurde. Erst an den Kais von Kanton trat der Tee in den Gesichtskreis der Europäer, und solange die Qualität, die man in einem Verkostungsritual prüfte, gut und der Preis angemessen war, waren es die europäischen Aufkäufer zufrieden. Zwischen dem chinesischen Bauern, der den Tee anbaute, und dem europäischen Konsumenten hatte man eine komplizierte Kette von Zwischenstationen aufgebaut. In jedem chinesischen Dorf gab es einen Aufkäufer, der den Bauern die paar

Pfund pro Ernte abnahm. In jedem Distrikt gab es eine zentrale Stelle, die den Tee zum Weiterverkauf aufbereitete, dann wurde er Provinz für Provinz in einer entsprechenden Einrichtung sortiert und gemischt. Auf dem Wasserweg, mit Lasttieren oder auf dem Rücken von Kulis wurde er anschließend nach Kanton geschickt, wo die Kisten wieder geöffnet und die ganze Mischungsprozedur noch einmal von vorne begonnen wurde.

Auf diesem langen Weg wurde er häufig gestreckt oder verfälscht. Wenn er glücklich nach London, Amsterdam oder Paris gelangt war, wurde der Tee abermals sortiert, gemischt und wiederum verfälscht oder gestreckt. Dann wurde er auktioniert, und die Aufkäufer mischten ihn noch einmal und verpackten ihn zu kleineren Einheiten, die an Einzelhändler verkauft wurden, welche eventuell abermals mischten und streckten.

An sich besteht Tee bloß aus einer Mischung von getrockneten und „fermentierten" Blättern, Knospen und Blüten einer einzigen *Camellia*-Art, der *Thea sinensis*[8]. Europäer wie Chinesen streckten ihn mit Zweigen sowohl des Teestrauches wie auch von anderen Mitgliedern der *Theaceae*-Familie, sie verfälschten ihn mit Holz, Pinienrinde, Blättern sonstiger Sträucher, Sägemehl, Ruß und Preußischblau. Legitime Beimischungen, die dem Tee ein bestimmtes zusätzliches Aroma verliehen, waren Bergamottöl, Orangen, Zitronen, Eisenkrautgewächse und andere Pflanzen.

Solche Verfälschungen gehörten mit zu den ersten Versuchen, die exponentiell gestiegene europäische Nachfrage, der die Chinesen nicht mehr genügen konnten, trotzdem zu befriedigen. Auch wird dabei deutlich, wie naiv die europäischen Käufer waren. Die Händler scherten sich nicht um Verfälschungen, solange sie das Produkt weiterverkaufen konnten und kein Konsument Widerspruch einlegte. Als die Europäer schließlich begannen, Tee mit rationellen Methoden zu produzieren, entdeckten sie, daß die Chinesen zwar den hohen Qualitätsanforderungen ihres eigenen Inlandsmarkts, nicht aber denen des europäischen Massenmarkts hatten gerecht werden können. Es ist geradezu ein Treppenwitz der Teegeschichte, daß der heutzutage hochgeschätzte, nach Bergamotten duftende Earl Grey ursprünglich nichts anderes als eine der üblichen Verfälschungen zum Ausgleich des Nachschubmangels war, entstanden aus dem Strecken von Tee mit *Chloranthus inconspicuus*,

*Jasminum sambac, Gardenia florida, Murraya exotica* und *Aglaia odorata.*

Unter optimalen Bedingungen, wenn Lage, Anbaumethoden und Düngung stimmen, erntet man bis zu 5 Pfund Blätter (Naßgewicht) pro Strauch und Jahr. Der chinesische Bauer ließ seine Sträucher einfach im Garten wachsen; Düngung (einschließlich menschlicher) waren ihm vermutlich noch unbekannt, und er erntete wahrscheinlich ein Zehntel dessen, was heute auf einer indischen Teeplantage üblich ist. Im frühen 18. Jahrhundert bezahlte man ihm dafür nicht mehr als einen Penny pro Pfund Naßgewicht, was drei bis sechs Pence Trockengewicht entsprach. Wenn dieser Tee dann in London, Amsterdam oder Paris angekommen war, lag der Großhandelspreis bei 3 £ pro Pfund um 1700, bei 3 s (36 p) um 1800. Hinzu kamen noch die exorbitanten Zölle, die alle europäischen Regierungen auf Teeimporte erhoben, und in den mitteleuropäischen Ländern weitere Handelszölle sowie kommunale Abgaben. Dank der Zölle und Abgaben, die zwischen 50 und 100 % des Großhandelspreises ausmachten und immer gleich im Importhafen erhoben wurden, und dank der zahlreichen kommerziellen Zwischenstationen hatte sich der Tee auf seinem Weg vom chinesischen Bauern zum europäischen Konsumenten um das Acht- bis Zwölffache verteuert. Kein Wunder, daß allerorten geschmuggelt, gestreckt, verfälscht und so die legal importierte Menge wahrscheinlich verdoppelt wurde.

Im Jahr 1700 wurden vermutlich knapp 50 Tonnen legal nach England importiert, bei einem Großhandelspreis von 4000 £ pro Tonne oder 2 £ pro Pfund. Ungefähr ein Drittel dieser Menge wurde nach Kontinentaleuropa importiert, ungefähr ein Fünftel von der Ostindiengesellschaft in die britischen Kolonien einschließlich Amerika exportiert. Von den 50 Tonnen des Jahres 1700 stiegen die englischen Gesamtimporte auf mindestens 15000 Tonnen im Jahr 1800. Übers Jahrhundert hinweg lag der Durchschnitt bei etwas unter 4000 Tonnen, der Großhandelspreis vor Steuer im Zollager fiel in derselben Zeit von 4000 £ auf 200 £, durchschnittlich 350 £. Anders ausgedrückt: Die Importmenge wuchs um 30000 %, während der Preis auf 5 % seines früheren Wertes fiel.

All dieser Tee, wenn es denn immer welcher war, stammte aus China und kam über Kanton, den einzigen Ort, an dem die Europäer willkommen waren. Um die Risiken zu verteilen und somit gering zu halten, trug jedes Schiff nur ein paar hundert Tonnen Ladung. 15 000 Tonnen zu verschiffen, war daher eine gewaltige Aufgabe; aber es lohnte sich.

Mindestens ein Drittel der Wertsteigerung, so schätzte man, blieb an der Englischen Ostindiengesellschaft hängen, die also an jeder der 375 000 während des 18. Jahrhunderts importierten Tonnen 100 £ verdiente. Doch solch eine pauschale Zahl verschleiert eher den Jahr um Jahr höheren Schnitt, den die Ostindiengesellschaft dabei machte: Nach heutigem Geldwert muß er bei jährlich 34 Millionen DM um 1700 und bei jährlich 1 600 Millionen um 1800 gelegen haben. Die Ostindiengesellschaft war ein Großkonzern, von Schmugglern wie Konsumenten gehaßt und verachtet, der Inbegriff eines korrupten, selbstgefälligen Monopolisten.

Es mag vielleicht überraschen, aber der Teehandel hat auch die europäische Porzellankultur in tiefgreifender und komplizierter Weise beeinflußt; dabei ging es eher um Fracht- und Handelserfordernisse sowie die korrekte Trimmung der Schiffe als bloß um die Tassen und Kannen, die man zum Teetrinken brauchte. Im Gegensatz zu Steingut oder Ton, die bis zum 18. Jahrhundert die traditionellen Töpfereiprodukte der gesamten westlichen Welt waren, ist Porzellan ein feines, durchscheinendes keramisches Material. In der angelsächsischen Welt nennt man es noch heute nach seinem Ursprungsland „China". Das Wort „Porzellan" stammt vom italienischen „Porcellino", wörtlich „Ferkelchen", dem Namen für eine Muschel, deren feine, glatte, durchscheinende Schale an Porzellan erinnern soll.

Lange bevor Europäer in sein Ursprungsland China gelangten, war Porzellan schon nach Persien, Arabien und in die Türkei exportiert worden; in einigen Gegenden des Nahen Ostens findet man noch heute schöne Stücke aus der Zeit vor 1500 in täglichem Gebrauch. Vor 100 Jahren sammelte ein englischer Reisender beinahe fünf Tonnen Ming-Porzellan in Persien. Als ein Teil dieser Sammlung bei seinem Tod im Jahr 1905 verkauft wurde, erlöste man über 30 000 £ (nach heutigem Geldwert rund 3 Millionen DM). 30 Jahre zuvor hatte er weniger als 200 £ für die komplette Sammlung bezahlt. Als Europäer noch lange nicht an den Fernen Osten dachten, wurde die chinesische Porzellanmanufaktur schon in industriellem Maßstab betrieben. Von ungefähr 800 n. Chr. an brachten chinesische Dschunken oder arabische Dhaus Porzellan über den Indischen Ozean in alle Welt. Scherben fand man in Marokko, Sansibar, Bali und sogar Hawaii. Chinesen, Araber, Polynesier und Inder, nicht aber Europäer handelten mit Porzellan. Europäer kamen erstmals im Mittelalter in Kairo und anderen nordafrikanischen Handelsplätzen damit in Berührung. In Italien versuchte man erstmals zur Zeit der Renaissance, das geschätzte Material zu imitieren; weil man nur Kieselerde, Tonerde, Kalk, Magnesium, Eisenoxid und Kohlenstoff in unterschiedlichen Anteilen verwandte, erhielt man kein Porzellan, sondern nur Fayence oder Majolika. Bis zum 18. Jahrhundert enthielt noch keine europäische Keramik Kaolin, den Bestandteil, der das Geheimnis des echten Porzellans ausmacht.[9]

Im Handel mit dem Fernen Osten waren – in chronologischer Reihenfolge – Portugiesen, Niederländer und Engländer führend, von geringerer Bedeutung die Franzosen, Dänen und Schweden. Die beiden wichtigsten Handelsgüter waren von hohem Wert, aber gegen Nässe empfindlich: Tee und Seide. Um die Schiffe richtig zu trimmen, damit sie die erforderliche Segelleistung erbrachten, mußte etwa die Hälfte des Ladegewichtes, aber viel weniger als die Hälfte des Ladevolumens, in Form schweren, gegen Wasser unempfindlichen Ballastes in den Bilgen verstaut werden. Solch ein Ballast hätte zwar nicht nur im Inneren des Schiffes verstaut, sondern auch außerhalb als schwerer Kiel angebracht werden können; reiner Ballast aber warf keinen Gewinn ab. Klüger war es, Waren von hohem Gewicht zu finden, mit denen man Handel treiben konnte. Im Fernosthandel drängte dieses Problem im besonderen Maße, da die beiden wichtigsten Handelsgüter, Tee und Seide, in der Mitte des Schiffes verstaut werden mußten, um sie vor Meerwasser, Kondenswasser und Regen zu schützen.

China mangelte es hauptsächlich an einem Rohmaterial: Kupfererz. Also waren Kupfer-, Gold- und Silberbarren diejenigen Tauschmittel, mit denen man im Reich der Mitte Handel treiben konnte. Ehe die Europäer ankamen, hatte zum größten Teil Japan China mit Kupfer versorgt; danach rissen die verschiedenen Ostindiengesellschaften den Kupferhandel mit China an sich. Wenn die Schiffe voll Tee heimkehrten, führten sie als Ballast Quecksilber, andere Mineralien und eben Porzellan mit sich. Grob geschätzt, mußte etwa ein Viertel der Teeladung mit schweren Ballastgütern ausbalanciert werden, und aus erhaltenen Schiffsbüchern kann man schließen, daß etwa ein Viertel allen Ballasts aus Porzellan bestand. Mit jeder Teeladung wurden also etwa 6% ihres Gewichts an Porzellan nach Europa importiert. Mit den 4000 Tonnen Tee, die während des 18. Jahrhunderts im Jahresdurchschnitt nach England gelangten, kamen also vermutlich zugleich 240 Tonnen Porzellan. Mehr als noch einmal soviel wurden nach Kontinentaleuropa und in die amerikanischen Kolonien gebracht.

Diese riesige Menge Porzellan wurde oft von den sogenannten Kargadeuren besorgt, unabhängigen Händlern, die sich jede Ostindiengesellschaft hielt. Man widmete dem Porzellan keine sonderliche Aufmerksamkeit. Schwere Stücke sollten es sein oder kleine, leicht zu stapelnde Teller, Tassen und Schüsseln. Der Kargadeur hatte dafür zu sorgen, daß das erforderliche Ladegewicht zusammenkam. Höchst komplizierte Arrangements wurden getroffen, die Geschäfte erwiesen sich oft als verwickelt und korrupt. Bestellungen aus England lagen vor, Franzosen schickten Muster, Holländer verlangten bestimmte Spezifikationen. Den chinesischen Hongs in Kanton wurden die Preise gedrückt, bis es tiefer nicht mehr ging: 5 £ 10 s für ein Service mit 216 Teilen im Jahr 1712, 7 £ 7 s für ein Teeservice für 200 Personen 1730, jedes Teil verziert mit dem Wappen des Botschafters, der das Service bestellt hatte; 5000 Teekannen zu 1½ p das Stück 1732. Auch wenn man solche Preise mit 100 multipliziert, um annähernd den heutigen Gegenwert zu erhalten, war dies für Porzellan dieser Qualität unglaublich billig.

Auch das Ladegewicht sollte man in Betracht ziehen. Eine Porzellantasse des 18. Jahrhunderts wog weniger als 60 Gramm, ein Eßteller ungefähr 200 Gramm. Wenn ein Stück im Durchschnitt rund 100 Gramm wog, dann wurden Jahr für Jahr mehr als 5 Millionen Stück Porzellan nach Europa importiert. Diese Größenordnung läßt sich anhand der Bücher einiger Ostindienfrachter bestätigen: über 250000 Stücke in einem 20-Tonnen-Frachtraum im Jahr 1718 (durchschnittlich 80 Gramm pro Stück); 332000 Stücke in einem 40-Tonnen-Frachtraum 1724 (durchschnittlich 120 Gramm pro Stück); 178000 Stücke in einem 18-Tonnen-Frachtraum 1732 (durchschnittlich 100 Gramm pro Stück).

Es fragt sich, wo all die Teekannen und -tassen herkamen. Wie später auch viele andere Völker – Inder, Araber und Türken – kann ten die Chinesen keine Kannen. Der Tee wurde in einem kleinen Kessel bereitet. Auch in England benutzte man zunächst einen Topf aus Silber oder einem anderen Metall; die Teeblätter wurden mit Zucker und vielleicht mit Kräutern vermischt und im Topf aufgebrüht. So macht man es noch heute in Marokko, Algerien und Tunesien.

Irgendein Unternehmer, dem die anmutige Form chinesischer Weinflakons aufgefallen war, schlug dann vor, daß man so etwas als Teekanne in Europa verkaufen sollte, wo bis ungefähr 1720 sicherlich noch keine Töpferei in der Lage war, hitzebeständige Keramik herzustellen. Die Teekanne ist eine europäische, keine chinesische Erfindung.

Auch der Griff an der Teetasse ist eine spezifisch europäische Erfindung. Chinesische Tassen haben keine Henkel, da man den Tee, obwohl man keine Milch hineintut, dort so weit abgekühlt trinkt, daß man die Tasse direkt anfassen kann. Henkellose Tassen lassen sich auch leichter stapeln. Andererseits kann man Henkel auch so konstruieren, daß sie das Stapeln, nicht aber das Trinken erleichtern; einige frühe so konstruierte Tassen machten es nicht gerade leicht, sie mit Anmut oder Effizienz zu benutzen. Henkeltassen wurden also zunächst in England entworfen und in China produziert. Als es dann europäische Porzellanmanufakturen gab, begann man auch hier, henkellose Tassen zu produzieren, um den chinesischen Stil zu imitieren. Von ungefähr 1750 an wurden auch in China produzierte Tassen in Europa eigens mit Henkeln versehen. Der Henkelmacher war in einigen großen europäischen Städten ein anerkannter Beruf. Gegen Ende des 18. Jahrhunderts hatte etwa die Hälfte aller in Europa benutzten Tassen Henkel, die andere Hälfte nicht. Wozu brauchten die Europäer die Henkel? Wie die Japaner, aber anders als die Chinesen oder Russen, betrachteten die Europäer des 18. Jahrhunderts die Teezubereitung als Zeremonie. Man mußte Wasser kochen, aber nicht zu lang; man mußte die spezielle Teekanne vorwärmen; der Tee mußte eine bestimmte Zeit lang ziehen; dann mußte er abgegossen werden: Jeder Schritt für sich schon ein Stückchen Zeremonie. Mit Milch pflegte man ihn damals noch nicht zu trinken. Aber der Zucker des 18. Jahrhunderts stellte ein Problem dar: Man mußte ihn vor dem Tee in die Tasse geben, sonst würde er sich nicht auflösen. Der Tee wurde dann sehr heiß in kleinen Schlukken getrunken, und deswegen brauchte man einen Henkel. In Rußland und China stand allzeit ein Teekessel an der Herdseite, und der Tee wurde lauwarm – bei den Chinesen aus einer kleinen Schale, bei Russen der Oberschicht aus einem Glas – getrunken. Chinesischen Tee hoher Qualität sehr heiß zu trinken, macht überhaupt keinen Sinn, denn sein Aroma entwickelt sich am besten bei Temperaturen, die nur wenig über der Körpertemperatur liegen; so heiß, daß die Tasse einen Henkel braucht, sollte man ihn niemals trinken. In einigen Kulturen erwies man dem Tee dadurch die Ehre, daß man über seine Oberfläche hinwegblies und ihn mit stark übertriebenen Schlürfgeräuschen zu sich nahm. Dies scheint unsinnig, da es nur bei zu heißem Tee angebracht wäre; man sollte sich jedoch nicht wundern: In der menschlichen Gemeinschaft gibt es sehr verschiedene Arten und Weisen, Tee mit Anstand zu trinken.

Ende des 18. Jahrhunderts war der Handel mit eigens für Europa produziertem Porzellan zum Erliegen gekommen, und die Händler mußten sich etwas anderes als Ballast suchen. Im Interesse ihrer eigenen Manufakturen hatten die europäischen Regierungen den Porzellanimport zu einem schwierigen Unterfangen werden lassen, auch wenn die Preise in Kanton lächerlich niedrig waren.

Chinesisches Porzellan wurde nur einmal bei sehr hohen Temperaturen (1400°C) gebrannt, es war härter, besser und billiger als das frühe europäische Porzellan, das zweimal bei niedrigerer Temperatur (1250°C) gebrannt wurde und weicher, nicht so formvollendet oder mit anderen Fehlern behaftet war. Das chinesische war auch unempfindlicher und besser glasiert; die europäischen Glasuren erwiesen sich häufig als teilweise oder gänzlich porös, körniger und weniger haltbar. Von 1760 an erlebte auch das einheimische europäische Steinzeug einen Aufschwung, es war schwerer, gröber, kurzlebiger, aber viel billiger als chinesisches Porzellan. Die Hongs blieben auf enormen Vorräten echten Porzellans sitzen: Ein Händler in Kanton hatte noch 12 Millionen Stück am Lager, als die britische Ostindiengesellschaft 1791 beschloß, den Import offiziell einzustellen. Ihr Londoner Hauptquartier klagte während der ganzen achtziger und neunziger Jahre des 18. Jahrhunderts über die riesigen Mengen, die sie noch in ihren Lagerhäusern hatte. Die Schiffsoffiziere fuhren noch damit fort, Porzellan privat als Ballast zu importieren; viele werden dabei ein schlechtes Geschäft gemacht haben, denn Millionen von Stücken wurden unter Selbstkostenpreis verkauft. 12 Millionen Stück waren damals etwa 20 000 £ wert. Heute bekäme man dafür mindestens 2 Milliarden DM: eine hervorragende Investition, wenn sie jemand getätigt hätte.

Geht man davon aus, daß die Englische Ostindiengesellschaft in den 107 Jahren vom Beginn ihres faktischen Monopols im Jahr 1684 an bis zur Einstellung des Porzellanimports im Jahr 1791 400 000 Tonnen Tee importierte, dann müssen im gleichen Zeitraum ungefähr 24 000 Tonnen Porzellan als Ballast mittransportiert worden sein. Bei einem durchschnittlichen Stückgewicht von gut 110 Gramm entspricht dies 215 Millionen Stück. Eine gewaltige Zahl, aber sie entspricht nur fünf Stück pro Kopf aller Briten, die im gleichen Zeitraum lebten. Die überwältigende Mehrheit derer, die im 18. Jahrhundert überhaupt Porzellan benutzten, besaß chinesisches, denn bis etwa 1780 war es sogar billiger als gewöhnliche Töpferwaren. Für eine kurze Zeitspanne war also der Teehandel verantwortlich für etwas, das in den Mittelschichthäusern als „gehobene Lebensart" galt.

Doch noch ganz andere Dinge gingen auf das Konto des Tees. Die typischen Landschaftsidyllen, die viele Gebrauchsgegenstände zierten, wurden in Europa aus chinesischen Versionen der europäischen Vorstellungen von chinesischen Landschaften abgeleitet. Chinesische Bilder wurden europäisiert; europäische Szenen wurden „chinaisiert". *Chinoiserie*, jener kunstgewerbliche Stil, der bei Textilien und anderen dekorativen Stücken chinesische Vorbilder imitierte, wurde im Gefolge des Tees zur Mode. Der Ehrgeiz, mit den chinesischen Importen gleichziehen zu wollen, führte direkt dazu, daß man 1709 in Meißen und 1742 in Chelsea das Geheimnis der Porzellanherstellung enthüllte; das Endergebnis unterschied sich zwar etwas von seinem Vorbild, doch entwickelte sich daraus eine ganze neue Industrie.

Auch die erste Kunde, die Europäer von Japan, Korea und Annam (im heutigen Vietnam) erhielten, stammte von Porzellanimporten aus jenen Ländern; chinesische Dschunken verbreiteten diese Produkte auf allen südostasiatischen Inseln und belieferten auch die Handelsposten auf Formosa, das während des größten Teils des 17. Jahrhunderts niederländischer Besitz war und erst 1682 chinesisch wurde. Das Porzellan aus diesen drei Ländern war nicht so gut wie das chinesische, aber immer noch besser als der größte Teil der damaligen europäischen Keramik: Diese sogenannten Heiden, diese „Primitiven" stellten unter schwierigen Bedingungen ein sehr empfindliches Produkt her, und zwar jahrhundertelang, ehe die Europäer gleichziehen konnten. Als es dann zur Konkurrenz kam, wurden die Chancen ungleich verteilt, denn die Europäer änderten die Spielregeln, verbilligten den Herstellungsprozeß und veränderten das Produkt. Im Jahr 1800 machte Porzellan nur 5 % der europäischen Keramikherstellung aus, alles andere war grobes, schweres Steinzeug. Dies bedeutete, daß in den 50 Jahren seit 1750 der Porzellangebrauch zurückgegangen war. Wenn die europäische Bourgeoisie weiterhin chinesisches Porzellan anstelle des grobschlächtigen, fabrikmäßig hergestellten Steinguts benutzt hätte, hätten sich dann im industriellen 19. Jahrhundert ihr Geschmack, ihre Fantasie und ihre Chancen vielleicht weniger verschlechtert? Oder haben die chauvinistischen Europäer des Viktorianischen Zeitalters dem chinesischen Porzellan vielleicht niemals eine Träne nachgeweint?

Im letzten Drittel des 18. Jahrhunderts steckte der Teehandel in einer Krise. Aller Tee stammte aus China und wurde legal von den europäischen Ostindiengesellschaften, illegal von Schmugglern importiert. Mehr als 200 große Frachter besorgten den Export aus Kanton, zwei Drittel davon kamen pro Jahr nach Europa, das restliche Drittel belieferte den Orient. Die von ihnen transportierte Gesamtmenge lag 1770 vermutlich bei 12 000 Tonnen. Die englischen Zölle machten über die Hälfte des Teepreises aus. Der illegale Handel belief sich wahrscheinlich auf weitere 6 000 Tonnen. Es lag auf der Hand, daß man die Zölle reduzieren mußte.

Doch das allein wäre für den damaligen Premierminister Lord North zu einfach und zu radikal gewesen. Aus damals sehr einleuchtenden Gründen entschied sich sein Kabinett dafür, drei Fliegen mit einer Klappe zu schlagen. Man wollte Tee in die amerikanischen Kolonien verkaufen, wodurch man die Überschüsse loswürde. Man wollte nur noch 3 p Zoll pro Pfund erheben, ein Zehntel des bis dahin üblichen; das würde das Teegeschäft ungeheuer attraktiv machen und den Schmugglern das Wasser abgraben. Schließlich würde die Erhebung dieses winzigen Zolles, der den Tee zugleich spottbillig machte, die Kolonisten dazu zwingen, das Recht der heimatlichen Regierung auf Besteuerung der Amerikaner anzuerkennen.

Diesen letzten Punkt erkannten alle Politiker beiderseits des Atlantik als das Hauptproblem; doch wie so oft, wenn ein Grundprinzip zum inhärenten Dollpunkt aller anderen Motive wird, wurde die Frage der „Besteuerung ohne Repräsentanz" zunächst nicht gestellt. Dieser alte Aufschrei englischer Radikaler, der sich im wesentlichen bis in die Zeit der Magna Charta zurückführen läßt, war in den amerikanischen Kolonien erstmals 1765 erschollen, als die britische Regierung nicht ohne Grund die Amerikaner zur Kasse bat, um den Krieg gegen Frankreich zu finanzieren, der die Engländer beinahe soviel gekostet wie er den Amerikanern gebracht hatte.

Drei Millionen Menschen lebten in den Kolonien, mehr als in Schottland, Wales oder Irland und ungefähr halb so viele wie im eigentlichen England. Sie waren keineswegs arm. Vermutlich waren sie sogar viel wohlhabender als der durchschnittliche Engländer – zum Teil, weil das System der Sklaverei den Reichtum sichtlich mehrte, zugleich aber die Zahl der Köpfe gering hielt, durch die der Reichtum geteilt werden mußte.[10] Doch wie alle anderen Menschen zahlen auch Amerikaner nur ungern Steuern. Die „Stempelsteuer"[11] wurde 1766 abgeschafft, doch in derselben Unterhaus-Sitzung wurde lauthals verkündet, daß das britische Parlament ohne Einschränkung das Recht habe, in den Kolonien Steuern zu erheben, und Glas, Blei, Papier und Tee wurden („aus Prinzip") mit lästigen Bagatellsteuern belegt, die einzutreiben mehr kostete, als sie brachten. Hartnäckig überredete König George III. jedoch seine Minister, daß, auch wenn die anderen Steuern reduziert würden, der Tee weiterhin besteuert werden müsse, und sei es nur mit 3 p pro Pfund. Die einzutreiben, würde ebenfalls mehr kosten, als jemals dadurch hereinkommen würde, denn zum damaligen Zeitpunkt sprach nichts dafür, daß man mehr als 5 Millionen Pfund Tee importieren könnte. Bei 3 p pro Pfund ergäbe dies lediglich gut 60 000 £. Tatsächlich wurde nur ein Viertel dieser Menge legal und illegal (zu viel höherem Preis) eingeführt. Die Briten verhielten sich, um es vorsichtig auszudrücken, äußerst merkwürdig. Im Mai 1769 erklärte die Regierung, daß sie in den Kolonien keine Steuern zur Verbesserung der eigenen Einkünfte mehr erheben wolle; nach ihrer eigenen Einschätzung wurde also die Teesteuer nur eingetrieben, um das Recht der Regierung auf Besteuerung der Kolonien durchzusetzen.

Die Engländer waren über dieses Thema sehr zerstritten und, um fair zu bleiben, die Kolonisten auch. Den heftigsten Widerstand aber leistete Neuengland. Schließlich hatten die Händler und Schiffseigner des amerikanischen Nordostens viele Jahre lang ihren Wohlstand auf unabhängigen Handel mit den französischen Karibikkolonien gegründet – wobei sie den Handelsgesetzen[12] genauso wenig Respekt bekundeten wie den Indianergesetzen[13]. Ihr Geschäft bestand darin, französischen Zucker aus der Karibik zu schmuggeln, ihn zu Rum zu brennen und den Rum dann an die Indianer zu verkaufen; natürlich wurden für Zucker wie Rum keinerlei Steuern entrichtet. Der Regierung in London widmeten die meisten Neuengländer nur spärliche Aufmerksamkeit. Während ihre Brüder, Nachbarn oder Freunde gegen die Franzosen oder ihre indianischen Alliierten kämpften, trieben einige Amerikaner einfach weiter Handel mit den Feinden. Die moderne Erfindung des totalen Kriegs wäre nichts für sie gewesen – im steinigen Neuengland standen die See und der Überseehandel für größeren Wohlstand als irgend etwas an Land, und jener Handel mußte weitergehen, Krieg hin, Krieg her.

Als die Teesteuer kam, bedurfte es nur noch eines Funkens, um das Pulverfaß Massachusetts hochgehen zu lassen. Am 16. Dezember 1773 enterten ein paar Weiße, als Mohawk-Indianer verkleidet, drei Schiffe im Hafen von Boston und warfen die gesamte Ladung über Bord. So weit die Flut reichte, waren die Ufer des Charles River mit Teeblättern bedeckt. Auch in anderen Teilen der Kolonien kam es zu solchen „Tea Parties". In New York, Philadelphia, Annapolis, Savannah und Charleston wurden riesige Mengen Tee vernichtet. Bei den meisten dieser Parties hatten sich die Animateure als Indianer verkleidet. Im ganzen Land kamen standesbewußte Frauen zu eher konventionellen Teeparties zusammen. Hier und da unterzeichneten sie Resolutionen; in Edenton, North Carolina, verkündeten sie: „... voll Eifer und Vertrauen folgen die amerikanischen Frauen dem löblichen Beispiel ihrer Gatten...", und im weiteren schworen sie dem Tee zugunsten anderer Getränke ab.

Die Amerikaner rechtfertigten ihren Widerstand intellektuell damit, daß die auserwählte Handelsorganisation, die Ostindiengesellschaft, das Monopol auf legalen Tee hätte, ihn über ausgewählte

Händler verkaufte, die noch einmal ein lokales Monopol hätten, und daß Handelsprivilegien für andere Gebrauchsgüter von der Krone wiederum anderen Monopolisten verliehen würden. Solche berechtigten Einwände vermischten sich mit den Interessen der Schmuggler von Providence, New York und Philadelphia, bis sich in ganz Neuengland und allen Mittelkolonien der Ruf nach billigem Tee mit dem nach Freiheit vermischte. Über seine physiologische Wirkung hinaus war der Tee zum Aufputschmittel geworden. Wer zu den Engländern hielt, galt als muffig, überkorrekt, zählte zum Establishment; die Opposition, die Kaffee-Partei, hatte den Blick in die Zukunft gerichtet, war im Herzen jung geblieben und im Denken unabhängig. Es war schon ziemlich ungewöhnlich, daß ein Getränk, Tee, eine so bedeutende Rolle im Vorspiel der offensichtlich nicht mehr aufzuhaltenden amerikanischen Revolution übernommen hatte. Und seit der Unabhängigkeit haftet dem Tee etwas Unamerikanisches an; im loyalen Kanada wurde pro Kopf viermal soviel getrunken wie in den unabhängigen USA. Überall gilt Tee als das Lieblingsgetränk der Angelsachsen, nur nicht in den Vereinigten Staaten. Eine weitere Folge von Lord Norths unglückseliger Politik? Manchmal wird sogar behauptet, daß die Bostoner Tea Party eine der Hauptursachen der Revolution gewesen sei.

Die Tea Parties wären vielleicht nichts als eine böse Posse geblieben, wenn die Briten nicht mit der Schließung des Hafens von Boston reagiert hätten, was direkt zur Unabhängigkeitserklärung führte. So aber wurde der Widerstand gegen den Tee ein ursächlicher Faktor im Hauptkampf der Kolonisten gegen „Besteuerung ohne Repräsentanz".

Der Krieg brachte zahllose Amerikaner dazu, für die Unabhängigkeit auf die Barrikaden zu gehen, doch Englands eifersüchtige europäische Rivalen waren es, die sich der amerikanischen Sache annahmen und die Existenz der Vereinigten Staaten garantierten. Am Ende mußten die Briten nicht nur gegen ihre eigenen Verwandten und deren Sprößlinge kämpfen, sondern auch gegen Franzosen, Spanier und Niederländer; gleichzeitig schlossen sich die skandinavischen Länder zu der zwar neutralen, nicht aber englandfreundlichen Nordliga zusammen, was die britische Marine daran hinderte, neutrale Schiffe als Konterbande zu finden. 1783 war der mörderische Krieg vorbei. England hatte einen klügeren, umsichtigeren, einsichtigeren Schatzmeister, William Pitt den Jüngeren.

1784 griff Pitt, von Mr. Twining, seinem Freund, dazu ermutigt, das Thema Tee wieder auf. In jenem Jahr machten die Abgaben noch einmal soviel aus wie der Großhandelswert vor Steuer im Zollager. Wenn also der billigste Tee, ein Bohea, im Einzelverkauf 5 s pro Pfund kostete, war er mit 2 s 6 p, mehr als 50 %, Steuern belastet; und noch beim teuersten Tee, sagen wir einem Hyson, der um 1 £ kostete, belief sich sie Steuerbelastung noch auf 8 s 6 p oder 42,5 %. Infolge dieser hohen Abgaben wurde etwa die Hälfte allen Tees aus den Niederlanden eingeschmuggelt oder noch auf hoher See aus dem Privathandelskontingent der Ostindienfahrer-Schiffsoffiziere direkt an Schmuggler verkauft. Die Steuereinnahmen wurden immer lächerlicher, die Nation war unzufrieden und gespalten, das Gesetz geriet in Verruf. Pitt faßte einen mutigen Entschluß: Die Steuer wurde auf eine Spanne zwischen 2½ und 6½ p reduziert – ungefähr 10 %. Die legalen Teeimporte verdoppelten sich, Schmugglern und holländischen Teehändlern wurde übel mitgespielt, aber sonst waren alle voll des Lobes.

Im Jahr 1801 verbrauchten die Engländer pro Kopf 2½ Pfund Tee und 17 Pfund Zucker, erhebliche Anteile davon zum Tee. Der Preis des Zuckers war die Sklaverei gewesen: Was war der Preis des Tees? Im Einzelhandel hatten die Engländer 7,5 Millionen £ bezahlt; in den englischen Häfen hatte er etwa die Hälfte davon gekostet und in China noch ein Viertel jener Summe, 2 Millionen £.

Diese riesige Menge Geld (nach heutigem Geldwert etwa 2 Milliarden DM) mußte Jahr für Jahr irgendwie in Kanton aufgebracht werden, und zwar von der Ostindiengesellschaft, den Kargadeuren, die für Londoner Importhäuser Handel trieben, und den Schiffsoffizieren, die ihr Privathandelsprivileg wahrnahmen. Die Chinesen waren an den meisten Importwaren nicht interessiert. Neue Technologien, für die sie ihr Geld vielleicht lockergemacht hätten, gab es noch nicht. Mit allen Nahrungsmitteln, Textilien, den meisten Mineralien und allen anderen lebensnotwendigen Gütern konnte sich China selbst versorgen. Mehr als zwei Jahrhunderte lang hatten die Chinesen, die größten Händler des vorindustriellen Zeitalters, von den Europäern nur Kupfer, Gold und Silber als Tauschwaren akzeptiert. Der Teebedarf, der nicht nur in England, sondern auch in den Niederlanden, in Deutschland, Schweden und den britischen Kolonien enorm gestiegen war, konnte zu jener Zeit nur von China befriedigt werden, und zwar im Tausch gegen Edelmetalle.

Zur gleichen Zeit hatten die Französische Revolution und die Napoleonischen Kriege die Finanzen aller kriegführenden Nationen arg in Mitleidenschaft gezogen: In Frankreich wurde soviel Papiergeld gedruckt (die „Assignaten"), daß es zur Inflation kam; auf dem europäischen Kontinent hungerten die französischen Armeen das Land aus, die französische Regierung hatte Plünderungen im großen Maßstab legalisiert; in England hatte die Regierung die Goldwährung[14] aufgegeben, was zur einzigen ernsten Inflation zwischen 1616 und 1914 führte, und das in einem Land, wo gutes Geld immer mehr galt als die Lehrmeinungen der Ökonomen. Die Kriege brachten die Welt um den Verstand, und das Geld verlor seinen Wert.

Natürlich war von alledem in China nichts zu spüren. Am anderen Ende der Welt waren die chinesischen Händler damals an Papiergeld einfach nicht interessiert. Gold hatten sie zwar als Wertanlage erkannt, aber sie gaben dem Silber noch den Vorzug. Diese einzig akzeptierten Tauschwaren hatten sich nun im Vergleich zu europäischen Löhnen, Rohstoffen und Fertigprodukten 1801 um 20 % verteuert, 1810 um 50 %. Zwar war auch der Teepreis gestiegen, aber längst nicht in vergleichbarem Maßstab. Die Ostindiengesellschaft, ihre Handelspartner und ihre Schiffsoffiziere erkannten, daß sie zu klassischen Inflationsopfern geworden waren. Die Kosten stiegen; die Erlöse für ihre Waren blieben dahinter zurück, Ergebnis: ein Jammertal. Man mußte eine Antwort finden.

Die Antwort hieß: Opium. In Indien besaß die Ostindiengesellschaft schon seit 1758 darauf das Monopol, 1773 hatte sie den Portugiesen den verbotenen Opiumhandel mit China abgerungen. China hatte schon 1729 Opium verboten und den Handel, Vertrieb und Gebrauch zum Verbrechen erklärt, später sogar zum Kapitalverbrechen. Trotzdem exportierten die Briten im Jahr 1776 60 Tonnen und im Jahr 1790 das Fünffache dieser Menge; das ganze Opium wurde an Schmuggler oder korrupte Chinesen verkauft. Von 1800 an wurde das Geschäft durchorganisiert und entwickelte sich zu einer regelrechten Industrie. Anbau und Weiterverarbeitung des Opiums waren in Indien Regierungssache und wurden sorgfältig von der Ostindiengesellschaft überwacht, die damals nicht nur das Handelsmonopol, sondern die tatsächliche Regierungsgewalt in Indien hatte. Mit Hilfe türkischer und persischer Berater wählten die Engländer in Bengalen die für den Anbau des Schlafmohns am besten geeigneten Gegenden sorgfältig aus. Der weißblühende Schlafmohn wurde in der Gegend von Patna angebaut, der rotblühende in den Bergen. Das Einsammeln des Opiumsaftes begann am 25. Februar; zwei oder drei Wochen ließ man täglich den Saft aus den Mohnkapseln „ausbluten". Das Einsammeln des Saftes, seine Weiterverarbeitung und die Herstellung der Opiumkuchen mittels Trocknen, Pressen und Fermentieren gaben zur Blütezeit des Opiumgeschäfts beinahe einer Million Männern, Frauen und Kindern Arbeit.

Anbau und Weiterverarbeitung des Opiums waren in jenen Jahren nicht nur 1½- bis 3mal so profitabel wie der Anbau von Weizen oder Reis; die von der Ostindiengesellschaft dabei erzielten Profite lagen vielmehr in einer Größenordnung, daß sie nur dem Privileg, eigenes Geld drucken zu dürfen, gleichgekommen wären. Der indische Bauer mußte natürlich an die Ostindiengesellschaft Abgaben zahlen, so daß das meiste dessen, was er im Vergleich zu Weizen mehr erwirtschaftete, wieder an die Gesellschaft zurückfloß. Zu einer Zeit, da Tee in Kanton ungefähr 40 £ pro Tonne kostete und Gold weniger als 4 £ pro Unze brachte, verlangten die Briten von den chinesischen Händlern ungefähr 1 500 £ pro Tonne Opium. Wenn man fairerweise in Anrechnung bringt, daß für Anbau und Weiterverarbeitung des Opiums etwa doppelt soviel Aufwand betrieben werden mußte wie beim besten Tee und vielleicht viermal soviel wie bei durchschnittlichem Tee, wäre Opium, nach Gewicht gerechnet, im Durchschnitt nur noch dreimal soviel wert gewesen wie Tee. In Wirklichkeit lag das Verhältnis in Kanton jedoch bei 40:1 zugunsten des Opiums. Um 1830 exportierten die Briten pro Jahr fast 1 500 Tonnen im Wert von 2 Millionen £; nach heutigem Geldwert entspricht dies 2 Milliarden DM.

Die Ostindiengesellschaft und die britische Regierung bemäntelten den Opiumhandel mit jener sanften Heuchelei, die man dem englischen Establishment drei Jahrhunderte lang nachgesagt hat. Die Ostindiengesellschaft war bis 1834 im Besitz des englischen Teehandelsmonopols und regierte Indien bis zur großen Meuterei von 1858, zwischen ihr und dem Opiumhandel wurde jedoch keine direkte Verbindung hergestellt. Die Gesellschaft war über den indischen Opiumanbau im Bilde und profitierte von ihm. Das Opium wurde in

Kalkutta auktioniert. Doch von da an lehnte die Gesellschaft alle Verantwortung für die Droge ab.

Die lokalen Händler, also diejenigen, die zwischen Indien und anderen Gegenden des Fernen Ostens Handel trieben, kauften das Opium und brachten es auf die Insel Lintin in der Bucht von Kanton, wo man es auf vor Anker liegenden, abgetakelten Schiffen lagerte. Von dort wurde es von Chinesen weiterverkauft. Wieder wußte die Gesellschaft, deren Schiffe auf dem Weg von und nach Kanton an Lintin vorbei mußten, ganz genau, was vor sich ging; gegenüber den chinesischen Autoritäten aber konnten sie Unschuld heucheln. Die lokalen Händler verkauften zwar auch andere Waren, vor allem Baumwolle, doch Opium machte 75 % ihres Geschäfts aus. Sie tauschten es gegen Silbermünzen, die sie zurück nach Kalkutta brachten und gegen Wechsel, bezogen auf Londoner Banken, an die Ostindiengesellschaft verkauften. Jetzt verlief das Geschäft wieder reibungslos, die Gesellschaft konnte in Anspruch nehmen, daß nichts Ungewöhnliches daran sei, in Kalkutta auf normalem Weg Silber zu kaufen; in der Tat war die Gesellschaft zu jeder Tages- und Nachtzeit – ausgenommen sonntags natürlich – bereit, gegen Silber irgendein Bank- oder Handelsgeschäft zu tätigen.

All das Silber wurde dann nach London verfrachtet, wobei die Gesellschaft wiederum mit Fracht- und Versicherungsgebühren einen Schnitt machte. Wenn die Agenten der Gesellschaft oder ihre Kargadeure den Hafen von London verließen, waren sie mit genügend chinesischen Silbermünzen ausgestattet, um in Kanton wieder Tee dafür kaufen zu können. Abermals konnte die Gesellschaft behaupten, keine Ahnung davon zu haben, daß dies schmutziges, gegen Opium getauschtes Geld sei. Wenn die chinesischen Autoritäten Protest einlegten, konnte die Gesellschaft oder die britische Regierung mit einem Achselzucken antworten und ihr Bedauern darüber ausdrücken, daß die Gesellschaft oder die Regierung leider nicht intervenieren könne; kein Wunder, daß die Chinesen die Briten haßten und verachteten.

Ein anderer Verbreitungsweg bestand darin, daß die lokalen Händler ihre Ladung weiter nördlich vor der Küste, aber noch in chinesischen Gewässern, verkauften und ähnlich den Alkoholschmugglern zur Zeit der Prohibition ihren Opiumgeschäften auf Dschunken nachkamen. Die Chinesen unternahmen alle Anstrengungen, diesen Handel unter Kontrolle zu bringen, aber sie hatten nicht mehr Erfolg als heute die Italiener oder Amerikaner bei ihrem Kampf gegen die Mafia. Hören wir einen viktorianischen Autor, W. C. Hunter, der in seinem Buch *The Fan Kwai at Canton* schrieb: „Das System der Bestechung (mit dem die Ausländer nichts zu tun hatten) war so perfekt, daß die Geschäfte regelmäßig und reibungslos abgewickelt werden konnten. Von Zeit zu Zeit gab es Störungen, wenn zum Beispiel neue Verwaltungsbeamte eingesetzt worden waren. Dann stellte sich die Frage der Gebühren; doch sie wurde rasch beigelegt, wenn der Neue nicht zu unmäßig in seinen Forderungen war oder, wie die Zwischenhändler es auszudrücken pflegten, ‚zuviel Narr‘ war. Wenn alles gutging, einigte man sich jedoch zur allgemeinen Zufriedenheit, die Zwischenhändler kehrten mit strahlenden Gesichtern zurück, und Friede und Immunität herrschten im Land …

In Kanton schenkten die Offiziellen den Vorgängen um Lintin kaum Beachtung; nur manchmal, wenn sie gezwungen worden waren, etwas zu unternehmen, gaben sie einen Erlaß heraus und befahlen den ‚an den äußeren Ankerplätzen herumlungernden‘ Schiffen, entweder in den Hafen einzulaufen oder in ihre Heimatländer zurückzukehren, anderenfalls würden die ‚Drachen des Krieges‘ losgelassen und mit ihren feurigen Ergüssen all jene auslöschen, die sich diesem ‚Sondererlaß‘ widersetzten.“

Im Gegensatz zur Ostindiengesellschaft, die mit ihren Regierungsoffiziellen den Drogenanbau in Bengalen kontrollierte, waren die amerikanischen Teehändler[15] nicht direkt am Opiumanbau beteiligt. Sie kauften Opium in Konstantinopel, Saloniki, Smyrna oder Beirut, die damals alle zum Ottomanischen Reich gehörten. Unter dem türkischen Regierungsmonopol ging es weniger ehrlich zu als unter dem indischen, und das Opium wurde mit Traubensaft gestreckt, der mit Mehl, Feigenpaste, Lakritze, halbgetrockneten Aprikosen, Tragantgummi und manchmal sogar Bleiweiß eingedickt wurde. Wenn man diese Zusatzstoffe wieder entfernt hatte, wurde das türkische Opium in Schiffs-, Drogisten- oder Industriequalitäten eingeteilt.

Das aus Schlafmohn gewonnene Opium war bereits in der Antike bekannt. Lange bevor man irgendwelche Pillen, Tinkturen oder Konzentrate daraus herstellte, wurde es schon gegessen, als Tee getrunken, wie Kautabak gekaut und, zum Zwecke der Entspannung, geraucht. Morphin wurde als Schmerzmittel erstmals im frühen 19. Jahrhundert daraus gewonnen, Heroin erst nach 1870. Von beiden wußte man noch nicht, daß sie viel gefährlichere Suchtmittel als Opium sind. Den Opiumkonsum, einst viel weiter verbreitet als das Tabakrauchen, merzten die Amerikaner auf den Philippinen vor dem Ersten Weltkrieg aus, die chinesischen Kommunisten in China nach dem Zweiten Weltkrieg, und erst in jüngster Zeit wurde er in Singapur offiziell unterbunden. Erfolgreich konnten Opiumverbote immer nur mit Maßnahmen durchgesetzt werden, die so drastisch waren – Tod, Deportation, Verstümmelung –, daß demokratische Gemeinwesen anscheinend nicht dazu bereit waren, sie auf Süchtige jeglicher Art anzuwenden. Unglaublicherweise bediente man sich statt dessen aber des reineren Morphins oder Heroins, um die Leute vom Opium zu „entwöhnen". Damit hatte man Erfolg. Eine Drogenabhängigkeit wurde durch eine andere ersetzt. Solche „Erfolge" hatten sich die Verfechter der Substitutionstherapie nicht vorgestellt.

Aus den billigsten Opiumqualitäten gewann man Morphin, das damals frei zu handelnde Arzneimittel, und die teuersten nahm man zum Rauchen oder Essen. Diese, die besten Qualitäten, kauften die amerikanischen Teehändler beziehungsweise ihre Mittelsmänner und schickten sie dann entweder direkt oder über die amerikanische Ostküste nach Kanton. Die Händler waren sehr darum besorgt, ihr Engagement im Drogenhandel geheimzuhalten, aber das Opium spielte im amerikanischen Teehandel eine ebenso große Rolle wie im britischen. Manch vornehme Familie in New York, Boston oder Salem ist bei diesem Geschäft reich geworden. Im chinesischen Reich aber wurde Ende des 19. Jahrhunderts die Opiumsucht zu einem ebenso brennenden Problem, wie es die Heroinsucht heute in den USA ist. Es erscheint als Ironie des Schicksals, daß Opium, auch von der reinsten Sorte, weniger Schäden hervorruft als Heroin, denn es braucht länger, um in den Blutkreislauf zu gelangen, genau wie der Verzehr von Kokablättern im Vergleich zum Kokainspritzen relativ harmlos ist.

Der Opium-Silber-Tee-Komplex war ein perfektes Geschäft, bei dem man wie von selbst reich wurde. Eigenartigerweise ist er nie von großen Ökonomen wie John Maynard Keynes untersucht worden, der in seinen jungen Jahren ein Buch über das indische Silber verfaßte. Um die Nachfrage nach einem milden Suchtmittel, das letztlich den Kanal hinuntergeht – Tee –, zu stillen, hatten die Händler zunächst im Tausch Silber angeboten, wofür man zwischen 1 und 1 000 Tonnen Gestein zerschlagen muß, um einen Barren von einer Unze zu erhalten, der dann mehr wert ist als beinahe alle anderen Güter. Als Silber knapp und schwer zu beschaffen wurde, nahm man zum Tausch ein anderes Pflanzenprodukt, ein äußerst starkes Suchtmittel, das letztlich in Rauch aufgeht und dessen Besitz am Ort der Nachfrage nicht ganz legal ist: Opium. Wenn man dafür sorgt, daß der Drogennachschub nicht abreißt und mit der wachsenden Zahl der Süchtigen mithält, muß man Silber nicht aus einer Mine holen, sondern kann es viel billiger „wachsen lassen" und sich regelrecht „Geld drucken", aber auf eine Art und Weise, die garantiert, daß die Empfänger dieses Geldes es so schnell wie möglich vernichten. Obwohl der Schlafmohn in beinahe allen Provinzen Chinas gedeihen könnte, wurde bezeichnenderweise alles Opium importiert; zunächst waren es lediglich 3 000 Pfund pro Jahr, die die Chinesen den Portugiesen abkauften. Die Briten steigerten den Absatz auf 3 Millionen Pfund pro Jahr, auf das Tausendfache. Anstelle eines begrenzten Vorrats an Silberbarren war, bei steigender Nachfrage, eine unerschöpfliche Opiumquelle getreten. Besser konnten die Geschäfte gar nicht laufen.

Die chinesischen Mandarine waren angesichts der Verwahrlosung ihres Volkes sehr erregt. Opium war wahrscheinlich im 11. Jahrhundert n. Chr. von den Arabern als Schmerzmittel in China eingeführt worden, bis ins 18. Jahrhundert wurde es nur für medizinische Zwecke verwandt. Die chinesische Regierung, die zu jener Zeit noch nicht alle Hoffnung auf Besserung hatte fahren lassen, unternahm zwischen 1796 und 1830 alle nur erdenklichen Anstrengungen, den Opiumhandel zu unterbinden, aber sie hatte keinen Erfolg. Zu viele waren süchtig, zu viele verteilten die Droge, zu viele „ehrbare" Händler verdienten zu viel Geld damit. 1883 sandte Kaiser Taokwang einen Kommissar, Lin Tze-su, nach Kanton, um den Konterbanden-Handel mit Opium zu unterbinden. Dieser erließ Befehl, daß die chinesischen Händler ihre Vorräte vernichten und die Briten die ihren wegschaffen müßten, aber keiner scherte sich darum. Die Händler hatten all das schon vorher gehört und schon viele solcher Befehle ungestraft ignoriert. Also ließ Kommissar Lin die chinesischen Lager an Land und die britischen Vorratsschiffe im Hafen in Brand setzen. Ein Jahresvorrat Opium ging in einem gigantischen Feuerwerk anstatt in Tausenden von Pfeifen in Rauch auf; der Geruch, so sagte man, soll denkwürdig gewesen sein.

Die Briten widersetzten sich dieser öffentlichen Verbrennung nicht, sondern fuhren einfach damit fort, weiter Opium nach Kanton zu schmuggeln. Sie hatten jedoch Kommissar Lin unterschätzt, der die Briten verhaftete, das Opium verbrannte, britische Seeleute ins Gefängnis warf und chinesische Händler foltern ließ. Außer sich, beschossen die Briten Kanton, zur Warnung und als Strafe. Kommissar Lin ergab sich nicht. Auf beiden Seiten kam es zu Grausamkeiten. Mit der in jener telegraphenlosen Zeit üblichen Verzögerung wurde schließlich der Krieg erklärt.

Um 1840 hatten die Chinesen keine genaue Vorstellung vom Charakter, von der Stärke oder der Entschlossenheit der Europäer im allgemeinen und der Engländer im besonderen. Die Portugiesen mußten sich seit dem 16. Jahrhundert auf Macao beschränken und alle anderen Europäer seit dem Ende des 17. Jahrhunderts sich auf Kanton. Auf einem Kai von nur 700 Meter Länge und 35 Meter Breite hatten die Briten 200 Jahre lang mit den Chinesen beste Geschäfte gemacht. Hin und wieder waren chinesische Schiffe auf See mit europäischen in Konflikt geraten; manchmal hatten die Chinesen gewonnen, meistens aber verloren. Der kaiserliche Hof erfuhr von diesen Niederlagen vermutlich nichts. Keine Berichte über die Verluste chinesischer Piraten und Kriegsschiffe dort unten im südlichen Meer, im chinesischen Meer, gelangten ins landumschlossene Peking. Tote können nichts mehr erzählen, und die Besiegten hätten es wahrscheinlich schwierig gefunden, ihren Regierenden die Niederlage anders als mit der eigenen Inkompetenz zu begründen. Europäer betrachtete man immer noch als die unwissenden fremden Teufel und Barbaren, die nur an Geld, Saufen, Geschäften und Frauen interessiert waren.

1834 hatte die Ostindiengesellschaft das Chinahandelsmonopol, und zugleich das britische Teehandelsmonopol, verloren. Neue, aufgeklärte Männer, Verfechter des Wettbewerbs und des Freihandels, Liberale im besten Sinne des 19. Jahrhunderts waren an die Stelle der bequemen und korrupten Handlanger der Gesellschaft getreten. Zu Hause hatte der Druck auf die Regierung zugenommen, endlich

China zu „öffnen". Mit den Gewalttätigkeiten von Kanton, die die Briten zum Anlaß des Opiumkriegs von 1840–42 nahmen, reagierten die Chinesen wahrscheinlich ebensosehr auf die allgemein veränderten Umstände wie auf die langfristigen Opiumausschweifungen selbst. Die Chinesen neigten damals wie heute zu der Ansicht, daß man, wenn man sich überhaupt mit fremden Teufeln abgeben muß, es besser nur mit einer begrenzten Gruppe von Leuten zu tun hat, deren Charakter, Stärken und Schwächen man einschätzen kann, als daß man sich einer immerfort wechselnden Menge von handelnden Personen in einem endlosen Stück namens „Marktwirtschaft" öffnet. Die Kanton-Europäer des alten Schlags waren den Chinesen vertraut. Die neuen Männer sollten sie erst noch kennenlernen.

Diese neuen Männer waren entschlossen, China und den ganzen Chinahandel dem Westen zu öffnen. Im Vertrauen auf die Macht und Überlegenheit der königlichen Marine ergriffen die Briten die Initiative. Die Chinesen hatten keine Chance. Der erste Akt des Krieges war kurz und entscheidend. 1840 wurde Chusan eingenommen, im folgenden Jahr beschossen und zerstörten die Briten die Bogue-Forts am Kanton-Fluß. Der chinesische Oberbefehlshaber vor Ort, Ki Shen, der Kommissar Lin abgelöst hatte, willigte ein, Hongkong abzutreten und eine Entschädigung von 6 Millionen chinesischen Silbermünzen zu zahlen, ungefähr 40 Millionen DM nach heutigem Geldwert. Als diese Nachricht nach Peking gelangte, überzeugte man den Kaiser, daß Ki Shen inkompetent und unpatriotisch sei. Er wurde degradiert und des Landes verwiesen. Der Krieg wurde wiederaufgenommen. Wie nicht anders zu erwarten, verloren die Chinesen. Zusätzlich wurden Amoy, Fuchow, Ningpo und Shanghai zu „offenen Häfen", die Regierung mußte weitere 21 Millionen Silbermünzen Entschädigung zahlen und die europäische Oberaufsicht über den chinesischen Zoll akzeptieren. Opium wurde mit keinem Wort mehr erwähnt.

Noch weitere 60 Jahre lang wurde mehr Tee aus China als aus allen anderen Ländern exportiert. Im entscheidenden Jahr 1840 trafen die ersten, winzigen Exporte aus Indien und Java ein: Weniger als eine Tonne wurde in London verkauft. Im vorausgegangenen Jahrzehnt hatten die chinesischen Importe weltweit bei durchschnittlich 100 000 Tonnen gelegen, die damals ungefähr 25 bis 30 Millionen £ wert waren, nach heutigem Geld über 6 Milliarden DM.

Während der zweiten Hälfte des 19. Jahrhunderts mußte sich China aufgrund einer Folge von Kriegen in den Jahren 1856, 1861, 1871 und 1894 nach und nach dem Westen öffnen. Während dieser ganzen Epoche war die Zentralregierung in Peking von einem allmählichen Niedergang gekennzeichnet, der nur dann und wann durch das Engagement eines tatkräftigen und manchmal ausländischen Generals, wie Charles Gordon, aufgehalten werden konnte. Im Norden verfolgte Rußland zielstrebig – manchmal offen, manchmal im geheimen, eine imperialistische Politik. Briten wie Amerikaner waren in erster Linie an Geschäften und Profiten interessiert, daneben gaben sie sich der Illusion hin, daß jeder Chinese ein geborener Protestant sei. Die Franzosen hegten dieselbe Illusion hinsichtlich des katholischen Glaubens und waren genauso begierig auf Geschäfte. Die Rivalität zwischen den Händlern spiegelte ziemlich genau die Rivalität zwischen den christlichen Glaubensrichtungen wider. Die Chinesen offenbarten nicht, welcher sie den Vorzug geben wollten, und gelangten so in den Ruf ihrer Unergründlichkeit, dabei waren sie wahrscheinlich bloß verwirrt und verärgert. Das Opiumgeschäft legte immer mehr zu, so daß die Importe nahezu die Zahlungsbilanzdefizite, die der Westen gegenüber China hatte, ausglichen. Opium machte ein Sechstel des Werts aller im 19. Jahrhundert nach China importierten Waren aus.

Die Lebensbedingungen der Chinesen verbesserten sich dabei nicht. Geistig war das Land im Niedergang begriffen – trotz der Missionare, die dann im folgenden Jahrhundert eine massive Lobby bilden sollten. Politisch war die einst effiziente Alleinherrschaft lokalen Despoten, T'ai-pings genannt, gewichen, die für gewöhnlich korrupt und eine ärgere Last für das Volk waren als die Zentralregierung. Die materiellen Reichtümer des Landes waren zerstört oder in aller Herren Länder verstreut. Zusammen mit den Errungenschaften einer zweitausendjährigen Zivilisation war auch die handwerkliche und technische Begabung der Chinesen verschwunden. Sie verkamen zu Kopisten und Kulis, zu Holzsammlern und Wasserträgern des Westens.

Was dem relativ schwachen China angetan wurde, war genauso schlimm wie alle Übergriffe auf andere nichteuropäische Völker. Man sollte jedoch auf die besondere Heimtücke des Opiumgeschäfts hinweisen und den weit fortgeschrittenen Stand chinesischer Technologie anerkennen: Eisen- und Stahlerzeugung, Pumpen, Mühlen aller Art, Kanäle, Bewässerung und andere wasserwirtschaftliche Systeme, Textilmaschinen, Rüstungen, Armbrust, Hohlpflug, Brükken aller Typen, Sternruder, wasserdichte Schiffsschotten, Stagsegel, Magnetismus, Kompaß, kardanische Aufhängung, Papier aller Art, Schießpulver und Porzellan: China war allen europäischen Nationen um 4 bis 17 Jahrhunderte voraus (siehe Tabelle auf Seite 131). Mit unserer eurozentrischen Weltsicht vergessen wir dies immer – die meisten Leute denken nur an Druckkunst, Porzellan und Schießpulver. Und dabei enthält diese Materialliste noch nicht die chinesischen Leistungen in der Astronomie, Biologie, Medizin und auf anderen Wissenschaftsgebieten.

China, dieses Füllhorn der Kunst und des Kunstgewerbes, des Handwerks, der Technik, des Erfindungsreichtums und der Philosophie, wurde ausgeplündert, damit das Nationaleinkommen einiger Europäer ein paar Jahre lang gesteigert werden konnte. Wegen einer Kanne Tee, könnte man sagen, wurde die chinesische Kultur beinahe zerstört. Ob sie sich unter dem Regime der zweiten Hälfte des 20. Jahrhunderts wieder ganz wird erholen können, ist eine andere Frage, die jedoch nichts mit Tee zu tun hat.

Nachdem die Ostindiengesellschaft 1834 ihr Teehandelsmonopol verloren hatte, wußte sie, daß sie mit den neuen Männern, neuen Methoden und neuen Schiffen nicht mehr würde mithalten können. Sie verkaufte ihre gesamte Flotte von dickbauchigen, schwerfälligen Frachtern, von denen jeder einzelne aus bis zu 1 000 Tonnen bestens abgelagerten Holzes bestand. Die Schiffe waren so gut gebaut, daß eines von ihnen noch bis 1897 die Meere befuhr. Ein anderes wurde zum Abwracken verkauft, und das Holz war so wertvoll, daß das Schiff über 7 500 £ (mehr als 6 Millionen DM nach heutigem Geld) einbrachte.

Der „freie" Teehandel entwickelte sich zunächst in Liverpool, Dublin und anderen Häfen, denn bis dahin hatten alle Schiffe der Ostindiengesellschaft ihre Ladung in London angelandet. Der Teeimport war im Wachsen begriffen, aber der Markt war instabil geworden, da keine einzelne Organisation mehr, weder eine chinesische noch eine britische, so viele Anteile hielt, wie einst die Ostindiengesellschaft und ihre chinesischen Handelspartner in Kanton besessen hatten. Durch den Opiumkrieg war der Teehandel drei Jahre lang zum Erliegen gekommen, und darüber hinaus hatte die innere Zerrissenheit Chinas vermutlich zur Zerstörung eines gesamten Jahresvorrats Tee geführt. In den vierziger Jahren des 19. Jahrhunderts konnte sich nirgendwo auf der Welt mehr jemand ein Vorratspolster anlegen.

Die Ostindienfahrer waren in gelassener, komfortabler Manier gesegelt. Rund um das seit 1815 britische Kap der Guten Hoffnung nach Osten, manchmal um ganz Australien herum und dann nordwärts nach China, wobei sie ganz Südostasien mieden. Die gedrungenen, dickbauchigen Schiffe, diese „schwimmenden Warenhäuser", waren eher auf Komfort als auf Geschwindigkeit ausgelegt; manchmal gingen sie nachts, wenn Nebel die Navigation erschwerte, einfach vor Anker, denn nichts trieb sie zur Eile an, weil außer der Ostindiengesellschaft niemand mit Tee handelte. Von 1815 an ließ jedoch die „Pax Britannica", die Befriedung der Weltmeere unter Oberaufsicht der britischen Marine, die Selbstverteidigungsbereitschaft und weite, das Land meidende Umwege nicht länger nötig erscheinen. Die sicheren, langsamen Ostindienfahrer mußten konkurrenzfähigeren Schiffen Platz machen, die kurzlebige Produkte mit durch raschen Verkauf gesteigerten Erlösen transportieren konnten. Bessere Schiffe mit einem Längen/Breiten-Verhältnis von 5:1 oder 6:1 ersetzten die Ostindienfahrer, bei denen das Verhältnis noch 2½:1 oder 3:1 betragen hatte. Während der vierziger Jahre des 19. Jahrhunderts wurden die britischen Segelschiffe schlanker, zugleich kamen sie mit weniger Besatzung aus; diese Kombination ließ größere Profite zu, war jedoch weniger sicher. 1850 wurde die Navigationsakte abgeschafft, und Schiffe aller Nationen durften mit jeder beliebigen Ladung britische Häfen anlaufen; bis dahin hatten ausländische Schiffe nur Fracht aus ihrem jeweiligen Heimatland oder britische Waren transportieren dürfen; Fracht „dritter Nationen" zu befördern, war ihnen verboten gewesen. Aber nur die Amerikaner standen bereit, sich im Chinahandel dem Wettbewerb zu stellen.

In den fünfziger Jahren begann die kurze Blütezeit der Chinaklipper. Die Klipper waren dafür gebaut, mit hoher Geschwindigkeit wertvolle Ladung zu transportieren. Das Längen/Breiten-Verhältnis war auf etwa 8:1 gesteigert worden; sie hatten einen überhängenden, scharfen Bug, der das Wasser eher zerschnitt und nicht mehr, wie bei der früheren Bauweise, dagegen anrannte, das Schiff durchschüttelte und seine Fahrt verlangsamte. Der Fockmast wurde um etwa 1/10 der Schiffslänge zurückgenommen, damit das Focksegel den Bug nicht unter Wasser drückte. Die Maste wurden geneigt, um die effektive Segelfläche zu vergrößern; das Heck wandelte sich von einer massiven Wand zum schnittigen „Klipperstern", der noch bei den Dampfschiffen nach dem Ersten Weltkrieg üblich war.

Klipper waren nicht die ersten schnellen Schiffe; schon viele hatten es auf hohe Geschwindigkeiten gebracht, kleine Fregatten, Zollschiffe und Schmuggler-Schaluppen, doch die Klipper waren die ersten *großen* schnellen Schiffe. Die Schiffsarchitekten, die Schiffseigner und die Mannschaften stellten sie vor Probleme aller Art. Das Risiko, ein Schiff mitsamt seiner Ladung zu verlieren, hatte sich vermutlich verdoppelt. Zugleich hatte sich aber auch die Ertragskapazität des Schiffes verdoppelt. Von China nach New York oder London brauchte ein Klipper nur noch 90 bis 120 Tage; die Ostindienfahrer waren 180 bis 270 Tage unterwegs gewesen. Tee aus neuer Ernte kam so viel rascher an. Die Klipper waren in den USA zum schnellen Transport äußerst wertvoller Ladungen entwickelt worden: illegale Sklaven, Post, reiche Atlantikpassagiere, Emigranten auf dem Weg nach Kalifornien rund um Kap Hoorn. Klipper befuhren alle sieben Weltmeere, ihr Ruhm gründete sich aber vor allem auf das Wettrennen um den Tee.

Inwieweit diese Wettrennen ökonomisch gerechtfertigt waren, läßt sich nur noch schwer abschätzen. Richtig verpackt, verdirbt Tee nicht. In früheren Zeiten hatte es manchmal ein Jahr gebraucht, bis in Kanton eine Ladung zusammengestellt, und ein weiteres Jahr, bis sie nach London gelangt war, wo sie nochmals für ein weiteres Jahr im Lager verschwand. Wenn man ihn richtig behandelt, schmeckt drei Jahre alter Tee keineswegs anders als drei Monate alter. (1955 fand ein Teehändler eine versiegelte Kiste Tee, die seinem Urgroßvater, der im Opiumkrieg 1840 gefallen war, gehört hatte; er bereitete den Tee zu und versuchte ihn; 115 Jahre nach seiner Verpackung schmeckte er immer noch hervorragend, delikat, und die Feinheit seines Aromas war mit keinem modernen Tee zu vergleichen.)

Irgendwie muß also die Öffentlichkeit davon überzeugt worden sein, daß Tee „neuer Ernte" in gewisser Weise anders schmeckte als der vom letzten Jahr. Welche Vorteile den Händlern daraus erwuchsen, liegt auf der Hand. Wenn die Öffentlichkeit sich in den Glauben treiben ließ, daß der Tee altere, konnte der Händler jedes Jahr sein Lager räumen und seinen Umschlag erhöhen. Wo die Vorteile für die Öffentlichkeit liegen sollten, ist weniger leicht einzusehen. Aber darüber dachte niemand nach, und die Klipperrennen erfreuten sich der gleichen aufgeregten Anteilnahme wie jeder andere Wettlauf. In den fünfziger Jahren des 19. Jahrhunderts rannten amerikanische und britische Klipper mit etwa gleichen Chancen zwischen China und New York beziehungsweise London hin und her, denn beide Strecken, rund um Kap Hoorn respektive rund ums Kap der Guten Hoffnung, waren etwa gleich lang. In den sechziger Jahren hatten die Amerikaner dann anderes zu tun; erst einmal war Bürgerkrieg, dann lockte der Handel zwischen Kalifornien, Alaska, Japan und der Ostküste. Von 1862 an wurden die Klipperrennen zu einer exklusiv britischen Angelegenheit. Als 1869 der Suezkanal eröffnet wurde, machten die Rennen keinen Sinn mehr, und die teuren Segelschiffe mußten sich eine andere Beschäftigung suchen; nun trugen sie Emigranten nach Australien, Neuseeland und an die nordamerikanische Westküste.

Die Klipper-Frachtrate für die Tonne Tee von China nach London lag bei 5 bis 6 £, dem Doppelten des für langsame Schiffe Üblichen; wenn sie als erste ankamen, lockte noch ein stattlicher Bonus. Snobs legten Wert auf die Feststellung, daß ihr Tee vom Klipper *Ariel*, von der *Era* oder der *Cutty Sark* stammte. Das erinnert an jene Leute, die am 12. August einen überteuerten Preis für ein Birkhuhn „der neuen Saison" zahlen, wenn sie doch heutzutage genausogut am 11. August ein Birkhuhn aus der Tiefkühltruhe holen können, das entsprechend zubereitet genauso gut schmeckt wie der ein Jahr jüngere Vogel. Die Klipperrennen waren aus einem atavistischen, tiefverwurzelten Unsinn entstanden; die Dampfkraft versetzte ihnen schließlich den Todesstoß.

Die frühen, wenig effizienten Dampfschiffe mußten mit ihren Niederdruckkesseln so viel Kohle mit sich schleppen, auch wenn sie noch Segelunterstützung hatten, daß sie, ohne ihre Brennstoffvorräte zu ergänzen, gerade nur die 4500 Kilometer einmal quer über den Atlantik schafften. Wenn sie rund ums Kap der Guten Hoffnung nach China wollten, mußten sie einmal im Atlantik Kohlen nachladen, einmal in Kapstadt, wenigstens einmal im Indischen Ozean und dann noch einmal in Singapur. Nichts deutet darauf hin, daß irgendein Dampfschiff vor Eröffnung des Suezkanals viel Profit abwarf. Erst von 1869 an waren die Dampfer den Segelschiffen überlegen, die immer noch den alten Weg rund um Afrika nehmen mußten, weil die Windverhältnisse im Roten Meer nicht verläßlich waren. Voluminöse Fracht, bei der Zeit keine Rolle spielte, wurde noch bis in die achtziger Jahre des 19. Jahrhunderts auf den langen Weg ums Kap der Guten Hoffnung gebracht; von da an waren effizientere Dampfer den Segelschiffen bei aller Art Ladung – ausgenommen vielleicht solche von äußerst niedrigem Wert – überlegen. Viele Jahre lang wurden jedoch nur Passagiere, Post, Seide, Tee und andere leichte, wertvolle Fracht durch den Suezkanal verschifft. Die Dampfer waren vom Kanal abhängig, aber der Kanal genauso von ihnen. Ein Jahrzehnt früher hätte diese Symbiose noch nicht funktioniert, und eine Dekade später waren die Dampfschiffe so leistungsfähig geworden, daß sich der Kanal eventuell als unprofitabel hätte erweisen können.

Während seiner ganzen Geschichte mußten die Kanalgebühren ständig zwei miteinander verbundenen Erfordernissen angepaßt werden: Der Profit sollte maximiert werden, und die Zahl der Schiffe, die den Umweg um das Kap der Guten Hoffnung für lohnender hielten, minimiert. (Mit anderen Worten: Man mußte gerade so viel verlangen, wie das Verkehrsaufkommen hergab.)

Seit 1869 ist der Kanal viermal verbreitert und/oder ausgebaggert worden. Es hat sich herausgestellt, daß es keinen Sinn macht, den Kanal so zu vergrößern, daß ihn noch die größten Supertanker passieren können, die immer noch aus dem Persischen Golf um das Kap der Guten Hoffnung herum nach Europa oder Amerika fahren müssen.

Suez und Dampf hatten mit vereinten Kräften den Handel mit sehr wertvoller Fracht in einem Punkt stark verändert: Keine lange, langsame Vorratskette schwamm mehr zwischen Europa und dem Fernen Osten. Die Lager standen jetzt an beiden Endpunkten, nur noch eine Reise von 50 Tagen voneinander entfernt; das war halb soviel, wie die schnellsten, gefährlichsten, riskantesten und romantischsten Klipper mit ihren handverlesenen Mannschaften, ihren hohen Frachtraten und mit jeder Menge Glück geschafft hatten. Dampf, stinkender Dampf hatte den Teehandel ins Industriezeitalter verfrachtet.

Zu Beginn des Jahres 1820 schickte David Scott, Regierungsbeauftragter für den neu erworbenen Staat Assam in Britisch-Indien, einige Blätter aus Cooch-Bihar und Ranpur an seine Vorgesetzten in Kalkutta. Hier erklärte man, daß es sich um Blätter einer der ungezählten Arten der *Camellia* handele, und Dr. Wallich, der Regierungsbotaniker, sandte dieselben weiter nach London. Dort wurden sie wiederum von den Botanikern der Linnéschen Gesellschaft geprüft und zu Blättern der Teepflanze erklärt. Soweit bekannt, identifizierte man damit zum ersten Mal eine wilde Teepflanze in Indien, wo es bis zu jenem Tag keine Teepflanzungen gab. Mit Ausnahme kleiner Exportüberschüsse aus Japan und noch kleinerer Mengen aus Formosa stammte ja, wie bekannt, aller Tee aus China.

Als man ein Dutzend Jahre später mit dem Teeanbau in Assam begann, wurden die Gärten dummerweise mit Ablegern chinesischer Teesträucher bepflanzt, die eingingen oder schlecht gediehen oder sich als nicht produktiv genug erwiesen. Die einheimischen wilden Teepflanzen waren aus der Erde gerissen und verbrannt worden, um für die fremden Platz zu schaffen, und jetzt mußte man die Hügel durchkämmen, um noch einige Exemplare der Wildpflanze zu finden, damit man mit ihrer Hilfe besser geeignete Abarten züchten konnte. Soweit den Briten bekannt war, hatte die einheimische Bevölkerung Assams jedoch niemals Tee als Getränk zubereitet. Obwohl man an ein oder zwei Stellen an den Ufern des Brahmaputra Reste aufgegebener Gärten einer alten Teekultur gefunden hat, finden sich in den einheimischen Überlieferungen Assams keine Erinnerungen daran.

Um das Ausgangsprodukt für das Getränk Tee zu erhalten, muß man weit mehr tun, als nur einen Gartenstrauch abernten. Mit komplizierten Methoden werden die frischen Blätter getrocknet, dabei werden sie entweder schwarz oder bleiben grün. Grünen Tee erhält man, wenn man die Blätter unmittelbar nach dem Pflücken nur kurz trocknet, so daß das Chlorophyll mitsamt vielen anderen Begleitstoffen nur wenig verändert wird. Schwarzer Tee stammt nicht etwa von anderen Pflanzen oder Lagen, sondern entsteht aus dem gleichen grünen Ausgangsprodukt durch einen Prozeß, der fälschlich als „Fermentation" bezeichnet wird.

Die jungen Blätter und Knospen der Teepflanze können auch in Salzlake eingelegt und als Gemüse gegessen werden: der „Leppet

Tee" aus den Bergen zwischen Birma und China. Grüner oder schwarzer Tee kann auch zu Kuchen gepreßt werden, die man in Tibet zu einer dicklichen Suppe weiterverarbeitet und mit ranziger Yakbutter vermischt schlürft oder mit dem Löffel ißt – an den Geschmack muß man sich erst gewöhnen. In einigen Teilen Indochinas werden grüne oder schwarze Teeblätter auch gekaut. In Yunnan wird er sogar gemahlen und wie Tabak geschnupft.

Für den Export nach Rußland und in die Mongolei wurde Tee auch zu Ziegeln verarbeitet, da man diese relativ leicht mit Kamel- oder Pferdekarawanen über Land transportieren konnte; von China bis ins europäische Rußland brauchten diese Karawanen sechs Monate. Diese Ziegel bestanden aus bestem, gesiebten Teestaub von höchster Qualität, der gedämpft und unter hydraulischem Druck zu Ziegeln verdichtet wurde. Schon vor über 300 Jahren begann sich diese große Teeziegel-Produktion zu entwickeln; mit chinesischer Arbeitskraft, russischer Oberaufsicht und französischem sowie britischem Kapital hatte sie in den sechziger Jahren des 19. Jahrhunderts ihre Blütezeit. Um solchen Tee zuzubereiten, braucht man allerdings einen Kessel oder einen Samowar. Bemerkenswerterweise war diese Art des Teetrinkens so populär, daß die Teeziegel-Industrie noch weiter florierte, als die Dampfschiffe sie eigentlich schon längst überflüssig gemacht hatten. Häufig wurden Teeziegel sogar zu Wertanlagen, zu einem konsumierbaren Geldersatz wie die Zigaretten im Nachkriegsdeutschland vor der Währungsreform.

Wohl 90 % allen in den letzten 100 Jahren verkauften Tees waren schwarz. Fernab seiner Produktionsstätten wird er in den Konsumentenländern fertig abgepackt an den Endverbraucher verkauft. Streckmittel sind selten geworden, nicht etwa, weil die menschliche Moral sich gebessert hat, sondern weil solche Praktiken sich nicht mehr rentieren.

Der Tee hat sich viele Länder erobert. Neben ihrer ursprünglichen Heimat, China, wächst die Pflanze heute in Japan, Taiwan, Birma, Indien, Malaysia, Sri Lanka, Indonesien, im Iran, in der Türkei, auf den Philippinen, in Queensland und genausogut in einigen Gegenden Afrikas, auf Inseln des Indischen Ozeans und in Lateinamerika; South Carolina, Argentinien und Georgien sind die geographisch extremsten und am weitesten von ihrem Ursprung entfernten Anbaugebiete der Pflanze. Damit er gedeihen kann, braucht der Teestrauch ein feuchtes, warmes Klima, einen tiefgründigen, lockeren, humusreichen Boden mit einem pH-Wert[16] zwischen 5,0 und 5,5 sowie zahlreiche und billige Arbeitskräfte. Wo immer sie diese Konditionen vorfanden, haben die Europäer eine Teeproduktion hochgezogen; mit Erfolg machten sie die Pflanze erst in Indien, dann in Sri Lanka und Indonesien und schließlich in Afrika heimisch; diese Reihenfolge entspricht auch den Größenordnungen der heute dort produzierten Teemengen, die zusammen mehr als 80 % des weltweit gehandelten Tees ausmachen.

Beim Transfer der Pflanzen konnte man Glück oder Pech haben. Als sich China infolge des Opiumkriegs dem Westen geöffnet hatte, konnte der schottische Botaniker Robert Fortune endlich aufgrund von Beobachtungen, die er in China 1842/43 anstellte, die Linnésche Fehlklassifikation[17] korrigieren. Man bedenke: Die europäische und besonders die anglo-chinesische Teeindustrie hatte sich zu einem Riesengeschäft mit einem jährlichen Umsatz von Millionen £ Sterling entwickelt und die Ostindiengesellschaft zu einem Multi wie heute IBM oder General Motors werden lassen – und all das mit einem Handelsprodukt, dessen eigentliche Herkunft 250 Jahre lang unbekannt geblieben war. Von ungefähr 1840 an wurden dann die Geheimnisse des Teeanbaus rasch gelüftet. Man experimentierte viel und mußte zahlreiche Fehlschläge einstecken, dann aber wurde um ungefähr 1860 in Assam und um 1890 in Ceylon und Java eine europäische Teeproduktion in industriellem Maßstab aufgezogen.

Bei der Assam-Teepflanze handelt es sich um eine Zuchtpflanze, die, sich selbst überlassen, bis in eine Höhe von 10 bis 20 Metern wuchern würde. Als Kulturpflanze wird sie jedoch zu einem bequemen, etwa einen Meter hohen Strauch zurechtgestutzt. Bei den verschiedenen Varianten kann man einen Zusammenhang zwischen ihrem Ansprechen auf Düngemittel, Blattform, Zellstruktur und Rohertrag pro Hektar erkennen. Die umsichtige Auswahl der Pflanzen zahlt sich also in der Praxis aus. In Japan, wo die höchsten Erträge erzielt werden, erntet man durchschnittlich mehr als 3,75 Tonnen pro Hektar, auf einigen Plantagen sogar 5 Tonnen und in einem – bewiesenen – Fall wurden sogar 7,5 Tonnen geerntet. Wenn man aber eine weniger geeignete Variante auf falsche Art und Weise anbaut, erzielt man noch nicht einmal ein Hundertstel dieser Menge.

All dies Wissen um den richtigen Anbau wurde im Laufe vieler

Jahre erarbeitet. Zunächst war Quantität erst einmal wichtiger als Qualität, und eine lange Zeit, mindestens bis nach dem Ersten Weltkrieg, galten Tees aus Indien oder Ceylon als zweitklassig. Diesen Ruf hatten sie vielleicht nicht verdient, wenn aber China nicht durch westliche Überfremdung destabilisiert und nach und nach zerstört worden wäre, hätten Indien und Ceylon mit Sicherheit nicht zu Teeproduzenten werden können. Trotz aller politischen Wirren, die schließlich zum Untergang des Reiches führten, lagen bis 1890 die chinesischen Exporte noch höher als die aller anderen Anbauländer zusammen und bis 1910 noch höher als die jedes einzelnen anderen Anbaulandes. Diese ganze Zeit lang hatten die indischen Produzenten noch versucht, die Chinesen zu imitieren. Schließlich begriff man, daß die Produktion am Strauch beginnt und daß das Gedeihen der Pflanze die Grundvoraussetzung für ein erfolgreiches, verkäufliches Endprodukt ist, egal wieviel Anstrengungen man auf die mechanische Weiterverarbeitung des Tees richtet. Wenn man eine geeignete Variante anpflanzt, korrekt beschneidet und düngt und den Jahreszeiten entsprechend pflückt, kommt man dem gewünschten Endprodukt viel leichter näher. Die Teeblätter werden auf der Plantage weiterverarbeitet, und alles, was mit ihnen nach dem Pflücken geschieht, bot sich schon früh zur Mechanisierung an. Nur mit dem Pflücken selbst ist das so eine Sache.

Man pflückt häufiger, wenn es auf hohe Qualität ankommt, und seltener, wenn man große Ertragsmengen erzielen will. Die erste Pflückung im Frühling ergibt den besten Tee. Die Häufigkeit des Pflückens hängt vom Wetter, der Bodenfruchtbarkeit, der Beschneidungstechnik und so weiter ab. Teeblätter sollten nur trocken gepflückt werden, aber dies ist nicht immer möglich, so daß große Mengen minderwertigen Tees von solchem „Regen-Tee" stammen. Die Produzenten täten besser daran, diese schlechteren Sorten auf den Komposthaufen zu werfen.

Die gepflückten Teeblätter kann man zu drei verschiedenen Produkten weiterverarbeiten; meist aber versucht jede Plantage, sich auf eine Spezialität zu konzentrieren: Schwarzer Tee hat weltweit einen Anteil von 95 %; grüner Tee ist im Fernen Osten sehr beliebt und im Westen manchmal Gegenstand einer kultischen Verehrung; Oolong hat in China und Taiwan einige Bedeutung, geringe Mengen werden in die USA exportiert. Schwarzer Tee ist voll „ausgereift", grüner

Tee wird getrocknet, ehe irgendeine Oxidation einsetzen kann; Oolong wird nur teilweise „fermentiert" und dann beizeiten getrocknet.

Alle lebenden Pflanzenteile tragen Organismen, die unmittelbar nach dem „Tod" des Materials mit dem natürlichen Recycling beginnen; sowie die Teeblätter gepflückt sind, gehen also deren Enzyme daran, das grüne Material sofort umzuwandeln. Um diesen Prozeß zu steuern, läßt man die auf speziellen Rosten ausgebreiteten grünen Teeblätter auf natürliche Weise welken. Dabei verlieren sie durch Verdunstung 50% ihres Feuchtigkeitsgehaltes. Wenn die natürliche Luftfeuchtigkeit der Umgebung hoch ist, zum Beispiel während der Regenzeit, nimmt dieser Vorgang längere Zeit in Anspruch, aber im allgemeinen sollten die Blätter binnen 12 bis 16 Stunden verwelkt sein. Eine längere Welkzeit ist mit ein Grund dafür, warum „Regen-Tees" schlechter sind. Nach dem Welken werden die Blätter maschinell gerollt, um den Oxidationsprozeß zu beschleunigen – eine notwendige Voraussetzung für die „Fermentation". Früher wurde dies von Hand erledigt. Von allen mechanischen Hilfsmitteln der Teeproduktion zahlen die Rollmaschinen sich am meisten aus. Heute kann eine Maschine die Arbeit von 100 Helfern erledigen. Durch das Rollen verwandelt sich der grüne Tee zu einer breiigen Masse. Stärke und Dauer des Rollens müssen jedoch strikt kontrolliert werden, damit die grünen, halbtrockenen Blätter nicht zu einem Matsch werden, der nur noch an kalten, zu lange gekochten Spinat erinnert.

Im Falle des schwarzen und des Oolong-Tees schließt sich dann die sogenannte „Fermentation" an. Dies geschieht in einem speziellen Raum bei Temperaturen von etwa 27°C; die grüne Masse verwandelt sich dabei in eine kupferrote. Temperatur, Dichte der Masse und Gleichmäßigkeit der Oxidation sind zur Erzielung der gewünschten Qualität von ausschlaggebender Bedeutung. Am kritischsten aber ist der Zeitpunkt, zu dem dieser Prozeß dadurch abgebrochen wird, daß man die Masse in die Trockenzylinder einbringt. Ihn festzulegen, ist fast ausschließlich eine Sache von Instinkt und Erfahrung, von Auge und Nase; oft wird der Zeitpunkt von Partie zu Partie je nach örtlichen Bedingungen unterschiedlich festgelegt. Beim Trocknen muß dann der Feuchtigkeitsgehalt der welken, fermentierten Teemasse von 45% auf ungefähr 5% reduziert werden, und zwar so, daß die Qualität des Tees davon nicht beeinträchtigt wird.

Zu hohe Temperaturen lassen ihn eher nach verbranntem Toast schmecken, zu niedrige ergeben ein Getränk, das eher an grünen als an schwarzen Tee erinnert, auch wenn das Produkt schwarz aussieht. Auch das Trocknen kann mechanisiert werden, doch es bedarf nach wie vor der menschlichen Kontrolle, Erfahrung und Sorgfalt.

Nach dem Trocknen wird der Tee sortiert. Die Namen der verschiedenen Teesorten ähneln sich so sehr, daß sie einen verwirren können. Die Hauptsorten bestehen aus gebrochenen und kleinen Blättern, die die Grade (nicht Qualitäten) „Broken Orange Pekoe", „Flowery Orange Pekoe", „Broken Pekoe", „Souchong" und so weiter ergeben. All diese sind „kleine" Tees, die beiden kleinsten Grade heißen „Fannings" und „Dust". Dabei handelt es sich nicht, wie häufig vermutet wird, um zusammengekehrte Reste, sondern um die kleinsten, jüngsten und wahrscheinlich „stärksten" Teeteilchen. Früher wurden sie zu Teeziegeln verarbeitet, heute wandern sie fast ausschließlich in die Teebeutel. Die „größeren" Tees heißen „Flowery Orange Pekoe", „Orange Pekoe" und „Pekoe". Mit Ausnahme der Teebeutel-Sorten taucht das Wort „Pekoe" bei allen Gradbezeichnungen auf, das Wort „Orange" bei mehr als der Hälfte, doch hat es nichts mit Orangen oder einer bestimmten Geschmacksrichtung zu tun; das Wort „Souchong" taucht nur einmal auf, aber es hat, wie in der Bezeichnung „Lapsang Souchong", keine besondere Bedeutung. Die Teeproduzenten tun sich selbst mit diesem Verwirrspiel keinen Gefallen, zumal diese Ausdrücke in den verschiedenen Produzenten- und Konsumentenländern auch noch Unterschiedliches bezeichnen können.

Die Pflückerinnen – diese Arbeit wird fast ausschließlich von Frauen verrichtet – können, wie sich gezeigt hat, nicht durch Maschinen ersetzt werden. In der Aufbruchstimmung der zwanziger Jahre hatte man in der Georgischen Sowjetrepublik versucht, modifizierte Heckenschneider dafür einzusetzen. Daß dies ein Fehlschlag war, muß wohl nicht betont werden. Die Japaner erfanden spezielle Scheren mit einem daran angebrachten Beutelchen, die eher wie ein Pelikanschnabel aussahen und ebenfalls ein Fehlschlag waren. Beide Mißerfolge sind darauf zurückzuführen, daß Maschinen nicht zwischen verschiedenen Objekten unterscheiden können. Zwei Blättchen und eine Knospe, das ist alles, wonach die Finger der unterbezahlten Pflückerinnen suchen. Keine Maschine, es sei denn vielleicht ein lasergesteuerter Roboter, kann eine erfahrene Pflückerin hinsichtlich Geschwindigkeit, Genauigkeit und Zuverlässigkeit übertreffen – wenigstens nicht, solang genügend Arbeitskräfte vorhanden sind. Aber vielleicht wird auch eines Tages das Problem des mechanischen Pflückens gelöst. Das würde erhebliche Umwälzungen nach sich ziehen: Wenigstens sechs US-amerikanische Bundesstaaten könnten, wie einst South Carolina, Tee hoher Qualität anbauen; nur die hohen Pflückkosten verhindern heute eine solche Entwicklung noch.

Welken, Rollen und Trocknen sind die drei Bereiche, die sich zur Mechanisierung anbieten. Welken mittels erhitzter Luft reduziert die Qualität des Produkts; also wird während der Regenzeit die Luft über Silicagel vorgetrocknet, damit man ohne Temperaturerhöhung das gleiche Ergebnis wie mit heißer Luft erzielt. Dieses Verfahren wurde in den dreißiger Jahren entwickelt, doch Ventilatoren waren schon um 1850 in Indien und von 1870 an in Java in Gebrauch. Auch hatte man eine riesige, heutigen Haushalts-Wäschetrocknern ähnelnde Maschine gebaut, die den Welkvorgang bei 37°C abschließen sollte. Doch keine Maschine, mit Ausnahme der Silicagel-Trockner, leistet so gute Arbeit wie die kühlen Trockenböden außerhalb der Regenperiode.

Das Rollen kriegt man technisch leichter in den Griff. Dafür gibt es schon seit etwa 1890 Maschinen, und diese mußten seither kaum verbessert werden. Sie drücken alle Restfeuchtigkeit aus den Blättern und zerbrechen die Blattoberflächen, so daß Luft eintreten kann und die Oxidation und „Fermentation" in Gang kommen. Während des Rollens, das bis zu zwei Stunden pro Partie dauern kann, steigt die Temperatur der Masse an, und man hat versucht, die Erwärmung dadurch zu reduzieren, daß man die Rollen mit Wasser kühlte. Solche Techniken hat man der Tabak-, Fleischverarbeitungs- und Milchprodukteindustrie entlehnt. Seit 1870 wurden allein 5 000 englische Patente auf diesbezügliche Verfahren angemeldet; kaum etwas wurde davon wenigstens als Prototyp, geschweige denn in Serie gebaut.

Zwischen 1870 und 1890 wurden nicht weniger als 200 erfolgreich arbeitende Trockner erfunden. Frühe Modelle erinnerten eher an römische Korntrockner, doch mit den späteren wurde eine Technologie geboren, die die gesamte Landwirtschaftstechnik des

20. Jahrhunderts beeinflussen sollte. Viele der heutigen Getreide-, Gras- oder Saattrockner basieren auf Entwicklungen, die in der Teeproduktion bereits in Gang gesetzt wurden, als in der gesamten restlichen Landwirtschaft noch mit Pferden geerntet wurde. In den dreißiger Jahren wurde das sogenannte CTC-Verfahren („cut-tear-curl")[18] entwickelt. Wie bei vielen anderen industriellen Herstellungsverfahren läßt sich auch mit CTC leichter und zuverlässiger ein Standardprodukt herstellen; dabei werden mit den schlechtesten Qualitäten leider auch zugleich die besten eliminiert, eine Art Standardisierung mittels Herstellungsprozeß. Mit CTC kann man aus beinahe jedem Blatt, auch aus „Regen-Tee", ein durchschnittliches Endprodukt gewinnen. Die maschinelle Bearbeitung führt bei allen Tees zu einem höheren Oxidationsgrad, und der daraus zubereitete Tee ist herber, dunkler und frischer, als wenn dieselben Blätter auf traditionelle Weise bearbeitet würden.

Seit den sechziger Jahren sind immer größere Anteile der Weltteeernte in Europa von Supermarktketten und Großimporteuren in Form von Teebeuteln vermarktet worden; solche auf „Fannings" und „Dust" basierenden Produkte zeichnen sich nicht gerade durch einen spezifischen Charakter aus. Für diese Art Massenproduktion ist die CTC-Maschine ideal, und die natürliche Allianz von CTC und Teebeutel hat sich auf die Qualität verheerend ausgewirkt. Die sogenannten „Doppelkammerbeutel", deren Oberfläche um ein Vielfaches größer ist als die der traditionellen Beutel, führen zwar zu besseren Ergebnissen, kosten aber, eben wegen des aufwendigen Verpackens, ungefähr fünfmal soviel wie die billigsten, hitzeversiegelten Beutel.

Eine andere moderne Erfindung, Instant-Tee, ist ein völliger Fehlschlag. Bislang hat noch kein Verfahren zu einem Ergebnis geführt, das „echtem" Tee so nahe kommt wie wenigstens die besseren Instant-Kaffees ihrem Vorbild. Instant-Tee hat mit einem richtig in der Kanne aufgebrühten Tee wirklich nicht das geringste gemein.

Wenn man sich nicht selbst zu Hause der Mühe unterzieht, wird es immer schwieriger, noch „eine gute Tasse Tee" zu bekommen. Genaugenommen wird das Ausgangsmaterial wie Heu oder Häcksel behandelt, bündelweise in riesige Maschinen gestopft, zu einem Staubgemenge reduziert und dann in kleine Tütchen gepackt, deren Papier nicht frei von Eigengeschmack ist und deren Inhalt lediglich ein Getränk von herber Strenge und sehr dunkler Farbe ergibt.

Feiner Tee hat mit einem Beutel sowenig zu tun wie eine Flasche Fusel mit einer vom Erzeuger abgefüllten Auslese. Fünf bis sieben Minuten braucht er zum Ziehen; je nach örtlicher Wasserqualität muß man die richtige Sorte wählen; in gewissem Maß gehört auch die Zeremonie dazu. Neben allen anderen Faktoren braucht Tee für jeden Aufguß frisches Wasser: Im Gegensatz zum Kaffee nimmt er Sauerstoff auf und kann daher nicht mit abgestandenem Wasser zubereitet werden. Was die Bequemlichkeit angeht, kann er unter diesen Umständen natürlich nicht mit alkoholfreien „Fertiggetränken" mithalten.

In puncto Schnelligkeit und Problemlosigkeit ist Tee also der Verlierer. Bleibt die Frage der Qualität: Die aber kann nur garantiert werden, wenn der Teetrinker selbst sich der Zubereitung annimmt.

Noch etwas ist der Erwähnung wert. 1840 trank noch kein einheimischer Inder Tee, mit Ausnahme einiger weniger, die europäische Sitten übernommen hatten. Heute werden zwei Drittel der indischen Teeproduktion, weltweit der größte Anteil, im eigenen Land konsumiert. Die indische Regierung ist an billigem, massenhaft produziertem und ziemlich belanglosem Tee zur Versorgung der eigenen Bevölkerung interessiert. Anspruchsvolle Teetrinker kämpfen auf verlorenem Posten.

Tee und Opium also waren es, die die chinesische Zivilisation entwurzelt und fast zerstört haben. In diesem Zusammenhang könnte es interessant sein, einen Blick nach Japan zu werfen, in ein Land, dessen Geschichte ähnlich hätte verlaufen können. Doch es sollte ganz anders kommen.[19] Nach agrartechnischen Maßstäben ist die japanische Teeindustrie heute wahrscheinlich die leistungsfähigste der ganzen Welt. Dank der bekannten Disziplin und Organisationsbegabung der Japaner galt dies wahrscheinlich schon im 17. Jahrhundert. Doch an der fragwürdigen Entstehung des Teehandels mit dem Westen hatten die Japaner keinen Anteil, denn von etwa 1640 bis in die Mitte des 19. Jahrhunderts, der Zeitspanne zwischen dem Aufkommen und dem Niedergang des Teehandels, war Japan vom Rest der Welt so gut wie abgeschnitten. Aber Japan war nicht immer so isoliert gewesen. Elf Jahrhunderte lang hatten sich die Japaner zunächst stolz abgesondert. Dann, von 1541 bis 1641, hießen sie ein Jahrhundert lang die Händler aus Portugal, Spanien, den Niederlanden und England mehr oder weniger willkommen. Japanische Häfen standen dem Welthandel offen. Japan begehrte Seide und Silber und exportierte Gold und Kupfer. Die Europäer agierten auch als Mittelsmänner zwischen Japan und China sowie zwischen Japan und den europäischen Handelsstationen in Südostasien, Indien und Afrika. Von etwa 1540 bis 1616 trieben die Japaner mit den Europäern zu Hause Handel, in Osaka, Nagasaki, Yokohama und im ganzen Osten. Sie feilschten und tauschten mit Spaniern auf den Philippinen, mit Portugiesen in Indien, mit Holländern in Formosa. Vor allem die Holländer erlangten im Handel mit China große Bedeutung, da die Chinesen den direkten Handel mit jenen fremden Teufeln, den Japanern, nicht guthießen.

Mitte des 16. Jahrhunderts galten die Japaner als „Könige der See". Die Seekriegsführung hatten sie dank kluger Manövertechnik so perfektioniert, daß sie die Koreaner besiegten und die Chinesen so lange in Schrecken versetzten, bis dieses einfallsreiche Volk ein taktisches Gegenmittel entwickelt hatte. Zu Land waren sie mit der Invasion Koreas fertiggeworden, einer Unternehmung, an der 200 000 Soldaten und 500 Schiffe beteiligt waren: Streitkräfte, die nur wenige europäische Mächte erst 200 Jahre später würden aufbieten können. Eine seegestützte Invasion dieser Größenordnung hat in Europa bis 1942/44 mit Sicherheit nicht stattgefunden.

Im 15. und 16. Jahrhundert bestand Japan aus einer Föderation lose miteinander verbundener feudaler Statthalter, die nominell dem Kaiser in Kyoto unterstanden; doch einige der wichtigeren Feudalherren waren genauso unabhängig wie die Könige und Fürsten des mittelalterlichen Heiligen Römischen Reiches. Während dieser Zeit hatten nacheinander drei weitsichtige unter den ganz großen Herren, Oda, Toyotomi und Tokugawa, daran gearbeitet, das Land unter Oberherrschaft des Kaisers zu einem zusammenhängenden Staatswesen zu vereinen, um es aus dem feudalen Chaos zu erlösen, das es innerlich zerriß und in immer neue Kriegswirren stürzte. Schrittweise wurde den Fremden das Recht, im ganzen Land frei umherzureisen, genommen, und sie mußten sich, wie später auch in China, auf einige Faktoreihäfen beschränken. Zum Schluß wurden 1641 alle Weißen mit Ausnahme der Niederländer aus dem Land vertrieben, und für die nächsten zwei Jahrhunderte versank Japan in der Selbstisolation.

Den Niederländern wurde eine einzige Insel bei Nagasaki zugewiesen, bloß ein Streifen Sand von dürftigen 180 Metern Länge und
3 Metern Breite. Während sie im Hafen lagen, mußten alle Kanonen,
Ruder und Segel und auch die Munition von den Schiffen an Land
gebracht werden. So bewegungslos und kampfunfähig gemacht,
wurden die Schiffe dann auf Kosten der Holländer entladen, und der
Handel ging den japanischen Bestimmungen entsprechend vonstat-
ten. Kein Japaner durfte mit einem Fremden sprechen, wenn nicht
ein weiterer anwesend war, der das Gespräch mithören konnte. Holländer durften nicht an Land beerdigt werden, nicht von der Insel
aus weiter an Land gehen, nicht öffentlich beten oder den Sabbat
halten, und mit Ausnahme „öffentlicher" Frauen durften sie keinen
anderen in einem holländischen Haus oder Schiff beherbergen (die
Japaner waren schon immer praktisch veranlagt).

Diese Auflagen galten allein für die Niederländer, allen anderen
Fremden war, aus einem einzigen Grund, der Zutritt völlig verwehrt: In dem halben Jahrhundert bis 1640 hatten die Japaner unter
christlichen Missionaren gelitten – meist römisch-katholischen, aber
auch manchmal protestantischen. Sie hatten nicht nur eine große
Zahl von Japanern bekehrt, diese Missionare hatten auch die eher
weltlichen Querelen ihrer Heimat mit ins Land gebracht. Spanische
Jesuiten intrigierten gegen Portugiesen, beide katholische Gruppen
schmiedeten wiederum Pläne gegen die protestantischen Händler
aus England und den Niederlanden. Englands Krieg mit Spanien,
Spaniens Krieg mit den Niederlanden und der ganze europäische
Dreißigjährige Krieg spiegelten sich in Japan, das selbst ein Opfer
komplizierter Feudalkämpfe war.

Um 1641 reichte es den Japanern. Die Vertreibung der Europäer
gründete sich nicht allein auf Fremdenhaß: Die Abneigung der Japaner richtete sich spezifisch gegen Christen, denn sie hatten den Eindruck gewonnen, daß sie nur dann mit Europäern Handel treiben
könnten, wenn sie implizit auch die christlichen Missionare tolerier-
ten. Diese Missionare aber bekehrten und beunruhigten Tausende
von Japanern. Anfang des 17. Jahrhunderts bezogen die Japaner eine
ganz einfache Position: Sie wollten zwar Handel treiben, wenn sie
zugleich aber Missionare mit in Kauf nehmen müßten, wollten sie
lieber ganz ohne die Fremden auskommen. Selbst japanische Schiffe
durften nicht mehr ins Ausland fahren. 1638 hatten die Holländer

an ihrem neuen Lagerhaus in Osaka das Baujahr nach christlicher Zeitrechnung angebracht. Ein wütender, vielleicht bestochener oder in anderer Weise aufgebrachter Mob sammelte sich, um diese Anmaßung zu rächen. Caron, der Leiter der holländischen Niederlassung, sah die Menge kommen und befahl, ohne einen Moment zu zögern, 400 seiner Männer, das beleidigende Lagerhaus niederzureißen. Seines Zieles beraubt, verlief sich der Mob, und die Holländer waren gerettet.

Diesem Opfer christlicher Prinzipien verdankten es die Niederländer, daß sie als Händler in Japan bleiben durften; alle anderen Europäer, Händler wie Priester, wurden verjagt und die japanischen Christen hingerichtet oder zwangsweise ihrer alten Religion zugeführt. Die Europäer protestierten gegen diese Mißhandlung von Christen, aber schließlich war das nicht besser und nicht schlechter als das, was zur gleichen Zeit Protestanten und Katholiken einander im Deutschen Reich antaten. Japan wurde Selbstversorger; nur noch wenige holländische Schiffe (zum Schluß nur noch ein einziges) pro Jahr brachten die ersehnte Seide aus China, die gegen das dort gleichermaßen ersehnte Kupfer aus Japan getauscht wurde.[20] Nominell also hatten die Japaner die Fremden vertrieben, weil sie das Christentum ablehnten; aber möglicherweise gibt es für den vehementen Fremdenhaß der Japaner noch einen weiteren Grund, der mit Religion überhaupt nichts zu tun hat.

Die Weißen hatten nicht nur das Christentum nach Japan gebracht, sondern auch aus Amerika über Europa oder die Philippinen die Syphilis, aus Mexiko ebenfalls über die Philippinen die Kartoffel, aus Amerika über die Niederlande den Tabak und schließlich nicht zuletzt das Schießpulver. Die Syphilis bekam man durch skrupulöse Hygienemaßnahmen unter Kontrolle; die Kartoffel wurde dankbar angenommen; Tabak wurde verboten, wenn auch nicht aus medizinischen Gründen: Japanische Häuser sind meistens aus Holz, Papier und Textilien gebaut, damit sie den häufigen Erdbeben besser standhalten; dadurch sind sie aber auch leicht brennbar, und Tabakrauchen könnte der Grund für die japanischen Stadtbrände vor 1620 gewesen sein.

Wirklich europäische Materialien wurden in Japan nicht eingeführt, aber die Händler brachten, wie bereits erwähnt, das Schießpulver, das zwar in China gefunden, in Europa jedoch zur Kriegswaffe gemacht worden war. Chinesen wie vermutlich auch Japaner kannten Schießpulver als Treibsätze und Sprengstoffe für Kriegszwecke 400 Jahre, ehe die rückständigen Europäer dahinterkamen. Gut möglich, daß China wie Japan seinen Gebrauch im Kampf ablehnten, weil es die gesamte pyramidale Feudalstruktur lebensbedrohlich erschüttert hätte. Leistete das Schießpulver einen Beitrag zum Untergang des Feudalismus in Europa? Das kann man fast mit Sicherheit annehmen. War dies im Fernen Osten bekannt? Sicherlich nicht. Aber die asiatischen Völker gehorchten einer eigenen Logik, die dem übereilten, individualistischen weißen Mann immer fremd bleiben würde. Wenn Kanonen die gute Ordnung und Disziplin der Feudalgesellschaft in Gefahr brachten, dann mußte man die Kanonen mitsamt den Europäern, die sie ins Land gebracht hatten, wieder davonschicken, um den Feudalismus zu retten.[21] Die Isolation der Japaner wurde schließlich nicht von den Europäern, die mittlerweile im gesamten Osten allen möglichen Handel trieben, sondern von der amerikanischen Nordpazifik-Walfangflotte gebrochen. 1823/24 passierten 86 amerikanische Walfänger Japans nördlichste Insel, Yezo, in Sichtweite der Küste. Von Zeit zu Zeit strandeten amerikanische Walfänger, und die Überlebenden wurden mit dem einzigen holländischen Schiff, das mit Japan Handel treiben durfte, nach Batavia geschickt. Andererseits wurden in den vierziger Jahren des 19. Jahrhunderts japanische Fischer und Seefahrer durch ungünstiges Wetter fast 10 000 Kilometer weit quer über den Pazifik bis nach Kalifornien oder Oregon abgetrieben. 1846 schickte man Commodore Biddle, der den Handel in Gang bringen und konsularische Beziehungen aufbauen sollte; höflich, aber bestimmt baten ihn die Japaner, wieder das Weite zu suchen, was er dann auch tat, ohne einen Fuß an Land gesetzt zu haben. Mit Zuckerbrot und auch mit Peitsche unternahmen verschiedene europäische Nationen weitere Vorstöße, um die Japaner dazu zu bringen, ihr Land dem Westen zu öffnen. Schließlich brach Commodore Perry von der US-Marine den Bann, 1854 ging die 200jährige Abgeschiedenheit zu Ende.[22]

Auf der eurasischen Landmasse wäre aus leicht nachvollziehbaren Gründen eine solche Isolation unmöglich gewesen; in Japan aber hatte sie den Feudalismus am Leben erhalten, die autarke Selbstversorgung ermöglicht und zu einer eng begrenzten, aber hochentwickelten Zivilisationsform geführt. Weder machte man sich eine Vorstellung vom Weltall, noch kannte man die Theorie der Schwerkraft, die Differentialrechnung, den Blutkreislauf oder die Elektrizität. Die japanische Landwirtschaft war im 17. Jahrhundert jedoch die am höchsten entwickelte der Welt. Auch in der Fischerei und der Fischzucht waren sie führend. Ihre Botaniker waren allen europäischen weit überlegen. Andererseits beschränkten sich ihre medizinischen Kenntnisse auf pflanzliche Heilmittel; chirurgische Eingriffe oder Arzneipräparate kannte man kaum. Algebra und Geometrie waren unbekannt. Astrologie betrieb man, nicht aber Astronomie, und ohne die Hilfe der Holländer oder Chinesen hätten die Japaner keinen Kalender konstruieren können. Mit den Chinesen disputierten sie über die Erfindung des Drucks; hier waren sie den Europäern wiederum voraus, sie konnten bereits mehrfarbig drucken. Sie gaben sich der Poesie, Musik und Malerei hin, ihre Keramik und ihre Textilien waren von höherem Standard als die der Europäer, vielleicht sogar mit den besten chinesischen Arbeiten zu vergleichen. Sie waren fest davon überzeugt, daß sie von Natur aus überlegen waren und der Verkehr mit Fremden überflüssig sei. Dies begründete die drei Eigenschaften, die noch heute den japanischen Charakter kennzeichnen und die Menschen des Westens verblüffen.

Die erste: Als die Weißen im 19. Jahrhundert sich zum zweiten Mal, und diesmal gewaltsam, Zugang nach Japan verschafften, fanden sie eine homogene, integrierte Zivilisation vor, die die Invasion neuer Ideen verkraften konnte, ohne daß die Gesellschaft wie in China, Amerika und Afrika darüber entzweit worden wäre. Was sie brauchen konnten, übernahmen sie, was ihnen unpassend erschien, wiesen sie zurück, ohne daß sie sich von Form und Wesen ihrer eigenen komplizierten Kultur hätten abbringen lassen.

Die zweite Eigenschaft: Viele Jahrhunderte lang waren die Japaner, mit nur einer kurzen Unterbrechung, Selbstversorger. Da sie nie von irgendwelchen fremden Importen abhängig werden wollten, mußten sie mit dem, was sie hatten, ihr Auskommen finden. Reis, Fisch und Rettiche waren ihre Grundnahrungsmittel; nach Lamm oder Rindfleisch hatten sie kein Verlangen, auch nicht nach Bier. Was sie aus dem Wenigen machten, machten sie gut. Jede Anbaufläche wurde wie ein Garten gehegt und gepflegt, und lange bevor die Kunstdünger sich die Welt eroberten, war ihr Land das produktivste der Welt. Noch heute erzielen ihre Teegärten, ihre Reisfelder und ihre Gemüsegärten weltweit die höchsten Ertragsraten. Bis Bessemer seine Birne erfand, produzierten sie den besten Stahl der Welt, die besten Holzschiffe, und auch auf die Probleme des Bauens in einer Erdbebenzone wußten sie die beste Antwort, solange es noch keinen Stahlbeton gab. Noch im Zweiten Weltkrieg erlaubten ihre Selbstgenügsamkeit und ihr Einfallsreichtum ihnen, in Malaya die Briten mit weit kleineren, nur mit Fahrrädern ausgerüsteten Kräften zu schlagen, gleichzeitig das ökonomischste und effizienteste Kampfflugzeug zu bauen und auf diesem riesigen Kriegsschauplatz der mächtigsten Nation auf Erden standzuhalten. Nicht die Technologie hat sie in die Knie gezwungen, sondern die Wissenschaft, die die Atombombe und damit die monströseste Energieausbeute, derer sich die Amerikaner bislang bedient haben, erfunden hat.[23]

Die dritte Eigenschaft: Während der wichtigsten Epoche der Wissenschaftsgeschichte blieben die Japaner vom Rest der Welt abgeschnitten. Innerhalb ihrer engen Lebensgrenzen verhalf ihnen ihre effiziente Technologie zu Antworten auf mancherlei Probleme. Sie respektierten diese Technologie, übernahmen die Ideen anderer Leute und paßten sie so an, daß sie in ihrem eigenen Kontext funktionierten; das führte dazu, daß sie in der ersten Hälfte des 20. Jahrhunderts als Kopisten verschrieen waren und in der zweiten Hälfte als diejenige Industriemacht gefürchtet, die Ideen schneller, ökonomischer und profitabler in Hardware umsetzen kann als irgend jemand sonst, seien es Roboter, Laserverfahren oder Chips. In der heutigen Welt stehen die Japaner als die besten Technologen da; sie denken praktisch, technologisch, nicht wissenschaftlich. Sie finden Antworten auf die Frage „Wie?", kaum auf die Frage „Warum?".

War die japanische Isolation von 1641 bis 1853 nun auf religiösen (nicht rassistischen) Fremdenhaß oder auf ihre Ablehnung des Schießpulvers zurückzuführen? Das spielt kaum eine Rolle. Das Ergebnis spricht für sich. Die Entscheidung des Jahres 1641 hat Japan zum einzigen nicht-weißen Land werden lassen, das der europäischen Hegemonie standhalten konnte. Unter Umständen hätte dasselbe auch Indien oder China glücken können. Die japanische Erfolgsgeschichte verdankt sich der Abkapselung von Europa, ist der Lohn ihres Entschlusses, sich nicht am Teehandel zu beteiligen.

*Baumwolle*

Im Jahr 1784, ein Jahr nachdem im Frieden von Versailles die Unabhängigkeit der Vereinigten Staaten bestätigt worden war, kam die erste amerikanische Baumwolle im Hafen Liverpools an. Ein einziger Ballen war es bloß. Nach der Navigationsakte durften Rohstoffe nur auf britischen Schiffen oder auf Schiffen, die dem Ursprungsland der Ware gehörten, nach England gebracht werden. Die Zöllner in Liverpool weigerten sich zu glauben, daß dieser Ballen Baumwolle aus den USA stammen sollte; sie waren überzeugt, daß er aus der Karibik käme und daher britischen, französischen oder spanischen Ursprungs sein müsse. Da er aber von einem amerikanischen Schiff gebracht worden war, verweigerten sie die Zulassung, und er blieb auf dem Kai liegen, bis er verrottete.

Unter den Leuten, die gekommen waren, um diesen Baumwollballen zu betrachten, war auch ein neunjähriger Junge, der Sohn eines Kaufmanns. Er wuchs heran und machte als angesehener Baumwollimporteur Karriere, bis er im Herbst 1861 im Alter von 86 Jahren starb. Im letzten Frühling, den er erleben durfte, machte er noch einmal seinen Einfluß geltend, um seinem Agenten und Teilhaber in New Orleans einen Brief zu schreiben, in welchem er die Narretei der Sezession der Südstaaten anprangerte, die letztlich im Bürgerkrieg enden sollte, und einen Kompromiß vorschlug.[1] Seine Haltung wich von der üblichen ab, denn viele Anhänger der sogenannten „Liverpool-Partei" traten für einen unabhängigen Süden und, vermutlich, für die Beibehaltung der Sklaverei ein.[2] Die Lebensspanne dieses Mannes deckt sich mit dem Zeitraum, den das vorliegende Kapitel umfaßt: die Geschichte von der Explosion des amerikanischen Baumwollhandels, der sich während der Lebenszeit dieses Mannes von einem auf vier Millionen Ballen steigerte, die ganze Geschichte der Südstaatensklaverei und des amerikanischen Bürgerkriegs.

Wie jedes andere Land sind auch die Vereinigten Staaten das Produkt ihrer Vergangenheit. Weil aber ihre Geschichte fast vollständig dokumentiert ist, wissen wir über die Ursprünge der weißen amerikanischen Nation besser Bescheid als über die jeder anderen historischen Weltmacht, besser als über die Ursprünge irgendeiner europäischen Nation oder die des heutigen Japan oder Rußland.

Für den amerikanischen Süden wie für den Norden Englands waren die Jahre 1784 bis 1861 kritisch; während dieser Zeit starb Dr. Samuel Johnson, wurde die amerikanische Verfassung entworfen, brach das Viktorianische Zeitalter an. Bei all dem spielte die Baumwolle eine bedeutende Rolle: vom vorindustriellen England und dem idyllischen Amerika unter Jefferson bis hin zu schwarzen, teuflischen Spinnfabriken und der Versklavung der Schwarzen, von Segeln und Wasserkraft bis hin zu Dampfkraft und Eisen, von der Baumwollmanufaktur bis hin zur Industrietechnologie, von der Möglichkeit einer freien schwarzen Minderheit bis hin zur enorm anwachsenden und verelendenden Sklavenbevölkerung, von zwei Ländern, Mutter und Tochter, bis hin zu denselben zweien, nachdem beide eine je eigene Revolution durchgemacht hatten.

Bis zum amerikanischen Unabhängigkeitskrieg war Baumwolle eine so arbeitsintensive Nutzpflanze, daß mehr Arbeitsstunden für sie aufgewendet werden mußten als für alle Alternativen.[3] Um 1861 jedoch waren die Kosten für industriell hergestelltes Baumwolltuch in Europa oder den USA, gemessen am Goldwert, auf weniger als 1 % seiner Kosten im Jahr 1784 gefallen. Eine Revolution der Gestehungskosten, die sich so rasch vollzog, wie es die Welt vorher noch nicht gesehen hatte: Der einzige moderne Vergleich bietet sich vielleicht in der Kostenreduktion des Nylons seit 1945. Was das Ganze die Produzenten und Weiterverarbeiter der Baumwolle kostete, war auch nicht gerade wenig, und im nachhinein mag man sich fragen, ob irgend jemand eigentlich diesen Preis hatte zahlen wollen.

Der Mensch macht sich alle möglichen Pflanzenfasern zunutze – Flachs, Hanf, Jute, Manila und Sisal sind die gebräuchlichsten und historisch wichtigsten. Weniger bekannt ist schon, daß man mit unendlich viel Arbeit auch aus der Ananas ein sehr feines Garn gewinnen kann und sogar die Brennesseln zu grobem Tuch, dem Nesseltuch, verarbeiten kann; die Blätter des Maulbeerbaumes lassen sich schließlich, wenn man sich bei der Weiterverarbeitung der Seidenraupen bedient, in ein einzigartig luxuriöses Gewebe verwandeln. Die Baumwollfaser ist flach, hohl und in sich gekrümmt. Unter dem Mikroskop erinnert sie an ein Bein der aus ihr gefertigten Jeans: leer, breitgedrückt, aber schon von sich aus krumm. Die Fasern sind bei der natürlichen, wilden Baumwolle nur knapp zwei Zentimeter lang, bei Zucht- oder Hybrid-Baumwollarten, den Handelsqualitäten, erreichen sie manchmal 7,5 Zentimeter.[4] Je länger die Faser, desto leichter läßt sie sich im großen und ganzen verarbeiten; lange Fasern ergeben zudem einen „seidigeren" Faden, der sich zu teureren Endprodukten weiterverarbeiten läßt.

Auf der eurasisch-afrikanischen Landmasse scheint die Baumwolle ursprünglich aus Ägypten zu stammen. Sie breitete sich nach Westen und Osten aus, erreichte Spanien um 900 n. Chr. und China, Japan sowie Korea um 1300 n. Chr.. Zur Zeit der Renaissance waren Baumwollprodukte in allen Ländern, die an das Mittelmeer grenzen, erhältlich, und die Europäer begannen, die Pflanzen auf den ostatlantischen Inseln zu kultivieren – auf Madeira, den Azoren und den Kanarischen Inseln. Abseits der ans Mittelmeer grenzenden Länder wurde sie damals in Afrika wohl nicht angebaut. Aus Indien, Persien und sogar aus dem Süden der arabischen Halbinsel wurde Baumwolltuch importiert.

Als die ersten Forscher in der Neuen Welt ankamen, fanden sie verschiedene Unterarten der Pflanze vor; in Mexiko wurde Baumwolle schon in erheblichem Umfang handwerklich verarbeitet. 1519 machten die Einwohner von Yucatan eine reich dekorierte, goldverzierte Baumwollrobe Cortes zum Geschenk; die mexikanischen Ureinwohner hatten also nicht nur ein baumwollverarbeitendes Gewerbe, sondern schätzten das Tuch als Luxusgut ein, wie alle vorindustriellen Kulturen zu allen Zeiten.

Botaniker wie Historiker haben über die Ursprünge der Baumwollkultur auf dem amerikanischen Festland schon viel Papier vollgeschrieben. Einig sind sie sich lediglich darin, daß es keine Berichte über frühe Funde von Baumwollpflanzen auf dem Gebiet der heutigen USA gibt und daß die Baumwollfamilie, *Gossypium*, eine riesige Zahl von Pflanzen umfaßt. Zehn Arten sollen es insgesamt sein, und von diesen zehn soll es noch viele lokale Varianten und Hybriden geben, da *Gossypium* sehr leicht durch Kreuzung Unterarten bildet. In der westlichen Hemisphäre sind zwei Arten heimisch, die beide jedoch viele Varianten gebildet haben. Jede der beiden Arten kann man in mehrjährige und einjährige Varianten unterteilen, in winterharte und frostempfindliche, in solche mit grünen und solche mit schwarzen Samen, in Langtages- und Kurztages-Pflanzen[5], in salzliebende und salzempfindliche, in trockenheitsresistente und feuchtigkeitsliebende und so weiter. Bestimmte wilde Baumwollpflanzen wachsen in Südamerika bis in eine Höhe von 1500 Meter, andere finden sich in den Salzmarschen. Baumwollpflanzen vom südamerikanischen Kontinent waren es wahrscheinlich, die – vielleicht von den frühen indianischen Siedlern auf Barbados – zunächst in der Karibik heimisch gemacht und dann von irgendwelchen Unbekannten – wahrscheinlich aber Europäern – von dort mit nach Virginia, Georgia und North beziehungsweise South Carolina mitgenommen wurden. In den Kolonien des nordamerikanischen Festlands setzten sich bestimmte Varianten durch: zum einen die langfasrige, seidige, mehrjährige, frostempfindliche und salzliebende „Sea Island"-Baumwolle, zum anderen die „Upland"-Arten, die gewöhnlich einjährig und kurzfasrig waren, im Frühling exzessiven Regen brauchten, und so weiter.

Baumwolle braucht einen tiefgründigen, humusreichen, lockeren Boden. Während der kritischen ersten drei Wachstumsmonate verlangt sie nach viel natürlicher oder künstlicher Bewässerung, deren Menge etwa 10 Zentimeter Regen pro Monat entsprechen muß; während der langen Pflücksaison, die über 100 Tage dauern kann, braucht sie dann viel weniger Feuchtigkeit. Wichtig ist, daß sie in windstillen Lagen angepflanzt wird, weil die Büsche einen Sturm nicht überstehen können. Nach den letzten Aprilfrösten wird die Upland-Baumwolle in gut vorbereiteten, geräumten Boden gepflanzt, Unkraut muß ständig gejätet werden; wenn dann im Juli oder August die ersten Kapseln (die Fruchtstände) aufspringen, kann mit dem Pflücken begonnen werden, das sich bis zum ersten Frost hinzieht, denn die kontinuierlich blühende und Früchte entwickelnde Pflanze sorgt für ständigen Nachschub. Bei nicht ausreichender Feuchtigkeit bleibt das Wachstum zurück, eine überraschende Trockenperiode im Juli zum Beispiel beschleunigt die Ernte und führt zu kleineren Erträgen. Die meisten Unterarten der Baumwolle sind zwar mehrjährig, doch die Pflanzer setzen sie lieber jedes Jahr aufs neue, um Krankheiten und Schädlingsbefall zu verhindern. Ehe man entsprechende Maschinen erfand, waren nicht nur Anbau und

Ernte der Baumwolle, sondern auch vor allem das „Egrenieren" ein arbeitsintensives Geschäft. Beim Egrenieren werden die Samenhaare, die die Textilfasern ergeben, von den Samenkörnern befreit; die Körner machen etwa drei Viertel des Gesamtgewichts aus. Aus den Samen kann man wertvolles pflanzliches Eiweiß zur Tierfütterung und Öl für die Nahrungsmittelindustrie gewinnen; bis in die Zeit nach dem Bürgerkrieg verwertete man sie jedoch nicht oder höchstens als Brennstoff. Die einfachste Egreniervorrichtung besteht aus einem Brett, durch das man Nägel getrieben hat. Wenn die rohe Baumwolle darüber gezogen wird, bleiben die Samenkörner zwischen den Nägeln hängen, und die so gesäuberten Fasern können dann zu Ballen gepreßt werden. Von Hand zu egrenieren, ist eine mühselige Arbeit – ein bestens motivierter Arbeiter schafft nur ein paar Pfund pro Tag; bei Sklaven lag die Norm unter einem Pfund.

Nach dem Egrenieren muß die Baumwolle noch gereinigt und „kardiert" werden. Beim Kardieren werden die Fasern durch Kämmen parallel ausgerichtet; beim Reinigen entfernt man Schmutz, Steinchen, Blatt- und Zweigstückchen sowie zu kurze und unbrauchbare Fasern – 50 bis 75 % Gewicht der egrenierten Baumwolle gehen dabei noch einmal verloren. Dann können die Fasern versponnen und gewebt werden.

Bis 1800 erhielt Europa seine Baumwolle nicht aus den Vereinigten Staaten, sondern aus Brasilien, der Karibik, dem Nahen Osten und Indien sowie aus Ägypten und von den Mittelmeerküsten, wo sie schon vor der Renaissance kultiviert worden war.

Da der Weg vom Feld bis zum Endverbraucher so außergewöhnlich viel Arbeit erforderte, war vorindustrielle Baumwolle sehr teuer. Die Kultivierung auf einen guten Ertrag hin war noch relativ leicht zu bewerkstelligen; um jedoch 100 Pfund Kapseln zu pflücken, mußte ein Mann zwei Tage lang arbeiten; für das Egrenieren brauchte er mindestens 50 Tage; und das Säubern, Kardieren und Pressen dauerte von Hand weitere 20 Tage. Nach dieser ganzen Behandlung blieben nur ungefähr 8 Pfund verspinnbare Baumwolle übrig, und das Spinnen nahm abermals 25 bis 40 Arbeitstage in Anspruch.

Vorindustrielles Baumwollgarn kostete also 12 bis 14 Arbeitstage pro Pfund. Auch wenn zum Teil billige Arbeitskräfte wie Kinder oder Jugendliche beschäftigt wurden, lagen die unvermeidlichen Kosten für diese ermüdende Arbeit immer noch hoch. Im Vergleich dazu brauchte man zur selben Zeit nur ein bis zwei Arbeitstage, um ein Pfund Schafwolle vom Rohmaterial zum fertigen Garn zu verarbeiten, bei Leinen waren es zwei bis fünf und bei Seide ungefähr sechs Arbeitstage. Kein Wunder, daß Baumwolle im Jahr 1784 ein Luxusgut war.

Die Arbeitslöhne lagen auch damals in Europa schon höher als im Nahen Osten oder in Indien; importiertes Tuch war mit hohen Zöllen belastet; also gab man einem Mittelding zwischen dem Rohmaterial und dem gewebten Fertigprodukt den Vorzug: In vorindustrieller Zeit wurde überwiegend Baumwollgarn aus dem Osten eingeführt. Baumwollballen wurden ebenfalls importiert, doch das war ein riskantes Geschäft, denn aufgrund seiner Eigenschaften ist ein Baumwollballen bestens geeignet, seinen wahren Inhalt zu verbergen. Auf allen Gebieten des Kolonialhandels wurden damals die Waren gestreckt und verfälscht, so etwas wie Qualitätskontrollen gab es beinahe überhaupt nicht. In den Tee wanderten Eisenfeilspäne, Salz in den Kaffee und Sand ins Mehl – die Preise spiegelten das jeweilige Risiko wider. Ein Baumwollballen konnte also Erdklumpen, Samenkörner, billigere Fasern, Blätter, Zweige und ungeöffnete Kapseln enthalten. Im großen und ganzen war es sicherer, fertiges Garn zu kaufen.

*

Aus nicht ganz geklärten Gründen besorgten in den meisten Kulturen die Frauen das Spinnen, die Männer aber das Weben. Bei aller vorindustriellen Weberei war die Qualität der „Kette" von entscheidender Bedeutung; die Kettfäden sind die auf dem Webstuhl längs verlaufenden Fäden, durch die hindurch der Schußfaden gewebt wird.[6] Ehe es Spinnmaschinen von hoher Qualität gab, waren Kettfäden aus Baumwolle nicht stark genug, also bestand die Kette in Europa traditionellerweise aus Wolle oder Leinen, in China, Indien und dem Nahen Osten aus Seide; technische Erfindungen erst ermöglichten die Herstellung eines einigermaßen haltbaren reinen Baumwolltuchs. Zarte Baumwolltücher wie Musselin, Schals oder feine Kopftücher wurden im 18. Jahrhundert fast ausschließlich importiert. Den außergewöhnlichen Wert feinsten Musselins aus Damaskus finden wir zum Beispiel 1770 erwähnt: „Ein feiner Musselin aus einem Pfund Baumwolle zum Preise von 4 p gefertigt, wäre als Garn 2 £ wert, 10 £ also Tuch und 15 £, wenn dieses noch von Kindern auf dem Tambur mit Ornamenten versehen wurde; dieser Vorgang ergibt einen Gewinn vom 900fachen der Kosten der Zupfbaumwolle."[7]

Die Aussicht auf solch außergewöhnlich hohen Mehrwert, in dem ein Gutteil Profit enthalten wäre, war es, was die Menschen dazu trieb, Methoden und Mittel zu ersinnen, um die Gestehungskosten des Baumwolltuches zu drücken. Die Textilrevolution des 18. Jahrhunderts war in erster Linie eine Baumwollrevolution, da die Gewinne in der traditionellen Woll-, Leinen- und Seidenmanufaktur niemals so hoch lagen wie der bei der Verarbeitung von Baumwolle erwirtschaftete Mehrwert. Andererseits war Rohbaumwolle immer viel billiger als das Rohmaterial für Wolle, Seide oder Leinen. Der Verarbeitungsprozeß, so schloß man einwandfrei, war also das Problem, und alles Sinnen und Trachten war darauf gerichtet, die Verwandlung von Rohbaumwolle in Tuch zu verbilligen.

Die industrielle Revolution stellt man sich meistens so vor, daß dem Vorhandenem nur noch Wasser- und Dampfkraft, Straßen, Kanäle und Eisenbahnen hinzugefügt wurden. In Wirklichkeit war sie eher eine Revolution des Managements und der Methoden, und in diesem speziellen Bereich setzte sie schon vor der Mechanisierung ein. Scharfsinnige und kapitalkräftige Männer erkannten die Ineffizienz des ganzen traditionellen Verfahrens, bei dem vielleicht alle Mitglieder einer einzigen Familie alle Arbeitsgänge bei der Baumwollverarbeitung auszuführen pflegten. Der Mechanisierung ging also zunächst die Spezialisierung voraus; mit der Arbeitsteilung wurden auch die Arbeitsgänge sinnvoll verbessert; es mußte genügend Kapital investiert werden, um den Arbeitskräften die richtigen Handwerkszeuge kaufen zu können: All diese Maßnahmen wurden eingeführt, lange bevor es irgendwelche mörderischen Fabriken gab.

Die vorindustrielle Baumwollherstellung wurde von ungefähr 1720 an in England durchorganisiert; den großen Erfindungen auf dem Kraft- und Antriebssektor ging sie mindestens zwei Generationen voraus. Mindestens 150 000 Männer, Frauen und Kinder waren um 1750, also ehe man sich Wasser- oder Dampfkraft zunutze machte, in Lancashire, Cheshire, Derbyshire, Nottingham und Leicester im Baumwollgewerbe beschäftigt. Aber diese Menschen arbeiteten meist nur einen Teil ihrer Zeit mit ihrer Familie und ein paar Nachbarn, etwa 100 bis 150 Tage pro Jahr waren sie mit dem Kardieren, Spinnen, Weben und Zurichten des fertigen Tuchs zu Hause beschäftigt. Kleine, spezialisierte, zweckentsprechende Werkstätten entstanden von 1720 an, und nach und nach wich die Heimarbeit der Arbeit in den Fabriken oder Manufakturen, wie sie damals hießen; diese von Adam Smith so hochgepriesene Arbeitsteilung war mancherorts bereits hoch entwickelt, als man neue Techniken in die Baumwollverarbeitung einzuführen begann.[8]

Ehe man sich die Dampfkraft irgendwie zunutze zu machen verstand, sollten zwei technologische Entwicklungen schon die Baumwollherstellung revolutionieren. Die erste, aus den dreißiger und vierziger Jahren des 18. Jahrhunderts, verdanken wir dilettantischen Investoren und talentierten, aber unerfahrenen Mechanikern; sie mußte scheitern und ist größtenteils dem Vergessen anheimgefallen. Die zweite wurde in den siebziger Jahren mit rücksichtsloser Profitsucht durchgepeitscht; sie ließ den Bedarf an Rohbaumwolle so ansteigen, daß er bis in die Zeit nach dem amerikanischen Bürgerkrieg sich nicht mehr verringern sollte. Während der 20 Jahre von 1770 bis 1790 wurde die moderne Baumwollindustrie in ihren Grundzügen festgelegt.[9]

Die Schlüsselfigur der ersten Entwicklung in den dreißiger und vierziger Jahren war ein gewisser Lewis Paul, wahrscheinlich der Sohn eines Hugenottenflüchtlings, der sich in Spitalfields, dem Zentrum der Seidenherstellung bei London, niedergelassen hatte. Paul war ein zügelloser junger Mann, der in seiner Jugend ein unruhiges Leben geführt hatte und danach bei einem Hersteller von Leichen- und Trauerkleidern in die Lehre gegangen war.[10] Immer war er mehr an Vergnügen und Unterhaltung interessiert als an der Arbeit, und schon früh zeigte er seine charakteristische Intelligenz, die sich in einer unpassenden fixen Idee äußerte: wenn man die Arbeitslast erleichtere, könne man die Langeweile vermindern. Seine trübsinnige Arbeit bestand darin, die Ränder der Leichentücher ringsum mit einem Zackenmuster zu versehen. Zunächst erfand Paul eine

Maschine, die diese Tätigkeit ihm abnahm, dann wandte er sich alsbald dem Problem des Baumwollspinnens zu.

Die hohen Arbeitskosten der Produktion resultierten nicht allein aus der Aufbereitung der Fasern, sondern auch aus dem Spinnen von Hand. Das wurde mittlerweile in England gemacht, da alles ausländische Tuch und Garn mit hohen Zöllen belegt war; diese Art Protektion war 1722 eingeführt worden, um die hochqualitativen, preiswerten Produkte der indischen Dorfmanufakturen und genauso die noch höherwertigen Waren aus dem Nahen Osten zurückzudrängen. Ein Weber brauchte eine Arbeitskraft, die ihn ständig mit Kettfäden versorgte, eine weitere, die das gesponnene Garn vorbereitete, noch eine, die den Faden kämmte, und 5 bis 10 Spinnerinnen.[11] Das Spinnen war fast ausschließlich Frauenarbeit; die Frauen arbeiteten mit einem einfachen Spinnrad mit nur einer Spindel und verrichteten ihre Arbeit meist zu Hause. Je nach Spinnerin fiel das Garn unterschiedlich aus, und diese Streubreite der Qualität stand einer Weiterentwicklung genauso im Weg wie die hohen Kosten des traditionellen Spinnens. Seit vorgeschichtlicher Zeit hatte sich bis zum frühen 18. Jahrhundert die Technik des Spinnens kaum weiterentwickelt. In Südostasien sind noch heute handgetriebene Spinnräder in Gebrauch, wie sie schon bei Ausgrabungen aus dem Jahr 1000 v. Chr. gefunden wurden; auch die europäischen Spinnräder des 18. Jahrhunderts ähnelten jenen noch.

Lewis Paul tat sich mit einem Stellmacher zusammen, John Wyatt, dessen Familie aus Lichfield stammte und mit Samuel Johnson befreundet war – der damals, 1735, frisch verheiratet nahe Lichfield lebte, wo er mit geringem Erfolg nur drei Schüler in drei Jahren unterrichtete. Johnson traf Lewis Paul und war von den Möglichkeiten seiner Spinnmaschine fasziniert. Es gibt keinen Hinweis darauf, daß Johnson selbst in Pauls Erfindung investierte, aber er hatte Freunde, die ihr Geld zur Verfügung stellten.

Die Partner Paul und Wyatt beuteten ein 1737 gewährtes Patent in folgender Weise aus: Paul lebte das unsichere Leben eines *Boulevardier*, eines modischen Salonlöwen, was ihm viele Schulden und manchen Aufenthalt im Schuldturm einbrachte. Wyatt andererseits blieb in Birmingham und baute die Maschinen. Paul pflegte Johnsons Freunde zu überreden, ihm Geld zu leihen, angeblich um die Maschinen zu finanzieren; letztlich wurde aber nie etwas davon zurückbezahlt, statt des Geldes gewährte Paul „Lizenzen" für den Betrieb von soundsoviel Spindeln. Häufig klagte Wyatt bei Paul das Geld für die Maschinen ein, die Investoren verklagten Paul ebenfalls, und so mußte er wegen Schulden etwa alle zwei Jahre ins Gefängnis gehen. Den größten Teil der „Investitionen" scheint Paul zur Finanzierung seiner Extravaganzen verwendet zu haben. Mit Lewis Paul wurde 1759 auch der potentielle Grundstein einer großen Industrie zu Grabe getragen. Mittlerweile standen seine Spindeln in Northampton, Birmingham, London, Leominster und Lancashire. Alles in allem wurden 50 Werkstätten mit zusammen 2500 Spindeln errichtet, aber die Besitzer dieser kleinen Unternehmen waren keine Textilexperten, sondern Freunde von Samuel Johnson: Autoren, Buchhändler, Drucker und Verleger; wie nicht anders zu erwarten, mußte dieser Einfall der literarischen Intelligenz ins Textilgewerbe scheitern. Wenn auch Pauls Tod der Entwicklung vorläufig ein Ende bereitete, so bleibt Lewis Paul und John Wyatt doch das historische Verdienst, eine erfolgreich arbeitende Spinnmaschine entwickelt zu haben.

Die Personifizierung der zweiten, der erfolgreichen Entwicklung hieß Richard Arkwright: ein brutaler, aber fähiger Mann mit bemerkenswertem Geschäftstalent, der keinerlei Skrupel hatte, einen Konkurrenten zu betrügen. Er war der Archetyp eines Selfmademan, ein genialer Organisator, Manager und Intrigant; auch gehörte er der – im Gegensatz zu Bankiers und Kaufleuten – ersten Generation von Industriellen an, die geadelt wurden. Arkwright hatte als Friseur angefangen und sein erstes bescheidenes Geschäft damit aufgebaut, daß er die Haare aus seinem eigenen und anderen Friseurläden sammelte, behandelte, trocknete, verspann und das Produkt an Perükkenmacher verkaufte. Viele Leute sind von mancherlei Nebenschauplätzen ins Textilgeschäft gelangt, aber nur wenige haben wohl damit angefangen, daß sie den Kehricht aus Friseursalons wiederverwerteten.

Mit 35 Jahren erfreute sich Arkwright eines bescheidenen Wohlstands und wandte nun seine Aufmerksamkeit dem Problem des Baumwollspinnens zu. 1769 ließ er seine Spinnmaschine patentieren, die im Gegensatz zu anderen Entwicklungen nicht nur den Schußfaden, sondern auch den Kettfaden spinnen konnte. Dies war der entscheidende technologische Durchbruch. Zum ersten Mal konnte wirklich haltbares Baumwolltuch produziert werden, doch es sollte noch 20 Jahre dauern, bis man es in großem Maßstab herstellte. Arkwrights Maschine mußte verbessert und verwertet werden, und für beides brachte er die richtigen Voraussetzungen mit.

1770 baute er seine erste Spinnerei in Nottingham; sie wurde von Pferden und nicht mit Wasserkraft angetrieben. 2 500 Spindeln standen da, so viele wie Paul und Wyatt während einer ganzen Generation gebaut hatten, und nur 50 ungelernte Arbeiter verrichteten die Heimarbeit von 2 500 Spinnerinnen. Schon im Jahr darauf baute er seine zweite Fabrik bei Cromford bei Derbyshire; sie war größer und wurde mit Wasserkraft betrieben. Zwischen 1771 und seinem Tod 20 Jahre später erbaute Arkwright gemeinsam mit verschiedenen Partnern durchschnittlich eine (wassergetriebene) Spinnerei pro Jahr. Doch dieser Erfolgsweg war mit Dornen bespickt; häufig brachte man ihn vor Gericht, weil der die Angewohnheit hatte, Patentrechte zu verletzen; die meisten Fälle verlor er. 1779 wurde die erste Spinnerei von aufgebrachten, arbeitslos gewordenen qualifizierten Arbeitern bei Chorley in Lancashire zerstört: Sie hatte Arkwright gehört. Auch war er das erste Opfer einer neuen Art von transatlantischen Piraten, als einige Modelle und Teile seiner Maschinen 1786 nach Neuengland geschmuggelt wurden. Sein ganzes Leben litt er zudem an chronischem, nervös bedingtem Asthma; wenn ihm etwas in die Quere kam, konnte er kaum noch atmen. Auch der Herzanfall, dem er 1792 erlag, war auf einen Asthmaanfall zurückzuführen, der wiederum von einem Streit mit einem Kunden ausgelöst worden war.

1765 wurden in England 500 000 Pfund Baumwolle versponnen, ausnahmslos von Hand; 1775 waren es schon 2 Millionen, größtenteils maschinengesponnen, und 1784 16 Millionen, ausnahmslos von Maschinen gesponnen. Bis etwa 1790 wurden die übers ganze Land verstreuten Spinnereien alle mit Wasserkraft betrieben; 113 Stück zählte man im Jahr 1788. Auch Woll- und Seidenmanufakturen wurden vom Wasser angetrieben. Die Wasserkraft bedingte natürlich nicht allein die weite Streuung der Spinnereien, sondern setzte auch dem möglichen industriellen Wachstum Grenzen. 1799 wurden bereits 90 % aller in Lancashire zur Verfügung stehenden Wasserkraft genutzt.

Doch es war nicht allein die Wasserkraft, die Lancashire zu so herausragender Bedeutung gelangen ließ, sondern auch die Nähe der Hafenstadt Liverpool, über die die Rohbaumwolle importiert wurde, die relativ guten Komunikationswege, später preiswerte Kohle und preiswertes Eisen, ein großes Arbeitskräftereservoir aus der Landwirtschaft und aus Irland sowie das lokale Kapital der Leute und Institutionen aus Manchester und Liverpool. All dies ließ Lancashire im Gegensatz zu anderen Gebieten Englands die führende Stellung in der Baumwollindustrie einnehmen, und nicht, wie man häufig hört, das hier besonders feuchte Klima, das die Verarbeitung der Baumwolle erleichtert. Wassergetriebene Spinnereien wiesen sowieso immer und überall, eben wegen der Nähe des Wassers, eine hohe Luftfeuchtigkeit auf.[12]

Binnen zweier Generationen mußten sich die Baumwollarbeiter an Schichtarbeit mit häufigen Nachtschichten gewöhnen; oft mußten sie in kleinen, Rückseite an Rückseite gebauten Hütten leben, die den Unternehmern gehörten und weder sanitäre Einrichtung noch einen Garten oder viel frische Luft hatten. Die Arbeiter lebten unter schlechteren Bedingungen als noch ihre Großväter und – auch wenn man darüber streiten kann – schlechter als die Sklaven, die in den amerikanischen Südstaaten Baumwolle für die Fabriken in Lancashire anbauten.[13] Solche umfriedeten Wohnbezirke[14], deren letztes Kapitel von der industriellen Revolution eingeleitet werden sollte, waren häufig Gegenstand radikaler Kritik, von William Cobbett bis hin zu Friedrichs Engels' „Die Lage der arbeitenden Klassen in England". Mehr Kritik hätte jedoch die Konzentration der Arbeiter in den Fabriken an sich verdient. Jetzt war ihnen die Möglichkeit genommen, irgendwo in einem Seitental in einer Hütte zu leben und mit einer großen Zahl von Freunden und Verwandten einer Reihe von Tätigkeiten von der Rohbaumwolle bis zum fertigen Kleidungsstück nachzugehen: Spinnen, Kämmen, Strecken, Ketten, Weben und Zurichten, Stück um Stück, Tag um Tag, in nicht gehetztem, individuellem Arbeitstempo.

Um 1861 hatten die Manager der spezialisierenden Arbeitsteilung die verschiedenen Tätigkeiten auf Fabriken verteilt, die manchmal 30 Kilometer auseinanderlagen und zwar mit dampfgetriebenen Eisenbahnen verbunden waren, es aber erforderlich machten, daß die Arbeiter nur einen Fußweg weit von ihnen entfernt wohnten.

Die Produktivität war an jeder Stelle des Produktionsprozesses bei relativ geringen Kosten um das Zehn- bis Fünfzigfache gesteigert worden.[15] Die ganze Industrie war in einem Ausmaß expandiert, daß sie nicht nur alle ihrer Tätigkeit beraubten Textilheimarbeiter – schlechte Zeiten natürlich ausgenommen – absorbieren konnte, sondern auch noch viele Tausende an sich riß, deren Eltern und Großeltern noch nichts mit dem Tuchgewerbe zu tun gehabt hatten.

Wir sollten den „guten alten Zeiten" des Baumwolltuchs nicht nachtrauern. 1784 mag es zwanzig- bis hundertmal teurer gewesen sein als 1850, aber es war zugleich von viel geringerer Qualität. Im allgemeinen war maschinell hergestelltes Baumwolltuch für den täglichen Gebrauch viel besser geeignet als das traditionell hergestellte Produkt.

*

Zwischen 1784 und 1861 verachtfachte sich die Zahl der schwarzen Sklaven in Amerika, zugleich aber nahm das Elend in der britischen Baumwollindustrie zu. Der „freie" Stückarbeiter (das heißt, der nach Stückzahl bezahlte Heimarbeiter), von dem es zu Beginn dieser Periode vielleicht 250000 gegeben hatte, verschwand und wurde vom ungelernten Fabrikarbeiter ersetzt; die Lebensbedingungen wurden immer brutaler. 1825, ehe eines der wirklich bedeutenden Gewerbegesetze erlassen wurde, waren 90 % der Arbeitskräfte in den Spinnereien Frauen und Kinder; den Kindern wurde keine wirkliche Erziehung zuteil, nichts schützte sie gegen Mißbrauch, nichts gegen Brutalität, es gab keine Gesetze gegen gefährliche Maschinen, inhumane Aufseher oder unbezahlte Überstunden. 1784 hätte man noch einen gewissen Charme darin entdecken können, in einer bescheidenen ländlichen Hütte in idyllischer Umgebung zu leben und zu arbeiten, wie ungesund das auch immer gewesen sein mag. Doch die brutale Wirklichkeit der rein zweckmäßig Rücken an Rücken gebauten Arbeiterhütten, von denen es in jeder frühen Industriestadt Hunderte von identischen Reihen gab, ließ keinerlei Gedanken an Charme, Idylle und dergleichen aufkommen. 1784 gab es zum Beispiel im Dorf Bacup 40 Hütten, deren Bewohner draußen arbeiteten. 1861 standen in Bacup sechs Baumwollfabriken, in denen über 3000 Menschen aller Altersstufen arbeiteten. Das menschliche

Elend muß in Bacup 1861 wesentlich größer gewesen sein als 1784. Auch wenn man die Leiden der Fabrikarbeiter geringer bewertet als die der Feldarbeiter, die als Sklaven lebten und starben, muß man sagen, daß der Unterschied wohl eher gradueller als prinzipieller Natur war. 1861 hatte Bacup sieben Dissidentenkapellen, in denen jenen religiöser Trost gespendet wurde, die nicht mehr an diese, sondern nur noch an die nächste Welt glaubten. Alle waren sie jeden Sonntag voll.

Die Arbeitsbedingungen in der sich parallel entwickelnden, aber nur ein Viertel so großen Baumwollindustrie Neuenglands waren niemals so schlecht wie die im Mutterland, weil die Fabrikarbeiter in den USA indirekt von der Weite und Leere des Kontinents profitierten. Obwohl es sich nicht jeder leisten konnte, sich einem Wagentreck anzuschließen, und obwohl man erhebliche Mittel brauchte, um sich irgendwo in den USA als Farmer niederzulassen, wurden die Landpächter doch nicht so in die Industrie gezwungen wie in England. Die junge Nation litt, von kurzen Krisenperioden abgesehen, an einem permanenten Arbeitskräftemangel; andererseits waren bis in die vierziger Jahre des 19. Jahrhunderts nur wenige Emigranten wirklich arm. Arbeitskräfte wurden daher immer besser behandelt als im Mutterland, jedenfalls bis zur großen Einwanderungswelle völlig verarmter Iren gegen Mitte des Jahrhunderts.

Eli Whitney (1765–1825) ist einer der Volkshelden der amerikanischen Geschichte: ein armer Bauernjunge, der sich selber zum Mechaniker ausbildete. Von seinem 10. Lebensjahr an pflegte er alles, was aus Holz, Eisen oder Leder war, zu reparieren oder renovieren: Spaten, Schubkarren, Geschirre und andere einfache Werkzeuge und Ausrüstungsgegenstände, wie sie im kolonialen Massachusetts in Gebrauch waren. 1788 ging Whitney nach Connecticut, wo er sich als Student an der Yale University in New Haven einschrieb. Damals gab es dort nur etwa 100 Vordiplomstudenten und nur zwei Lehrstühle, einen für Theologie, den anderen für „Mathematik und Naturphilosophie"; mit letzterem bezeichnete das späte 18. Jahrhundert ein riesiges Wissensgebiet, das man heute in Botanik, Zoologie, Chemie, Physik, Geologie und Agronomie einteilen würde. Das Studium der Bibel war Pflicht in Yale, genauso der puritanische Glauben; über die Belange des Diesseits wußten die Studenten genauso gut Bescheid wie über die des Jenseits. Whitney brachte die Kosten seines Studiums dadurch auf, daß er seine Fähigkeiten als Mechaniker einzusetzen verstand; dank seiner Hilfe konnte es sich die Universität einmal sparen, einen astronomischen Winkelmesser zur Reparatur nach London zu schicken, wodurch sie gleichzeitig 15 £ sparen konnte – damals etwa die Studiengebühren für ein ganzes Jahr. Mechanische wie mathematische Probleme zogen Whitney magisch an. Seine Hände verstand er genauso gut zu gebrauchen wie seinen Verstand; doch er war äußerst scheu, reserviert und schwierig im Umgang mit anderen.

Nach dem ersten Examen überredete ihn ein Freund aus dem Süden, nach Savannah in Georgia zu gehen, um dort eine Stellung als Lehrer anzunehmen. Der Job zahlte sich nicht aus, aber der einsame junge Mann befreundete sich mit einer Generalswitwe, Mrs. Nathaniel Greene. In Savannah lernte er zum ersten Mal die Probleme der Baumwollverarbeitung kennen, besonders das Egrenieren, das entweder mit dem primitiven, nägelbespickten Brett oder, noch umständlicher, von Hand durchgeführt wurde. Es war typisch für jene Zeit, daß keiner der feinen Herren an Mrs. Greenes Tafel, keiner der weißen Aufseher auf den Feldern und keiner, der irgendwie im Hafen von Savannah etwas mit Baumwolle zu tun hatte, jemals in seinem Leben mit seinen eigenen Händen Baumwolle bearbeitet hatte. Arbeit überließen die Weißen des tiefen Südens den Sklaven.

Die Yankees auf den kleinen Farmen in Eli Whitneys Heimatstaat Massachusetts aber mußten ihre Erfindungsgabe benutzen, wenn sie Zeit sparen und sich in die Lage versetzen wollten, Tag für Tag dieselbe Aufgabe mit der größtmöglichen Effizienz zu erfüllen. Wir haben keinen Beweis dafür, daß Whitney jemals erwogen hat, selbst in der schwülen Hitze einer flußnahen Plantage zu arbeiten, aber der Gedanke an ein einfaches Hilfsmittel, mit dem man die Produktivität der Sklaven steigern, den Engpaß des Egrenierens beseitigen und so die Verarbeitung und Vermarktung der Baumwolle fördern konnte, beschäftigte seinen Geist fast einen Monat lang, ehe er die Lösung hatte.

Gern erzählt man sich die Legende, daß Whitney, der in Mrs. Greenes Hinterhof müßig an einem Stück Holz schnitzte, in seinem Unterbewußtsein gerade das Problem des Egrenierens wälzte, als er plötzlich sah, wie eine Katzen ein Küken fing und in ihren Krallen –

nein nicht das Küken, sondern nur ein paar Federn hängenblieben. So soll die Egreniermaschine erfunden worden sein. Sei es wahr oder nicht, die Geschichte ist amüsant, und innerhalb von drei Tagen hatte Whitney seine Maschine gebaut. Schon eher wahrscheinlich ist, daß Mrs. Greene und Eli Whitney gemeinsam an dem Problem arbeiteten, nachdem der junge Mann verschiedene Haushaltsgeräte gebaut hatte, zum Beispiel ein Abtropfbrett, Absetzpfannen und einen Vorläufer des Schnellkochtopfs. Als examinierter Naturphilosoph hatte er wahrscheinlich einen methodischeren Zugang zu Problemen als den Geistesblitz, den die Poeten lieben – die Katze und das Küken gehören wahrscheinlich in dieselbe Kiste wie Isaac Newtons Apfel.

Whitneys Egreniermaschine bestand aus einem festen Holzzylinder, in den in gleichmäßigem Muster kopflose Nägel, jeweils einen guten Zentimeter voneinander entfernt, eingeschlagen waren. Vor dem Zylinder befand sich ein Gitter, dessen Stäbe so dicht beieinander standen, daß die Samenkörner nicht hindurchpaßten, die Baumwollfasern aber von den spitzen Nägeln durchgezogen werden konnten. Eine sich drehende Bürste nahm die Fasern von den Nägeln ab, so daß mit jeder Umdrehung die Fasern von den Samenkörnern getrennt wurden, die dann in einen separaten Auffangbehälter fielen. Die Maschine wurde von Hand betrieben, und mit ihrer Hilfe konnte ein Sklave nicht bloß ein, sondern gleich fünfzig Pfund Baumwolle pro Tag egrenieren. Jedem rational denkenden Menschen muß das in diesem rationalistischen Zeitalter als ein Segen für die Menschheit erschienen sein, und jeder hätte wohl vermutet, daß der Erfinder sein Glück gemacht hat.[16]

Aber Whitney sollte zu spüren bekommen, daß der Erfinder oft ein Opfer des freien Marktes wird. Das erste Modell seiner Maschine wurde gestohlen. Er fertigte ein zweites an, aber noch ehe ihm ein Patent darauf erteilt wurde, im März 1794, waren schon viele Kopien des ersten Modells in Gebrauch. Dieses einfache mechanische Hilfsmittel, das jeder Stellmacher, Schmied oder Zimmermann bauen konnte, verbreitete sich wie ein Buschfeuer im Süden. Whitney nahm einen gewissen Phineas Miller zum Partner, der der Witwe Greene den Hof machte und sie schließlich heiratete. Miller und Whitney bauten in New Haven, Connecticut,[17] nahe der Universität eine Fabrik, die die Maschinen herstellte und sie nicht zum Festpreis, sondern zu einem Drittel des Wertes der Baumwolle, die mit der Maschine bearbeitet wurde, verkaufte. Die Fabrik brannte bis auf die Grundmauern nieder; sie bauten sie wieder auf. Die Nachfrage nach den Egreniermaschinen überstieg die Liefermöglichkeiten. Im Mai 1796 ließ sich ein gewisser Hogden Holmes eine Kopie der Whitney-Maschine patentieren, für die er Kreissägenblätter anstelle des Nagelzylinders genommen hatte. Whitney vergeudete die Zeit, die er eigentlich für die Herstellung und den Verkauf seiner Maschine hätte aufbringen sollen, mit der Verfolgung der Verletzung seines Patents; 1807 wurde schließlich die Echtheit des Originals mit allen sich daraus ergebenden Patentfragen endgültig geklärt. Bis dahin konnte jedoch jedermann im Süden sich eine Maschine von irgendwelcher lokalen Herkunft kaufen. Vielleicht war ein so einfaches Hilfsmittel in jenen relativ unkomplizierten Zeiten einfach nicht durch ein Patent zu schützen. Sicherlich wurde damals so gut wie jedes in England auf Spinn- oder Webvorrichtungen erteilte Patent verletzt; man hätte sich genausogut das Wasserrad patentieren lassen können.

Der baumwollreiche Süden, der so viel von seiner Maschine profitiert hatte, ließ Whitney schließlich einige Wiedergutmachung zuteil werden. South Carolina bewilligte 50 000 $ aus der Staatskasse als Entschädigung für die Verletzung der Patentrechte; North Carolina besteuerte fünf Jahre lang die Baumwolle, was um die 30 000 $ ergab; Tennessee ließ Whitney 10 000 $ zukommen. Nur Georgia, dieser Vorposten der Zivilisation mit seinem dementsprechenden Geschäftsgebaren, jener Staat, in dem Mrs. Greene lebte, wo die Katze das Küken nicht erwischt hatte und die Egreniermaschine erfunden worden war, bezahlte nichts. Eli Whitney widerte diese ganze Egrenier-Geschichte zum Schluß an, sie hatte ihn 20 Jahre seines Lebens gekostet und ihm weniger als 100 000 $ eingebracht, andere Leute aber reicher gemacht, als sie es sich in ihren kühnsten Träumen je ausgemalt hätten. In die Geschichte aber sollte er als wesentliches Bindeglied in der ganzen Baumwoll-Saga eingehen, gewissermaßen als einer der Paten des Bürgerkriegs.

Zu Beginn des 19. Jahrhunderts, als die Egreniermaschinen in Gebrauch kamen, boten sich dem Königreich der Baumwolle grenzenlose Wachstumschancen. Die Sklaven, deren Arbeit durch die Maschinen überflüssig geworden war, konnte man für andere, noch nicht mechanisierte Tätigkeiten einsetzen. Zur gleichen Zeit, als in England die Baumwollnachfrage eskalierte, kam es im amerikanischen Süden zu jener Produktionssteigerung, die durch Whitneys Egreniermaschinen oder die seiner Nachahmer ermöglicht worden war; die Bedeutung dieser Koinzidenz kann kaum hoch genug bewertet werden.[18] Die Böden im „Alten Süden"[19] waren genauso ausgelaugt wie ihre Besitzer, denen die Armut ins Haus stand. In Virginia, Maryland und Delaware war die Sklaverei ökonomisch ins Hintertreffen geraten. Tabak konnte aufgrund der immensen Besteuerung kaum noch nach England verkauft werden. Der Fleisch-, Weizen- und Maishandel mit den britischen Karibikinseln war schwierig, manchmal unmöglich geworden. Ohne die Möglichkeiten, die die Egreniermaschine eröffnete, wäre der Alte Süden vielleicht dem Verfall preisgegeben gewesen, und der Tiefe Süden hätte wohl nie die für ihn typische Form der Sklavenwirtschaft hervorgebracht. Sicherlich war die Erfindung solch einer Maschine historisch irgendwie unvermeidlich, wenn sie aber nur 20 Jahre später entwickelt worden wäre, hätte die ganze Geschichte der Vereinigten Staaten vielleicht einen anderen Verlauf genommen. So aber war es die Baumwolle, die den Süden des 19. Jahrhunderts prägte, und Whitneys Maschine war einer der Faktoren, die das Königreich der Baumwolle überhaupt ermöglicht hatten.

In dem halben Jahrhundert bis zum Bürgerkrieg wurde die ursprünglich handgetriebene Egreniermaschine immer weiter entwickelt, über Pferde- und Dampfantrieb bis hin zu ganzen Egrenierfabriken. Was einst als singuläres, wichtigstes Hindernis den Gebrauch der Baumwolle als Massentextilie verhindert hatte – das Trennen der Fasern von den Samenkörnern –, wurde so leicht, so vernachlässigenswert, daß man schließlich die Bedeutung von Eli Whitneys großer Erfindung vergaß.

Um die Nachfrage befriedigen zu können, mußten die Baumwollfelder im Neuen Süden ständig vergrößert werden, und pro hundert Morgen neues Baumwolland brauchte man 10 bis 20 neue Sklaven. Der Alte Süden, dessen Land zum Baumwollanbau nicht so recht geeignet ist, wurde zum Nachschublager für Sklaven. Die Preise für Feldarbeiter, die in der Zeit von 1775 bis 1800 um die Hälfte gefallen waren, begannen wieder zu steigen. In dem halben Jahrhundert zwischen 1800 und 1850 stieg er – inflationskorrigiert – von 50 $

auf 800 bis 1000 $. Der Sklavenhandel, der im Süden wegen der landwirtschaftlichen Rezession Ende des 18. Jahrhunderts noch ein Exportgeschäft gewesen war, wurde zu einem einzigartigen zwischenstaatlichen Geschäft von größter Bedeutung; unentwegt importierte man illegal über Mexiko und Texas Sklaven aus der Karibik und aus Afrika.[20]

Im Falle von Eli Whitneys Maschine zeigt sich mal wieder eine Erkenntnis, die Jahrtausende brauchte, um ins menschliche Bewußtsein zu dringen, und die in den Baumwollstaaten erst mit dem Bürgerkrieg zum Allgemeingut wurde. Kein Mensch mag gern arbeiten, und überflüssige Arbeit ist, wenn sie als solche erkannt wird, die am meisten gehaßte. In einer nichtmechanisierten Sklavengesellschaft hat jedoch niemand ein Interesse daran, Arbeitskraft einzusparen, weil ein ausgelaugter Sklave nach Sonnenuntergang auch weniger Ärger macht. Wie ein Maultier oder Pferd mußte er arbeiten, bis die Erschöpfung alle aufmüpfigen Gedanken ihm ausgetrieben haben würde. Und wenn ein Sklave eine bestimmte Aufgabe besonders rasch erledigte, wurde ihm kaum eine zweite oder dritte übertragen. Aus Organisationsgründen arbeiteten Sklaven meist in Gruppen, die ein gleichmäßiges Tempo vorlegten, langsam genug, um sich nicht völlig zu erschöpfen, schnell genug, um nicht die Peitsche zu spüren. Alle einfachen, cleveren Hilfsmittel, die die selbständig Arbeitenden, die Handwerker oder die Stückarbeiter erfunden hatten, um ihre Produktivität zu erhöhen, waren in einer Sklavengesellschaft so gut wie unbekannt. In diesem Sinn erinnerte das Königreich der Baumwolle in der Tat an ein Leben, wie es für die Arbeiter im alten Ägypten oder Rom oder vielleicht noch im Mittelalter gewesen sein muß.

Der selbständige Handwerker, den Thomas Jefferson so bewunderte, erstarkte wirtschaftlich wie politisch im Norden, nicht im Süden, an der Grenze zum Wilden Westen, nicht in den schon lange besiedelten Regionen. Auch im Fall der Egreniermaschine, die für den Süden von so ausschlaggebender Bedeutung war, hatte ja ein Yankee aus dem Norden den entscheidenden Einfall gehabt. Wenn ein Baumwollpflanzer in den Südstaaten seine Produktion erhöhen wollte, kaufte er einfach mehr Land oder mehr Sklaven; das kostete Geld. Ein Yankee hatte gewöhnlich kein Geld übrig, und wenn er seine Lebensbedingungen verbessern wollte,

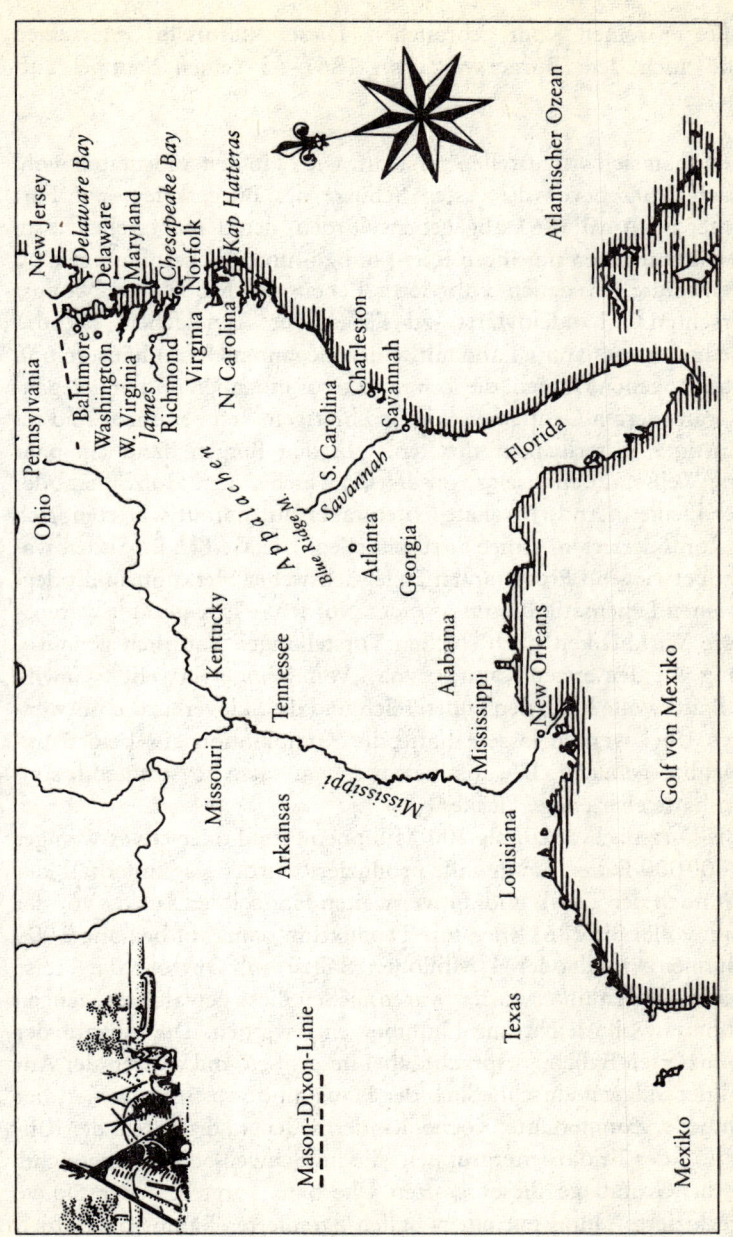

*Der Südosten der Vereingten Staaten*

mußte er seinen Kopf gebrauchen. Dieser kulturelle Unterschied sollte auch dem Bürgerkrieg von 1861–65 seinen Stempel aufdrücken.

Wenn man sich vorzustellen versucht, wie es in den Südstaaten wohl aussah, kurz bevor die ersten Schüsse des Bürgerkriegs auf Fort Sumter im April 1861 abgegeben wurden, denkt man vielleicht an die Küstenebenen mit ihren Reis-, Indigo- und Zuckerplantagen, an Hafenstädte, in denen kultivierte Lebensart, Mode und Wollust herrschten.[21] Landeinwärts, zu Füßen der Appalachen, lag das „Piedmont" genannte Land mit seinen eleganten Herrenhäusern und wohlerzogenen Damen, die sich mit Luxus umgaben und mit eleganten, raffinierten Gentlemen von heißblütigem Temperament und inbrünstiger Ritterlichkeit flirteten.[22] In den Bergen dann ein paar arme Weiße, die mühselig von der Goldsuche, dem Holzfällen oder ihrer kleinen Landwirtschaft lebten, aber nur darauf warteten, sich der konföderierten Armee anzuschließen. Die Weißen im Süden waren überwiegend Protestanten angelsächsischer Herkunft und pflegten einen Lebensstil, dessen – so der Norden – Tage gezählt waren.

Die Wirklichkeit glich solchen Vorstellungen natürlich genausowenig wie den ersten Kapiteln von „Vom Winde verweht". Gewiß, die Baumwolle hatte den Süden reich und die Sklaverei zum notwendigen Übel werden lassen, hatte die Kombination aus beiden unschlagbar gemacht. Die Realität aber war nicht so strahlend, sondern hatte eher einige Flecken.

Bis kurz nach 1820, als 200 Millionen Pfund oder etwas weniger als 400 000 Ballen Baumwolle produziert wurden, lag innerhalb der USA noch der Tabak und im weltweiten Handel der Zucker vor der Baumwolle. Bis 1861 stieg ihre Produktion dann auf beinahe 2 000 Millionen Pfund oder 4 Millionen Ballen an. Obwohl die Preise Veränderungen unterworfen waren, ließen diese gewaltigen Mengen die Baumwolle leicht zur Nummer eins werden. Die Anzahl der produzierten Ballen entsprach dabei im großen und ganzen der Anzahl der Sklaven einschließlich der Haus- und sonstigen Diener, der Schmiede, Zimmerleute, Köche, Kindermädchen, der Alten, der Kinder und der Feldarbeitergruppen, die im Schweiße ihres Angesichts für die Grundlage dieses ganzen Überbaus sorgten. Jeder Sklave „produzierte" bloß gut einen Ballen egrenierter Baumwolle. Doch dieses Bild einer ausgereiften agrarischen Zivilisation trifft nicht auf die ganze Geschichte zu. Bis 1820 wurde der größte Teil der Baumwolle östlich der Berge eher von Weißen als von Schwarzen in normaler Feldfruchtfolge angebaut.

Die Ausbreitung nach Westen und Süden erfolgte seit den frühen Kolonialtagen nach einem bestimmten Muster. Die Gegebenheiten des Landes, die Regierung und die Indianer formten es. Die Küstenebene verfügte über lange, schiffbare Flußmündungen, dank derer man ohne Straßen mit dem Landesinneren Handel treiben konnte. Von New Jersey bis zum Kap Hatteras verlief – und verläuft noch heute – ein langer, schiffbarer, geschützter Kanal. Vor allem entlang der Chesapeake Bay, des James River, der Delaware Bay und im Süden bis über Norfolk in Virginia hinaus verlief der Verkehr auf Wasserwegen, überwiegend übers Meer. Dieser Küstenabschnitt trieb auch mit Europa direkt Handel, häufig von eigenen Kais aus und ohne sich um den Zoll oder andere bürokratische Nebensächlichkeiten zu kümmern.

Die Regierung – der britische Gouverneur oder die Staatsverwaltung oder, als ihre Zeit gekommen war, die Bundesverwaltung – brachte Exporte und Importe nicht ganz unter ihre Kontrolle, und die reichen Pflanzer der Küstenebene, die Tabak, Reis und Indigo anbauten, wollten untereinander und mit Europa Freihandel treiben. Der Regierung gelang es gleichfalls kaum, den Strom derer, die nach Westen und Südwesten strebten, zu kontrollieren. Die Geschichte Amerikas ist voller Gesetze und Vorschriften, die erst Jahre nach den Ereignissen, auf die man sie hätte anwenden müssen, in Kraft traten. Indianern Feuerwaffen oder Alkohol zu verkaufen, wurde zum Beispiel von vielen Regierungen erst verboten, als beide schon jahrelang auf der Wunschliste der Indianer ganz oben standen. Die Spanier hatten nicht verhindern können, daß die Indianer sich Pferde zulegten. Die Briten hatten nicht verhindern können, daß es Abenteurer, Taugenichtse und Entwurzelte waren, die von den Küstenorten aus die landeinwärts gelegenen Gegenden besiedelten. Schlimm genug, daß solche zu spät erlassenen Gesetze gar nicht griffen und mit den Realitäten nichts mehr zu tun hatten; zusätzlich aber brachte der ganze getriebene Aufwand das Gesetz an sich in Mißkredit und die neuen Siedlungsgebiete in den schlechten Ruf der Gesetzlosigkeit. Auch ehe man in den eigentlichen „Wilden Westen" ging, folgte man dem Lockruf der Ferne, sah sich aber plötzlich mit einheimischen Indianern konfrontiert. Üblicherweise beklagt man heute die Art und Weise, wie die weißen Siedler mit den Indianern umgingen, doch Verrat, Betrug und Gewalt wurden auf beiden Seiten praktiziert: Indianer untereinander, Indianer gemeinsam mit den Franzosen gegen die Briten und die Kolonialamerikaner, Indianer gemeinsam mit den Briten gegen die Franzosen. Entlang des Mississippi gibt es wohl keinen Quadratmeter, auf dem nicht skalpiert, vergewaltigt, geschlagen, gemordet, ausgetrickst oder aus dem Hinterhalt überfallen worden war. Allem lag ein einfaches Problem zugrunde. Die Weißen wollten das Land, das sie, wie sie glaubten, effektiver nutzen könnten als die Indianer; die Indianer auf der anderen Seite aber wollten einfach dableiben. Wenn sie Widerstand leisteten, mußte irgendein geplanter oder nichtorganisierter Umstand dafür sorgen, daß das Land frei oder wenigstens die Besiedelung möglich wurde. Die Einheimischen mußten einfach von dem Land, auf dem sie saßen, vertrieben werden. Wie immer man die Dinge betrachtet, man kann sich kaum vorstellen, wie die Wünsche und Ansprüche der Indianer jemals mit der ruhelosen Energie, dem Landhunger und der manifesten Zielstrebigkeit der weißen Amerikaner hätten in Übereinstimmung gebracht werden können.

Die herausragende Eigenschaft der amerikanischen Lebensart rührt nicht von den Gründervätern her, nicht daher, daß sie die Willkürherrschaft von Königen und Fürsten abgeschüttelt hatten oder der weltlichen wie religiösen Tyrannei Europas entkommen waren. All ihre charakteristischen Attribute hätten sie sich niemals zulegen können, wenn es den Schlüssel nicht gegeben hätte: einen relativ leeren Kontinent. Niemand weiß, wie stark die Indianerbevölkerung vor Ankunft der Weißen war. Auch wenn man den höchsten noch annehmbaren Schätzungen, 25 Millionen, folgt, war das Gebiet der Vereinigten Staaten bei Ankunft des weißen Mannes das leerste fruchtbare Land der Welt.[23]

Billiges, so gut wie leeres fruchtbares Land hat auf die frühen Siedler weit größeren Einfluß ausgeübt und den amerikanischen Charakter mehr geprägt als irgendein anderer Faktor, mehr auch als all die Reden sämtlicher Politiker, die jemals die Amerikaner inspiriert, amüsiert oder deprimiert haben. Zum ersten Mal in der Neuzeit war Land für etwa ein Fünfzigstel dessen zu erhalten, was qualitativ vergleichbares Land in Europa gekostet hätte. Manchmal stahl man „freies" Land den Indianern um den Preis ihrer Rachegelüste; manchmal tauschte man es gegen Flitterkram oder ein paar Flaschen Schnaps; viel häufiger aber wurde es mit Genehmigung der Bundesregierung besiedelt: 10 Millionen Morgen zum Beispiel im Jahr 1820. Die Ärmsten der Armen konnten niemals daran denken, sich im Westen oder im Neuen Süden als Siedler niederzulassen, andere aber konnten sich in Amerika mehr verbessern, als sie zu hoffen gewagt hatten. Jüngere Gutsbesitzer, Söhne oder Landpächter fanden mehr billiges Land vor, als es in der ganzen Alten Welt gab. In den Vereinigten Staaten wurden kleine Ladenbesitzer und zufällig um ihren Besitz gekommene Männer nicht, wie in Europa, an den Bettelstab gebracht, zu besitzlosen Arbeitern gemacht und als neues Proletariat in die Städte getrieben.

Die Kehrseite der Medaille: Jungfräuliches Land war viel weniger wert als die Arbeit, die man dafür aufwenden mußte. Wälder wurden gerodet und das Buschwerk niedergebrannt, um freie Felder für die Landwirtschaft zu erhalten. Die Menge der dafür aufgewandten Arbeitsstunden, sei es von Sklaven oder von Lohnarbeitern, bestimmte den Wert von Grund und Boden; bei der Anlage von Baumwollfeldern mußte man in Sklaven fünf- bis zehnmal mehr investieren als in das Land einschließlich der Rodung.

Weil es billig war, war das Land nicht sehr geschätzt: Die Kunst der Landwirtschaft lag darnieder. Der Ertrag pro Arbeitsstunde galt immer mehr als der pro Morgen. Praktiken, die man aus Europa mitgebracht und mit Erfolg in der Küstenregion jahrelang angewendet hatte, wurden im Interesse des schnellen, kurzfristigen Profits und zugunsten der optimalen Arbeitskraftnutzung vernachlässigt – weiße Arbeitskräfte waren rar, schwarze teuer. Die ältere Generation drückte ihre Mißbilligung aus. „Wir sind schlechte Farmer", sagte Benjamin Franklin, „weil wir so viel Land haben."[24]

Von Anfang an drängten die Weißen im Süden landeinwärts. Irgendwo würde es immer noch bessere Möglichkeiten geben. Ein Szenenwechsel galt als Allheilmittel; eine Einstellung, die die amerikanische Psyche grundlegend beeinflussen und vielleicht so ruhelos werden lassen sollte. Bis zum Bürgerkrieg wanderte man also ständig vom Norden in den Nordwesten, vom Alten Süden in den Südwesten. Gescheiterte, Ehrgeizige, Störenfriede, Wagemutige, Schuldner, freigekommene Zwangsarbeiter, Kleinkapitalisten – all diese Leute verließen die Küstenregion und wandten sich dem Westen zu. Was ihnen vor dem Siegeszug der Baumwolle noch fehlte, war ein Produkt, das man zu Geld machen konnte.

Eine ständige Schuldenlast kennzeichnete die Wirtschaftsgeschichte des amerikanischen Südens vor der Zeit der Baumwolle. Von den ersten Ansiedlungen bis in die Anfangsjahre des 19. Jahrhunderts produzierte der Süden 200 Jahre lang nichts, was Europa nicht auch andernorts kaufen konnte. Tabak wuchs schon ein Jahrhundert nach seiner Einführung in Europa im ganzen Mittelmeerraum und Nahen Osten. Indigo konnte man aus jedem subtropischen Land beziehen. Der Reis aus dem Mittelmeergebiet war meisten billiger, und Zucker wurde in den USA, ehe sie 1803 Louisiana dazukauften[25], kaum angebaut; ohnehin konnte er im Exporthandel mit dem aus der Karibik nicht Schritt halten. Getreide war zu unhandlich und sein Transport so teuer, daß es bis zum Bau der Eisenbahnen nur nahe der Flüsse und Seen angebaut wurde und mit Ausnahme der Zeiten, in denen in Europa Mangel daran herrschte, eigentlich nur in die begrenzt aufnahmefähigen Märkte der Karibik exportiert wurde.[26]

Aus zweierlei Gründen erlangte die Baumwolle so einzigartige Bedeutung für die USA: Der Süden war wie keine zweite Gegend dafür geeignet, Baumwolle anzubauen, und zudem in der Lage, die ständig steigende, offensichtlich unersättliche Nachfrage zu befriedigen. In England, dem wichtigsten Handelspartner, stiegen die Nettoimporte von 20 Millionen Pfund im Jahr 1784 (keines davon stammte vom nordamerikanischen Kontinent) auf knapp 1,5 Milliarden Pfund im Jahr 1850 (82 % aus den amerikanischen Südstaaten) – eine einhundertfünfzigfache Nachfragesteigerung. Die amerikanischen Exportzahlen sind noch verblüffender: 1784 wurde der erste Ballen versuchsweise exportiert. 1800 waren es unter 10 Millionen Pfund, 1830 unter 100 Millionen Pfund, 1840 über 800 Millionen Pfund und 1850 mehr als 2 Milliarden Pfund. Ungefähr 7 % Steigerung jährlich also bei einem Produkt, das man trotz fluktuierender Preise in London gegen harte Währung oder gar Gold eintauschen konnte. Die Schuldner im Süden konnten schließlich ihre Kredite abzahlen; 1850 beliefen sich die Baumwollexporte auf 80 Millionen $, 1860 auf beinahe zweieinhalbmal soviel. Dies war mehr, als der gesamte sonstige amerikanische Exporthandel, mit was für Waren und Produkten auch immer, im gleichen Zeitraum eingebracht hatte; und bis zum Bürgerkrieg sollte es so bleiben. Die Baumwolle regierte das Land.

Die Bedeutung, die die Baumwolle für den Süden hatte, läßt sich noch anders ermessen: Wenn ein Südstaatler in London einen Kredit bekam, mußte er dafür nur halb soviel Zinsen bezahlen wie zu Hause; und die Baumwollexporteure bekamen in London das, was man heute Auslandskredite nennt; ihre Nachbarn aber, die keine Baumwolle produzierten, hatten nur daheim Kredit.

Interessanterweise diente die Baumwolle ursprünglich den armen Weißen zum Broterwerb. Vermutlich gab es bis 1800 noch keine spezialisierten Baumwollplantagen; jedenfalls ist nichts darüber bekannt. Im Jahr 1805 baute jedoch ein armer weißer Farmer einen Morgen Baumwolle an, die er dann für 250 $ verkaufen konnte: mehr Geld, als er je zuvor in seinen Händen gehalten hatte. Zwei Jahre später trug ein Mann auf seinem Rücken einen Sack Samen 1300 Kilometer weit nach Tennessee, baute die erste Baumwolle in diesem Staat an und brachte die Ernte per Schiff den Mississippi hinunter nach New Orleans. 1823 bepflanzte ein anderer ein Stück gerodetes Land in Georgia und verkaufte es im Mai als fertige Anpflanzung; im gleichen Herbst rodete er dann ein Stück Land in Alabama, bepflanzte und verkaufte es wieder und wiederholte das ganze Verfahren in Mississippi; schließlich nannte er 1000 Morgen sein eigen, die ihn 1250 $ und zwei Jahre harte Arbeit gekostet hatten. Viele spätere Plantagenbesitzer hatten auf diese schlichte, aber effektive Weise begonnen. Andere ließen alles zurück, nahmen Frau, Kinder und Sklaven und zogen, wie ihre Zeitgenossen in Südafrika, über die Berge, um sich irgendwo im Neuen Süden – Alabama, Mississippi, Louisiana – auf 5000 Morgen niederzulassen. Trotzdem waren Monokultur-Plantagen im Gegensatz zu gemischten Farmen bis 1820 kaum verbreitet, und genauso lange wuchs im Küstengebiet noch mehr Baumwolle als im Piedmont östlich der Apalachen oder im Neuen Süden westlich davon.

Wenn man untersucht, welche spezifisch amerikanischen Strukturen die Entwicklung der Baumwollwirtschaft bedingten, stößt man auf agronomische Faktoren. Überall im riesigen Süden der Vereinigten Staaten kann Baumwolle angebaut werden, sei es als einjährige oder als mehrjährige Pflanze, sei es im Feldfruchtwechsel oder in Form der Monokultur. Weil es so viele Möglichkeiten gab, war diese Epoche von einer ständigen Suche nach frischem, gerodeten Land gekennzeichnet, denn das war leichter, als mit Feldfruchtwechsel zu arbeiten. Oder wie es Thomas Jefferson ausdrückte: „Für die Amerikaner ist es billiger, neues Land zu kaufen, als das alte zu düngen."[27]

Um 1820 waren die USA ökonomisch sehr vital: Die ständig nach Westen drängende Bevölkerung wuchs alle zehn Jahre um mehr als ein Drittel; Industrie, Bergbau und Landwirtschaft wuchsen schneller als die Bevölkerung, wenn auch stoßweise, da die Entwicklung durch Bankkrisen, temporäre Überangebotsprobleme und Arbeitskräftemangel in den Zentren hin und wieder behindert wurde. Bis in die späten vierziger Jahre des 19. Jahrhunderts waren die USA weltweit das einzige von Weißen besiedelte Land, das keine großen Zahlen von verarmten Weißen kannte. Emigranten, die der Unterstützung bedurft hätten, legte man Steine in den Weg. Die Bevölkerung war überwiegend angelsächsischer Abstammung und bis zu den irischen Hungersnöten jener Jahre zu 85 % protestantisch. Die Nation wuchs und wuchs nicht nur, sondern begann auch, sich geographisch zu differenzieren; dieser Regionalismus unterschied sich von vergleichbaren Entwicklungen dadurch, daß er mit rassischen oder religiösen Differenzen nur wenig zu tun hatte.

Im selbstzufriedenen, gemütlichen, gleichförmigen England, wo kein Ort weiter als 150 Kilometer vom Meer entfernt liegt und überall das gleiche gemäßigte Atlantikklima herrscht, bringt man für die Bedeutung solchen Regionalismus' wenig Verständnis auf. Franzosen, Italiener, Schweizer oder Deutsche kennen das Phänomen sehr wohl, auch wenn sie es manchmal anders benennen. In den USA ist im allgemeinen das Klima der entscheidende Faktor. Bis zum Düsenzeitalter gab es zudem keine wirklich billigen, schnellen und effizienten Reisemöglichkeiten zwischen den Staaten; bis zur elektronischen Revolution mangelte es überdies an einem dichten nationalen Nachrichtennetz; und ehe man die Elektrizität zu nutzen verstand, konnte sich kein gemeinsamer Lebensstil entwickeln.[28]

Schon in der Frühzeit der Kolonie hatten sich regionale Unterschiede zwischen Virginias Küstenregion und dem Piedmont herausgebildet. Lebensweise, Klima, wirtschaftliche Erfordernisse und po-

litische Ambitionen hatten schon vor 1660 große Unterschiede ausgebildet. Als sich die Grenze immer weiter nach Westen vorschob,
bildeten sich neue Regionalismen heraus, ohne daß die alten im
Osten verschwanden. Nach der Unabhängigkeitserklärung zerbra-
chen sich in den jungen USA kluge Männer über die nationale Einheit genauso den Kopf wie über andere Probleme. Die Einwanderer
des 19. Jahrhunderts wurden eher New Yorker, Neuengländer oder
Südstaatler als Amerikaner – oder sie waren solche Dickköpfe, daß
sie gleich Iren, Italiener oder Juden blieben. Noch in den zwanziger
Jahren unseres Jahrhunderts, als die geographischen Barrieren dank
Eisenbahnen und Autos überwunden waren, mußte H.L. Mencken
feststellen, daß man Amerika zwar immer den Schmelztiegel aller
Rassen nenne, in Wirklichkeit aber das einzige, was schmelze, der
Tiegel selbst sei.

100 Jahre zuvor war das ganze noch viel schlimmer, der Regionalismus stellte eine chronische Bedrohung der nationalen Einheit dar.
Die Rechte der einzelnen Staaten standen an erster Stelle; demgegen-
über mußte als Gegengewicht der „Amerikanismus" überbetont
werden. Unterschiede zwischen Europa und den jungen USA wurden
stärker betont als Ähnlichkeiten.

Dieser Regionalismus, der sich zum Bruderkrieg steigern sollte,
war eine Folge des billigen Lands, der vitalen Bevölkerung und der
realen oder eingebildeten Möglichkeiten im Westen und Südwesten.
Der Alte Süden und die Küstenregion verfielen, viel Land wurde
aufgegeben und verwilderte wieder.[29]

Um 1820 waren die Vereinigten Staaten im Nordwesten bis zum
Eriesee besiedelt; von da verlief die Grenze quer durch Ohio, das
südliche Indiana und Illinois nach Missouri, von da nach Osten bis
in die Mitte Tennessees irgendwo in der Gegend von Knoxville,
dann zum Mississippi. In Florida, Georgia, Alabama, Mississippi,
Indiana, Illinois und Wisconsin gab es indianische „Nationen". Texas, Neu-Mexiko, Arizona und Kalifornien gehörten noch zum unabhängigen Mexiko. Der 49. Breitengrad war noch nicht als Grenze
zwischen Westkanada und den USA festgelegt.

Als der Alte Süden von der Baumwolle und vom ständigen Skla-
venbedarf gerettet wurde, waren seine unternehmungslustigsten Bewohner schon weggezogen. Im Norden siedelten sie bis nach Kentucky, Tennessee und in den südlichen Gebieten von Ohio, Indiana

und Illinois. Die Praktik der Sklaverei hatten sie zwar beibehalten, aber nur wenige Sklaven mit nach Nordwesten genommen (dennoch überlebte die Sklaverei in Illinois und Indiana bis nach 1840). Das Land unmittelbar westlich der Appalachen im heutigen Georgia, Alabama, Mississippi und Louisiana wurde hingegen mit Sklaven besiedelt, die ein einziges landwirtschaftliches Produkt anbauen sollten: Baumwolle. Zwar gab es Farmen mit gemischtem Anbau, Subsistenzhöfe und Pachtland, das armen Weißen gehörte, die sich keine Sklaven leisten konnten; Baumwolle aber war das, was im Neuen Süden Geld brachte, und ohne sie beziehungsweise ohne die günstigen Anbaubedingungen auf dem jungfräulichen Boden jenseits der Berge wäre die Sklaverei, wie beinahe schon einmal 1784, wohl verschwunden.

In jenem Jahr hatten die Väter der Verfassung, klug wie sie waren, erkannt, daß zwischen Weißen, die gerade der tyrannischen britischen Monarchie ihre Freiheit abgerungen hatten, und Schwarzen, die nichts anderes als ein bewegliches Hab und Gut darstellten, ein gewisser Widerspruch bestand. Fast alle Politiker der föderalistischen Epoche besaßen Sklaven, ein paar sogar recht viele, einige hielten sich Negerinnen oder Mulattinnen als Mätressen. Öffentlich verdammten sie die Sklaverei, im Privatleben waren sie Sklavenbesitzer. Wie sollte man in der Praxis das soziale Problem, das Negerproblem angehen?

In vielen Gemeinden gab es schon genug Ärger, weil man freie Weiße mit durchbringen mußte, die wegen irgendeines kleineren Vergehens aus England deportiert worden waren, hier ihre sieben Jahre Zwangsarbeit abgeleistet hatten und dann einfach als Schmarotzer ihrer Nachbarn dageblieben waren. Wie diese einst zwangsverpflichteten Weißen waren auch die Sklaven daran gewöhnt, ihren Grundbedarf erfüllt zu bekommen; man konnte nicht von ihnen erwarten, daß sie, wenn freigelassen, einen Beitrag zum Gemeinwohl zu leisten verstünden; das sprach gegen die Emanzipation. Weiter wurde argumentiert, daß man für die Sklaverei sein müsse, um von der gesamten Nation die Zustimmung zur Verfassung zu erhalten. Schließlich entschlossen sich 1784 die Verfassungsväter, die Sklaverei zu diesem Zeitpunkt noch nicht abzuschaffen, da über diesen Punkt und über das Problem eventueller Entschädigungen keine Einigung zu erzielen war. Im Süden hielt man die Sklaverei sowieso für die einzige Möglichkeit, mit Negern umzugehen, die man eher wie eine Art unmündiger Kinder betrachtete. Der kurze Niedergang, den die Sklaverei nach 1784 erlebte, basierte auf rein ökonomischen Gründen.

Mit der Egreniermaschine kam in den neunziger Jahren des 18. Jahrhunderts auch die Baumwoll-Monokultur auf; um Baumwolle anzubauen, wurde Sklaverei wieder einmal „notwendig"[30]: Die unheilige Allianz von Baumwollwirtschaft und Sklavenarbeit war geboren. 1808, als es theoretisch illegal wurde, Sklaven von außerhalb der USA zu importieren, war ein Pfund Upland-Baumwolle beinahe 15 Cent wert, die Aussichten waren rosig, und die Nachfrage stieg. Der Wert und damit der Preis der Sklaven stieg dramatisch. Die von Armut gebeutelten, aber kühleren und gemäßigteren Landstriche des Alten Südens entwickelten sich bewußt oder unbewußt zu einem Nachschubresevoir, das den Sklavenhandel mit Afrika und der Karibik ersetzte, und die Südstaaten brachten das erste sich selbst unterhaltende, sich selbst vermehrende Sklavensystem der Weltgeschichte hervor. In allen früheren Sklavenhaltergesellschaften hatte sich die Sklavenpopulation nie von selbst regeneriert; in der Regel entstand ein Defizit, das, wie in der Antike oder in der Karibik, durch Importe ausgeglichen werden mußte. Der Alte Süden jedoch war besonders gut geeignet, Sklavennachwuchs hervorzubringen, und die „Sklavenzucht" warf als Geschäft viel Geld ab.[31]

Mittlerweile erkannte die ganze Nation diese menschliche Ware als ungemeines Problem; „eine Sturmglocke in der Nacht", hatte der alternde Jefferson es genannt. Von 1790 an hatten zwar die Franzosen in Louisiana eine Zuckerindustrie aufgezogen, die sich auf Sklavenarbeit stützte; doch diese Industrie erreichte, gemessen am Wert der Ware oder an der Zahl der Sklaven, niemals auch nur ein Zehntel der Bedeutung der Baumwolle; und wenn die Sklaverei in den USA abgeschafft worden wäre, ehe sie 1803 Louisina erwarben, hätte man ihr Weiterbestehen in dem gerade von Frankreich gekauften Land sicherlich nicht gestattet.

Während der ersten Hälfte des 19. Jahrhunderts war New Orleans die einzige kultivierte Stadt im ganzen tiefen Süden. Europäische Reisende meinten, daß es der einzige Ort der Vereinigten Staaten sei, in dem man erstklassige Hotels oder Restaurants fände. New Orleans war ein großes Dienstleistungszentrum, ein Stapelplatz, ein

Marktplatz, eine Stadt der Muße; hier gab es kreolische Küche, Theater, Musik, Gelüste und Laster. Die Durchreisenden, so sagte man, waren zahlreicher, prominenter und krimineller als die Einheimischen. Gemessen an der Gesamtbevölkerung war der Anteil der Schwarzen, der Mischlinge und jener, die mit einem Teil schwarzen Blutes als Weiße „durchgingen", so hoch wie nirgendwo sonst in der westlichen Hemisphäre; einige freie Schwarze waren selbst bedeutende Sklavenbesitzer.

Hier in New Orleans erreichte die dem Luxuskonsum dienende Sklavenwirtschaft ihren Höhepunkt: Schwarze, die bei Tisch bedienten, wurden zueinander passend ausgewählt wie die Zugpferde einer vornehmen Kutsche; blaßhäutige Mulattinnen erreichten den zehnfachen Wert eines Feldarbeiters, ein Butler den fünffachen, ein guter Koch den dreifachen, und ein universell zu verwendendes kleines Mädchen, das dem Herrn die Stiefel auszog, war noch doppelt so viel wert wie ihre weniger talentierten Leidensgenossinnen. Sex und Rassenmischung, Sklavenmusik und schwarze Freudenmädchen, die paranoide Spielleidenschaft, die rauhen Sitten und die lasche Moral des Südens: über allem, was den Mythos New Orleans' ausmacht, sollte man nicht die schiere ökonomische Bedeutung der Baumwolle vergessen, auf die sich dieses brodelnde Bassin mitsamt seinem Abschaum stützte. In der ganzen Welt wird man wohl kaum eine vergnügungssüchtige Stadt ohne ein ökonomisch vitales Hinterland finden, das den Spaß und die Spiele finanziert und fördert.

Mehr als zwei Generationen bevor das Eisenbahnnetz den Norden überzog, hatten die Dampfschiffe schon den Süden verwandelt, und am meisten New Orleans. Vor dem Dampfzeitalter wurde ein Floß, das den Mississippi hinuntergeschwommen war, einfach zerlegt, wenn es seine Ladung in New Orleans abgeliefert hatte. Unter kommerziellen Gesichtspunkten wäre es einfach unsinnig gewesen, irgendein Fahrzeug von irgendeiner Größe gegen den Strom des Mississippi oder seiner Nebenflüsse ansegeln zu lassen. 1812 bewältigte das erste Dampfschiff die Hin- und Rückfahrt von Pittsburgh stromab und stromauf wieder zurück. Und mit dieser Errungenschaft sollte es rasch bergauf gehen. Felle, Weizen, Tabak, Holz, Mais, Pökelfleisch und viele andere Waren wurden aus dem Mississippi-Missouri-Becken und sogar aus den Nordstaaten New York, Pennsylvania und Ohio nach Süden verschifft. Vor dem Bau der Eisenbahnen war der Wasserweg der einzig gangbare.

Von allen Exportwaren des damaligen Südwestens hatte natürlich die Baumwolle die größte Bedeutung. Aus St. Louis im Norden, aus Pensacola im Osten, aus Brownsville im Westen strömte die Baumwolle nach New Orleans, wo sie auf andere Schiffe umgeladen, exportiert, weiterverkauft, eingelagert oder zum Spekulationsobjekt wurde. Beinahe die Hälfte aller europäischen Importe stammte aus New Orleans, das den alten Häfen von Charleston und Savannah und dem neuen von Mobile in Alabama mit Leichtigkeit den Rang ablief. Mit jedem Ballen Baumwolle machte irgendwo in dieser Stadt irgendeiner ein bißchen Geld und hielt so die Stadt mit all ihren grellen Attraktionen und mit ihrem zweifelhaften Charme am Leben.

Im Vergleich zu New Orleans waren die meisten der landeinwärts gelegenen Städte des Südens armselige Nester. Zur Entschuldigung könnte man vorbringen, daß die Männer draußen in der Weite des Landes, wo immer sie sein mochten, zu gehetzt und zu beschäftigt waren, um gute Manieren an den Tag legen zu können; Nordstaatler wie europäische Besucher sparten jedoch nicht mit bissigen Bemerkungen über das Verhalten der Südstaatenbewohner. Gewisse Romane enthüllen die Wahrheit nicht gerade. Die weißen Männer waren im allgemeinen ungewaschen, die Frauen jedes Alters von den Lebensumständen und dem Kinderkriegen ausgezehrt. Die Unsauberkeit, die zerlumpten Kleider und die den Geruchssinn beleidigenden Ausdünstungen von armen Weißen und Schwarzen gleichermaßen ließen jede Vorkriegs-Versammlung zu einer Erfahrung werden, die bei uns, die wir an Seife, Waschmittel, fließendes Wasser und Deodorants gewöhnt sind, nichts als Ekel erregt hätte.

Noch in den dreißiger Jahren unseres Jahrhunderts wirkte diese Region auf Nordstaatler ziemlich abenteuerlich, doch vor dem Bürgerkrieg war der tiefe Süden, mit Ausnahme New Orleans', zu jeder Zeit für jeden Besucher ein Kulturschock. Überall gab es Malariamücken; Gelbfieber und Typhus brachen häufig aus; Salmonellen, Würmer und Durchfallkrankheiten waren, besonders unter den Sklaven, weit verbreitet. Alle, Schwarze wie Weiße, hatten mit Darmkrankheiten zu leben gelernt. Ohne sich mit elektrischen Geräten Erleichterung verschaffen zu können, mußte man im Sommer die Hitze mitsamt den Regengüssen und Stürmen ertragen. Eis konnte man nur in New Orleans bekommen, und auch dort in der Regel nur bis Mitte April, wenn es nicht zu horrenden Kosten per Schiff aus einem Eiskeller des Nordens herangebracht wurde. Sauberes Wasser war in allen bebauten Gebieten eine Kostbarkeit. Die Spärlichkeit der sanitären Einrichtungen trug das ihre zum Gestank und zu den Beschwerlichkeiten bei. Von Keimen und Infektionskrankheiten hatte man noch nichts gehört, Desinfektionsmittel oder Schmerztabletten waren unbekannt. Industriell hergestellte Seife war Mangelware. Das von mißmutigen und manchmal wenig begabten Sklaven gekochte Essen war von fragwürdiger Qualität und schmeckte oft scheußlich. Mangelkrankheiten waren in diesem Land des Überflusses weit verbreitet. Wenn dies eine Zivilisation war, dann war sie ziemlich ungeschliffen. Wer andererseits solch eine Gesellschaft überlebte, ging aus dieser Erfahrung gestählt hervor.[32]

Und die für die Sklaverei charakteristischen Probleme konnte man in der Tat am eigenen Leib erfahren. Jede Menge kleinerer Diebstähle kamen vor, doch komischerweise wurden sie kaum geahndet. Haussklaven und Hoteldiener, die meistens die Hauptübeltäter auf diesem Gebiet waren, konnte man nur schwer züchtigen oder strafen: Sie hätten an Wert verloren, wenn man sie zu kräftig ausgepeitscht hätte. Man konnte sie verkaufen, aber dies kam erst als letzte Maßnahme in Betracht. Listige Sklaven loteten die Grenzen, bis zu denen sie ihre Eigentümer mit kleinen Diebstählen und anderen Delikten ärgern konnten, aufs feinste aus. Viele Häuser gab es wohl nicht, in denen Wertsachen frei zugänglich waren; in einem Hotel war rein gar nichts sicher; und was nicht gestohlen wurde, ging oft zu Bruch. Gebunden an den engen Kontakt zu einer Gesellschaft von Weißen, die arrogant für sich in Anspruch nahmen, die Überlegenen zu sein, entwickelten intelligente Sklaven einen Nihilismus, der zu Realitätsverlust und Eskapismus führte. Zur Subkultur der Sklavengemeinschaft gehörten nicht nur Lieder und Spiritualismus, sondern auch eine verständliche eigensinnige Weigerung, die Realität zu akzeptieren; lieber ließ man der Einbildungskraft freien Lauf. Häufig kam es zu Bränden, die fast immer von unzufriedenen Sklaven in voller Absicht gelegt worden waren; die Missetäter wurden so gut wie nie gefunden. Trotz aller sich daraus ergebenden

Probleme berichteten die Lokalzeitungen nach dem Bürgerkrieg nur noch viel seltener von Bränden als zur Blütezeit der Sklaverei. Gewaltverbrechen, wie sie unter den Weißen gang und gäbe waren, wurden von Sklaven kaum verübt; immer blieben sie gewitzt genug, um bis zu einem bestimmten Punkt, aber nicht darüber hinaus zu gehen.[33]

Noch andere Angewohnheiten gab es, die einem Fremden wohl kaum als angenehm erschienen sind, zum Beispiel die ortsübliche Abhängigkeit von Tabak und Mais-Whiskey. Beim Tabak fiel das besonders unangenehm auf: Andere Leute rauchten oder schnupften das Kraut – die Südstaatler kauten es. Sie kauten nicht nur, sondern spuckten auch. Doch konnte man das Kauen an sich eher akzeptieren als das Tabakrauchen mittels Tonpfeifen, das um 1820 in Westvirginia üblich war und Männern wie Frauen zu schwarzen Zähnen im weißen Gesicht verhalf. „Was für ein eigenartiger Gegensatz", schrieb ein Europäer, „zu weißen Zähnen in schwarzen Gesichtern."

Mais-Whiskey wurde nicht bloß getrunken, sondern diente immer auch als eine Art Ersatzwährung. Immer wenn die Briten und später die Bundes- oder Staatsregierungen versuchten, Whiskey als Genußmittel zu besteuern, kam es zu lokalen Aufständen; häufig diente er eher als Wertanlage denn als Genußmittel. Nehmen wir an, daß ein Mann sich in Tennessee, damals ein Vorposten der Zivilisation, aufmachte, um auf den waghalsigen Wegen jener Epoche die küstennahen Landstriche Carolinas zu besuchen. Die einzigen irgendwie verkäuflichen Produkte, die er auf seiner Farm gefunden hätte, wären – so eine Liste aus dem Jahr 1812 – „Baumwolle, Bauholz, Pech, Terpentin, Teer, Felle, Tierhäute, Weizen, Erbsen, Kartoffeln, Honig, Myrtenwachs, Tabak, Schlangenwurzeln, mehrere Kautschukarten und medizinische Drogen" gewesen. Auf dieser Liste fehlte der Mais, der im Gegensatz zu den meisten anderen Produkten zu sperrig und zu gering im Wert war, um verkauft werden zu können. Mais konnte aber im Wert gesteigert und im Volumen konzentriert werden, wenn man ihn zu Whiskey brannte; ein Packpferd konnte mit über 180 Litern Whiskey beladen werden, die viel mehr wert waren als 500 Pfund von irgendeinem der anderen Produkte, Pelze und Arzneikräuter vielleicht ausgenommen. Die beiden letztgenannten Waren waren zu speziell, um sich einer allgemeinen Nachfrage erfreuen zu können, während Mais-Whiskey ohne Frage im gesamten Süden willkommen war. Mit Ausnahme des Goldes und des Papiergelds bestimmter Staaten, die sich einer rigideren Finanzwirtschaft als allgemein üblich erfreuten[34], mußte man bei allen anderen wertvollen Tauschgütern von vornherein mit Abstrichen rechnen. Mais-Whiskey von vernünftiger, durchschnittlicher Qualität eignete sich zum Warentausch viel besser als irgendein Stück Papier, besser als irgend etwas außer Gold. Wenn unser Freund aus Tennessee jedoch sein ganzes Konto versoffen hätte und nie nach Carolina geschweige denn zurück nach Tennessee gekommen wäre, würde er nicht der erste gewesen sein, der so am Wegesrand scheiterte. In einer Gegend, wo man die harten Sachen so leicht brennen konnte, war der chronische Alkoholismus ein weitverbreitetes Übel. Die Erinnerung daran ließ auch nach dem Bürgerkrieg die „Local Option"-Bewegung[35] und nach dem Ersten Weltkrieg die Prohibition erstarken.

Der Mangel an Gold, einer verläßlichen Papierwährung oder irgendwie stabiler Kreditbedingungen schwächte das Land und führte dazu, daß die Südstaatler in allen Geldangelegenheiten eine charakteristische Ungezwungenheit an den Tag legten. Seit den Tagen der ersten Besiedlungen herrschte chronischer Bargeldmangel; und doch hatten die ökonomischen Bedingungen dazu geführt, daß man unklugerweise sich kurzfristig etwas lieh und es langfristig investierte oder verlieh. Vielleicht 25 bis 35 % des im Süden umlaufenden Kapitals wurden in Sklaven investiert. Wenn man Sklaven als lebendes Inventar betrachtete (was man wirklich tat) und noch Pferde, Maultiere, Rindvieh, Schafe, Schweine und Hühner hinzurechnete, waren um 1850 vermutlich mehr als die Hälfte allen Kapitals in Objekte investiert, die nur ein Herzschlag vom Tod trennte. Der Hunger nach Bargeld, das Streben nach schnellen Profiten und Geldverdienen im allgemeinen war im Süden und Südwesten deutlicher ausgeprägt als im Norden. Natürlich gab es Ausnahmen. Die Tabakpflanzer der Küstenregion pflegten seit hundert Jahren über Familienbande und Geschäftsverbindungen Beziehungen nach London und konnten so immer Geld für ernstzunehmende Unternehmungen bekommen; dasselbe galt für New Orleans' Verbindungen nach Frankreich. Im allgemeinen sollte jedoch der Süden noch bis zum Zweiten Weltkrieg seinen Appetit auf harte Währung, billige Kredite und einträgliche Wechselgeschäfte nicht stillen können. Dennoch war viel „Geld" im Umlauf, wenn auch manches davon suspekt und von zweifelhafter Herkunft war.

Zu den flüchtigen finanziellen Arrangements paßten die hohe Gewalttätigkeit und das viele Gerede von der „Ehre". Dieses Portrait zeichnen heute die Romane, Filme und endlosen Fernsehserien, die sich allesamt auf die ersten zwei oder drei Jahrzehnte nach dem Bürgerkrieg konzentrieren. Verläßliches Zahlenmaterial liegt nicht vor, das Studium der Zeitungen jener Epoche legt jedoch den Schluß nahe, daß die Zahl der Gewaltverbrechen mit tödlichem Ausgang in Georgia, Alabama und Mississippi vor dem Bürgerkrieg genauso hoch lag wie danach. Natürlich lebte die Gesellschaft allzeit an der Grenze zu gewalttätigen Ausschreitungen, denn die Hälfte ihrer Bevölkerung bestand aus häufig unzufriedenen Schwarzen. Die Sklavenbesitzer waren oft Kapitalisten in erster Generation; sie kannten nichts anderes, als daß die Nigger zur Arbeit da waren und im Zaum gehalten werden mußten. Macht über Tod oder Leben anderer Menschen zu haben, tut niemandem gut, schon gar nicht einem Mann, dessen Lebensplan darin besteht, der knochenbrecherischen Feldarbeit dadurch zu entkommen, daß er sich andere zulegt, die für nicht mehr als ihren eigenen Lebensunterhalt seine Arbeit tun.

Besonnene, zivilisierte Männer vom Schlage eines Jefferson oder Washington gab es zur Zeit des Königsreichs der Baumwolle in der Küstenregion vielleicht häufiger, in den gerade erschlossenen neuen Gebieten scheinen sie jedoch nicht vorgekommen zu sein, ehe dort die Besiedlung vollständig abgeschlossen war. Wälder zu roden, gegen Indianer zu kämpfen und die Sklaven in Zucht zu halten, war ein harter Job; in diesem Gewerbe setzten sich nur harte Kerle mit Erfolg durch. Egal ob das Ziel ein Weißer oder Indianer war, bei Auseinandersetzungen galt immer das Motto: erst schießen und hinterher Fragen stellen. Sklaven erschoß man natürlich nicht; sie waren Hab und Gut und wurden daher nur ausgepeitscht – aber vorsichtig, damit sie nicht zuviel an Wert verloren.

Die Entwicklung des industriellen Kardierens, Spinnens und Webens in England fiel also mit dem erstmaligen Anbau von Upland-Baumwolle und der weiten Verbreitung der Egreniermaschine im amerikanischen Süden zusammen; infolgedessen fand um 1820 die offensichtlich unstillbare britische Nachfrage nach Rohbaumwolle ihre

Entsprechung in den riesigen Produktionsreserven in Amerika. Die nächsten hundert Jahre lang sollten die Briten mehr Baumwolle verspinnen als der ganze Rest der Welt zusammengenommen, und die USA sollten die riesigen Nachschubmengen, die die Fabriken am Laufen hielten, anbauen. Am Ende dieser Epoche war die industrielle Revolution in ruhigeres Fahrwasser geraten, aber der exzessive Auf- und Ausbau der Fabriken hatte zu einem Ungleichgewicht in der britischen Gesellschaft geführt, das mindestens genauso problematisch war wie das von der Baumwolle hervorgerufene am anderen Ende der Kette.

In England hatte das Textilgewerbe Städte entstehen lassen, die fast zur Gänze von „Lohnsklaven" bevölkert waren, während der Baumwollanbau im amerikanischen Süden eine Gesellschaft hervorgebracht hatte, die total und anscheinend unvermeidlich sich auf Sklaverei stützte. Gewisse US-amerikanische Historiker versuchen den Nachweis zu erbringen, daß Sklavenarbeit effizienter als Lohnarbeit gewesen sein soll. Wenn man jedoch den Wert eines Ballens Baumwolle in New Orleans zwischen 1800 und 1850 mit dem Wert eines Feldarbeiters bei einer Auktion während derselben 50 Jahre vergleicht, zeigt sich, daß der Wert der Sklaven im Vergleich zu dem der Baumwolle sich verfünffachte. Darauf könnte ein heutiger Historiker einwenden, daß die Organisation der Feldarbeit in Sklavengruppen zu einer fünffachen Produktivitätssteigerung führte. Dies mag genauso zutreffen wie die unbezweifelbare Tatsache, daß die Preissteigerungen bei Sklaven den Sklavenbesitzer zwangen, die Methoden und Verfahren zu verbessern, wenn er überleben und im Geschäft bleiben wollte.

Mechanisierung, Pflanzenzucht, chemische Mittel gegen Insekten, Krankheiten, Pilze und Unkraut kannte man damals noch nicht, noch nicht einmal die einfachsten Formen rationeller Landwirtschaft wie das Düngen und vergleichbare Praktiken, die man in Europa schon seit Jahrhunderten anwandte.[36] Damit läßt sich das Argument der Historiker, daß sich die Effizienz der Sklavenwirtschaft verbessert habe, nicht völlig in Einklang bringen. Doch es gibt einen Faktor, der dem Agronomen eher einleuchtet als dem Historiker: In den Südstaaten gab es, ehe die Upland-Baumwolle sich zum Geschäft entwickelte, 500 Millionen Morgen unbesiedeltes Land, die zum Anbau bereitstanden.

Um die 4 Millionen Ballen des Jahres 1850 zu erzeugen, brauchte man nur ca. 10 Millionen Morgen, wobei das Land zur Erzeugung der Lebensmittel für alle Herren und Sklaven schon mitberücksichtigt ist. Das waren nur 2 % des zur Verfügung stehenden Gebiets. Wenn neues Land, wie es meistens der Fall war, für 1,25 $ pro Morgen zu haben war, ist es einleuchtend, daß der Plantagenbesitzer die Anbauflächen sorgfältig auswählen und drei Viertel seines Landes brachliegen oder sogar wieder verwildern lassen konnte; er hätte sogar alle 5 bis 10 Jahre auf ein neues, jungfräuliches Stück Land umsiedeln können. Auch wenn man in einem extremen und hypothetischen Fall annimmt, daß ein Besitzer nur auf einem kleinen Teil seines Landes, sagen wir 10 Morgen, Baumwolle anbaute, hätten die Zinsen für dieses kleine Stück Land nur einen Bruchteil der Zinsen für den einen Sklaven, der es bebaute, ausgemacht.

Wenn man alle Schwarzen, vom Säugling bis hin zu den alten Onkel Toms, mitrechnet, schlug ein Plantagensklave in der Bilanz des Besitzers 1850 mit ungefähr 200 $ zu Buche. Diese Summe war mit mindestens 10 $, in einigen Staaten mit 15 $ zu verzinsen – anders ausgedrückt, mit 5 bis 7½ %. 10 Morgen Land, die je nach Qualität mit 20 $ bis 100 $ bewertet wurden, waren also nur mit höchstens halb soviel Zinsen wie ein einzelner Sklave zu veranschlagen. Diese 10 Morgen konnten alle Sklaven und alle Weißen auf der Plantage ernähren und zugleich noch die Handelsware hervorbringen, die das ganze System am Leben erhielt.

Doch dieses System war in hohem Maße anfällig. In guten Zeiten konnte man sich Rindfleisch leisten – natürlich nur die Besitzer; Schwarze und arme Weiße, in schlechten Zeiten auch die Plantagenbesitzer, aßen tagein, tagaus Schweinefleisch, das damals, als es noch keine Kühlmöglichkeiten gab, am Ort des Verzehrs produziert werden mußte. Holz für Bau- und Reparaturzwecke war ausreichend vorhanden. Häufig fand man auch Lehm oder Tonerde als Baumaterial. Eisen wurde wiederverwertet. Die schlichte Kleidung stellte man selbst her, ebenso meistens die Seife. Heilkräuter boten eine Alternative zu käuflichen Arzneimitteln – von denen es, mit Ausnahme des Chinins, bis 1861 ohnehin nur wenige gab. Ein schlechtes Baumwolljahr bedeutete, daß man den Gürtel enger schnallen mußte; bei zwei schlechten Jahren hintereinander wurde es schon ungemütlich, und bei dreien litt man Not. Wirklicher Ruin drohte dem Plantagenbesitzer im Süden jedoch nicht so schnell wie dem Kaufmann, Fabrikbesitzer oder Bankier im Norden. In wirklich schlechten Zeiten hielten sich die Banken mit ihren Forderungen zurück, weil sie sonst alle ihre Kunden in die Pleite getrieben hätten.

Der legere Umgang mit dem Geld erlaubte im Neuen Süden auch clevere Kursgeschäfte. Bei einer örtlichen Bank konnte man einen Kredit aufnehmen und die Bedingungen so aushandeln, daß er zurückbezahlt werden mußte, wenn die Baumwollernte in New Orleans eingetroffen war. Der Schuldner lieh sich Dollars der Landeswährung und bezahlte damit alles, was er brauchte. Seine Baumwolle verkaufte er dann in New Orleans gegen Golddollar. Dafür konnte er sich bei seiner örtlichen Bank Noten in Landeswährung kaufen, üblicherweise mit einem Kursgewinn von 5 bis 7 %, und seinen Kredit der Bank in ihrer eigenen, entwerteten Währung zurückzahlen. Wenn man eine solche völlig legale und sehr beliebte Transaktion häufig genug durchführte, konnte man für einen Apfel und ein Ei in den Besitz einer Plantage mitsamt allen Sklaven kommen. Draufzahlen mußten bei diesen Geschäften jene Kunden der Bank, die nicht so gerissen waren; ihnen ging es keinen Deut besser als gutgläubigen Kreditgebern in unseren heutigen inflationären Zeiten.

Von 1820, als dank der Vertreibung zahlreicher Indianer viel neues Land zur Verfügung stand, bis 1850 dauerte die unglückselige Partnerschaft von Baumwolle und Sklaverei an. Die Strukturen hatten sich verfestigt, und jeder Mann im Süden akzeptierte sie als selbstverständlich.

Körperliche Arbeit, so sagte man, sei nichts für Weiße. Doch gab es viele Trupps von weißen Arbeitern, die wegen des dringend benötigten Geldes, nicht wegen der Peitsche, zum Beispiel Straßen bauten. Auf den Flußschiffen arbeiteten Weiße und Schwarze nebeneinander in Maschinenräumen, in denen es manchmal bis zu 50°C heiß werden konnte. Beim Eisenbahnbau bestanden viele Arbeitstrupps aus Weißen wie freien Schwarzen. Nur die Baumwollfürsten behaupteten, daß die Feldarbeit wegen der sengenden Hitze nur von schwarzen Sklaven verrichtet werden könnte. Daß das ein Mythos oder eine Lüge war, wurde 1872 ersichtlich, als der Süden genausoviel Baumwolle produzierte wie im letzten Jahr vor dem Bürgerkrieg.

Das meiste davon wurde von Pächtern, die einen Teil der Ernte abliefern mußten, produziert;[37] die meisten von ihnen waren Weiße, keine Schwarzen. Viele Südstaatler hängen jedoch immer noch diesem Mythos an.

Wenn man in den fünfziger Jahren des 19. Jahrhunderts die Sklavenbefreiung auf friedlichem Weg erreichen wollte, stand man vor einem schier unlösbaren Problem. Vorsichtig geschätzt, betrug der Wert aller Sklaven 1850 über 2 Milliarden Golddollar; ungefähr 100 bis 120 Milliarden DM nach heutiger Währung. Verglichen mit einem modernen Multi wie General Motors, IBM oder Exxon war das nicht viel, gemessen an den damaligen wirtschaftlichen Verhältnissen jedoch eine ungeheure Summe: etwa das Zehnfache des damaligen Staatshaushalts der USA, etwa ein Viertel des Gesamtkapitalwertes von allem und jedem in den Sklavenhalterstaaten, etwa das Zehnfache des Werts der eigentlichen Baumwollernte. Der Süden war kapitalintensiv geworden, und das Kapital war im Wert der Sklaven gebunden.

Man hatte schon früher, ehe die Baumwolle solche Bedeutung erlangte, drei Versuche zur Sklavenemanzipation unternommen. Der erste, den wir bereits erwähnten, scheiterte in den achtziger Jahren des 18. Jahrhunderts an der Kompensationsfrage. Genauso scheiterten die Versuche in den zwanziger Jahren des 19. Jahrhunderts und jene des Jahres 1834, die sich am Beispiel der britischen Karibikinseln orientiert hatten. Um 1850 schließlich war die Kompensationsfrage nicht mehr bloß ein Problem, sie war unlösbar geworden.[38]

Es ist eine erstaunliche historische Tatsache, daß im finsteren, rückständigen zaristischen Rußland die Leibeigenen zwei Jahre früher befreit wurden als die Sklaven in den freien, fortschrittlichen, demokratischen Vereinigten Staaten. Wenn man jedoch nur einen Moment darüber nachdenkt, liegen die Gründe auf der Hand. Bei der Leibeigenschaft waren Männer, Frauen und Kinder an das Land gebunden; als Gegenleistung dafür, daß sie es bebauen durften, mußten sie ihre Arbeitskraft für ein paar Tage die Woche dem Landbesitzer zur Verfügung stellen. Ein Teil des Landes wurde zugunsten des Herrn bebaut, den anderen Teil bebauten die Leibeigenen für sich selbst. Die Zahl der abzuleistenden Arbeitstage war je nach Land, Region, Jahrhundert und Hauptanbaupflanzen verschieden.

Dieses äußerst stabile System erfreute sich einer langen und ansehnlichen Geschichte – über 1 000 Jahre hielt es sich in einigen Gegenden Europas, mehr als 2 000 Jahre in Teilen Asiens. Obwohl es mit zu den Gründen zählte, die weiße Europäer nach Amerika auswandern ließ, war es doch weit humaner als die Sklaverei. Der Feudalismus war den Gründervätern jedoch so verhaßt, daß sie lieber die Sklaverei beibehielten, als sie in irgendeine Form des Feudalismus zu überführen – es gab ja schon den Modellfall der Zwangsverpflichteten, die sieben Jahre oder so ohne Bezahlung arbeiteten und dann ein Stück Land erhielten. Als die USA unabhängig wurden, hielt man dieses System für nicht auf Schwarze übertragbar; wenn jedoch damals oder später die Sklaverei in eine Form der Leibeigenschaft überführt worden wäre, hätte es keine Sklavenfrage mehr und keinen Bürgerkrieg gegeben. Während es aus den siebziger und achtziger Jahren des 18. Jahrhunderts noch viele Hinweise darauf gibt, daß man eine Art von feudaler Abhängigkeit für die Schwarzen in Erwägung zog, gibt es keine Belege dafür, daß man in den vierziger und fünfziger Jahren des 19. Jahrhunderts noch eine solche Kompromißlösung diskutiert hätte.

In den dreißiger Jahren des 19. Jahrhunderts hatte man ein solches Verfahren, wie weiter oben ausführlich dargestellt, auf den britischen Karibikinseln ausprobiert; die Besitzer bekamen nur eine geringe Entschädigung, dafür mußten die Exsklaven sieben Jahre ohne Bezahlung arbeiten. Unglücklicherweise waren auf vielen Inseln die freigelassenen Sklaven einfach davongerannt, um sich irgendwo auf einem freien Stückchen Land das, was sie zum Leben brauchten, selbst anzubauen; sie hatten ihre Arbeitskraft dem Wirtschaftssystem entzogen. Da andere Arbeitskräfte nicht zur Verfügung standen, wurden viele Zuckerplantagen in den Ruin und in den endgültigen Untergang getrieben. Vielleicht waren es solche schlechten Erfahrungen, die im amerikanischen Süden jeden Vorstoß in dieser Richtung scheitern ließen. Vermutlich eignete sich jenes Verfahren besser für Gegenden, wo das Land knapp, aber Arbeitskraft im Überfluß vorhanden war; auf dichtbesiedelten Karibikinseln hat das System jedenfalls funktioniert.

In den gesamten USA sah man nur vier Möglichkeiten, wie es mit der Sklaverei zu Ende gehen könnte:

1. Sie würde einfach verschwinden; theoretisch, so behaupteten

damals einige, müßte sich die Sklaverei in nichts auflösen, da sie sich in den Südstaaten als genauso ineffizient erweisen würde wie zuvor schon in der Karibik; diese Theorie berücksichtigte aber nicht die Monopolposition der Baumwolle.

2. Emanzipation bei gleichzeitiger Entschädigung der Besitzer; das hielt man einfach nicht für machbar.

3. Emanzipation ohne Kompensation; das hätte den Süden ruiniert.

4. Die gewaltsame Lösung, wie sie in Form des Bürgerkriegs dann auch Wirklichkeit wurde.

Da Sklavenarbeit scheinbar unvermeidlich war, brachten viele zu ihrer Entschuldigung auch vor, daß das paternalistische Sklavensystem doch eine gütigere Beziehung darstelle als das rein willkürliche Boß/Arbeiter-Verhältnis. Von der Wiege bis zur Bahre wurden die Schwarzen wie Kinder behandelt, während der Lohnarbeiter des Nordens keine soziale Sicherheit kannte, keinen Arbeitsplatzschutz, keine Gesundheitsvorsorge und keine Lohngarantie. Freiheit bedeutete auch die Freiheit zu hungern, arbeitslos zu sein, hilflos in der Krankheit, ohne ausreichende Mittel im Alter; zugleich bedeutete sie aber auch, geistig frei zu sein und unter den sich einem freien Mann bietenden Möglichkeiten frei wählen zu können. Die schwarzen Sklaven hatten keine Wahlmöglichkeiten – auf einigen Plantagen konnten sie sich noch nicht einmal ihr Essen aussuchen, weil es in irgendeiner Gemeinschaftsküche gekocht wurde. Für Sklaven galten ganz spezielle Vorschriften; außer an Sonntagen wurde ihnen zum Beispiel jede Freizeit verweigert; sie durften nicht lesen und schreiben lernen; in einigen Staaten war es verboten, einzelne Sklaven freizulassen; es gab Passierscheinbestimmungen, Sklavenpatrouillen mit gefürchteten Bluthunden, professionelle Auspeitscher, die verhaßten Aufseher, in vielen Städten Sperrstunden; Heiraten versuchte man zu verhindern, Kinder wurden ihren Mütter weggenommen; besondere Gesetze fanden auf flüchtige Sklaven Anwendung, und dementsprechend wurden entlaufene Sklaven auch behandelt; all diese Grausamkeiten waren dem System nicht etwa deswegen zu eigen, weil Sklaven eben Sklaven waren, sondern weil Sklaven Schwarze waren und Schwarze eben etwas anderes.[39]

Ob solche harschen Gesetze nun ökonomisch zu rechtfertigen waren oder nicht, ihre Existenz ließ die moralische Mehrheit immer lauter die Stimme gegen die Sklaverei erheben. In diesem Lager hatten die meisten, wie es bei moralischen Mehrheiten häufig der Fall ist, gute eigennützige Gründe, die zunächst politisiert und dann zu Fragen der Moral erhoben und sanktioniert wurden. Die armen Weißen des Südens unterstützten die Sklaverei nicht; dies zeigte sich 1861 in West-Virginia, und es hätte sich auch sonst überall in den Appalachenbergen gezeigt, wenn man dort die Weißen vor die Wahl gestellt hätte. Aber sie durften nicht wählen, also demonstrierten, marschierten und kämpften sie, sie wurden ausgehungert, verwundet, getötet oder ruiniert, und das alles um einer Sache willen, an die sich nicht glaubten, aus der sie keinen Nutzen zogen, die sie aber auch nicht in Frage stellten.[40]

Im Norden hatten Eigeninteressen und moralische Grundsätze die Einstellung der Arbeiter zur Sklavenfrage verfestigt; Unternehmer, Bankiers und Kaufleute mußten sie aber nicht unbedingt teilen. Bewährte Fachleute haben schon immer auf Handlanger und Wasserträger herabgeblickt.[41] Dieser Umstand trug nicht gerade dazu bei, die nachteiligen Auswirkungen der industriellen Revolution zu vermindern. Jeder verfolgte das Ziel, sich aus seinen Verhältnissen, wie bescheiden sie auch immer waren, herauszuarbeiten, um sein Brot nicht mehr im Schweiße seines Angesichts verdienen zu müssen.

Menschen aller Zeiten und Gesellschaftsformen haben über Organisationsformen der Arbeit nachgedacht. In unserer heutigen modernen westlichen Welt wird diese Frage dadurch verschärft, daß wir Menschen durch Maschinen zu ersetzen begonnen haben und daß die Menschen die Idee der Selbstbestimmung hegen, das, was wir meist mit „Freiheit" umschreiben.

Theoretisch sind die zeitgenössischen sozialistischen Staaten dabei in einer besseren Ausgangssituation, weil sie die Verteilung der Arbeit „planen" können; schon Marx hatte 1875 in Gotha erklärt, daß die Gesamtheit der Arbeitenden, also der sozialistische Staat, das Recht habe, über die Produkte aller menschlichen Arbeit zu verfügen, und die meisten Sozialisten akzeptieren dieses Diktum noch heute. Im wesentlichen unterscheidet sich dieses Konzept kaum von einem Sklavenhalter, der das Recht hat, über die Arbeit eines Sklaven sein Leben lang zu verfügen – es sei denn, man unterstellt, daß der Staat noch gütiger als der gütigste Sklavenhalter ist.

Daß ein Mann sich das Recht herausnimmt, über die Arbeit eines anderen verfügen zu dürfen, geht in urälteste Zeiten zurück. Wenn zwei Tiere miteinander kämpfen, verliert der Verlierer alles, in den meisten Fällen sogar sein Leben. Wenn der Verlierer freßbar ist und der Gewinner ein Fleischfresser, wird der Verlierer verzehrt. Wenn der Verlierer ein Weibchen von derselben Art ist, bedient sich der männliche Sieger ihrer. Wenn der Verlierer ein Männchen ist und in seinem Gefolge Weibchen hat, die Gegenstand männlicher Rivalität sein können, gehen diese Weibchen in den Besitz des siegreichen Männchens über.

Oberflächlich betrachtet, geht es bei den Menschen nicht viel anders zu. Männliche Verlierer wurden am Leben gelassen, um sie zu lebenslänglichen Sklaven zu machen. Dies war die früheste Form der Sklaverei, lange bevor Sklaven gekauft wurden oder sich selbst reproduzierten. Mit Ausnahme poetischer, emotional sehr aufgeladener Zeiten zogen die meisten Menschen die Sklaverei immer dem Tod vor.[42]

Bis zum 19. Jahrhundert hatte man es noch nicht als sonderlich inhuman betrachtet, Kriegsgefangene, die man nicht sicher bewachen konnte, umzubringen. Noch im Zweiten Weltkrieg beachteten die Japaner, solange es noch nicht klar war, daß die Alliierten gewinnen würden, die Rechte der Kriegsgefangenen nicht. Bis zum 18. Jahrhundert hatten noch alle europäischen Gesellschaften sich das Recht genommen, Gefangene ohne Bezahlung für sich arbeiten zu lassen. Die Alternative hieß Freikauf: Anstelle seiner lebenslangen Arbeitskraft nahmen die Sieger Geld. Wenn das erst einmal akzeptiert ist, wird auch die Sklaverei reputierlich, und vieles weitere folgt. Feudalismus wird der Sklaverei vorgezogen, und die marxistische Position wird achtbar.

Die moderne westliche Gesellschaft will alles zugleich: Wir fordern Vollbeschäftigung und absolute Freiheit, unseren Job zu wählen und zu wechseln, sowie gleichzeitig das Recht, Ersparnisse oder Profite, die wir vielleicht machen, für uns zu behalten. Zudem fordern wir vom Staat, daß er unsere Bedürfnisse absichert, unseren Kindern eine kostenlose Ausbildung zukommen läßt und bei Krankheit sowie im Alter für uns sorgt. Nichts von alledem gab es vor 1861 und zum größten Teil noch lange danach, weder in den Vereinigten Staaten noch in Europa.

Die zunehmende Mechanisierung hat nicht nur dazu geführt, daß solche Rechte und Freiheiten zu politischen Forderungen wurden, sondern auch die Freizeit in die Welt gebracht, die Intellektuellen zum Problem und den Antriebsschwachen zur Last wird. Die meisten Menschen verfügen kaum über die Fähigkeit, sich sinnvoll zu beschäftigen, ohne Geld auszugeben.

Sklaven können keine Freizeit haben, weil sich ihr Nichtstun nicht für den Besitzer auszahlt. Der „Lohnsklave" hat genau das bißchen Freizeit, welches der verruchte Kapitalist ihm unvermeidlicherweise zugestehen muß. Die richtige Menge Freizeit, die die Leute wirklich haben wollen, ist unbekannt, variabel und je nach individueller Einstellung verschieden.

Bis in die jüngste Zeit mußten die meisten Europäer oder Amerikaner ihren Lebensunterhalt mit körperlicher Arbeit verdienen, doch der Arbeiter wurde als ein unglückliches Wesen verachtet oder bemitleidet, von dem man annahm, daß es keine Ausbildung, keine ihm eingegebenen Fähigkeiten und nicht den Drang zum Höheren im Leben hätte. Daß Arbeit adele, so die Vorstellung von Viktorianern wie Ruskin, leuchtete jenen überhaupt nicht ein, die wußten, was Arbeit heißt. Nicht anders als alle Armen dieser Welt pflegten auch die Ärmsten der weißen Amerikaner je nach persönlicher Neigung Handel zu treiben, zu spielen, feilschen, betrügen, lügen oder stehlen – alles zu tun, womit man körperliche Arbeit vermeiden konnte. Erst selbständig zu werden und dann Kapitalist, das war der Weg: Im amerikanischen Norden heuerte man andere an, die die schweißtreibende Arbeit verrichteten, und im Süden kaufte man ihre Arbeitskraft auf Lebenszeit.

Also gab es doch, sagten die Südstaatler, keinen wirklichen moralischen Unterschied, ob man nun billige irische Arbeiter vom Schiff weg engagierte, um sie Gräben in Boston ausheben zu lassen, und sie nach Beendigung der Arbeit einfach wieder hinauswarf, oder ob man Sklaven kaufte oder heranzog, um sie Felder in Georgia bestellen zu lassen. Da man im Süden sogar eine lebenslange Verpflichtung einging, wäre der Sklavenbesitzer moralisch sogar höher zu bewerten als der Bauunternehmer oben im Osten. Im Grunde war dies die moderne Diskussion um Wohlfahrtsstaat contra größtmögliche Freiheit, nur in anderer Form; die Protagonisten beider Seiten waren so unversöhnlich wie heute die Exponenten von Sozialismus und Konservatismus.

Das wirkliche Argument gegen die Sklaverei war weder ökonomischer noch moralischer, religiöser oder sozialer Natur. Ökonomen wie Moralphilosophen haben beide Seiten argumentativ unterstützt. Mit Ausnahme der römisch-katholischen Kirche Amerikas, die einst auch den Sklavenhandel in vollem Umfang unterstützt hatte, nahmen in den zwanziger und dreißiger Jahren des 19. Jahrhunderts die Kirchen im Norden und Süden unterschiedliche Positionen ein. Um 1850 konnte ein Baptist, ein Methodist oder ein Episkopalist erstaunt feststellen, daß seine Kirche passenderweise im Süden die Sklaverei befürwortete, genauso weltlich-weise diese Praxis im Norden verurteilte und an der Grenze dazwischen eine zögernde Position einnahm. Die soziale Stellung der Sklaven konnte man immer so hindrehen, daß sie besser dastanden als der arme Einwanderer, der im Norden oft keine Arbeit fand, oder der Baumwollarbeiter in Lancashire, der für weniger viel härter arbeiten mußte als die meisten Sklaven.

Das wirkliche Argument, gerade gegen die Sklaverei in Amerika, betraf die Zukunftsaussichten. Die meisten Weißen in Amerika träumten davon, daß entweder sie selbst oder wenigstens ihre Kinder Farmer, Grundbesitzer, große Kaufleute, Rechtsanwälte oder Staatsmänner werden würden. Hier war das Land der unbegrenzten Möglichkeiten. Die meisten Emigranten waren nach Amerika gekommen, um das bessere Leben in dieser Welt und nicht erst in der nächsten zu finden; jeder hatte eine Chance, seinen Weg aus der rauhen Gegenwart in eine goldene Zukunft zu machen. Also lag es nahe zu verkünden, daß mit einem Mann, der seine gegenwärtige unbefriedigende Lage nicht verbessern konnte, wohl irgend etwas falsch sein müsse.

Mit Ausnahme des Sklaven. Niemand konnte ihn dafür belangen, daß er sich nicht mehr anstrengte, denn jedes Plus an Qualifikation, Produktivität oder Know-how würde nur seinem Herrn zugute kommen. Weder der Sklave noch seine Kinder konnten irgendwelche Hoffnungen hegen; er wurde noch nicht einmal ermutigt, den Trost der Religion zu suchen, um die Defizite dieser Welt wettzumachen.

Während der gesamten Menschheitsgeschichte hat die Passivität der Sklaven immer zum Niedergang desjenigen Systems geführt, das sich ihre Dienstbarkeit zunutze machte. Jedes denkbare Argument, daß die Sklaverei ein effizienteres Mittel der Arbeitsorganisation als entweder das Feudalsystem oder das Lohnarbeitssystem sei, trifft nur dann zu, wenn der Sklave genauso viel Überschuß produziert wie der Leibeigene oder der Arbeiter, der sich für Geld abplackt. Jeder, der sich einmal in der Viehzucht versucht hat, weiß, daß er nur dann maximale Ergebnisse erzielt, wenn die Tiere gesund, zufrieden und voller Lebenslust sind. In den Südstaaten waren die Sklaven das „Vieh" oder die „Lasttiere". Während der gewöhnliche kleine Südstaatenfarmer zusammen mit seinen Sklaven zu arbeiten pflegte und dabei auch zu spaßen, sie zu loben und zu optimaler Leistung anzuspornen verstand, hatte der sklavenbesitzende Baumwollplantageneigner mit seinen Sklaven auf dem Feld genauso wenig Kontakt wie mit seinem Vieh. Natürlich hielt man sich edle Reitpferde, aber mit denen ging man eher um wie mit ihrem heutigen Gegenstück, einem teuren Sportwagen. In der Hauptsache hatten die Sklaven lediglich mit anderen Sklaven und mit ihrem Aufseher zu tun, der in der Regel ein unangenehmer, vom Besitzer wie von den Sklaven gleichermaßen verachteter Charakter war. Unter solchen Bedingungen konnten sich elaborierte, ökonomische landwirtschaftliche Verfahren nicht entwickeln.

Zur Arbeit angetrieben wurden die Sklaven meistens mit wenig Zuckerbrot und viel Peitsche; zur Stabilisierung der Beziehungen trug das nicht gerade bei. Bei allen Systemen, die mit Belohnungen arbeiten, muß der Belohnte das Gefühl haben, daß er Umfang und Ausmaß der Belohnung beeinflussen kann. Der Sklave mußte irgendwie das Gefühl haben, daß er sich Vorteile verschaffen konnte, wenn er härter arbeitete. Doch womit wurden Sklaven belohnt? Mal etwas Gutes zu essen, Feste, bei denen man sich verkleidete, miteinander wetteiferte und tanzte, etwa wie beim Tag der offenen Tür im Kindergarten: Konnte man damit erwachsene Männer und Frauen zur Arbeit motivieren? Doch die meisten Sklaven führten sowieso ein langweiliges, dumpfes Leben, in dem mehr oder weniger Arbeit die einzige Abwechslung war; aufgrund dessen hatten sie sich eine passive Haltung zugelegt, aus der heraus sie Aufseher, Besitzer und Politiker gleichermaßen hinters Licht führen konnten. Wie bei allen Sklavenhaltergesellschaften hatte diese Passivität dazu geführt, daß die selbstzufriedenen Besitzer zu sehr auf ein System vertrauten, das sozial instabil und moralisch ungerechtfertigt war. Alles in allem hatte sich auf beiden Seiten ein Lebensstil entwickelt, der nur noch mit Gewalt zu brechen war.

Deren Vorboten müssen dieses *Ancien régime* genauso geprägt haben wie das in Frankreich vor 1789, das in Rußland vor 1917 oder das im heutigen Südafrika. Wir Heutigen jedenfalls sehen sie ganz deutlich. Waren sie zur damaligen Zeit genauso offensichtlich? Erkannten die Einheimischen nicht, was dem Fremden ins Auge stach? Waren sie so vernebelt, daß sie vor lauter Bäumen den Wald nicht sahen?

Reiche Südstaatler hatten viel Zeit, über die Zukunft ihres Landes nachzudenken. Ihre gutbemessene Freizeit verbrachten die meisten aber mit anderen Dingen: Trinken, Spielen, Reiten, Partys, Reisen, Geschäfte, Besuche, Klatsch und Tratsch – all das, was in diesem eleganten „neuen Rom" der reichen Minderheit vorbehalten war. Rom aber hatte noch keine Industriegesellschaft zum Nachbarn gehabt, die über billige Kohle, billiges Eisenerz, billige Transportmittel und die in mancherlei Hinsicht einfallsreichsten Manager der westlichen Welt verfügte. Gut möglich, daß die Allianz von Baumwolle und Sklavenhaltung noch lange Bestand gehabt hätte, wenn das Königreich der Baumwolle isoliert auf einer Insel gelegen hätte und von keiner anderen Macht bedroht worden wäre. So aber grenzte es an die Nordstaaten, die industriell wie gesellschaftlich schon weiter entwickelt waren und als ökonomische Herausforderer auftraten. Die Führung hatten die Südstaatler an jene abgegeben müssen, die ihnen als vulgär galten; und wie Alkoholiker oder Drogenabhängige weigerten sich die Baumwollkönige, über ihre Zukunft nachzudenken. Gleichzeitig hegten im Norden Menschen aller Schichten in guten wie in schlechten Zeiten große Hoffnungen. Qua Geburt hatte jeder Yankee das Recht, sein Schicksal selbst in die Hand zu nehmen. Einer von denen, die in den fünfziger Jahren des 19. Jahrhunderts in Boston Gräben aushoben, begründete zum Beispiel den Kennedy-Clan. Wie er es schaffte, wissen wir nicht, aber er wurde bald sein eigener Boß, dann der Boß von anderen und schließlich Politiker.

Der Schwarze, der zur gleichen Zeit in Georgia Felder bestellte, konnte nur durch den blutigsten Krieg des 19. Jahrhunderts emanzipiert werden. Fast eine Million Weiße wurden getötet, verwundet oder in persönliches Elend gestürzt, um vier Millionen Schwarze zu befreien – oder auch nicht. Denn als die Freiheit schließlich errungen war, zählte sie nicht viel.

Drei Generationen sollte es noch dauern, ehe die schwarzen Amerikaner annähernd die gleichen Chancen hatten wie die Weißen, die sie als Grundrechte ansahen. Als endlich die Zeit gekommen war, da die Schwarzen in etwa armen Weißen ohne besondere Ausbildung gleichgestellt waren, gab es die einstigen naturgegebenen Chancen nicht mehr: Der Westen war besiedelt, und der weiße Urenkel des Bostoner Grabenarbeiters saß im Weißen Haus und sprach von „neuen Aufgaben".

Für viele Schwarze schien das ein Kuhhandel zu sein: Erst wurden sie frei, aber blieben arm; die nächste Generation erfreute sich der Freiheit ohne Ausbildungschancen; die dritte erlebte die Freiheit immer noch ohne Gleichheit der Aufstiegschancen. Nur wenige Schwarze dachten jemals daran, egal ob 1850 oder 1960, daß es zu allen Zeiten den Sklaven oder Exsklaven des Südens besser gegangen war als ihren Verwandten in Afrika. Dieses Argument hat sich niemals eines großen Zuspruchs erfreut, denn es war für den Schwarzen schwer, sein Bündel zu tragen, wenn die Weißen um ihn herum in einem Land lebten, das im 19. Jahrhundert mehr Individuen mehr Chancen bot als wahrscheinlich der gesamte Rest der alten, in festgefügte Klassen oder Kasten strukturierten Welt zusammen.

„Freiheit" hatte man es genannt; aber als sie diese Freiheit errungen hatten, mußten sie feststellen, daß Aufstiegschancen nicht inbegriffen waren. Dieser fürchterlichen Enttäuschung hat Amerika seine krassen Rassenprobleme zu verdanken; immer standen die weniger befähigten Schwarzen am untersten Ende der Leiter und hatten keine Möglichkeit, sich wie alle Weißen im 19. Jahrhundert an den eigenen Haaren aus dem Sumpf zu ziehen. Das war das Erbe der Sklaverei, das Echo der Sturmglocke in der Nacht: die langfristigste Auswirkung, die die Baumwolle auf die USA haben sollte.

Als 1861 der amerikanische Bürgerkrieg ausbrach, kümmerte sich keine Seite sonderlich darum, warum er eigentlich ausbrach. Um einen Krieg zu beginnen, braucht es Euphorie, Adrenalin, einen gewissen Wahnsinn. Mindestens ein Dutzend Gründe kann man für den Bruderkrieg angeben, und darunter finden sich mindestens noch einmal fünf, die man einzeln oder in wechselseitiger Verknüpfung diskutieren kann. Etwas abseits dieser Hauptargumentationsbahnen lag die Erklärung Mark Twains, der Sir Walter Scott die Schuld gab. Twain meinte, eine relativ ungebildete Region der Vereinigten Staaten, die neben der Bibel Scott so gründlich wie nichts sonst lese, müsse notgedrungen jene romantische Weltsicht vom ritterlichen weißen Mann, dem Verteidiger des Heiligen Grals und der Ehre der Südstaatenfrauen, entwickeln. Bezeichnenderweise lasen die Nordstaaten lieber Dickens als Scott.

Wenn im Süden so viele Scott lasen, dann taten sie es nicht genau genug. Denn sein breiter Strom mittelalterlicher Werte weist Nebenarme realistischer Einsichten auf, die man wohl überblätterte. Eine nüchterne, harte Einschätzung ihrer eigenen Lage aber hätte die Südstaaten von Sezession und Bürgerkrieg wohl Abstand nehmen lassen, wie oft sie auch immer kurz davor gestanden hätten. Die Südstaatler dachten einfach nicht an die Möglichkeit, daß sie vom Norden besiegt werden könnten, einem Gebiet, welches über ein Vielfaches an Ressourcen und Mittel verfügte. Das Überlegenheitsgefühl, das die Weißen in der Sklavenhaltergesellschaft entwickelt hatten, sowie die natürliche Geringschätzung, die eine Agrarzivilisation dem bunten Durcheinander eines Industrieproletariats entgegenbrachte, hatten wohl zu jenem Mangel an Realitätstüchtigkeit geführt, der auch manch andere Kalkulation danebengehen ließ („Ein Südstaatler genügt, um fünf Yankees zu verdreschen"). Vier Jahre Krieg waren am Ende nötig, damit die Südstaatler ihre Hybris ablegten und sich in das Unvermeidliche fügten. Während dieser Zeit ließ die Kriegsmüdigkeit des Nordens immer mal wieder Hoffnung im Süden aufkeimen. In vielerlei Hinsicht stellt der Bürgerkrieg eine amerikanische Odyssee dar; für die Ausbildung eines wirklichen Nationalgefühls war er wichtiger als der Unabhängigkeitskrieg; er war das Feuer, in dem die Nation geschmiedet wurde.[44]

Der Norden hatte nie daran gedacht, daß der Süden wirklich kämpfen würde, und als die Konföderation sich organisierte, fanden es die Nordstaatler unglaublich, daß all diese weißen Männer für ein System kämpfen wollten, von dem die Mehrheit von ihnen gar nicht profitierte. Nur die Hälfte aller Südstaatenfamilien besaß irgendwelche Sklaven, nur 10 % mehr als einen, nur 1 % mehr als fünf, nur eine von tausend Familien besaß über 50 Sklaven. Die armen Weißen jedoch, wie arm und ungebildet sie auch immer sein mochten, verachteten oder bemitleideten ihre Kollegen im Norden und glaubten an das Königreich der Baumwolle. Viele von ihnen hofften auch, daß sie eines Tages vielleicht selbst Sklavenbesitzer werden könnten.

Andere waren gedankenlos den rhetorischen Schaumschlägereien von Staats- und Freiheitsrechten aufgesessen. Die Sklaven verhielten sich ruhig, sie waren die stummen Zuschauer eines Kampfes, der sich in Wirklichkeit um ihren Status drehte, obwohl die Politiker zwei Jahre lang anderes vorgaben.

Beim ersten „modernen" Krieg der Geschichte war der Süden nicht in der Lage zu erkennen, daß er materiell im Nachteil war. Obwohl es schon 30 Jahre kalten Kriegs gegeben hatte, traf ihn die Realität des Kriegs völlig unvorbereitet. Im Süden gab es nur wenige, kurze Eisenbahnverbindungen; die meisten Waren wurden per Schiff transportiert. Keine Stadt des Südens, wie groß oder klein auch immer, konnte von einem umfangreichen Troß passiert werden; fast alles mußte auf Schiffe verfrachtet werden. 1860 gab es keine Werkstätten, die eine Lokomotive reparieren geschweige denn eine neue bauen konnten. Es gab keine Wagen- oder Waggonfabriken, keine Stahlwerke für Eisenbahnschienen, keine Glashütten für Fenstergläser. Die Baumwollernte des Jahres 1860, über vier Millionen Ballen, ging zu 80 % nach Europa. Baumwolle war das wertvollste, aber auch mit das unhandlichste Rohmaterial der ganzen Vereinigten Staaten. Von den 800 000 Ballen, die man in den USA weiterverarbeitete, wurden nur 2 % mehr als 80 Kilometer weit mit der Eisenbahn befördert; 98 % wurden mit Küstenschiffen verfrachtet. Obwohl 1860 das Eisenbahnnetz der USA insgesamt das englische schon übertraf, fuhren die Züge im Süden fast ausschließlich im Nahverkehr, 90 % der Einnahmen stammten von Passagieren.

Auch in anderer Hinsicht sprachen die materiellen Bedingungen im Süden nicht für einen langen Krieg. Es gab keine Wollfabriken, keine Leinenfabriken für Zelte, keine Schuhfabriken, keine Hersteller von Papier, Tinte, Bleistiften, Streichhölzern, Nadeln oder Uhren, keine pharmazeutische Industrie; es gab noch nicht einmal das lebensnotwendige Chinin. All das war früher aus Europa oder aus dem Norden importiert worden. Sogar Salz mußte der Süden einführen, so wenig konnte er für sich selbst sorgen.

Von all diesen Nachteilen wog der Mangel an Transportmöglichkeiten am schwersten, denn so fehlte es der Armee an Munition und Uniformen, Stiefeln, sogar Wagen sowie an den Lebensmitteln, die statt dessen auf den Farmen verrotteten. Nach den ersten paar Monaten Krieg glich die einst stolze konföderierte Armee einem Haufen Vogelscheuchen.

Doch die Südstaatler glaubten so sehr an die Macht ihres Baumwollkönigreichs, daß sie eine unglaubliche Naivität an den Tag legten. Anstatt ihre Baumwollernte des Jahres 1860 gegen Gold einzutauschen, hielten die Südstaatler den Nachschub für England sogar zurück, weil sie hofften, daß die Briten binnen weniger Monate aufgrund des Baumwollmangels ihre unvermeidliche Blockade aufgeben und die Konföderation anerkennen würden. Nichts lag ferner. Als der Bürgerkrieg ausbrach, war Baumwolle aller Verarbeitungsstufen weltweit im Überfluß vorhanden.

1862 stand ein Drittel aller Spindeln in Lancashire still, und ein weiteres Drittel drehte sich nur in Kurzarbeit; ein Jahresvorrat an Rohbaumwolle und ein Halbjahresvorrat an grobem Baumwolltuch ruhte in den Lagern von Liverpool und Manchester.[45] Wenn ein Baumwollfabrikbesitzer im ersten Jahr des Bürgerkrieges in Lancashire Rohbaumwolle aufkaufte und sie nach New York verschiffte, konnte er in diesem einen Jahr mehr Geld verdienen als in den vorausgegangen 20. Warum war der Süden so dumm? Die wirkliche Lage hätte man dem Londoner *Economist* in 1859, 1860 und im Frühling 1861 entnehmen können. Man fragt sich, wie viele im Süden wohl den *Economist* gelesen haben und ob es, wenn es mehr gewesen wären, dann überhaupt zur Konföderation gekommen wäre.[46] Mit dem Frühling 1862 kam die britische Blockade; Versorgungsprobleme und Inflation hielten im Süden Einzug, und die Führer der Konföderierten bedauerten ihre Kurzsichtigkeit. In Lancashire hielten die Makler, Spinnerei- und Webereibesitzer nach Alternativen, größtenteils aus Ägypten und Indien, Ausschau. In den Lagerhäusern aller Südstaaten stapelte sich die Baumwolle.

Von der europäischen Baumwollindustrie war keine ausreichende Unterstützung zu erwarten. Die Meinung war gespalten. Die meisten Politiker favorisierten die Neutralität. Die englischen Baumwollbosse repräsentierten eine Industrie, die ein Drittel aller Exporte und ein Zehntel des gesamten Wirtschaftsaufkommens produzierte; sie sympathisierten mit den Südstaaten, und 1862 sah es einmal so aus, als würde England die Konföderierten anerkennen; Gladstone, der zukünftige liberale Premierminister, zählte jedoch zu den Gegnern der Anerkennung. Die englischen Unterschichten achteten weniger auf die Arbeitslosigkeit in Liverpool und Lancashire, sondern eher auf die starken moralischen Worte, die nonkonformistische Minister und radikale Politiker predigten; entschlossen standen sie auf der Seite der Abolitionisten; Abraham Lincoln, der nie Europa besucht hatte, erfreute sich kultischer Heldenverehrung. Solche Gefühle trafen auf Gegenliebe; Lincoln bezeichnete Lancashires emotionale Unterstützung des Nordens gegen die eigenen Interessen als „edles christliches Heldentum". Damit hatte er recht: 1862/63 litten drei Viertel aller Fabrikarbeiter in Lancashire große Not.[47]

Man ist geneigt, die Führer der Südstaaten wegen ihrer Unfähigkeit, das Unvermeidliche vorauszusehen, zu tadeln; man hätte sich gewünscht, daß mehr Zeit darauf verwandt worden wäre, die Anbaumethoden für die Baumwolle so zu verfeinern, daß Sklaverei überflüssig geworden wäre. Man möchte hoffen, die Menschheit werde nicht immer so dumm bleiben zu glauben, daß notwendige Veränderungen nur mit Gewalt herbeigeführt werden können; man sollte sich mehr Evolution statt Revolution wünschen. In unserer heutigen Welt können immer noch viele Leute nicht akzeptieren, daß sie selbst obsolet geworden sind, und so verteidigen sie ihren eigenen gegenwärtigen Status und alles, was damit zusammenhängt, mit einer Art aggressiver Selbstgefälligkeit. Wenn man im Geist mal rund um die Welt fährt, findet man mindestens ein halbes Dutzend „Konföderationen", die – ganz lebendig und guter Dinge – genauso von einem unhaltbar gewordenen Faktor abhängen wie einst die ursprüngliche Konföderation der Südstaaten von der Sklaverei.[48] Solange man in jedem Fall diesen Faktor als Grundvoraussetzung akzeptiert, ist jedes daraus abgeleitete Argument logisch und widerspruchsfrei.

Noch 1784, ehe die Baumwolle zur Haupteinnahmequelle des Südens wurde, erfreuten sich die Weißen dieser Region des höchsten Prokopfeinkommens der gesamten USA; es lag um 50 % höher als der Durchschnitt aller Exkolonien zusammen und um 75 % höher als der Großbritanniens. Dank der Baumwolle konnte dieser Vorsprung ins Industriezeitalter hinübergerettet werden. Von der Methode her war der Baumwollanbau jedoch ein Anachronismus. Das Königreich der Baumwolle erfreute sich einer vorindustriellen Agrarzivilisation, die nicht viel Eisen, Dampfkraft oder Transportmaschinen brauchte. Hätte es früher schon Egreniermaschinen und genügend Land gegeben, wäre sie auch in griechischer, römischer oder mittelalterlicher Zeit möglich gewesen.

Daß man im Amerika das 19. Jahrhunderts die Sklaverei als unabdingbare Voraussetzung der Baumwollwirtschaft ansah, sollte sich als Trugschluß erweisen. Nur sieben Jahre nach dem Ende des Bürgerkriegs erreichte die Baumwollproduktion ohne Sklaven und mit nur wenigen, freien schwarzen Arbeitskräften schon wieder Vorkriegsniveau. Wenn sie zur Arbeit gezwungen gewesen wären, hätten die Weißen im Vorkriegs-Süden als Abgabenpächter und unterstützt von mechanischen Hilfsmitteln ohne irgendwelche Sklaverei genauso viel Baumwolle produzieren können. Wieviele Überlebende mögen nach dem Bürgerkrieg dies voll Reue eingesehen haben? Wenn die Weißen gewußt hätten, daß der verwüstete, bankrotte Süden sich nach dem Bürgerkrieg so schnell erholen würde und daß man Baumwolle auch ohne Sklaverei produzieren konnte, hätte es wahrscheinlich keiner zugelassen, daß die Baumwolle die Südstaatler in einen Krieg trieb, den sie logischerweise niemals gewinnen konnten.

War dies also die letzte große Agrarzivilisation? Sie dauerte nur wenige Jahrzehnte, wurde mit überseeischem Kapital gefüttert, und 80 % ihrer Produktion gingen wieder übers Meer. Dennoch betrachtete sie sich selbst nicht als „koloniales" Wirtschaftssystem. Die Großväter der Männer, die den Süden 1861 führten, hatten die Nation sich gegen die Imperialmacht erheben lassen. Wie kaum eine andere Exkolonie waren die jungen Vereinigten Staaten reicher als ihr Mutterland, und Baumwolle mehrte diesen Reichtum in einem Gebiet, das in anderer Hinsicht völlig rückständig war.

Der größte Witz ist natürlich, daß diese große agrarische Sklavenhaltergesellschaft vom Dampf und Eisen Europas und Neuenglands abhing. Das letzte große Sklavenreich nährte die erste große industrielle Revolution. Wie in einer Symbiose waren beide aufeinander angewiesen.

Auf der ganzen Welt bildeten die Baumwolltextilmanufakturen die Vorhut der ersten industriellen Revolution. Bei der Textilverarbeitung im allgemeinen und bei der Baumwolle im besonderen haben die Menschen jeweils als erstes Wasser-, Dampfkraft und dann Elektrizität rationell einzusetzen gewußt. Aus den ersten großen Fabriken, sei es in Europa, in den USA oder in einem anderen Entwicklungsland des 19. und 20. Jahrhunderts, kam immer Baumwolltuch.

1861 stellte das baumwollverarbeitende Gewerbe die wichtigste Industrie der USA dar: 55 Millionen $ Mehrwert wurden im Vergleich zur Rohbaumwolle erwirtschaftet; 803 baumwollverarbeitende Fabriken mit durchschnittlich je 143 Beschäftigten gab es. Nur wenige davon standen in den Südstaaten. Im Jahrzehnt vor dem Bürgerkrieg nahm die amerikanische Industrie weniger als 25 % der Baumwollernte auf, die französische ungefähr 11 % und der Rest der Welt mit Ausnahme Großbritanniens ungefähr 6 %. 60 % des Gesamtertrags wurden also in England weiterverarbeitet, wo man zugleich noch einmal fast die Hälfte der restlichen Welternte verbrauchte.

Also ist es richtig, sich in diesem Fall auf die USA und Großbritannien zu konzentrieren. Amerika produzierte und exportierte weltweit zwei Drittel aller Rohbaumwolle, und England exportierte mehr als zwei Drittel aller fertigen Baumwollprodukte. Binnen weniger Jahre hätten die Südstaaten und Lancashire gemeinsam einen totalen Produktionsausfall im Rest der Welt wieder wettmachen können. In diesen beiden Ländern, in Großbritannien und den USA, hat Baumwolle Geschichte gemacht.

1784, als der erste amerikanische Ballen in Liverpool eintraf, wurde praktisch überhaupt noch keine Baumwolle in den USA produziert oder weiterverarbeitet. 1861 war Baumwolle zum wichtigsten Handelsgut der ganzen Welt geworden, und mehr als 80 % davon kamen aus den USA. 1784 wurde noch kein einziger Ballen mit Dampfkraft weiterverarbeitet. 1861 war der Himmel über Lancashire schwarz vom Qualm der Dampfkessel, deren Kraft fast einzig und allein der Baumwollindustrie zugute kam.

1784 gab es noch nicht einmal eine halbe Millionen Sklaven in den 13 Kolonien. 1861 waren es fast vier Millionen, und der Streit um die Sklaverei hatte zum blutigsten und teuersten Konflikt des 19. Jahrhunderts geführt, verlustreicher als die Napoleonischen Kriege vor 1815 oder der Burenkrieg von 1899. 1784 lebten in allen 13 Kolonien Leute von ähnlichem Schlag. 1861 trugen die Nordstaaten alle Kennzeichen der Industrialisierung und Arbeitsteilung, während die Weißen im Süden die offensichtlichen Nachfahren der Männer von 1775 geblieben waren.

1784 gab es nur eine Handvoll Spinnereien und Webereien in England; die Arbeiter waren größtenteils erwachsene Männer. 1861 war Frauen- und Kinderarbeit zu einer Schande geworden, über die sich alle human fühlenden Menschen erregten. 1784 gab es noch keine Baumwollbörse, keine wirkliche Infrastruktur, noch keine Möglichkeiten, in großem Stil in den Textilhandel zu investieren. 1861 waren all diese verfeinerten ökonomischen Methoden in New Orleans, Liverpool und Manchester voll ausgebildet.

Binnen 85 Jahren war Baumwolle zum Qualitäts-, Preis- und Leistungsmaßstab für alle anderen Garne und Textilien geworden. 1861 wurde der größte Teil des Rohmaterials von Sklaven angebaut und präpariert, maschinell kardiert, mit dampfgetriebenen Maschinen, die von Kindern bedient wurden, versponnen und dann auf modern organisierten Märkten gehandelt.

Dabei hatte sich in den Baumwollstaaten ein Lebensstil verfestigt, dem niemand eine friedliche Zukunft voraussagen konnte. Über die Hälfte der arbeitenden Bevölkerung bestand aus Sklaven einer anderen Rasse, und die gesamte Ökonomie basierte auf einer Verirrung, die man euphemistisch als „Peculiar Institution"[49] bezeichnete. Um aus dieser Verirrung herauszukommen, mußte der Süden den Krieg, seine Unterwerfung und Rekonstruktion durchleiden.

Als Erbe hinterließ der Bürgerkrieg das schwierigste aller gesellschaftlichen Probleme der USA, den Rassenkonflikt zwischen Schwarz und Weiß. In den sechziger Jahren unseres Jahrhunderts meinten Südstaatler, daß sich wahre Rassenintegration zunächst gerade im Süden als möglich erweisen würde. Noch heute erinnern sie daran, daß die ersten städtischen Rassenunruhen großen Ausmaßes im Norden stattgefunden haben.[50]

Verglichen mit der Sonnenseite Amerikas oder mit der anderer europäischer Länder kann das urbane England heute nicht mehr so stolz auf sich sein. Beinahe alle Rohbaumwollimporte und fast alle Exporte fertiger Baumwollprodukte waren über Liverpool und Umgebung abgewickelt worden. Heute läßt sich da kaum noch ein Frachter sehen. Schreckliche Geschichten ließen sich erzählen von bösen ökonomischen Planungsfehlern, fürchterlichen Hochhäusern, die von ihren Bewohnern zerstört werden, völlig unangemessenen Bildungseinrichtungen, korrupten und fortschrittsfeindlichen Gewerkschaften, ehrlosen und kurzsichtigen Politikern, von einer

Stadt, die sehr schnell und sehr schlecht zur Großstadt ausgebaut wurde, ohne daß sie sich organisch hätte weiterentwickeln können: Der Niedergang ist unerbittlich. Heute ist Liverpool wie ein gestrandetes Schiff, das keine Funktion mehr hat, eine rein zweckmäßig erbaute Stadt, die keinen Daseinszweck mehr hat, ein teurer Schlamassel, den England 1983 mit 2 000 £ pro „Liverpudlian" unterstützen mußte.

Ohne Frage muß sich alles immer und immer wieder verändern. Einige Gemeinschaften haben gelernt, sich anzupassen, ohne die Zukunft zu fürchten und der Vergangenheit nachzutrauern, Evolution als unvermeidlich zu akzeptieren und Talente zu fördern, nicht fortzujagen; solche Gemeinschaften sind *lebendig*. Wenn sich umgekehrt eine Gemeinschaft – Familie, Stamm, Dorf, Stadt oder Staat – nicht anpassen kann, wird sie wie jede andere Spezies aus dieser darwinschen Welt verschwinden.

*Kartoffel*

Bis hierhin hat dieses Buch größtenteils von tropischen Pflanzen gehandelt, die man aus ihrer Heimat in andere Länder brachte, wo sie in ungewöhnlicher Weise für ihre neuen Produzenten und Konsumenten wichtig wurden. Doch ihre eigentliche Bedeutung lag in den Nebeneffekten, die dieser Transfer tropischer Pflanzen, ihr Anbau und ihre Distribution hatten. Dieses Kapitel handelt von einer nützlichen Knolle, die sich bescheiden in der Erde versteckt und bis zur Renaissance in Europa unbekannt war: der Kartoffel. Dieses Gemüse entwickelte sich zu weit mehr als bloß einer Nahrungsquelle. Es verursachte eine Bevölkerungsexplosion und veränderte so die Geschichte zweier europäischer Länder sowie der größten, reichsten, wichtigsten Exkolonie, die aus den Unternehmungen der atlantischen Nationen hervorgegangen war.

Die Kartoffel stammt aus den hohen Anden, wo sie 2 500 Meter oberhalb des Mais', des Indianergetreides, wächst. Wie der Mais diente auch die Kartoffel den Inkas als stärkereiches Grundnahrungsmittel. 100 Jahre bevor die Spanier im frühen 16. Jahrhundert dort ankamen, waren die Inkas nichts als ein kleiner Stamm, der am Titicacasee, dem höchstgelegenen See der Welt, lebte. Als dann die Konquistadoren ihre Zivilisation zugrunde richteten, regierten die Inkas über einen riesigen Streifen des Andenterritoriums von Quito im heutigen Ecuador im Norden bis in die Gegend des heutigen Santiago und Valparaiso in Chile im Süden – eine Strecke von über 3 000 Kilometern. Ihr Zentrum war Cuzco, wo es die größten Silbervorkommen der Welt gab. Gold und Silber machten die Inkas für die Spanier interessant; was sie jedoch wirklich der Welt schenkten, waren Mais und Kartoffeln.

Zahlreiche und unterschiedliche Anekdoten berichten, wie die Kartoffel nach Europa und Nordamerika kam. Eine etwas schwülstige Variante solcher Geschichten ist von dem viktorianischen Historiker Pink aus dem Jahr 1879 überliefert. Er meinte, daß Sir Francis Drake auf einer Reise, bei der er die Überlebenden der fehlgeschlagenen Besiedelung von Roanoke in Virginia 1586 aufnehmen sollte, einige Kartoffeln, die er in der Karibik erhalten hatte, an Harriot, den Agenten Sir Walter Raleighs, weitergab. Harriot pflanzte diese im folgenden Jahr bei Youghal in Südirland und bot Raleigh 1590 vom Produkt zu essen an. Unglücklicherweise gab Harriot ihm Kartoffelsamen und nicht die Knollen, so daß Raleigh verständlicherweise nicht an Völlegefühl, sondern an Verdauungsstörungen litt.[1] Trotz dieses wenig aussichtsreichen ersten Anlaufs hatte sich die Kartoffel um 1625 schon als ein Grundnahrungsmittel der Iren durchgesetzt.

Unglücklicherweise ist bis auf den letzten Satz an dieser Geschichte alles falsch. Sicherlich kannte Drake Kartoffeln: 1577 waren ihm auf seiner Reise um die Welt in Chile welche angeboten worden. In der Karibik oder in Virginia waren Kartoffeln nicht zu Hause. Ursprünglich wuchsen sie nur im Andenhochland. Pflanzenkundler wie Clusius, Banling und Culpeper brachten alle die Kartoffel schon früher als 1580 mit Europa in Verbindung. Aus den Wracks der Spanischen Armada 1588 an die Küste gespülte Kartoffeln waren wahrscheinlich die ersten, die in Westirland angepflanzt wurden. In Spanien, Italien und Frankreich machte man sicherlich vor 1600 schon Gebrauch von ihnen. Doch verwechselte man häufig die eigentliche Kartoffel, *Solanum tuberosum*, mit der Süßkartoffel, *Impomoea batatas*, und der Yamswurzel aus der *Dioscoreaceae*-Familie, einer subtropischen Pflanze, die auch im Mittelmeerraum wächst.[2] Mit Sicherheit war die weiße Kartoffel schon vor 1600 als Gartengemüse oder Viehfutter in allen europäischen Ländern bekannt; in Irland aber war sie, wie bereits erwähnt, schon das Haupterzeugnis der Landwirtschaft.

Wir wissen heute mit ziemlicher Sicherheit, daß Drake 1586 vorhatte, die jährliche spanische Schatzflotte bei Cartagena an der Karibikküste des heutigen Kolumbien abzupassen und zu überfallen; er verfehlte sie nur um zwölf Stunden. Als er über Virginia nach England weiterfuhr, nahm er nicht nur das den Spaniern geraubte Gold und Silber mit, sondern, als bloße Kuriositäten, auch ein paar Kartoffeln, die er von irgendwelchen Schiffsausrüstern irgendwo in der Karibik erhalten hatte. Diese Kartoffeln, meint Pink, waren von weit größerem Wert als all das Gold und Silber der Schatzflotte. Doch die immensen Konsequenzen der Art und Weise, in der man sie in der

Folge in Irland zu gebrauchen und zu mißbrauchen verstand, betrafen nicht allein dieses Land, sondern auch Großbritannien und Amerika, und es hätte der Geschichte gutgetan, wenn es nicht zu solchen Konsequenzen gekommen wäre.

Drei Faktoren waren für Irland vor der Kartoffelära bestimmend. Der wichtigste war seine geographische Lage: eine Meeresinsel am Rand einer anderen Insel, die wiederum am Rand des europäischen Kontinentalschelfs liegt. Nach Schottland sind es auf kürzestem Weg nur 22 Kilometer, nach Wales 80, nach England 160, nach Frankreich rund 400 und nach Spanien fast 800. Irland liegt zu weit vom europäischen Kontinent weg und ist zugleich zu dicht dran.

Läge es ein paar hundert Kilometer weiter westlich, wäre Irland wohl unbehelligt geblieben, und ein paar starke, entschlossene, standfeste Männer hätten, wie auf Island, aus Irland ein permanentes, geordnetes Staatengebilde gemacht. Läge es ein paar hundert Meilen südwestlich, dichter an Frankreich, wäre aus Irland ein Teil des Römischen Reiches geworden. Doch seine nächsten Nachbarn sind die schottischen Inseln, und ein ständiger Austausch über die dazwischenliegende Meerenge muß wohl möglich gewesen sein, auch wenn die Schotten und die Iren zu arm waren, um viel Handel zu treiben. Die paar Dutzend Inseln westlich von Schottland, über die sowohl Iren wie Schotten durch alle Zeiten, wenn auch mit Unterbrechungen, miteinander in Verbindung blieben, sind arm, nicht sehr bevölkert und bieten keine natürlichen Schätze. Sie sind für ihre unfruchtbaren Böden, ihr stürmisches Wetter und für ihre großartige Landschaft bekannt. Das allgegenwärtige Meer beherrscht das Leben aller Kreatur, einschließlich der Fische, die die bei weitem zahlreichsten Bewohner des Kontinentalschelfs und wirklich die einzigen natürlichen Ressourcen sind.

Das Weltbild des Ptolemäus, jenes Mathematikers, Astronomen und Geographen aus Alexandria, erfreute sich vom 2. Jahrhundert bis zur Renaissance uneingeschränkter Gültigkeit; im Gegensatz zu anderen Gebieten gab es über Galliens westlichen Nachbarn nur dürftigen Aufschluß. Schottland (Caledonia) hatte er in den Nordosten Britanniens gelegt, es endete in Thule (den Shetlandinseln), die er irgendwo in Richtung Norwegen in die Nähe des heutigen Bergen verpflanzt hatte. Über die Lage Skandinaviens war er nur schlecht informiert, die Ostsee kannte er nicht. Irland (Ivernia) lag bei ihm weiter nördlich als irgendein Teil von Wales, seine Umrisse waren falsch gezeichnet. Als die Römer das heutige England besetzten, kannten sie Irland nicht, doch einige Druiden im heutigen Nordwales unterhielten vielleicht Kontakte zu ihren keltischen Kollegen auf der Insel. Als Mittelmeervolk, das es nicht gewohnt war, außer Sichtweite des Landes zu segeln, ließen die Römer jedoch das Eiland im Nebel des Nichtwissens liegen.[3]

Der zweite für Irland wichtige Faktor war das Klima – in alter Zeit ein viel größeres Problem als heute. Einige Forscher behaupten, daß das Sommerklima im Ostatlantik von etwa 500 v. Chr. an kühler und wolkenreicher geworden sein soll. Vor dieser Zeit hätte es auf Irland Weizen geben können, sagt man; doch dafür gibt es keinerlei Beweise.[4] Aus modernen Beobachtungen und landwirtschaftlicher Erfahrung wissen wir, daß es nur im Südosten Irlands möglich gewesen wäre, Brotgetreide – Weizen oder Roggen – anzubauen. Zwar kann man auch aus Gerste ein ziemlich garstiges, nicht aufgehendes Brot machen, zwar kann man alle Getreidearten irgendwie als Fladen oder Plätzchen backen oder als Brei oder Schleimsuppe zubereiten, doch erst seit die Pflanzenzucht, die Mechanisierung und die Verfeinerung landwirtschaftlicher Methoden Fortschritte gemacht haben, kann im größten Teil von Irland jeder Bauer darüber nachdenken, ob er Brotgetreide anbauen will.

Noch andere Handikaps gab es. Eisenerz ist auf Irland selten, so daß das Eisenzeitalter vielleicht nur im heutigen Ulster Einzug hielt. Kupfer oder Zinn waren in frühgeschichtlicher Zeit unbekannt, obwohl es in den Wicklow Hills etwas Bleierz mit Silberbeimischungen und Gold gibt. Pflüge, auch die stark strapazierten Teile, mußten also ganz aus Holz gemacht werden. Dies bedeutete, daß man ungefähr alle Stunde sich eine neue Pflugschar hätte schnitzen müssen; Anpflanzungen blieben daher auf weiche, lockere Böden und auch dort nur auf bestimmte Zeiten des Jahres beschränkt.

Zum Eisenmangel, der Irlands Ökonomie praktisch bis zum Jahr 1000 n. Chr. im Steinzeitalter steckenbleiben ließ, trat noch ein anderes Handikap. So lange man denken konnte, wurden die Pflüge von den Pferden „am Schwanz" gezogen, was bedeutete, daß nur eine einzelne Leine anstelle mehrerer oder eines Geschirrs verwandt wurde, was nicht nur grausam gegenüber dem Tier, sondern auch sehr ineffizient ist. Zuggeschirre, die aus einem Brustriemen und einem Kummet bestanden, waren in China schon im 6. oder 7. Jahrhundert bekannt. Nach Westeuropa gelangten sie erst von etwa 1000 n. Chr. an, und bis nach Irland brauchten sie weitere 600 Jahre. Obwohl in der Folgezeit Schotten und Engländer die Segnungen des Geschirrs in weiten Teilen Irlands bekannt machten, blieb man merkwürdigerweise noch lange, nachdem jeder Eroberer die Technik eingeführt oder wiedereingeführt hatte, beim alten ineffizienten Verfahren. Engländer der Tudorzeit, die sicher nicht leicht aus der Fassung zu bringen waren, beklagten sich über die Praxis des Ziehens „am Schwanz"; und doch fanden sich immer ein paar Nachkommen jeder Generation von Eindringlingen, die nur ein paar Jahre später sich in die ortsüblichen Sitten gefügt hatten. Nicht zum ersten oder zum letzten Mal konnte man den Iren vorwerfen, daß sie ihre eigenen verschrobenen Wege gingen; doch finden sich in der Geschichte immer wieder Söhne und Enkel von Kritikern, die nur wenig später der kritisierten Praxis frönten. Man kann die Fähigkeit der Iren, einen Fremden zu einem der ihren zu machen, und die Bereitschaft des Fremden, sich dazu machen zu lassen, gar nicht hoch genug einschätzen.

Ob die Iren nun früher Brotgetreide in großem Stil anbauten oder nicht, das Problem des Dreschens schienen sie nicht gelöst zu haben. Zum Erstaunen und zur Bestürzung jedes auswärtigen Beobachters pflegten die Iren noch im 19. Jahrhundert ihr Korn nicht mit Sichel oder Sense zu schneiden, nachreifen zu lassen und dann zu dreschen. Statt dessen wurde das reifende Korn abgeschnitten oder herausgerissen und dann gebrannt, manchmal mit Wurzeln und allem. Diese einzigartige Erntemethode wurde lange Zeit als höchste Ausdrucksform typisch irischen Verhaltens dargestellt. (Die Engländer des 18. Jahrhunderts zogen recht unverschämt über die Gedankengänge der Iren her, und „Irenwitze" stehen noch heute in voller Blüte.) Doch diese Praxis, die von ausländischen Besuchern fast tausend Jahre lang verlacht oder verachtet wurde, war vielleicht nicht so dumm, wie sie auf den ersten Blick aussah. Korn, das, sagen wir, im Osten Englands bis zur „normalen" Ernte noch einen Monat Reifezeit brauchte, hätte im unsicheren Klima des feuchten Irlands viel länger als einen Monat bis zur Reife nötig gehabt. Wenn es noch zwei Wochen Reifezeit gebraucht hätte, war es schon so weit, wie es die

Natur es hier jemals zuließ, und dieses Stadium war vielleicht nicht vor November erreicht. Das Korn abzusengen, war vielleicht die einzige Möglichkeit, es für Mensch und Tier genießbar zu machen, da unreifes Korn keinem von beiden genützt hätte. Moderne Bauern, die in einem nassen Sommer ihr Korn unreif ernten und es dann künstlich trocknen, bedienen sich praktisch derselben einfachen Methode.

Das dritte und größte von Irlands Problemen war, daß die Menschen zum Boden, den sie beackerten, keine persönliche Beziehung entwickelten. Ohne Eisen war es schwierig, einen Acker zu bestellen; ohne moderne Techniken und Maschinen war das Wetter für den Getreideanbau wenig geeignet; entscheidend war schließlich, daß die Leibeigenen nicht an den Grund und Boden, sondern an ihren Herrn gebunden waren. Das war im Europa des Jahres 1000 n. Chr. einzigartig, und als einziges Land litt Irland unter allen drei Nachteilen zugleich.

Im größten Teil Europas hatte der Feudalismus die Sklaverei im 9. Jahrhundert n. Chr. abgelöst. Der König gab das Land den Fürsten als Lehen, die gaben es den Grafen und Freiherrn, die wiederum den Freien, die es auf soundsoviel Leibeigene aufteilten, die dafür auf dem Feld ihres Herrn soundsoviele Tage arbeiten mußten. Entscheidend ist, daß das ganze Feudalgebäude auf Grundbesitz basierte, vom niedrigsten, ans Land gebundenen Unfreien bis zum höchsten Fürsten, der sein Land vom König erhalten hatte und ihm dafür soundsoviele Tage Dienst pro Jahr schuldete, dem zugleich aber, anstelle einer Pacht, wieder soundsoviele Tage Dienst von seinen feudalen Vasallen zustanden. Das feudale Lehenswesen läßt sich nicht allein auf römische, sondern auch auf germanische Ursprünge zurückführen. Auch Sachsen, Jüten und Angeln übernahmen, obwohl sie wie die Iren außerhalb des früheren Römischen Reiches lebten, dasselbe System, nicht jedoch die Kelten.

Zwischen der christlichen Missionierung durch St. Patrick im 4. Jahrhundert n. Chr. und den Wikingereinfällen im 8. Jahrhundert konnte sich so etwas wie eine rein irische Kultur entwickeln; da eben diese Wikinger sie zerstörten, wissen wir über die Epoche nur wenig. Das geltende Recht war keltisch und hieß „Brehon". Die obersten Führer nannten sich „Könige", bei einer Gesamtbevölkerung von ungefähr 500 000 gab es im Jahr 1100 n. Chr. 150 von ihnen. Sie ließen es nicht zu, daß sich irgendeiner von ihnen zum Oberkönig aller machte, obwohl solche Figuren von Zeit zu Zeit aufgrund von auswärtiger oder anderer Bedrohung aufkamen. Das Königtum war in der Regel, aber nicht immer, erblich. Die Kinder eines Königs wurden nicht zu Hause erzogen, sondern zu einem anderen König in Pension gegeben. Nicht nur die Kinder wurden ausgetauscht, sondern auch andere Abhängige, wie sie sich am Hof eines jeden Königs fanden. Die Könige umgaben sich auch mit klugen Männern, Poeten, Gauklern und persönlichen Leibwächtern; letztere waren Sklaven, deren Leben man im Tausch gegen ihre bedingungslose persönliche Loyalität geschont hatte. Das ganze System basierte auf persönlichen Beziehungen, nicht auf Beziehungen zwischen Mann und Besitz, Mann und Land.

Die Nahrung der Iren bestand damals aus flachen, harten Haferkuchen, Käse, Quark, Milch, Blut[5], Eiern und, in Gegenden von einigem Wohlstand, aus Schweine-, Rind- und Lammfleisch. Wild gab es im Überfluß, denn auf jeden Iren kamen 40 Morgen Moor, Wald und bebautes Land. Saubere Flüsse waren voller Fische, und überall flogen die Bienen, die den Honig produzierten, der den Kelten als fast heilige Nahrung galt. Wer es sich leisten konnte, trank Met und Gerstenbier. Weizenbrot galt als großes Statussymbol und stellte, mit Ausnahme der Könige, für alle eine Rarität dar, denn Weizen wuchs nur im äußersten Südosten der Insel und mußte ansonsten importiert werden.

Städte gab es keine – die Wikinger waren die ersten, die welche bauten –, auch keine Straßen und kein Geld. Als Währungseinheit beim Tausch galt die Kuh; die Kuh-Einheit war als „Set" bekannt; Gold, Silber, Bronze, Zinn, Kleidung, Schweine, Pferde und Sklaven wurden allesamt in „Sets" bewertet. Die Sklaverei wurde erst 1171 abgeschafft: eine nicht sonderlich hübsche Konkubine war 3 Sets wert, eine Königstochter 20; üblicherweise kaufte man sich seine Braut. Polygamie war noch bis ins Jahr 1400 verbreitet. Uneheliche Kinder waren von der Erbfolge nicht ausgeschlossen und galten auch nicht als illegitim.

Diese Kuhwährungs-Ökonomie hätte noch Hunderte von Jahren in Frieden weitergehen können, und dabei hätten alle genug zu essen gehabt und genügend Land, um ein Auskommen zu haben. Sogar Überschüsse wurden erwirtschaftet, die man exportierte, um sie gegen Metalle, Kleidung und kostbare Juwelen zu tauschen, oder die man für die angesehenen, aber unproduktiven Priester, Poeten und Rechtsgelehrten brauchte. Der uns erhaltene Goldschmuck jener Zeit, Ringe, Armreife, Halsketten, Broschen, Halsbänder und Diademe, zeigt an, daß diese Gesellschaft über die Neigung und den notwendigen Wohlstand verfügte, ihre schönen und reichen Frauen mit all diesen Dingen zu schmücken.

Die Überschüsse ermöglichten es auch, untereinander endlos Krieg zu führen – die Sommerbeschäftigung der Krieger, die in die Schlacht zogen, wenn das Vieh auf die höher gelegenen, kargen Weiden in den Bergen gebracht worden war. Wenn Irland niemals von irgendwelchen Ausländern, Wikingern oder Engländern erobert worden wäre, hätte das goldene Zeitalter der Kelten wohl kaum eine durchorganisierte, einheitliche Gesellschaft wie die des normannischen England hervorgebracht: Zu sehr gaben sie ihrer Vorliebe für kriegerische Auseinandersetzungen nach, zu wenig waren sie in der Lage, anstelle des gälischen Häuptlingssystems eine Monarchie zu begründen. Beweisen kann man solche Theorien natürlich niemals. Daß jedoch die Iren – sei es aus Vererbung oder Neigung – ihr Abhängigkeitssystem auf persönliche Beziehungen und nicht aufs Land gründeten, ließ Irland nicht nur im Mittelalter, sondern noch für lange Jahrhunderte danach einzigartig werden.

Die Iren und einige Schotten im Nordwesten behaupten manchmal, daß das Clansystem des schottischen Hochlands dem irischen geähnelt habe. Das mag gut möglich sein, trotzdem bestehen erhebliche Unterschiede. Die Schotten waren wahrscheinlich doch stärker an das Land gebunden als die Iren; die Bewohner Schottlands hatten schon seit Beginn der Geschichtsschreibung mit dem Kontinent Handel getrieben; als die Römer England und eine Zeitlang Südschottland besetzt hielten, blieb das nicht ohne Folgen für Schottland; und noch vor 1200 hatten die Anglo-Normannen in Südschottland das Grafschaftssystem mit all seinen feudalistischen Implikationen etabliert. Die persönliche Beziehung zwischen dem Vasallen und dem Herrn galt den Schotten viel weniger als die Dreieinigkeit aus Land, Herr und Volk.

Daß die früheren Iren so auf absoluter Loyalität von Person zu Person, des Königs gegenüber seinen Sklaven (nicht Leibeigenen) und der Sklaven gegenüber ihrem König, bestanden, hat nebenbei nicht nur zu endlosen kriegerischen Auseinandersetzungen geführt, sondern auch eine hohe Geburtenrate gefördert. Die Feudalgesellschaften im restlichen Europa verfolgten zwar dasselbe Ziel, weil eine große Zahl von abhängigen Gefolgsleuten als Maßstab des Wohlstands galt, sie hatten zugleich aber eine Art Sicherung gegen Bevölkerungsexplosionen eingebaut: Da die Leibeigenen (nicht Sklaven) ans Land gebunden waren, war das Areal, von dem sie sich ernähren mußten, begrenzt, egal wie viele es waren. In Irland gab es solche automatischen Selbstbeschränkungen nicht: Die Könige konnten immer die Hoffnung hegen, mehr Land zu erobern, mehr Gefangene zu versklaven, mehr Vieh zu rauben. Daß sie kein echtes Feudalsystem hatten, zog Instabilität nach sich.

Während des größten Teils des Mittelalters waren im ganzen feudalen Europa das Land, die Leute, die darauf lebten, und seine Kapazität, diese zu ernähren, eng miteinander verknüpft. Dies wurde so unwidersprochen hingenommen wie die selbstverständliche Erfahrung, daß ein Stück Land nur eine bestimmte Anzahl von Weidetieren ernähren konnte. Dank der Wichtigkeit und des stabilisierenden Effekts dieses allgemein akzeptierten Verhältnisses Land/Menschen erfreute sich Europa jahrhundertelang eines Gleichgewichtszustands. Nur von Zeit zu Zeit wurde er durch verschiedene Faktoren erschüttert: dem Drama des Schwarzen Tods von 1340 bis 1360, der intellektuellen Herausforderung der neuen Gelehrsamkeit und dem Aufkommen von Handel, Gewerbe, Städten und Kommerz, deren heimliche, schleichende Unterwanderung das System wohl am nachhaltigsten aus dem Gleichgewicht brachte.

Vom ganzen agrarischen christlichen Europa teilte allein Irland diesen Gleichgewichtszustand nicht. Aus der Zeit vor 1821 gibt es keine verläßlichen Volkszählungen, aber die zugänglichen Schätzungen aus dem 16. Jahrhundert bestätigen, daß es die Iren wohl geschafft hatten, ihre Bevölkerung stärker anwachsen zu lassen als die Ressourcen, die die landwirtschaftlichen Voraussetzungen der Zeit zuließen. In jedem der drei Jahrhunderte, die dem Aufkommen von Statistiken vorausgingen, im 16., 17. und 18. Jahrhundert sowie im 19. Jahrhundert, aus dem verläßliche Zahlen vorliegen, hatte sich die Bevölkerung verdreifacht.

Alle sozialen Verhältnisse waren vom keltischen Ethos dominiert, so auch die Kirche. Die irische Kirche war unter den Bedingungen des Brehon entstanden und hatte wie jede andere zivile Einrichtung auch darunter gelitten (oder davon profitiert), daß eine festgefügte Gesellschaftsstruktur eigentlich nicht vorhanden war. Ehe St. Patrick um 432 n. Chr. in Irland ankam, spielten dort wie im vorrömischen Gallien oder Britannien die Druiden die Rolle der weisen Männer, Zauberer und Hexer; sie weigerten sich, lesen und schreiben zu lernen, und lehnten die europäischen schriftlichen Geschichtsdokumente und Zeugnisse als überflüssig und verwirrend ab. Druidische Riten wurden von der irisch-keltischen Kirche genauso absorbiert wie die römischen Feste von der römisch-katholischen und levantinische Praktiken von der griechisch-orthodoxen und so weiter. Die irische Kirche war weder territorial noch episkopalisch organisiert, hatte keine Hierarchie und wuchs so, sich selbst überlassen, zu einer einzigartigen gälischen Institution und Inspiration heran, die allen Päpsten viel Verdruß bereiten sollte.

Die gälische Kirche stützte sich auf Klöster, heilige Stätten und Einsiedeleien, nicht auf Kirchengemeinden wie das restliche Europa. Bis zur Machtübernahme durch die Anglo-Normannen gab es keine erwähnenswerten Diözesen. „Bischöfe" waren jedoch im Überfluß vorhanden: allein in der heutigen Grafschaft Louth im 6. Jahrhundert über 1000. Ein König konnte gleich mehrere Bischöfe an seinem Hof haben; in einigen Klöstern war jeder Mönch ein Bischof, und einige von ihnen waren schon Heilige, ehe sie gestorben waren.

Wegen ihres Überschusses an Menschen, die häufig im Streit miteinander lagen, nahm sich die irische Kirche besonders der Mission an. Irische Mönche oder Bischöfe gingen nach Schottland, Nordengland, Frankreich, Italien und Deutschland; im Norden kamen sie bis Island, im Osten bis nach Ungarn und Polen. Wo immer starke römische Organisationsstrukturen überlebt hatten, wurden ihnen Steine in den Weg gelegt. Aber sie setzten die Unabhängigkeit der Gemeinden durch und gaben ihnen den besonderen Anstrich des starken keltischen Glaubens, der römisches Erbe mit frühchristlichen Elementen verband und reichlich mit einer druidischen Mixtur von Magie und Mysterien durchsetzt war. Wo immer sie im nachrömischen Europa hinkamen, hinterließen sie ihre keltische Geisteserhabenheit. Populär waren sie jedoch nicht. Noch bis zum 15. Jahrhundert hielten sie ihre Gottesdienste in gälischer Sprache. Die Bischöfe waren verheiratet. Man warf ihnen vor, daß sie Sklaven ohne

Zustimmung ihrer Herren konvertierten, daß sie gerade getaufte, nicht zum Priester geweihte Laien zu Bischöfen konsekrierten, daß bei ihnen jeder der unabhängigen Bischöfe ohne allgemeinen Konsens einen anderen zum Bischof machen konnte – kein Wunder, daß es so viele davon gab. Sie lernten lesen und schreiben und gelehrte Disputationen über das korrekte Datum von Ostern zu führen. Dieser ganze massive Aktivitätsausbruch fand in den vier Jahrhunderten zwischen der Ankunft St. Patricks und der nordischen Machtübernahme in der Gegend von Dublin im Jahr 848 statt. Während der nächsten zwei Jahrhunderte sollten dann Norweger, Dänen, eingeborene Iren sowie in Irland und Schottland geborene Wikinger sich um die zerschundene Insel und den Südwesten Schottlands balgen, die Kirchen plündern und zerstören und vor allem Irland in hilfloser Armut zurücklassen.[6]

Die fremden Eindringlinge, wer immer es wann immer war, betrachteten die christliche Religion mit äußerstem Argwohn. Das heilige Kloster Armagh, Glaubenszentrum aller Iren, wurde in nur 200 Jahren zehnmal erobert und völlig zerstört und jedesmal wieder vollständig aufgebaut. Einmal wurde es in einem einzigen Monat dreimal angegriffen; nicht so sehr die Steine litten darunter als vielmehr die Mönche, die es immer wieder aufzubauen versuchten. Um diesen ständigen Angriffen zu entgehen, flohen irische Mönche und Gelehrte in großen Zahlen auf den Kontinent; ihre Bücher und ihre Gelehrsamkeit nahmen sie mit sich.

Ende des ersten Jahrtausends kam ein großer irischer Führer, Brian Boru, an die Macht; etwa 1002 wurde er König aller Iren. Er kümmerte sich um das Rechtswesen, ließ Straßen, Brücken und Schlösser bauen und umsorgte besonders Barden und Geschichtsschreiber, von denen uns folglich viele Zeugnisse dieses zivilisierten Mannes überliefert sind. 1014 kämpften die Iren unter Brian in der großen Schlacht bei Clontarf gegen Wikinger, die aus Irland selbst, aus Schottland, von der Isle of Man und sogar von den Orkneyinseln stammten. Die Wikinger wurden geschlagen, und die Möglichkeit einer Wikinger-Hegemonie in Irland war für immer dahin, Brian aber war mit zweien seiner Söhne gefallen, und die Iren sanken in die kontinuierliche Anarchie des Bürgerkrieges zurück.[7] Um diese Zeit geschah es, daß die Anglo-Normannen zum ersten Mal ihre Nachbarn ins Auge faßten.

Wenn schon die Wikinger Irland nicht hatten unterwerfen können, dann waren die Anglo-Normannen dazu erst recht nicht in der Lage; fünf oder sechs Jahrhunderte lang wiederholte sich die immer gleiche ungute Situation. Die eingeborenen Iren und die Halb- sowie die Vierteliren waren politisch niemals genug geeint, um in Frieden zu leben. Die Anarchie Hunderter miteinander in Fehde liegender Häuptlinge versetzte jeden englischen König, der genügend Zeit und Mittel gehabt hätte, um eine Lösung zu versuchen, in Angst und Schrecken. Wenn sich die Iren dann mit einem fremden Eindringling konfrontiert sahen, vereinten sie ihre Kräfte gerade lange genug, um ihn zurückzuschlagen, dann fielen sie gleich wieder in den mörderischen Luxus der (meist nirgendwo verzeichneten) Bürgerkriege, des Raubens, Abschlachtens, Plünderns und Zerstörens zurück; von allem, was einst auf dem Land des Besiegten stand, wuchs oder lebte, blieb dabei so gut wie nichts übrig. Nur die Gegend von Dublin, die von den Engländern wie vorher schon von Wikingern beherrscht wurde, war davon ausgenommen; hier gab es den besten Boden Irlands; die Einheimischen nannten es „das Gelobte Land".[8]

Entgegen den Ansichten der keltischen Wiedererweckungsbewegung des 19. Jahrhunderts waren die Anglo-Normannen nicht um der Eroberung willen nach Irland gezogen, sondern weil geographische Bedingungen und die Unmöglichkeit, diplomatisch und friedlich mit den Iren umzugehen, sie dazu gezwungen hatten. Auch kann man den Anglo-Normannen nicht vorwerfen, daß die Zerstörung des keltischen Irland auf ihr Konto ginge. Lange zuvor schon hatten Wikinger – Dänen, Schweden, Norweger und ihre Verwandten und Alliierten aus Schottland und Irland – dem Goldenen Zeitalter ein Ende bereitet. Bis zu Cromwell war kein englischer Führer hinreichend motiviert oder gezwungen, die politischen oder sozialen Verhältnisse in Irland – mit Ausnahme der Gegend um Dublin – unter seinen Einfluß zu bekommen. Auch wenn Irland sich selbst überlassen geblieben wäre, hätten die irischen Bedingungen die Ausbildung einer festgefügten Gesellschaftsstruktur in jedem Falle erschwert. Dank des brehonischen Rechts war dem keltischen Irland der Weg zur Ausbildung einer Nation verbaut; die Iren konnten und wollten keine größeren Organisationsformen, wie sie für die Zukunft nötig gewesen wären, ausbilden.

Wenn die Iren sich zu einer einheitlichen Nation zusammengeschlossen hätten, wenn es ein ans Land und nicht an tribalistische persönliche Loyalität gebundenes Feudalsystem gegeben hätte, wenn nicht Schafen und Rindvieh, sondern Getreide der Vorzug gegeben worden wäre, wenn die irische Kirche nicht so desorganisiert gewesen wäre, daß der Papst jedem normannischen oder englischen Eroberer seinen Segen erteilt hätte – wenn all das und vieles andere nicht so gewesen wäre, hätte die Geschichte Irlands wohl einen anderen Verlauf genommen und nie dazu geführt, daß die Iren sich die Kartoffel zu eigen machten.

In den 500 Jahren zwischen Heinrich II., dem mächtigsten europäischen König seiner Zeit, und Oliver Cromwell, dem stärksten politischen Führer im vom Dreißigjährigen Krieg gebeutelten Europa, führte keiner der englischen Vorstöße in Irland zu dauerhaften Ergebnissen. Die englischen Könige versuchten, manchmal vom Pontifikat unterstützt und ermutigt, das Grafschaftssystem und parallel dazu das System der Bischofsdiözesen zu etablieren, doch mit Ausnahme einer Gegend in Südosten der Insel wehrten sich die Iren mit Erfolg gegen beides. Der alte Adel Irlands lehnte den Zehnten, den Peterspfennig, kanonische Erlasse und die Einhaltung nichtirischer Feiertage ab.[9] Dieser keltische Widerstand setzte sich auch dann noch fort, als Heinrich VIII. die meisten Klöster aufgelöst und ihr Land irischen, anglo-irischen und normannisch-irischen Adligen gegeben sowie die enteigneten Mönche und Nonnen in die Bettelorden getrieben hatte. Doch die Klöster erwiesen sich als unverwüstlich: Heinrich VIII. unterdrückte sie, wo immer möglich; unter Maria konnten sie sich erholen; Elisabeth ignorierte sie; Cromwell unterdrückte sie wieder; unter Charles II. konnten sie sich abermals erholen.

Die Sprache war ein weiterer Faktor, der die gälischen Einheimischen stärkte. Mit Ausnahme der Gegend von Dublin wurden die meisten Gottesdienste in Gälisch gehalten; kurioserweise übersetzten erst die Engländer im 15. Jahrhundert die Messe ins Lateinische. Noch zur Zeit Heinrichs VIII. nahm vielleicht die Hälfte aller Iren an gälischen Messen teil. Die keltische Kirche, die vor der Reformation erbittert auf ihre nationale Unabängigkeit bedacht war, blieb auch ein Widerstandsnest, nachdem die Engländer Protestanten geworden waren.

Als nach dem Tod Elisabeths (1603) Irland wieder einmal von einem aggressiven englischen Herrscher befreit war, zogen sich die Iren weiter in ihre internen Auseinandersetzungen zurück. Als um ungefähr 1620 die Kartoffel an Bedeutung zu gewinnen begann, waren alle notwendigen Voraussetzungen zu ihrer Adoption erfüllt: Die Exekutive war schwach, Feudalstrukturen fehlten, Getreide wurde so gut wie überhaupt nicht angebaut, die Ökonomie basierte auf Vieh, Landbesitz, Landrechte sowie Gebietsanteile zählten nicht viel, und fast ständig gab es Unruhen, die von Streit über Tumult und Mord und Brandstiftung bis hin zu blutigen Revolten reichten.

Von all diesen destabilisierenden Faktoren trug einer am meisten zur Verelendung bei: das Fehlen eines traditionellen Landrechts. Wenn es keine einheimische grundbesitzende Klasse gibt, kann es notwendigerweise auch kein traditionelles echtes Pachtsystem geben, mit all den Sicherheiten, die das Pachtrecht bietet. Wenn sich eine auswärtige grundbesitzende Klasse in einem eroberten Land etabliert, könnte es unklug sein, die Einheimischen zu Pächtern der neuen Grundbesitzer zu machen; auswärtige Eroberer von niederem Stand werden die neuen Pächter. Wenn jedoch ein Grundbesitzer-Pächter-System bereits ausgebildet ist, verläuft die Übernahme eines eroberten Landes durch die neuen Herren viel harmonischer; mit der Zeit wird die eroberte herrschende Klasse die Eroberer absorbieren. Genau das geschah in England nach der Eroberung durch die Normannen im Jahr 1066. In Irland kam es nie dazu. Die Eroberer nahmen das Land in Besitz, ohne sich um die Bewohner zu kümmern.

Die Einheimischen wurden in die am wenigsten vorteilhaften Gegenden, auf die schlechtesten Böden, in die Berge und ins Moor vertrieben. Irgendwann hatten sie die Grenzen all ihrer Anbaumöglichkeiten erreicht – nur bei der Kartoffel noch nicht.

Die englische Reformation hatte in Irland noch einen wichtigen, meist jedoch unbeachteten Nebeneffekt: Engländer wie Iren konnten alles, was ohnehin gekommen wäre, den religiösen Veränderungen zuschreiben. Die Iren wurden in ihrer Religion Latinisten, während die Engländer Anglikaner wurden, und auch wenn beide weiterhin der römisch-katholischen Kirche angehört hätten, wären die Engländer Latinisten und die Iren Kelten geblieben, und alle grundsätzlichen Streitereien, die niemals viel mit Gott, Religion oder Rom zu tun gehabt hatten, wären einfach weitergegangen.

Genauso wird leicht übersehen, daß nur ein kleiner Teil der Bevölkerung Englisch sprach. Wie im Hochland von Schottland, in Wales, Cornwall und der Bretagne war das Keltische die gesprochene Sprache aller Einheimischen einschließlich der Adligen. Die Gebildeten konnten häufig besser Latein als Englisch, und bis in ziemlich späte Zeit blieb das Lateinische die Schriftsprache. Bezeichnenderweise sahen Iren aller Schichten die Anglo-Normannen als Sachsen an und bezeichneten auch die englische Sprache noch bis 1600 als „Sächsisch". Im Grunde hatten sie recht. Der eigentliche Gegensatz bestand nicht zwischen Katholiken und Protestanten, Bauern und Besatzern, altem Adel und neuen Herren; es war der ganz archaische, urtümliche, stammesgeschichtliche Gegensatz zwischen Kelten und Sachsen.[10]

1603 hoffte man auf „die Schotten". Einige Iren hatten herausgefunden, daß sie einst „Skoten" gewesen waren, während die späteren Schotten aus den Pikten hervorgegangen waren.[11] Der neue englische König, James I. und zugleich James VI. von Schottland, bot für die Iren noch einen weiteren Vorzug. Er war kein Elisabethaner – ein Begriff, den noch die ungebildetsten Bauern zu hassen gelernt hatten.[12] James' Ordnungsliebe wurde jedoch nicht durch die Weisheit gemildert, die seine große Vorläuferin ausgezeichnet hatte. Seine ersten Initiativen in Irland waren andererseits von Glück und Erfolg begleitet. Nach dem Vorbild der von Elisabeth gegründeten, weniger bekannten Kolonie von Munster „kolonisierte" er Ulster mit Engländern und Schotten.[13] Er ermunterte London, Derry zu anglisieren und zu befestigen. Viele Engländer, die zur Ansiedlung bereit waren, machte er zu „Baronets". Das irische Parlament erweiterte er von 122 auf 232 Mitglieder, wobei er zugleich eine permanente protestantische Mehrheit sicherstellte. Viel Lärm und Getue machte er um die Verbannung römisch-katholischer Priester, aber sie kehrten zurück; er wollte die einheimische irische Elite in die anglikanischen Kirchen treiben, aber sein außerparlamentarischer Erlaß erwies sich als illegal; er versuchte, das englische Pachtwesen und Grafschaftssystem einzuführen, und wenigstens damit hatte er Erfolg. Dadurch wurden Tausende von Einheimischen aus dem eingespielten Wirtschaftssystem, der Geldwirtschaft, herauskatapultiert und von der Kartoffel abhängig. Die „Flucht der Earls"[14], die den meisten dieser Maßnahmen vorausgegangen war, hatte einen großen Teil der Bevölkerung im Norden führerlos zurückgelassen; dort hielt man jetzt in Richtung Spanien oder Frankreich nach Rettung Ausschau.

Bis Charles I. im Jahr 1649 hingerichtet wurde, war die Lage in Irland noch chaotischer als während der irischen Kriege Elisabeths. Im 19. Jahrhundert hatte Thomas Carlyle die damalige Situation – im historischen Präsens – folgendermaßen beschrieben:

„Im Pale gibt es Katholiken, die unter diesem oder jenem Herrn Religionsfreiheit verlangen. Es gibt altirische Katholiken unter den päpstlichen Nuntien; unter Abba O'Teague von den Exkommunizierten; und Owen Roe O'Neill, der nicht nur religiöse Freiheit will, sondern auch das, was wir heute den Widerruf der Union nennen würden, und der nicht mit den Katholiken des englischen Pale zusammengehen kann. Es gibt die Ormonde-Royalisten von den Episkopalisten und gemischte Bekenntnisse, königstreu, ohne Synodalverfassung; in Ulster und anderenorts Presbyterianer, königstreu, *mit* Synodalverfassung; schließlich noch Michael Jones und den englischen Commonwealth, die weder den König noch eine Verfassung wollen."

Im 17. Jahrhundert konnte solch ein kompliziertes, wirres Puzzle nur noch mit Blutvergießen gelöst werden. Das Blut wurde von Cromwell vergossen, der normalerweise ein barmherziger Mann war, nicht jedoch in Irland. Wie andere Parlamentarier hatte sich Cromwell darüber erregt, daß Charles I. sich im englischen Bürgerkrieg irischer Truppen bedient hatte, und er wollte dafür sorgen, daß die Iren ihre Einmischung bedauern würden. Er machte sich daran, die letzten Reste der Stammesorganisation der Iren zu zerschlagen, wie es die Engländer dann 100 Jahre später auch im Hochland von Schottland taten. Die Iren mußten „in die Hölle oder nach Connaught" ausweichen, der am wenigsten fruchtbaren der vier Provinzen, wo es in jenen Tagen mehr oder weniger nur Moor und Felsen gab. In Ulster wurde die schottische „Kolonisierung" und in Munster und Leinster die englische Grundbesitzerklasse wieder verstärkt. Cromwells Leute taten, was sie konnten, damit die Iren Hunger litten.

Die Kartoffel, *Solanum tuberosum*, war ursprünglich in großen Höhen zu Hause, an karge Böden, kurze Tage, niedrige Nachttemperaturen und ein trockenes Klima gewöhnt. Im feuchten, kühlen Klima Westeuropas mit seinen relativ langen Tagen und warmen Nächten fand sie einen tiefgründigen, lockeren Boden vor und gedieh prächtig. Für nährstoffarme Böden ist sie viel besser geeignet als Getreide. Werkzeuge braucht man kaum, notfalls reichen für Anbau und Ernte die eigenen Hände. Auch muß man Kartoffeln nicht dreschen, mahlen und backen; ein Topf und ein Torffeuer reichen aus.[15]

Der Genbestand der Kartoffel umfaßt eine formidable Anzahl von Varianten, und durch zufällige oder gezüchtete Kreuzungen oder durch natürliche Auslese unter neuen Umständen kann die Kartoffel eine ganze Reihe von Verwandlungen durchmachen, die sich effektiv zu einem kontinuierlichen Anpassungsprozeß summieren. Die Bauern, die mit dem größten Erfolg von der irischen Kartoffelmonokultur lebten, hatten wahrscheinlich durch Beobachtung und Herumprobieren Kartoffelsorten erzielt, die den Bedingungen in den ärmeren Gegenden der Insel bestmöglich angepaßt waren. Die Iren hatten jede Anpassung, derer sie oder die Kartoffel fähig waren, dringend nötig.

Wir wissen nicht, wie viele Iren in den 20 Jahren zwischen 1640 und 1660 ums Leben kamen. Bei Drogheda wurden sie von Cromwell direkt und vorsätzlich umgebracht; sie starben in leckgeschlagenen Schiffen, mit denen viele der für Amerika oder die Karibik bestimmten „Kriminellen" untergingen[16]; sie starben zu Hause am Hunger und in der Fremde an tropischen Krankheiten; sie starben, weil man ihre Viehherden, ihren einzigen Reichtum, zerstört hatte. Die Bevölkerung der Insel ging vielleicht um die Hälfte zurück, und die Übriggebliebenen hatten keine Werkzeuge, kein Vieh und oft kein Land. Eines ist sicher: Ohne Kartoffeln hätten sie nicht überleben können. Sie waren in die am wenigsten fruchtbare Provinz vertrieben worden, hatten kein Geld und keine Möglichkeiten, sich welches zu verdienen, und konnten in den ungastlichen Mooren und an den Berghängen kein Getreide anbauen; nur die Kartoffeln konnten die irische Nation am Leben erhalten, und sie mußten im Hügelbeet gepflanzt werden. Von allen Verheerungen, die Cromwell in Irland anrichtete, war das Nebenprodukt des Hügelbeets am Ende vom allergrößten Übel. Cromwell war eindeutig ein Feind gewesen, das Hügelbeet aber kam als Freund, der schließlich mehr Iren das Leben kostete, als jemals auf Cromwells Konto gegangen waren.

Ein Hügelbeet kann man fast überall auf jedem beliebigen Boden errichten. Das Gelände muß nicht eben sein, und auch Steine stören, im Gegensatz zum normalen Feldanbau, das Kartoffelwachstum nicht. Weil das Beet sich selbst entwässert, ist ein sumpfiger Grund fast ebenso gut geeignet wie ein Berghang. Ein Streifen Land – gut einen halben Meter breit auf sehr nassem Boden, bis zwei Meter breit auf sehr trockenem – wird mit irgendeinem Dünger, was immer man gerade zur Hand hat, bedeckt: Seetang, trockener Torf oder verrotteter Torf von einem alten Hausdach. Dann hebt man auf jeder Seite einen Graben aus und wirft die Erde oben auf die Düngerschicht. So ist für gute Entwässerung gesorgt, und die Reihen sind bereits „angehäufelt", bevor die Kartoffeln gepflanzt werden. Mit einem Pflanzholz kann man dann die Knollen stecken. Auch kann man sie gleich auf die Düngerschicht legen und dann beim Gräbenziehen mit Erde bedecken.[17]

So ein Streifen von 450 bis 700 Meter Länge lieferte genug Kartoffeln, um eine Familie ernähren zu können. Wenn zusätzlich noch Milch, Schweinefleisch, Speck, Käse oder das Blut einer Kuh zur Verfügung standen, ergab dies zusammen eine ausgewogene Ernährung. Wenn in schlechten Zeiten solche ergänzenden Lebensmittel fehlten, mußte man die Anbaufläche vergrößern und das Beet verlängern.

Das Hügelbeet hat viele Vorteile. Ein halber Morgen kann bei dieser Anbauweise in einem „normalen" Jahr eine „normale" Familie ernähren. Auch wenn man das Beet nicht einzäunte, war es vor umherziehendem Vieh sicher und für Marodeure nicht sonderlich attraktiv, seien es nun Soldaten, Nachbarn, Mitglieder eines feindlichen Stammes oder Clans. Ein Hügelbeet war gegen Frost immun, gut entwässert und gut gedüngt. Wenn die Kartoffeln ausgewachsen waren, blieb das Beet sich selbst überlassen, weil es zugleich als Miete für die Lagerung der Knollen diente, die dann nur je nach Bedarf herausgeholt wurden und direkt in den Topf wanderten. Bei anderen Verfahren muß man die Kartoffeln ausgraben und frostsicher in einer Miete oder einem Gebäude lagern, was natürlich viel mehr Arbeit verursacht.

Wenn das Schicksal einmal arg zuschlug und der Bauer, der den

Sommer gewöhnlich in den Bergen verbrachte, nicht zur Erntezeit heimkehren konnte, war sein Hügelbeet im nächsten Frühjahr immer noch gut mit Kartoffeln gefüllt. So konnte er es sich zu einer Zeit, da üblicherweise Mangel herrschte, gutgehen lassen und noch genügend Kartoffeln für die nächste Ernte im Boden lassen.

Weil man nicht den ganzen Boden bearbeiten, sondern nur die Hälfte davon in Form umgedrehter Soden auf die nichtumgegrabene Unterlage häufen mußte, hatten die Engländer, aus Unwissen oder Böswilligkeit, dem Verfahren den Namen *lazybed* („faules Beet") gegeben, weil sie gemeint hatten, daß dies die richtige Methode für arbeitsscheues Gesindel sei; in englischen Salons riß man Witze darüber, wobei es natürlich zu vielerlei Varianten vornehmerer wie geschmackloserer Art kam.

Die wohlgenährten krittelnden Engländer wußten natürlich nicht, daß schon die Indianer im heutigen Peru das Verfahren Jahrhunderte früher entwickelt hatten. Auch den meisten unserer Zeitgenossen ist nicht bekannt, daß das Hügelbeet noch heute im Andenhochland, 13 000 Kilometer von Irland entfernt, als ein den Umständen angemessenes Verfahren angewandt wird. Wir wissen nicht, ob die Methode zusammen mit der Kartoffel nach Irland kam oder ob die Iren sie unter Cromwells Druck selbst entwickelt haben.

Obwohl das Hügelbeet die Not lindern half, führte es auch zu einigen unerwünschten Ergebnissen. Neben dem Anbau der Kartoffeln mußte nur noch Torf als Brennmaterial gestochen werden, um sie kochen zu können und die Temperaturen in der Hütte erträglicher zu machen, die ansonsten schon von der Körpertemperatur des Bauern, seiner Frau, seiner Kinder, einer Kuh und vielleicht von ein oder zwei Schweinen erwärmt wurde. Wenn die Kartoffeln aus dem Hügelbeet die einzige Feldnahrung der Familie darstellten, mußten für ihren Anbau und fürs Torfstechen höchstens 15 Wochen im Jahr aufgewandt werden. Lediglich um seine Pacht bezahlen zu können, brauchte der Mann ein bißchen Bargeld. Das konnte er sich zur Erntezeit verdienen, indem er dem (häufig abwesenden) Grundbesitzer sein Getreide einzufahren half. Getreide wurde, als Handelsware, auf den besseren, leichter zu bestellenden Böden kultiviert und häufig exportiert. Da der Lohn nur zur Begleichung der Pacht gebraucht wurde, reichte es auch, soundsoviel Arbeitsstunden gegen soundsoviel Land für die Hütte, das Hügelbeet und vielleicht etwas Viehweide, wenn überhaupt, aufzurechnen. Dieses Tauschsystem führte dazu, daß zu wenig Bargeld im Umlauf war. Im 18. und 19. Jahrhundert zirkulierten, pro Kopf der Bevölkerung gerechnet, in Irland nur 20 % der Münzgeldmenge, die zur gleichen Zeit in England umlief.

Manchmal, wenn es zur Erntezeit keine Arbeit gab, mußten viele betteln gehen; wen man aber in einem verarmten Land ohne große Bargeldwirtschaft anbetteln sollte, ist noch nicht erklärt worden. Da jedoch alle Berichte über das weitverbreitete Betteln von Gebildeten stammen, gewöhnlich einem Besucher oder einem Mitglied der englischen „Aszendenz"[18], und da diese Leute vermutlich über Geld verfügten, darf man schließen, daß die Bettler sich ihre Opfer schlau und scharfsinnig auszuwählen pflegten.

Die große Tragödie Irlands, die ihren Höhepunkt im Jahre 1846 erreichte, hätte wahrscheinlich auch ohne weitere Mitwirkung der Engländer stattgefunden, nachdem sich das Hügelbeet erst einmal weit und breit durchgesetzt hatte. Wenn ein Paar heiraten wollte, mußte es lediglich eine Hütte hochziehen, was ihm oder den Familien weniger als einen Tag kostete. Eine Hütte aus Torfziegeln war die traditionelle Mitgift. Das Paar, häufig noch im Backfischalter, hatte genug zum Leben, wenn einer von beiden ein paar Wochen pro Jahr und der andere ein paar Stunden pro Tag arbeitete. Sonst hatten sie nichts zu tun.

Jahrhundertelang hatte die Zahl der Totgeburten und der Kindersterblichkeit sehr hoch gelegen. Die hohen Geburtenziffern an sich waren unter anderem auch dadurch begründet, daß das stammesgeschichtliche Erbe zu dem Trugschluß verleitete, eine große Zahl bedeute auch große Stärke, daß alle den Wunsch hatten, im Alter von den eigenen Kindern gut versorgt zu werden, und daß die Schwangeren in einer primitiven Gesellschaft sich einer gewissen Protektion erfreuten. All diese traditionellen Zwänge ließen die irischen Geburtenziffern stark ansteigen, und von der Mitte des 17. Jahrhunderts an blieben immer mehr Neugeborene am Leben. Die Kindersterblichkeit ging zurück, Stammesfehden, Mord und körperliche Gewalt wurden seltener.

Die Zahlen dieser irischen Bevölkerungszunahme sind ernüchternd. 1660 gab es vermutlich um die 500 000 Iren. Bis 1688 die neue protestantische Monarchie in England etabliert war, konnte sich die irische Bevölkerung eine Generation lang dank relativen

Wohlstands und der Unterstützung zweier englischer Könige rasch vermehren. Charles II. war ein heimlicher Katholik, James II. ein offener. Beiden war bewußt, daß die Iren sie in schweren Zeiten vielleicht unterstützen könnten. Bis 1688 hatte sich die Bevölkerung auf vermutlich 1,25 Millionen mehr als verdoppelt. Dann traf sie ein schwerer Schlag. Die Iren hatten in der Tat James II. unterstützt, der aber dem protestantischen König Wilhelm III. von Oranien unterlag.

Die in der Folge erlassenen Strafgesetze („Penal Laws") waren zwar nominell völlig legal, aber verheerend. Katholiken blieben von Armee, Marine, Rechtswesen, Gewerbe und allen öffentlichen Ämtern ausgeschlossen. Das Wahlrecht wurde ihnen entzogen. Ein Katholik konnte weder ein Regierungsamt bekleiden noch Land erwerben. Schlimmer noch, katholischer Landbesitz wurde aufgeteilt und weiter aufgeteilt, solange nicht der älteste Sohn Protestant wurde und in diesem Fall den gesamten Besitz erbte. Klöster wurden endgültig unterdrückt. Katholische Erziehung war illegal – kein Katholik durfte eine Schule unterhalten oder eine besuchen oder seine Kinder zur Erziehung ins Ausland schicken. Priester wurden umgebracht, Informanten bestochen und ermutigt, die Ausübung der katholischen Religion wurde geächtet. Irland war de facto eine englische Kolonie, Handel und Gewerbe gingen zurück.[19] In den Städten blieben die Arbeitsmärkte bestenfalls statisch, so daß sie den Arbeitskräfteüberschuß des verarmten Landes nicht aufnehmen konnten.

Diese Reglementierungen nahmen sich später die Nazis und die Stalinisten zum Vorbild für ihre legale Erniedrigung und Degradierung der unterworfenen Völker. Solche Gesetze verkehren die Grundvoraussetzung, auf der zivilisierte Gesellschaften basieren, ins Gegenteil – daß die Leute so lange die Wahrheit sagen, wie man ihnen nicht nachweisen kann, daß sie es nicht tun.

Was von der katholischen Aristokratie übriggeblieben war, ging ins Ausland, um in Frankreich oder Spanien zu dienen. Kaufleute verließen das Land oder wurden Protestanten oder gaben dies zumindest vor. Da jahrhundertelang Kaufleute es fertiggebracht haben, sich in fast jeder beliebigen Umgebung zurechtzufinden, müssen wir ihnen nur wenige Tränen nachweinen; daß die Iren jedoch die Reste ihrer alten, kultivierten und gebildeten Oberschicht verloren, war ein bitterer Schlag für die Insel. Die Armen, denen unser Mitgefühl gehört, blieben übrig.[20]

Ein weiterer Schlag traf die irische Nation: Bis zur Emanzipation der Katholiken im Jahr 1829, das heißt fünf Generationen lang, lernte ein ganzes Volk, daß man nur dann überleben kann, wenn man lügt, betrügt, heuchelt, Vertrauen mißbraucht und schlau wie ein Fuchs ist. Weil sie ohnehin kein Recht fanden, mußten die Bauern sich ihr eigenes schaffen. Eine ganze Reihe rachsüchtiger Geheimgesellschaften sorgte anstelle der Gesetze, die man den Katholiken verwehrte, für grobschlächtige Gerechtigkeit. Der Schwindel feierte Triumphe. Täuschung und Hinterlist mögen ja noch angehen, aber ein ganzes Volk konnte unter den Bedingungen der Strafgesetze nur überleben, wenn es sich wie eine besetzte Nation im Krieg verhielt – nicht ein paar Jahre lang, sondern anderthalb Jahrhunderte. Das Hügelbeet war das europäische Äquivalent der Kokospalme, unter die man sich nur legen und abwarten muß: Kein Wunder, daß die vornehmen Engländer des 18. Jahrhunderts die Iren für faul und wenig vertrauenswürdig hielten. Faul aber waren sie, weil sie keine regelmäßige Arbeit hatten, und voller Heimtücke waren sie, weil die Engländer jene Strafgesetze erlassen hatten, die man nur mit Täuschungsmanövern überleben konnte.

Ohne Kartoffeln und selbstgebaute Hütten hätte die Bevölkerung sich niemals am Leben halten geschweige denn wieder zunehmen können. Von Brot allein hätte man zu jener Zeit eine solche Zahl nicht ernähren können: Die irischen Anbauverfahren waren für Brotgetreide zu primitiv; einen organisierten Getreidehandel, wie wir ihn heute kennen, gab es im 18. Jahrhundert noch nicht.[21] Wenn in Westeuropa schlechtes Wetter war oder Krankheiten die Pflanzen befielen, konnte kein Kanada, Lateinamerika, Südafrika, Rußland oder Australien einspringen. Im großen und ganzen war noch kein internationaler Handel in der Lage, eine örtliche Hungersnot zu lindern; höchstens die noch jungen Vereinigten Staaten erfreuten sich hin und wieder eines Überschusses.

Von 1760 bis 1840 nahm die Gesamtbevölkerung der Insel von 1,5 Millionen auf 9 Millionen zu, das sind 600% in 80 Jahren. Zwischen 1801 und 1841 verfünffachte sich allein die Bevölkerung der heutigen Irischen Republik. Das hatte mit den Engländern nichts zu tun, sondern ging einzig und allein auf das Konto der Kartoffeln. Ohne Kartoffeln hätte alles Land der Insel höchstens 5 Millionen Menschen mit Brot ernähren können. Zu dieser Zeit herrschte weltweiter Mangel an Brotgetreide, und die Preise waren so hoch, daß die Iren sie niemals hätten bezahlen können. Verglichen mit den Arbeitslöhnen hatte sich der Getreidepreis in Europa in den Jahren 1760 bis 1840 insgesamt verdoppelt. Folglich exportierten die Iren Getreide, das im Normalfall dem Ertrag von 1 bis 2 Millionen Morgen entsprach, sagen wir durchschnittlich etwa 1 Million Tonnen. Häufig wurden Klagen laut, daß die irischen Getreideexporte immer zugleich mit den irischen Hungersnöten einen Aufschwung erlebten. Doch das mußte so kommen. Dasselbe Wetter, das in England zu Engpässen bei der Lebensmittelversorgung führte, mußte auch unvermeidlicherweise in Irland Ernteeinbußen hervorrufen; mit der Knappheit stiegen die Preise und machten den Export zu einem lohnenden Geschäft.

Radikale Kritiker sagten damals wie heute, es sei ein Skandal, daß immer noch Korn exportiert wurde, während die Leute hungerten. Sie vergessen, daß England, Irland, Schottland und Wales einen gemeinsamen Markt bildeten, der nicht auf ein einzelnes dieser Länder beschränkt war. Mehr noch, die Hungernden hätten sich Korn gar nicht leisten können. Als den Kartoffelessern die Ernten ausfielen, standen sie nicht nur vor dem Problem, keine Kartoffeln zu haben; sie hatten auch so gut wie kein Geld. Das ist das Problem aller Argrargesellschaften, die von der Hand in den Mund leben. Die Kartoffelinsel war bloß eine der letzten Subsistenzwirtschaften Europas, und ihre bargeldlose Gesellschaft schockierte die englischen Zeitgenossen genauso, wie heute vergleichbare Verhältnisse in Afrika die phantasielosen Bewohner der ersten Welt erschrecken.

1845/46, im ersten Hungerwinter, war die Lage Irlands für so etwas ganz charakteristisch: Wenn man eine heraufziehende Katastrophe nicht erkennt, solange die einheimische Bevölkerung noch stark genug ist, daß sie Hilfe von außen zu ihrer Abwehr erflehen kann, kommt der Hunger unvermeidlich. Zu diesem Zeitpunkt aber genoß Irland nicht hinreichend öffentliche Sympathie, um Unterstützungen hereinfließen zu lassen, und als das Mitgefühl dann endlich aufgekommen war, war es viel zu spät, als daß irgend jemand noch die Katastrophe hätte abwenden können. Im Juni und Juli 1845 zeichnete sich ab, daß die Kartoffelernte ausfallen würde. Auf den ersten Blick schien es nicht schlimmer zu werden als andere Ausfälle, zum

Beispiel die von 1832 oder 1839, wenn auch schlimmer als jene von 1830, 1835, 1837, 1840 und 1842.

Die irische Haushaltserhebung von 1851 listet alle der Erwähnung werten Versorgungsengpässe, alle kleineren und größeren, lokalen oder generellen Hungersnöte von 1724 bis 1849 auf – ein Zeitraum von 125 Jahren also. Unterteilen wir ihn also in Abschnitte von 25 Jahren.

Zwischen 1724 und 1749 fiel fünfmal die Kartoffelernte aus, die Jahre 1739–41 scheinen dabei am schlimmsten gewesen zu sein. Zwischen 1750 und 1774 gab es fünf Jahre der Not: 1756, 1757, 1765, 1766 und 1769. Zwei dieser Jahre waren ernst genug, daß man von „Hungersnot" sprach, Hilfsmaßnahmen in großem Maßstab traf und Getreideexporte untersagte. Zwischen 1775 und 1799 gab es wiederum fünf Notjahre; eins davon, 1784, war wieder ein regelrechtes Hungerjahr – größtenteils war Ulster betroffen. Trotz der schlechten Ernten war dies ein relativ gedeihliches Vierteljahrhundert.

Zwischen 1800 und 1824 finden wir neun Jahre der Not erwähnt, fünf davon mußten als Hungerjahre klassifiziert werden. Im letzten dieser schlimmen Jahre, 1821, litten alle Iren Hunger, und die südlich und westlich einer Linie von Donegal nach Youghal standen kurz vor dem Hungertod. Die Regierung hatte wahrscheinlich das volle Ausmaß der Kartoffelschäden gar nicht erkannt, auch bemerkte sie wohl nicht, eine wie riesige Bevölkerung damals schon einzig und allein auf dieses Nahrungsmittel angewiesen war. 1821/22 starben vermutlich 250 000 Menschen am Hunger und den von ihm hervorgerufenen Krankheiten. Zwischen 1825 und 1849 wurden 14 von diesen 25 Jahren als Notjahre klassifiziert, während acht Jahren herrschten zumindest lokale Hungersnöte. Unter diesen acht waren auch die Jahre der großen Hungersnot von 1845/46.

1829 setzten alle damaligen Progressiven in Irland und England ihre ganzen Hoffnungen auf die Emanzipation der Katholiken, die die Anhänger des römisch-katholischen Glaubens von allen Einschränkungen befreite. Wie sich herausstellen sollte, war die Kartoffel mächtiger.

Seit 1829 hatte es in 17 Jahren nicht mehr als fünf „normale" Erntejahre gegeben. Für jeden objektiven Beobachter mußte Irland permanent am Rand der Hungersnot stehen. Die Hälfte der Bevölkerung deckte über drei Viertel ihres Energiebedarfs mit Kartoffeln. In einem „normalen" Jahr war ein Drittel der Bevölkerung wenigstens einen Teil des Jahres hungrig oder sehr hungrig. Es war völlig klar, daß Irland überbevölkert war, daß das Land nur überleben konnte, wenn die Hälfte der Bevölkerung von Kartoffeln und sonst kaum etwas lebte, daß dann aber auch der Kartoffelanbau erfolgreich sein mußte, die Witterung günstig und Krankheiten vermieden oder im Zaum gehalten werden mußten.

Oft wurden diese Bedingungen nicht erfüllt. Wie bereits bemerkt, hatte sich die Bevölkerung der heutigen Irischen Republik zwischen 1801 und 1841 verfünffacht. Nicht überall wurden Kartoffeln angebaut, und nicht überall war der Anbau erfolgreich. Das beste Land war der Viehzucht vorbehalten oder dem Anbau von Weizen, Gerste, Hafer oder Roggen; all das konnten die Bauern weder im Moor noch auf den Bergen anbauen, und kaufen konnten sie es sich mit Sicherheit schon gar nicht.

Die Kartoffelkrankheiten bildeten eine ständige Bedrohung, und von Zeit zu Zeit kamen gemeinsam mit ihrem Wirt, der Kartoffel, neue Schrecken über den Atlantik. In den fünfziger Jahren des 18. Jahrhunderts tauchte die Trockenfäule auf, eine Krankheit, die die eingelagerten Knollen befällt und von einem Pilz, dem *Fusarium caeruleum*, hervorgerufen wird. Anscheinend gesunde Kartoffeln trockneten aus und schrumpften, bis sie zum Schluß eine holzähnliche ungenießbare Masse waren. In der damaligen Zeit wußte man nicht, wie das Problem entstand oder wie man es bekämpfte. Zufriedene Bauern gruben im Oktober oder November ihre Kartoffeln aus und mußten um Weihnachten feststellen, daß sie bis zum nächsten Herbst nichts mehr zu essen hatten.

Von der Kräuselkrankheit wird zum ersten Mal in den siebziger Jahren des 18. Jahrhunderts berichtet, in den folgenden 40 Jahren breitete sie sich endemisch aus. Dabei handelt es sich um eine Viruskrankheit, die von Blattläusen übertragen wird, winzigen Insekten, die von den Säften der Pflanze leben und sie dabei mit der Krankheit anstecken, genau wie die Mücke sich von menschlichem Blut ernährt und dabei die Malaria überträgt. Die Verbreitung der Kräuselkrankheit hängt davon ab, daß eine einheimische oder eingewanderte Population von Blattläusen sich schnell genug vermehrt, um den Virus verbreiten zu können. Der Lebensraum der Laus ist begrenzt, aber sie kann mit dem Wind wandern. Während die Läuse auf diese Weise leicht den Ärmelkanal oder die Irische See in großen Zahlen überqueren können, ist kein Fall bekannt, in dem eine Laus den Atlantik überquert hätte. Der Virus kann die Ausbildung von Kartoffeln um bis zu 70 % verhindern, ohne daß irgend etwas deutlich darauf hinwiese, daß mit der Pflanze etwas nicht in Ordnung ist. Natürliche Feinde der Läuse sind selten; dank der vorherrschenden Winde blieben große Teile Westirlands glücklicherweise von der Kräuselkrankheit verschont; ein sicheres Gegenmittel fand man erst zur Zeit des Zweiten Weltkrieges.

*Botrytis cinerea* ist ein Schimmelpilz, der Blätter und fast reife Früchte bei einer großen Zahl von Pflanzen befällt; in Irland wurde er auf Kartoffeln erstmals 1795 entdeckt. Er überzieht die befallenen Pflanzengewebe mit einem blaugrauen Schimmel, der das Wasser aus den Blättern oder Früchten zieht und die befallenen Teile schrumpfen und austrocknen läßt.

Dieses Dreigestirn ist schon schlimm genug, und man muß sich wundern, wie die Kartoffel ohne Fruchtwechsel, Hygiene, sanitäre Einrichtungen und saubere Hände in ganz Irland doch so gedeihen konnte, daß sie zahlreiche Iren am Leben erhielt. Zwei viel schlimmere Plagen aber sollten noch folgen. Die Schwarzfäule tauchte erstmals 1833 auf; ihr Erreger befällt die ganze Pflanze. Im Juli werden die Blätter gelb, Stiele und Stengel schwarz; leicht lassen sie sich von der Pflanze abziehen. Der Verfall der Knollen schließt sich an und setzt sich während der Einlagerung dadurch fort, daß gesunde Kartoffeln in der Miete oder im Keller angesteckt werden. Die Krankheit läßt sich verhindern, indem man gesundes Saatgut verwendet und befallene Pflanzen ausgräbt und vernichtet.

Der wahre Kartoffelkiller war die Braunfäule oder der Brand, hervorgerufen vom Pilz *Phytophthora infestans*. Er stammte vermutlich aus irgendeinem dunklen Reservoir einer genetischen Pandorabüchse irgendwo in Amerika und tauchte diesseits des Atlantik erstmals im Juni 1845 auf der Isle of Wight auf. Noch vor dem 1. August wurde schon aus allen Ländern auf dem europäischen Kontinent davon berichtet, und noch im selben Monat befiel die Krankheit auch die irische Ernte, kurz nachdem die Frühkartoffeln geerntet waren. In Intervallen kehrte die Seuche immer wieder, bis Mikrobiologen und Landwirtschaftsexperten in den zwanziger Jahren unseres Jahrhunderts ein Gegenmittel fanden.

Natürlich hatten erfolgreiche Bauern schon zu allen Zeiten Vorbeugemaßnahmen gekannt; nach den Regeln guter, umsichtiger Landwirtschaft sollte man nur jedes sechste Jahr pflanzen, sauberes Saatgut nehmen, das in keiner Weise mit vorher erkranktem in Berührung gekommen sein konnte, von Krankheiten befallene Knollen nur ans Vieh verfüttern, wenn man sie abgekocht hatte, damit die Krankheit nicht mit dem Dünger zurückkehrte, und so weiter. Hinsichtlich aller im 19. Jahrhundert bekannten Kartoffelkrankheiten – insgesamt über 20 – konnten diese Regeln als vernünftig gelten. Unglücklicherweise konnten die irischen Bauern sie nicht befolgen, denn sie hatten oft keinen anderen Acker, den sie hätten bestellen können, kein anderes Saatgut und wußten zu wenig von Hygiene und Hygienemaßnahmen.

Der Juni, Juli oder August schien eine reiche Ernte zu versprechen. Plötzlich wurden ein paar Pflanzen braun und starben ab. Im warmen, feuchten, nebligen Klima konnte die Braunfäule innerhalb einer Woche ein ganzes Feld befallen, innerhalb einer zweiten war das Feld dann schwarz geworden und stank. Es ist geradezu charakteristisch für diese Krankheit, daß sie sich mit unglaublicher Geschwindigkeit ausbreiten kann, hundertmal schneller vielleicht als irgendeine andere Seuche. 1845 durchquerte ein Mann einen bestimmten Distrikt Irlands auf seinem Weg nach Cork, wo er eine Woche bei Verwandten bleiben wollte. Auf dem Hinweg sah noch alles gut aus. Auf seinem Rückweg sah die ganze Gegend jedoch aus, als hätten plötzliche Frosteinbrüche sie gepackt, und die Felder waren schwarz von verrottenden Blättern.

Wenn man die Knollen ausgrub, schienen sie gesund zu sein, doch innerhalb eines Monats waren sie verdorben, erst trockneten sie ein, dann verfaulten sie. Wenn ein Gebiet zum ersten Mal vom Brand befallen wurde, glaubte das Volk samt seinem Priester, nicht ganz ohne Grund, daß sie von Gott verlassen seien. Schlimmer noch als die physische Pein wirkte sich für das irische Volk vielleicht aus, daß es sich vom Glück verlassen und von der Natur ausgestoßen fühlte und den Segen des Herrn als wankelmütig empfand.

Fast 100 Jahre nach der irischen Hungersnot versuchten Gelehrte, den Weg nachzuvollziehen, auf dem die Braunfäule auf die Isle of

Wight gelangt war.[22] 1843 hatte man die Krankheit in den Vereinigten Staaten entdeckt; zwei Jahre hatte sie gebraucht, um nach Europa zu gelangen – vielleicht mit Kartoffelschalen, die ein amerikanisches Schiff im Ärmelkanal oder im Solent, der Meerenge zwischen England und der Isle of Wight, über Bord geworfen hatte.

Nicht ganz so schnell wie die Braunfäule war die nächste amerikanische Pest, der Coloradokäfer. Mit der Hungersnot hatte er jedoch nichts zu tun. Elf Jahre hatte der Käfer gebraucht, um sich in den ganzen Vereinigten Staaten östlich der Rocky Mountains auszubreiten, und weitere vier, um den Atlantik zu überqueren. Bis 1875 hatte er sich so erfolgreich durchgesetzt, daß die meisten europäischen Länder amerikanische Kartoffeln mit Einfuhrverboten belegten. Der erwähnenswerte Unterschied zur Braunfäule besteht darin, daß man den Kartoffel- oder Coloradokäfer sehen und somit seine Ausbreitung verlangsamen kann, vor allem durch Spritzen mit Gift. Den Erreger der Braunfäule konnte man nicht sehen, also gab es keinen Schutz vor seinen Zerstörungen. Und die Angst vor dem Hunger wurde dadurch ganz besonders schlimm, daß unsichtbare Helfer des Todes am Werk waren. Unwillkürlich fällt einem die moderne Analogie der atomaren Verseuchung ein.

In politischer wie in philosophischer Hinsicht und als Ursache wie als Wirkung waren die irische Hungersnot und die Freihandelspolitik in gegenseitiger Wechselwirkung eng miteinander verknüpft. Für unseren Zusammenhang ist es daher wichtig, daß die Freihandelspolitik in der menschlichen Geschichte eine Ausnahmeerscheinung darstellt.

Heute, da kein Punkt dieser Erde weiter als eine Tagesreise vom nächsten Flughafen entfernt liegt, ist es ganz offensichtlich, daß der Freihandel der Welt zugute kommt, genau wie der interne freie Handel Deutschland, Frankreich, Japan, dem Vereinigten Königreich oder den USA zugute kommt. Doch erst Cromwell hat den internen Freihandel in England, Alexander Hamilton in den USA, Napoleon III. in Frankreich und Bismarck in Deutschland durchgesetzt; erst 1945 führten ihn die Amerikaner in Japan ein.

So gut wie keine Nation glaubt wirklich an weltweiten Engros-Freihandel. Jeder will auf den billigsten Märkten einkaufen und auf den teuersten verkaufen. Schon Adam Smith, der Pate des Freihandels, hatte gefordert, daß die Waren in jenen Gebieten der Welt produziert werden müßten, wo sie einschließlich ihrer Distributionskosten am billigsten seien.[23]

Wenn es nur eine Welt gäbe, träfe dies wohl unvermeidlich zu. Wenn jedoch Textilien in Taiwan billiger produziert werden können, weil die Löhne dort 20 % niedriger liegen als in Europa, wenn Motorräder in Japan billiger produziert werden können, weil die Japaner sich besonders gut auf Massenproduktion verstehen, wenn Schiffe in Korea billiger gebaut werden, weil die Amerikaner dort enorm viel Kapital investieren und die Löhne niedriger sind als in irgendeinem anderen schiffbauenden Land, wer sollte dann an Freihandel glauben? Auf lange Sicht dient der Freihandel allen; auf kurze Sicht muß er viel Kummer bereiten. Darüber hinaus dient Freihandel immer jenen, die stark, kompetent sind und sich der neuesten Technologie bedienen, weniger hingegen jenen, die permanent oder temporär schwach sind, nichts von Management verstehen oder mit veralteten Produktionsmitteln arbeiten.

Von 1780 an haben einige den Freihandel als erstrebenswertes Ideal betrachtet, ein paar mehr hielten ihn für in der Praxis möglich. Die letztgenannten vertraten dabei die Ansicht, daß man ihn, wenn er den eigenen Interessen diente, eben teilweise oder zur Gänze einführen müsse, solange es sich nur auszahle. Doch immer findet sich eine Mehrheit, die gegen den Freihandel eingestellt ist. Je nach den Umständen muß diese Mehrheit durch materielle Anreize dazu verführt werden, daß sie dem Verlust der Vorteile, die der Protektionismus ihnen bietet, zustimmt.

Da sich das vielleicht sehr extrem anhört, lohnt es sich, dem Gedanken ein wenig nachzugehen. Zunächst scheint Freihandel nichts anderes als den freien Warenaustausch zu implizieren, doch andere Konsequenzen stellen sich sehr schnell ein. Wenn Importprodukte billiger sind als die gleichen einheimischen Produkte, müssen entweder die Preise und Profite der einheimischen Waren sinken, oder die einheimischen Fabriken und Produzenten werden beide überflüssig, redundant und arbeitslos. Kapitalisten wie Arbeitern geht es schlecht. Kapital wird im Ausland angelegt, um bessere Gewinne zu erzielen und die Importkosten ausgleichen zu können. Arbeiter wandern aus, verelenden in Arbeitslosigkeit oder wechseln in andere Industrien. Solche Entwicklungen konnte man in den letzten 10 oder

20 Jahren in Europa wie in den USA häufig erleben. Die Produktion von Fahrzeugen, Schiffen, Textilien und elektronischen Geräten, wenn diese frei gehandelt werden können, hat sich in den Pazifik verlagert; einige europäische und amerikanische Industriezweige mußten schwer darunter leiden.

Wenn er denn überhaupt die Antithese zum Freihandel ist, dann hat der Protektionismus hinsichtlich der Grundnahrungsmittel eines Volks die Gemüter immer viel mehr erhitzt als die Diskussion über Baumwolle oder Wolle oder Porzellan, um nur drei Gewerbe zu erwähnen, die im 18. Jahrhundert Gegenstand manch britischer Aktivität und vieler Gesetze waren. Wann immer in der Geschichte ein gutmeinender Wohltäter die Lebensmittelversorgung eines Volkes von Kastanien auf Reis, von Reis auf Weizen oder von Weizen auf Mais umstellen wollte, hat es Probleme gegeben. Jede Änderung der Ernährungsweise – besonders wenn ausländische Lieferanten involviert waren – wurde als Verschlimmbesserung empfunden. Reichliche Nahrung bedeutete in einer Welt des allgemeinen Nahrungsmangels immer politische und ökonomische Macht – und bis zum Industriezeitalter auch Kraft, denn vor der Dampfkraft gab es, abgesehen von Wind und Wasser, nur die Kraft der Menschen (= Nahrung) oder der Tiere (= Nahrung). Selbst den Gegenwert von Metallen konnte man in Nahrungseinheiten ausdrücken. Bis die technischen Erfindungen des 20. Jahrhunderts das Verhältnis zwischen Lebensmittelkosten und Löhnen dramatisch reduzierten, waren die Nahrungskosten auf der ganzen Welt von so übergeordneter Bedeutung wie eine fixe Idee. In einigen Ländern haben die Lebensmittel noch immer diese Stellung inne, sind sie noch immer knapp, bereiten sie noch immer endloses Kopfzerbrechen.

Wegen der Menschen, die sie produzieren mußten, waren die Lebensmittel auch immer Gegenstand der Politik. Bis 1845 war in keinem Land der Welt weniger als die Hälfte der Bevölkerung in Landwirtschaft wie Gewerbe damit beschäftigt, rohe oder weiterverarbeitete Lebensmittel einschließlich aller Nebenprodukte zu produzieren. In nur wenigen Ländern dieser Zeit machte die Lebensmittelproduktion weniger als neun Zehntel aller ökonomischen Aktivitäten aus. Lebensmittelproduktion, -distribution und -handel waren von äußerster Wichtigkeit, ohne sie wären alle anderen Aktivitäten zum Erliegen gekommen. Je fundamentaler der Produzent, desto wichtiger war er für den Politiker, vor allem wenn die Produzenten zahlreich waren und sich zu artikulieren wußten.

Auch zu Zeiten, da sie noch nicht wählen durfte, war die Landbevölkerung schon äußerst wichtig; sie stellte die Arbeitskräfte, Soldaten, Leibeigenen. Bis im 19. Jahrhundert sanitäre Einrichtungen die Gesundung der Städte einleiteten, stellte das Land das Reservoir und den Nährboden für die von Krankheiten gebeutelte Stadt dar. In jüngster Zeit hat man ländliche Gebiete in Bausch und Bogen als Ansammlungen unterbeschäftigter Menschen betrachtet, die man in Wirtschaftswunderzeiten urbanisieren und so weiter mußte. Im 19. Jahrhundert sah jeder Herrscher auf dem Kontinent seine Bauernschaft genauso, wie seine Vorfahren die Leibeigenen gesehen hatten – eine positive Reserve von einfachen, produktiven Leuten, die sich eines nützlichen, friedfertigen Lebens erfreuen durften, bis man sie für dringendere oder – im Krieg wie im Frieden – unangenehmere Aufgaben brauchte.

In Irland war das nie der Fall. Im Gegensatz zum sonstigen Westeuropa unterhielten Bauern und Herren hier nie enge Beziehungen. Wie bereits erklärt, bedeutet es etwas völlig anderes, wenn der Sklave an seinen Herrn gebunden ist, als wenn beide an das Land gebunden sind. Wenn Herren wie Leibeigene ans Land gebunden sind, haben beide teil an einer gemeinsamen, irdischen Sache, die ihre gemeinsame Basis darstellt. Wenn der eine nur an den anderen gebunden ist, führt das zu Beziehungen, wie sie heute zwischen Bossen und Arbeitern bestehen, mit allen dazugehörigen Konflikten.

Hinzu kam, daß die englische „Aszendenz" Irlands ihr Glück in einem anderen Land zu machen versuchte. Im 18. Jahrhundert unterschieden sich die reichen, angesehenen Leute von Stand in Irland, die ihre politische Zukunft in London suchten, kaum von den entsprechenden Franzosen und Französinnen, die in Versailles Ruhm und Reichtum nacheilten. Keiner von diesen hatte organische Beziehungen zum Land. Noch der ärmste Gutsbesitzer irgendwo im ländlichen England war glücklicher als sein koloniales Gegenstück in Irland. Kaum ein englischer oder schottischer Protestant fühlte sich mit Ausnahme einiger Gegenden von Ulster in Irland wirklich zu Hause. Die grüne Insel war eine Einkommensquelle, ein Land, das man ausbeutete.

Die Engländer hatten Irland zu einer Agrarkolonie gemacht und verhindert, daß hier irgend etwas hergestellt wurde, das ihrer Ansicht nach in England produziert werden sollte. Viele heutige Iren haben gemeinsam mit gleichgesinnten Intellektuellen diese Politik als „selbstsüchtig" gegeißelt. In Wirklichkeit entsprach sie genau der ganzen merkantilistischen Theorie der Postrenaissance; dieselbe Politik haben nicht nur die Engländer in Amerika und Indien, sondern alle Europäer in allen ihren Kolonien angewandt. In Irland feierte der englische Merkantilismus einen seiner großen Triumphe. Dieser Triumph gründete sich viel mehr auf die Nähe und Hilflosigkeit Irlands als auf irgendeine „Selbstsucht".

Der Seidenhandel wurde zu Beginn des 18. Jahrhunderts zerschlagen. Baumwollimporte wurden 1722 unterbunden. Das Bierbrauen wurde 1731 mit einem Importverbot für Hopfen abgestellt; Irland konnte nur noch „Porter" brauen. Glasexporte aus Irland wurden 1765 verboten. Der Handel mit feinem Leinen wurde 1767 durch ein Produktionsverbot für die entsprechenden Qualitäten unterbunden. Direkteinfuhren von Zucker, Tabak und sogar Gewürzen wurden von den neunziger Jahren des 17. Jahrhunderts an unterbunden.[24]

Von 1660 an glichen die Beziehungen Irlands zu Großbritannien daher denen einer Kolonie unter merkantilistischem Regiment. Doch es gab zwei Unterbrechungen: Die erste ist nicht sonderlich bekannt, aber sie sollte von erheblichen Auswirkungen auf das spätere Desaster sein. Von 1665 an durften die Iren keine Rinder mehr, seien es lebende oder Schlachtvieh, ausführen. Also stellten sie ihre Weidewirtschaft auf Schafe um. Dann durften sie auch keine Wolle mehr ausführen, verspinnen oder verweben. Ihre einst anders genutzten Weiden garantierten weit bessere Wolle als das ganze überweidete, von Schafskrankheiten verseuchte Kontinentaleuropa oder England. Irische Wolle wurde zu einem hochwertigen Produkt, das in Frankreich fast zweimal soviel brachte wie in Irland frisch vom Schaf. Wolle wurde in riesigen Mengen geschmuggelt. Schmuggel bedeutete Bestechung, Korruption, Duldung durch den Rest der Bevölkerung. Um 1695 wurden mehr illegale europäische Waren als Gegenleistung für die Wolle nach Irland importiert als alle legalen Anlandungen in den Häfen, die qua Gesetz ausschließlich aus England stammen durften. Diese Mißachtung der Gesetze reichte von den Strafgesetzen gegen die Römisch-Katholischen bis zu allen religiösen, ökonomischen oder politischen Gesetzen, die die englische „Aszendenz" betrafen. Schließlich waren sie allesamt höchst ungerecht. Die weitverbreitete Mißachtung der Gesetze war ein nationaler Verteidigungsmechanismus. Man verachtete die von Menschen gemachten Gesetze, weil es lebensnotwendig war; hier finden die späteren Gewalttätigkeiten ihre schreckliche Rechtfertigung.

Auf die zweite Unterbrechung ihres Kolonialstatus' legen die Iren großen Wert. Sie ereignete sich, als Pitt der Jüngere englischer Premierminister war, und ist als „Grattans Parlament" bekannt. Henry Grattan war ein Redner von bester rhetorischer Tradition, „Irlands Demosthenes" wurde er einst genannt. Im irischen Parlament von 1780 war er der Führer der Nationalpartei; damals wurde den Engländern langsam klar, daß sie den Verlust ihrer amerikanischen Kolonien hinnehmen werden müßten. Zwei Jahre später, kurz nachdem die Briten sich bei Yorktown ergeben hatten, hielten die „Irischen Freiwilligen" bei Dungannon eine große Versammlung ab.[25] Die Briten lenkten ein und widerriefen die „Poyning's Act", ein Gesetz aus der Zeit Heinrichs VII., welches festgelegt hatte, daß jedem irischen Gesetzesvorhaben zunächst der englische Geheime Staatsrat zustimmen müsse, ehe es dem irischen Parlament vorgelegt würde. Dann konnten es die Iren nur noch annehmen oder ablehnen, es aber nicht mehr abändern. Solche Einflußmöglichkeiten wurden später immer weiter ausgebaut, so daß das irische Parlament total dem Willen des englischen Establishments unterworfen war.

1782 forderten die Iren Unabhängigkeit, erhoben sich aber nicht. „Ich fand", so sprach Grattan, „Irland auf Knien liegend. Ich wachte über Irland mit väterlicher Besorgnis. Ich verfolgte Irlands Weg vom Unrecht zu den Waffen und von den Waffen zur Freiheit. Geist Swifts, Geist Molyneux', euer Genius hat gesiegt. Irland ist jetzt eine Nation." Als er diese Worte sprach, war Grattan, der selbsternannte Landesvater, gerade 38 Jahre alt. Die Briten ließen sich jedoch mehr von den 100 000 organisierten und bewaffneten irischen Freiwilligen beeindrucken als von Grattans hehren Worten. Nichtsdestotrotz erhob Grattans Parlament, auf daß es nicht verspottet werde, sofort Steuern, die der königlichen Marine über 250 000 £ einbrachten; man war ja nicht unloyal. Wie die frühen amerikanischen Revolutionäre um 1760 wollte man ernstgenommen werden.

16 Jahre lang herrschte Hochgefühl. Die Emanzipation der Katho-

liken, freier Handel zwischen England und Irland, Gesetzesreformen, die Zurücknahme des Zehnten, religiöse Toleranz – viel war versprochen worden. Keins der Versprechen wurde gehalten, dennoch hielt das Hochgefühl an.

Was sowohl diesem Gefühl wie auch dem unabhängigen Parlament ein Ende bereitete, war der Krieg mit dem revolutionären Frankreich. „Gefahren für England sind Chancen für Irland", lautete damals die Maxime, und begeistert von den Ideen der Französischen Revolution erhoben sich 1798 Wolfe Tone und seine „Vereinigten Iren".[26] Tone war ein protestantischer, antiklerikaler Sozialist. Der Aufstand wurde mit äußerster Brutalität niedergeschlagen. Aufgrund von Bestechungen seitens der britischen Regierung bildete sich eine Bewegung, die den Zusammenschluß mit dem Vereinigten Königreich anstrebte. Römisch-katholische Iren schlossen sich ihr an, weil man ihnen im Parlament zu Westminster die Emanzipation versprochen hatte. „Oranier"[27] und Episkopalisten lehnten den Zusammenschluß ab. Politische Ränke der übelsten Art wurden geschmiedet und führten 1801 schließlich zur Vereinigung, aber George III. wollte der Emanzipation der Katholiken nicht zustimmen. Pitt trat zurück.

Das Wichtigste, was zur Zeit von Grattans Parlament passierte, hatte jedoch kaum jemand bemerkt: In den 18 Jahren bis 1801 war die Bevölkerung um fast unglaubliche 90%, von 2,6 Millionen auf knapp 5 Millionen, angewachsen. Die ersten vom Hunger geprägten Jahre des 19. Jahrhunderts bremsten den Trend dann. Zwischen 1801 und 1821 gab es acht Hungerjahre, und der Zuwachs betrug „nur" etwa 1,9 Millionen oder 37%.

Handel und Gewerbe wurden voll und ganz von den Engländern kontrolliert, und alle Versuche, in den Städten neue Industrien nach englischem Vorbild anzusiedeln, wurden nach dem Zusammenschluß von 1801 unterdrückt. Dublin verkam zu einem rückständigen Wohnort mit kaum einem Handels-, Industrie- oder Gewerbezweig; schöne Reden zu halten war hier die Hauptbeschäftigung. Im Gegensatz zu den Ländern, die sich ins Industriezeitalter aufgemacht hatten, konnten die irischen Städte, einschließlich Belfast, nicht die Arbeitslosen vom Land aufnehmen. In Irland sollten keine Schlote rauchen. 1840 war die Insel nicht stärker industrialisiert als die Ukraine, und ihre Bedeutung als Erzeugerland war der Chinas oder Indiens bei weitem untergeordnet.

Um sich ab und zu mal Fleisch leisten zu können, brauchte man Land, wie schlecht und ungeeignet es auch immer sein mochte. Doch die Pacht für dieses Land lag doppelt so hoch wie die in England. Alternativen gab es keine, kaum Arbeit und kaum Geld, keine Fürsorge und außerhalb der Armenhäuser keine Volksküchen. Alles Bargeld verschwand letztendlich in den Taschen der Grundbesitzer, die mit wenigen Ausnahmen nicht auf ihren Gütern in Irland lebten, ihre Pächter nicht kannten und sie eher als Einkommensquellen denn wie Menschen behandelten.

Daniel O'Connell, der große irische Freiheitskämpfer, stellte in den dreißiger Jahren des 19. Jahrhunderts eine Liste der „guten" Grundbesitzer auf: Ihnen gehörten weniger als 5 % des irischen Landes. Normalerweise war ein irischer Grundbesitzer weder Ire noch Katholik. Er gehörte der protestantischen „Aszendenz" an und lebte in Dublin, London, Paris oder Rom. Meistens war er verschuldet, so daß seine Pächter für die Schulden bluten mußten, die er selbst, sein Vater oder Großvater zur Förderung seiner selbst, seiner politischen Karriere oder seiner Familie gemacht hatte.

Wenigstens 5 Millionen £ an Pacht flossen jährlich, wirklich Jahr für Jahr, ins Ausland, wo sie den dort lebenden Grundbesitzern das angemessene Leben ermöglichten. Zusammen mit den mindestens 10 Millionen £, die für die Importe englischer Fertigprodukte und Kolonialwaren wie Zucker und Tee ausgegeben werden mußten[28], führte dies zu einem permanenten finanziellen Defizit in Irland, so daß eine Schicht von patriotischen Männern mit einigem Vermögen nicht entstehen konnte.

Vier oder fünf Jahre nach der ersten Attacke der Braunfäule im Jahr 1845 lag Irland aufgrund des Hungers, der Krankheiten und der Entvölkerung in Agonie darnieder. Zwar werden gewöhnlich die Jahre 1845 und 1846 als die Zeit des großen Hungers angesehen, doch schlug die Braunfäule in Wirklichkeit noch mehrere Male zu, wenn auch nicht mehr so schlimm wie 1845, und die Nachwirkungen zogen sich vor allem in Form der Auswanderungen noch lange hin. Bis zu 1 Million Männer, Frauen und Kinder, so schätzt man, starben an Hunger, an Typhus, Cholera oder einer der anderen tödlichen Krankheiten, die die Not begleiteten. Bis zu 1,5 Millionen Iren verließen ihr Land infolge der Hungersnot und waren damit Wegbereiter der Auswanderungswelle, die noch das ganze restliche Jahrhundert anhalten sollte; bis zum Ersten Weltkrieg hatten 5,5 Millionen Einwohner Irland verlassen. Die Geschichte Großbritanniens wie die der Vereinigten Staaten nahm dadurch einen völlig anderen Verlauf.

Der Hunger hat tiefe Spuren hinterlassen. Als einziges von den europäischen Ländern hat Irland in den letzten hundert Jahren kaum noch einen Zuwachs seiner Bevölkerung zu verzeichnen gehabt. Auswanderungen, späte Heiraten und andere sozial akzeptierte Formen der Geburtenregelung haben das Bevölkerungswachstum kontrolliert. Im Gegensatz dazu wuchs im gleichen Zeitraum die Bevölkerung der Vereinigten Staaten von 55 Millionen auf mehr als 200 Millionen – *ohne* Einwanderungen wohlbemerkt –, diejenige der 10 Länder in der heutigen EG von 95 Millionen auf 220 Millionen.

Die Hungerkatastrophe von 1845/46 war die schlimmste, die Irland je erlebt; zwar hatte es in den vorausgegangenen 100 Jahren nicht weniger als 27 Hungersnöte gegeben und, bei zunehmender Häufigkeit, allein fünf im vorausgegangenen Jahrzehnt, doch all diese waren lokal begrenzt gewesen. Das Desaster von 1845 resultierte nicht allein daraus, daß zum ersten Mal auf der ganzen Insel die gesamte Ernte ausgefallen war, vielmehr gab es irgendwann vom Herbst dieses Jahres an zum ersten Mal in der Geschichte in ganz Europa keine Kartoffel mehr zu kaufen, und noch zwei weitere Jahre lang sollte der Markt faktisch wie leergefegt bleiben.

Der Mangel an Kartoffeln zog natürlich den Markt für alle anderen stärkehaltigen Lebensmittel in Mitleidenschaft. Die Weizenpreise stiegen von unter 13 £ pro Tonne im Juli 1845 auf über 30 £ und fielen erst wieder im September 1847, als die Hungersnot vorbei war, auf ungefähr 10 £ pro Tonne. Nach heutigem Geld wären das etwa 4500 DM, 10500 DM und 3500 DM. Im Vergleich dazu kostet importierter amerikanischer oder kanadischer Hartweizen heute in Europa etwa 450 DM pro Tonne; zu einem Preis von über 1000 DM pro Tonne, dem Äquivalent eines Zehntels des höchsten Preises der Jahre 1845 bis 1847, wäre weiterer Brotverzehr wohl ausgeschlossen. Heute könnten wir uns leicht auf Roggen, Hafer, Mais, Gerste oder Reis umstellen, zur Zeit der großen irischen Hungersnot aber war Getreide auf der ganzen Welt knapp, und das, was es gab, landete unvermeidlich bei den Reichen. Die Iren waren nicht bloß arm, über die Hälfte der Bevölkerung hatte den größten Teil ihres Lebens niemals Geld in der Hand. Die Geldwirtschaft war an ihnen vorbeigegangen.

Wenn ein Land eine gute Infrastruktur hat, läßt sich der Hunger abwenden, wo sie jedoch völlig fehlt, ist er kaum, gegebenenfalls gar nicht zu lindern. Vor wenigen Jahren konnte man am Beispiel Äthiopiens und des Sudan sehen, wie wahr dies ist. Die irische war die letzte der großen Hungersnöte Europas, weil die Verbesserung der Infrastruktur solche Katastrophen immer weniger wahrscheinlich macht. In Zukunft könnte es nur noch welche geben, wenn aufgrund eines Kriegs, politischen oder ökonomischen Irrsinns die normalen Strukturen gesellschaftlichen Lebens zusammenbrechen würden.

Bis Mitte des 19. Jahrhunderts gab es zwischen England und Irland keine Telegraphenverbindungen, bis ins folgende Jahrzehnt kein Transatlantikkabel nach Amerika. Daß es an solchen Kommunikationsmitteln mangelte, bereitete viel mehr Schwierigkeiten als der Getreidetransport aus Überschußgebieten in Mangelgebiete. Bis Informationen über Marktsituationen weltweit verfügbar wurden, irgendwann kurz nach dem amerikanischen Bürgerkrieg, konnte man keinerlei Voraussagen über drohende Katastrophen machen. Die klimatischen Bedingungen auf der Erde sind starken Veränderungen unterworfen, und 1845 konnte man sie in der Neuen Welt oder auf der südlichen Erdhalbkugel noch nicht richtig einschätzen. Ökonomisch war es unmöglich, sich auf eine Mangelsituation vorzubereiten, die vielleicht eintreten konnte – oder auch nicht. Überdies war die damals übliche Getreidelagerung in Schobern oder Scheunen von zweifelhaftem Nutzen; ehe man von 1880 an Beton- oder Stahlsilos einführte, war Getreide nicht vor Schädlings- und Witterungseinflüssen geschützt. Und schließlich kann ohne zuverlässige Statistiken kein Markt sich selbst regulieren. Bei aller Stärke und Macht von Dampflokomotiven und stählernen Schiffen hatte das frühe Viktorianische Zeitalter mangels guter, schneller Kommunikationsmöglichkeiten nicht die Macht, eine Hungersnot zu lindern oder zu vermeiden.

Ein Jahrhundert zuvor hatte es ebenfalls schon eine Hungersnot gegeben, von 1739 bis 1741. Wieviel Menschen davon betroffen waren, ist nirgendwo festgehalten, man kann aber annehmen, daß die Verluste noch höher lagen – vielleicht bei einem Drittel der irischen Bevölkerung von 1739 – und daß die Ursache dieselbe war: die Abhängigkeit von der Kartoffel. Soweit wir schätzen können, lebten zu Beginn des Hungers von 1739 wahrscheinlich um die 1,5 Millionen Iren auf der Insel. Eine halbe Million Tote – das ist nicht gerade wenig.

Im Gegensatz zur Hungersnot Mitte des 19. Jahrhunderts erfuhren von dieser früheren Katastrophe nur wenige – wenn überhaupt. Hätte es 1739 schon Zeitungen, Augenzeugenberichte und so weiter gegeben, dann wäre der Hunger wohl gleichberechtigt neben den neuerlichen Krieg gegen Spanien getreten, von dem damals so gut wie jeder in England gehört hatte und sprach. Was damals jedoch in Irland geschah, erfuhr kaum jemand, und auch heute wissen nur die wenigsten davon.[29]

Den Großteil der Aufmerksamkeit, den die Katastrophe von 1845/46 erregte, verdankt sie also der Existenz der Zeitung. Damit soll nicht gesagt werden, daß sie ein Medienereignis gewesen sei; aber zur Zeit des Hungers wurden in London schon um die 40 000 Zeitungen täglich verkauft. Mehr als die Hälfte davon ging auf das Konto der mächtigen *Times*, die in jenen Tagen noch als radikal gelten konnte und es der wohlgenährten, selbstzufriedenen englischen Mittelklasse nicht erlaubte, Irland mit seinen Sorgen zu ignorieren. Wie man noch heute nachlesen kann, wurde Tag für Tag vom irischen Elend berichtet.

De facto wollte die englische Mittelschicht gar nicht so in Selbstzufriedenheit versinken, aber zu jener Zeit war die Haltung des *Laissez-faire* weit verbreitet. Gerade so, wie man materielle Mangelsituationen dadurch beheben konnte, daß man größere Freiräume zum Produzieren, Distribuieren und Handeln schuf, könnte man auch – so das Glaubensbekenntnis jener Zeit – politische Probleme durch größere Freiheit lösen. Die Reformgesetze von 1832 hatten die Mittelschicht an die Macht gebracht; und als fast immer gute Christen, die von ihrem Gewissen geplagt wurden und manchmal in ihrem Drang zu helfen übereifrig waren, führten sie auch Reformen durch. (Marx und Engels hatten die Mittelschicht noch nicht darauf hingewiesen, daß sie unheilbar *bourgeois* war, und sie selbst hatten zu ihrem Glück auch noch nicht bemerkt, daß dasselbe auch auf sie zutraf.) Man glaubte also fest daran, daß man alle Probleme lösen könnte, wenn man den Marktkräften nur genügend Freiheit gäbe.

Wenn man ein bißchen über die physikalischen wie materiellen Voraussetzungen der Probleme Irlands nachgedacht hätte, wäre man aus jenen Glaubensüberzeugungen heraus vielleicht zu folgenden Einsichten gekommen: Das Land ist erheblich überbevölkert, weil man in jeder erdenklichen Agrargesellschaft mit der Kartoffel mehr Menschen ernähren kann als sonst; also muß man Auswanderungen, die Rekultivierung des Brachlands und die Methoden modernen Getreideanbaus fördern; man muß Bargeldwirtschaft einführen, um so der Naturalwirtschaft von vielleicht 4 Millionen Menschen ein Ende zu bereiten; als unmittelbare Notmaßnahmen müssen alle Getreideexporte aus Irland eingestellt werden; die Exporteure muß man für ihren Verlust entschädigen; überall in den Kartoffelanbaugebieten müssen Volksküchen eingerichtet werden, die Essen an die Hungernden austeilen; für die Arbeitslosen müssen, wie in England, Fürsorgemaßnahmen getroffen werden; um das alles zu bezahlen, muß man Geld nach Irland hineinpumpen, aber für das so investierte englische Geld muß sich das auch lohnen.

Diese Maßnahmen hätten alles in allem nicht mehr als 60 bis 75 Millionen £ gekostet, etwa zehnmal soviel wie die ein paar Jahre zuvor gebaute Eisenbahnlinie von London nach Bristol. Mit dieser Summe hätte man Irland retten, industrialisieren und seine Bauern vom 16. ins 19. Jahrhundert katapultieren können. Im *Laissez-faire*-Klima des Jahres 1845 waren solche Maßnahmen jedoch nicht sehr wahrscheinlich.

Irgendwann waren irgendwo in England oder Irland irgendwelche der erwähnten Maßnahmen früher schon einmal getroffen worden, und die Engländer wären, wenn sie nur gewollt hätten, in der Lage gewesen, dies abermals zu tun. Es liegt nahe, in das Wutgeheul der irischen Bauern über die englische Reaktion auf ihre Probleme einzustimmen. Sie wollten etwas zu essen; die Engländer hatten schöne Worte für sie übrig. Sie wollten arbeiten; sie wurden vertrieben. Irland brauchte Investitionen; es mußte hören, daß es sich um seine Armen selber kümmern solle. Wie der Tag die Nacht, so zog der Hunger die Krankheiten nach sich, und bald gab es in einigen Gegenden nicht mehr genug kräftige Männer, um die Toten zu beerdigen.

Wie schon 1845 so fragen sich auch heute einige, warum die Zeitgenossen nicht merkten, was nötig war und was man hätte tun müssen. In welchem Umfang ist die irische Tragödie auf das zurückzuführen, was die Jesuiten die „unbesiegbare Dummheit" nennen?

1845 hätte man von einigen Briten durchaus behaupten können, daß sie in bezug auf die Iren selbstsüchtig, voreingenommen, völlig abgestumpft und vielleicht sogar unendlich dumm seien. Wenn dies zutraf, dann mußte man es dem Erfolg der Theorien des englischen Mathematikers Thomas Robert Malthus (1766–1834) ankreiden. Dessen Vater war ein Freund und Bewunderer des französischen Philosophen Jean-Jacques Rousseau und später auch sein Testamentsvollstrecker gewesen. Als Rousseau 1778 starb, bat Vater Malthus seinen dreizehnjährigen Sohn, ein paar unveröffentlichte gefühlvolle Rousseausche Arbeiten zu lesen und zu würdigen, in denen jener die Ansicht vertrat, daß der Mensch der Vervollkommnung fähig sei. So etwas kann in der Pubertät den Intellekt eines Menschen schon für den Rest seines Lebens prägen.

Der Gegensatz zwischen der Heilsgewinnung in dieser Welt und der Errettung in der nächsten hat alle ernstzunehmenden Religionsphilosophen der letzten 3 000 Jahre beschäftigt. Nachdem Malthus jr. als Erstsemester in Cambridge angekommen war, ließ er seinen Vater in einem schwerfälligen Brief wissen, daß der Mensch nicht fähig sei, sich zu bessern, womit er die Rousseau genau entgegengesetzte Ansicht vertrat. Der Vater folgte der Argumentation seines Sohnes nicht, aber er bewunderte sie. Jeder stachelte den anderen an, und sie ergänzten einander gut. Während der ganzen Zeit, die der Sohn in Cambridge verbrachte, führten sie die Korrespondenz fort, und ihre Liebe und ihr Respekt füreinander wurden dadurch, daß sie in grundsätzlichen Dingen unterschiedlicher Ansicht waren, nicht geschmälert. In gewisser Hinsicht repräsentierten sie die zwei Geisteshaltungen, die konservative und die liberale, die Kette und Schuß einer jeden demokratischen Gesellschaft darstellen: Wohlfahrt versus Wachstum, Hartgeld contra Papiergeld, *Laissez-faire* oder Lenkung, Freihandel oder Plansysteme und so weiter.

In seiner Opposition zu den Enzyklopädisten – Condorcet, Rousseau und Diderot – wurde der junge Malthus durch den absurden Sentimentalismus bestätigt, mit dem die Französische Revolution von Leuten, die die Ansichten seines Vaters teilten, begrüßt wurde.

Während ihrer ersten Phase, 1789–1793, waren die englischen „Progressiven", die von Politikern wie Fox und Grey geführt wurden, so offensichtlich und so voll und ganz von der revolutionären Sache eingenommen, daß sie sich selbst verdächtig machten und ihrer eigenen Sache für länger als eine Generation das Wasser abgruben. Weil sie Freiheit mit Zügellosigkeit verwechselten, verzögerten sie sogar Reformen. Der reformistische Schatzkanzler Pitt mußte die meisten der Vorhaben, an die er glaubte, fallenlassen; er entwickelte sich zu einem zaudernden Reaktionär. Plötzlich war es respektabel – sogar in Mode –, Eigennutz zu fördern. Jener Stimmungsumschwung erinnert an die amerikanischen Präsidentschaftswahlen des Jahres 1980, als Reagan Carter besiegte.

14 Jahre nachdem er nach Cambridge gegangen war, veröffentlichte Malthus erstmals seinen *Essay on the Principle of Population*, der ein philosophisches Bedürfnis stillte. Wenn einer erklärt, man könne unmöglich annehmen, daß der Mensch vervollkommnungsfähig sei, sieht er sich mit dem Problem konfrontiert, daß irgend jemand von irgendwo her ruft: „Beweise es!" Eine ganze Generation und mehr lang „bewies" Malthus' Doktrin, daß die Menschheit niemals vollkommen sein kann. Malthus hatte den Beweis zu einer Angelegenheit der „wissenschaftlichen Fakten", nicht der sentimentalen Überzeugung gemacht. Die Verteidiger des Status quo waren sehr erleichtert.[30]

Im Grunde ist Malthus' Theorie ganz einfach. Der Mensch könne nie vollkommen sein, weil der Hunger ihm immer seine Grenzen abstecke. Die Bevölkerung vermehre sich in geometrischer Progression, während die Nahrungsmittelmenge nur im arithmetischen Verhältnis zunehme.[31] Diese Feststellung mag insofern falsch sein, als sie weder die technologischen Verbesserungen der Nahrungsmittelproduktion noch die das Bevölkerungswachstum einschränkenden Faktoren in Rechnung stellt. Um 1800 und in den beiden folgenden Generationen jedoch konnte man diese These intellektuell durchaus vertreten. Und warum vermehrten sich die Leute überhaupt? Weil sie der Fleischeslust und dem Laster ergeben waren. Diesen Standpunkt konnte man ebenfalls vertreten.

Zu einer Zeit, als die für das Pflanzenwachstum notwendigen Nährstoffe noch nicht identifiziert waren, als nur pflanzliche und tierische Überreste zum Düngen zur Verfügung standen, als nur

Ochsen, Menschen und Pferde (die ihrerseits wieder Nahrung brauchten) die Arbeit leisten konnten, als durchschnittliche Kühe und Bullen nicht anderen Verwertungen zugeführt wurden, ehe sie vier Jahre alt waren, – zu jener Zeit also war der Hunger wirklich überall ein ständiger Begleiter, von Irland ganz zu schweigen. 1797 erfreute sich England der weltweit besten Infrastruktur, Irland hatte eine der schlechtesten in Europa. Satt zu werden, war nicht nur ein Problem des Anbaus, sondern auch der Ernte, Verteilung oder des Vertriebs von Nahrungsmitteln. Der irische Bauer baute seine eigenen Nahrungsmittel an und stand daher außerhalb des Verteilernetzes und des Bargeldaustauschs. Was also würde passieren, wenn eine Kartoffelernte ausfiel?

Zwischen 1797, als Malthus' Buch erstmals erschien, und 1845 fiel zwanzigmal die Kartoffelernte aus, wobei immer einige an Hunger, Krankheiten oder sonstiger Entkräftung starben; heutzutage würde man alle diese Fälle als Hungerkatastrophen klassifizieren. In 48 Jahren erlebte Irland 20 Hungersnöte, England aber nur 3. Die irische Bevölkerung vermehrte sich mindestens zweimal so schnell wie die englische. Man zieh sie der Fleischeslust und des Lasters.

Es war bequem, an Malthus zu glauben – und die Leute haben schon immer gerne das geglaubt, was sie glauben wollten. An ihn zu glauben, wurde dadurch noch leichter, daß Malthus seine Theorie entwaffnend modifizierte. Er relativierte seine Behauptungen: Sie galten nicht länger *per se*, nicht länger absolut, die Bevölkerung *tendierte dahin*, schneller zu wachsen als die Nahrungsmittelproduktion. Auch andere hatten dieses Problem nicht vernachlässigt: Philosophen und Ökonomen wie David Hume, Robert Wallace, Adam Smith, Richard Price, Montesquieu und Arthur Young haben sich damit beschäftigt. Malthus' Essay erlebte noch zu seinen Lebzeiten sechs Auflagen, in jeder wurde noch ein bißchen mehr zurückgenommen als in der vorausgegangenen. Das änderte nichts: Diejenigen, die ihre Vorurteile bestätigt sehen und hinsichtlich Irlands nichts unternehmen wollten, konnten die Malthussche Argumentation, wie sie der ersten Ausgabe von 1797 zu entnehmen war, mit voller Überzeugung lesen und zitieren. Die Iren, so deren Theorie, waren ein hoffnungsloser Fall; unheilbar waren sie dem Laster ergeben. Die würden sich immer schneller vermehren als die Nahrungsmittel. Das einzige, was ihr Wachstum begrenzen könnte, wären gelegentliche Hungersnöte, die sie ja ohnehin verdient hätten, eben weil sie so lasterhaft waren …

Man muß dabei betonen, daß Malthus auf lange Sicht – wenn auch nur in groben Umrissen – recht hatte. Man könnte in der Tat beweisen, daß ohne die Petrochemie die Nahrungsmittelproduktion niemals mit dem Bevölkerungswachstum Schritt gehalten hätte. Ohne Dünger, Insektizide, Unkrautvernichtungsmittel, unendlich variable Futtermittel und Maschinen, die wir allesamt nur der Petrochemie zu verdanken haben, wäre der Hunger immer noch überall zu Hause. Bis zum Ende des Zweiten Weltkriegs gab es nicht die Spur der modernen Petrochemie, derer wir uns heute erfreuen. Dementsprechend verfügen wir erst seit ungefähr 1950 über Möglichkeiten, den Welthunger zu bekämpfen.[32]

Die Kombination von mathematischer Logik und hohem moralischen Anspruch verlieh Malthus' Arbeiten ihre ethische Überzeugungskraft. Dieselbe Kombination beflügelte die Argumentation derjenigen, die Malthus' Pessimismus widersprachen und dem frühviktorianischen Glauben an die Macht des Freihandels anhingen. Sie konnten nicht ganz überzeugen. Zwei Gründe sprachen dagegen, die beide mit den Korngesetzen und der Anti-Korngesetz-Liga zu tun hatten. Seit 1436 waren in England unzählige Korngesetze erlassen worden, die den Export oder Import von Weizen und Gerste in England und Wales regelten. Der Handel von und nach Schottland, Irland und den Kolonien wurde begünstigt, aber immer mittels Prämien oder Abgaben beeinflußt. All diese Gesetze – alle anderen europäischen Länder hatten übrigens ähnliche Statuten – zielten darauf ab, den Weizenpreis stabil zu halten, indem man in Zeiten des Mangels bei steigenden Preisen die Einfuhrabgaben reduzierte und in Zeiten der Übersättigung Prämien oder Vergünstigungen gewährte, um den Export anzuheizen.

Zu Beginn des 19. Jahrhunderts waren diese Gesetze in einigen Lagern nicht mehr sonderlich beliebt. Den Gleichgewichtszustand, unter dem die Gesetze entstanden waren, gab es nicht mehr, weil das Vereinigte Königreich sein Korn in erheblichem Umfang importierte: 25 bis 30 % um 1840. Die Napoleonischen Kriege hatten zu Inflation und Importrestriktionen geführt, die Preise und die Pachtgebühren für Ackerland in die Höhe getrieben. 1815 und 1822 wurden die Einfuhrzölle angehoben, um die Preise zu halten, aber in jener Nachkriegszeit führte die Deflation zu wiederholten Beschäftigungskrisen und fallenden Preisen, und viele erhoben ihre Stimme gegen die hohen Brotpreise. Im Lager der Freihandelslobby, die aus Prinzip gegen solche Gesetze war, mehrten sich die Stimmen, und dank des politischen Einflusses, den sie mit den Reformgesetzen von 1832 erlangt hatten, konnten sie sich auch besser Gehör verschaffen. Gewerbetreibende wie Industrielle wollten vor allem die Kornzölle abschaffen, damit ihre Arbeiter sich billigere Nahrungsmittel kaufen könnten, sie selbst billiger an Rohstoffe kämen und ihre Märkte expandieren könnten.

Unter der politischen Führung zweier Baumwollproduzenten, Richard Cobden und John Bright, konzentrierte sich die Agitation gegen die Korngesetze auf die Gegend von Manchester. 1839 gründeten die beiden die Anti-Korngesetz-Liga, die eine clevere und effektvolle Propagandakampagne gegen die meist konservativen Grundbesitzer inszenierte. 1845 fielen die englischen Ernten reichlich knapp aus, während Irland schon gegen den Hunger kämpfte. Auf Drängen der Liga entschied sich der konservative Premierminister Sir Robert Peel zum Kurswechsel gegen den Protektionismus, reduzierte die Weizenzölle im Juni 1846 und schaffte sie 1849 ganz ab.[33]

Trotz der überzeugenden Argumente von Cobden und Bright und der politischen Kehrtwendung Sir Peels hätte es jedermann klar sein müssen, daß Freihandel allein Irland in keiner Weise helfen konnte. Weltweit herrschte Mangel, und zwar gerade an Nahrungsmitteln. Kein Widerruf der Korngesetze konnte einen zusätzlichen Sack Korn produzieren oder dem irischen Bauern das Geld geben, welches er niemals besessen hatte, denn nirgendwo auf der Welt gab es noch einen Überschuß.

Sodann war bei aller Propaganda der Anti-Korngesetz-Liga Irland nie erwähnt worden; abgesehen von den unversöhnlichen Opponenten der Liga kümmerte sich kaum jemand darum. Niemand hatte daran gedacht, das irische Elend vor den Karren zu spannen, um die Korngesetze zu Fall zu bringen. Ihr Widerruf würde in Wales oder Schottland nur marginale, in Irland so gut wie keine Auswirkungen haben, und doch sollte es das Elend der kartoffelessenden Klassen Irlands sein, welches das schlechte Gewissen des Zeitgeists zum Widerruf trieb. Die Wochenzeitschrift *Economist* war fast einzig und allein gegründet worden, um die Sache des Freihandels zu vertreten. Im ersten Jahr seines Erscheinens war in jeder Ausgabe eine Berechnung veröffentlicht, wieviel die Korngesetze das Land in der vorausgegangenen Woche gekostet hatten. Im Jahrgang 1844 findet sich nicht ein Wort von Irland, Kartoffeln oder dem Nutzen, den die irischen Bauern vom Freihandel hätten.

In Wirklichkeit bestand natürlich das englische Establishment nicht nur aus fanatischen Malthusianern oder fanatischen Freihändlern. Ihnen kam es vor allem darauf an, daß das Regiment Ihrer Majestät der Königin weiter Bestand haben würde. Sie verspürten keine Not, die Wahrheit über Irland herauszufinden, es ging ihnen bloß darum, die Auswirkungen der Katastrophe zu mildern. Praktisch veranlagte Menschen müssen sich sehr oft die Freude an der Suche nach Wahrheit, welcher auch immer, versagen.

Um das, was er für ein temporäres Problem hielt, zu „kurieren", verordnete Peel England ein Mittel, welches der Nation keinesfalls soviel helfen konnte wie die verschiedenen Alternativen. Aber rechnete er damit, bei einer späteren Wahl zu unterliegen? Hatte er nicht gehofft, seine Partei mit sich zu reißen? Erwartete er, daß er 1850 durch einen Sturz von seinem Pferd ums Leben kommen würde? Wenn Disraeli nicht die Gegensätze zwischen ihnen bis zur Unversöhnlichkeit hochgepeitscht hätte, wäre dann ein Kompromiß möglich gewesen? Wir werden es niemals wissen. Aber das Unheil war angerichtet. Indem man der höchst emotionalen, sentimentalen und unlogischen Mittelschicht erzählte, daß der Freihandel eine genauso gute Sache sei wie die von Charles Dickens propagierten Anliegen, verhalf man den Problemen erst recht zum ewigen Leben.[34]

Im nachhinein ist natürlich völlig klar, daß man – wie man es heute macht – für den Freihandel im Gegenzug Schutzzollreduzierungen in anderen Ländern hätte herausschlagen müssen. Daß England als einziges Land Freihandel einführte, sollte sich als erste Voraussetzung für den Niedergang seiner Industrie erweisen. Immerhin folgten nur wenige andere Länder dem britischen Beispiel.

Der zweite springende Punkt, der aus dem ersten folgte, war, daß man sich im Freihandel auf Nahrungsmittel konzentrierte. Dadurch verwandelte sich das Vereinigte Königreich unvermeidlicherweise in ein Niedriglohnkosten-Land, da so die Lohnkosten eines jeden Herstellers diejenigen seiner Wettbewerber nicht übersteigen konnten. Freihandel bedeutete, daß nur die Klügeren emigrierten und zu Hause die relativ wenig gebildeten, unbegabten Billigarbeitskräfte zurückblieben, die im Ausland niemand haben wollte. Das Wohlergehen des Vereinigten Königreichs hing also von niedrigen Löhnen und nicht von Kapitalinvestitionen, Know-how oder Qualifikation ab. Der Freihandel bedingte es geradezu, daß Kapital exportiert werden mußte, um die Nahrungseinfuhren zu bezahlen, oder daß man den Käufern britischer Waren – als Alternative oder zusätzlich – das Geld geben mußte, mit dem sie für die britischen Exporte von Baumwollprodukten, Kohle, Eisen und Stahl bezahlen würden; man bezahlte also auf jeden Fall für Nahrungsmittel, die man auch zu Hause hätte anbauen können. *Per definitionem* wurde Großbritannien so zur größten Handelsmacht, die die Welt je gesehen hatte. Dies bedeutete auch, daß es in zwei Weltkriegen beinahe eine Niederlage erlitten hätte, weil seine Wirtschaft ohne die Einfuhr von 20 bis 25 Millionen Tonnen Nahrungsmittel und Rohstoffen pro Jahr nicht funktionieren konnte.

Großbritanniens Marktbeherrschung mit billigen Textilien, billigem Stahl, billiger Kohle sollte den Lapsus des Lebensmittel-Freihandels nur um eine Generation überleben. Mittels billiger Nahrungmittel die Lohnkosten zu senken, erwies sich als eine Waffe, mit der man nur einmal zuschlagen konnte; das bessere Management oder die höher entwickelte Technologie Deutschlands oder der Vereinigten Staaten konnte man damit nicht ersetzen und schon gar nicht den noch niedrigeren Arbeitskosten der damaligen Entwicklungsländer Indien und Japan die Stirn bieten. Von 1875 bis 1890 steckte Europa in einer langen Rezession, an deren Ende England nicht allein seine Vormachtstellung aus der ersten industriellen Revolution verloren hatte: Als Elektrizität und Explosionsmotoren die zweite industrielle Revolution zündeten, hatte England binnen nur einer Generation die Hälfte seiner in der Landwirtschaft tätigen Bevölkerung verloren, drei Millionen Morgen Ackerland und sogar die Fleisch- und Buttermärkte für Kühltransporte vom anderen Ende der Welt. In ausländische Eisenbahnen, Viehfarmen und Infrastrukturen hatten die Briten erheblich mehr Geld investiert als in ihr eigenes Land.

In beiden Weltkriegen hätten die Briten viel leichter den Sieg davongetragen, wenn sie die Schiffsfracht hätten reduzieren können. Vielleicht wäre es wirklich niemals zu jener Rivalität zwischen Deutschland und England gekommen, wenn die Briten nicht so absolut von der Dominanz ihrer Marine und Handelsflotte abhängig gewesen wären. Der Einfuhr von Lebensmitteln mußte die erste Priorität eingeräumt werden; das hat, auch wenn man es nicht vermuten sollte, seinen Teil zum Ausbruch des Ersten Weltkrieges beigetragen. Die Möglichkeiten, in Entwicklungsländer zu exportieren, nahmen in dem Maß ab, wie jene ihre eigene Produktion entwickelten. Also bedurfte man eines großen besetzten Gebietes mit Endverbrauchern, von denen es die meisten in Indien gab. Manchmal führte die Freihandelspolitik des englischen Kolonialreichs zu kuriosen Ergebnissen. Die malayische Gummiindustrie erlebte zum Beispiel in den Jahren 1910 bis 1913 einen Boom, der sich günstig für die britischen Exporte auswirkte, weil das gesamte Management dieser Industrie in britischen Händen war, während Großbritannien selbst nur 25 % des malayischen Gummis abnahm.

Das ganze handeltreibende Kolonialreich hatte ein immens kompliziert vernetztes Dienstleistungsgewerbe hervorgebracht: Schifffahrtsgesellschaften, Versicherungen, Banken, Telegraphengesellschaften und alle möglichen Vorkehrungen, um immer Kapital flüssig zu haben, ja sogar die viktorianischen Privatschulen, aus denen die zuverlässigen jungen Herren kamen, die die Eingeborenen verwalteten. Obwohl viele das System bewunderten, verfügte damals noch niemand über die zu seiner Analyse notwendigen Daten. Heute, da man dies kann, sind die Bewunderer verstummt. Heute wäre es leicht, eine britische Politik zu konzipieren, die nicht zu jenen langfristig negativen Effekten geführt hätte; man müßte nur mit der Grundregel beginnen, daß man keine Konzessionen macht, ohne daß als Gegenleistung einem selbst Konzessionen gemacht werden. 1962 sagte Dean Acheson: „Die Briten haben ihr Empire verloren und noch keine neue Rolle gefunden." Das Kolonialhandelsreich der Ära nach 1845 hätte sich Großbritannien so niemals zulegen dürfen: Unvermeidlich war das nicht. Und ohne die irische Hungersnot wäre das alles nicht so schnell und nicht so ungünstig verlaufen.

Vor den schlimmsten Auswirkungen der Aufhebung der Handelsbeschränkungen hatte bereits Disraeli gewarnt, wenn auch aus ganz anderen Gründen. Der Freihandel führte zu „zweierlei Nationen".

Zugunsten der Exporte mußten die Löhne „eingefroren" werden – Baumwollprodukte: 90 % der Weltexporte von 1845; Eisenwaren: 70 % der Weltexporte von 1845; Kohle: 65 % der Weltexporte von 1845. Billige Lebensmittel erfüllten nicht allein diesen Zweck, sondern erlaubten es auch, für jeden Industriezweig ungelernte Arbeitskräfte bereitzustellen, wenn man dafür sorgte, daß für die auszuführenden Arbeiten keine Qualifikation nötig war und genügend viele Arbeitslose Schlange standen. Dank billiger Lebensmittel konnten sich die Briten auf unbegrenzte Zeit eine unterbezahlte Arbeiterklasse leisten. Das war das genaue Gegenteil des goldenen Zeitalters, welches Bright und Cobden versprochen hatten.

Bevor die Korngesetze aufgehoben wurden, mußte der ärmste Arbeiter mit seiner Familie vielleicht bis zu 50 % des Einkommens für Lebensmittel ausgeben. Diejenigen, die die Gesetze abschafften, hatten im Grunde versprochen, daß die Nahrungsmittel billiger werden würden und also mehr als die Hälfte aller Löhne für andere Dinge ausgegeben werden könnte. In Wirklichkeit folgten die Löhne den Lebensmittelpreisen: nach unten sehr rasch, nach oben nur zögernd, weil bei der Gleichung von Angebot und Nachfrage der Unternehmer im Vorteil ist. Billiges Essen hieß also billige Arbeitskräfte, und die wurden zu einem Glaubensartikel, den man wichtiger nahm als die Produktivitätserhöhung der Arbeiter.

Wenn ein Land wettbewerbsfähig bleiben will, muß es signifikante Vorteile zu bieten haben, aber dazu müssen nicht unbedingt niedrige Lohnkosten gehören. Das britische Nordamerika, die heutigen USA und Kanada also, konnte im 18. Jahrhundert Holzschiffe billiger als sonst irgend jemand auf der Welt bauen, weil dort die Arbeiter, obwohl sie gut bezahlt wurden, oft auf eigene Rechnung arbeiteten, sehr ökonomisch vorgingen und die Rohstoffe im Verhältnis sehr billig waren. Ehe die Baumwollproduktion mechanisiert wurde, konnten die indischen Dorfhandwerker weltweit die billigsten traditionellen Baumwollprodukte, die manchmal von großer Schönheit waren, anbieten. Um das Einkommen ihrer vorindustriellen Stücklohn-Arbeiter[35] zu verbessern, errichtete Großbritannien Zoll- und andere Barrieren gegen Indien. Genauso verhielt es sich mit chinesischem Porzellan. Beide Produkte wurden den britischen Konsumenten vorenthalten. Solange man noch nicht mit Hilfe moderner Pumpen Kohle in Tiefstollen abbauen konnte, war der Tagebau die billigere Möglichkeit, an den Brennstoff zu kommen; heute ist es dank moderner Erdbewegungsmaschinen wieder so; bis zum Zweiten Weltkrieg deckte viele Jahre lang ein Ameisenheer von Chinesen die Erde ab und entnahm ihr die Kohle. Auf diese Weise hätte man zu jener Zeit in Europa oder Amerika nicht profitabel Bergbau betreiben können; heute kann man es wieder. Die chinesische Kohle war wie die europäische Grubenkohle im 19. Jahrhundert dank niedriger Löhne wettbewerbsfähig.[36]

Keine Niedriglohn-Ökonomie spornt sonderlich dazu an, die Leistungsfähigkeit mit anderen Methoden zu steigern. Technik, Know-how und Einfallsreichtum kosten oft kaum mehr, als man Arbeitskräften ohne solche Qualifikationen zahlen muß. Gute Manager sollten ihre Verfahrensweisen nach der Kosten/Nutzen-Relation auswählen, nicht allein nach dem niedrigen Kapitaleinsatz. Auch eine Spitzenlohn-Produktion *kann* funktionieren. Beispiele gibt es viele: Textilien aus der Schweiz, französischer Wein, italienische Elektrogeräte, schottischer Malt-Whisky, deutsche Autos, holländisches Gemüse, Siliziumchips aus den USA und Zitrusfrüchte aus Israel – ganz zu schweigen von Japan.

All diese Industrien gedeihen, weil Hirnschmalz wichtiger ist als Muskelschmalz. Alle beweisen, daß man auf Herausforderungen reagieren kann, alle setzen sich über ökonomische Gesetze hinweg, alle zeigen, daß Menschen in der Lage sind, auch über widrige Umstände zu triumphieren. Solche menschlichen Eigenschaften, die man nicht kaufen kann, gingen den englischen Aktivitäten beim wirtschaftlichen Niedergang nach 1850 ab. Erst heute erleben unter völlig veränderten Umständen in England jene Bereiche wieder eine Blüte, die Technik, Know-how und Einfallsreichtum erfordern: Tourismus, Design, Medien, Finanzwirtschaft ohne die Dominanz der City von London.

*

In Amerika war der irische Einfluß auf das politische Leben so stark, wie man nur immer annehmen kann. Bis in die vierziger Jahre des 19. Jahrhunderts bestand die weiße Bevölkerung des jungen Staates zum allergrößten Teil aus Protestanten: Engländer, Schotten, Waliser, Nordiren, Holländer, Deutsche und Skandinavier; nur ein paar französische, deutsche, spanische und schweizer Katholiken waren darunter. Im 18. Jahrhundert, vor 1776, hatte man eine Minorität von Zwangsverpflichteten, Bettlern, Landstreichern, Taschendieben und Prostituierten nach Virginia und in andere Kolonien gebracht, und darunter fanden sich auch einige irische Katholiken, die sowohl aus Irland selbst wie auch aus den Slums der englischen Städte stammten. Die meisten Einwanderer irischer Abstammung kamen im 18. Jahrhundert jedoch aus dem protestantischen Nordirland. Zwischen 1800 und 1840 gelangten weniger als 100 000 irische Katholiken in die USA; ihre Zahl war von sehr untergeordneter Bedeutung, und überhaupt bildeten sie gar keine geschlossene Gruppe, die ein und denselben Standpunkt eingenommen oder sich auf denselben ethnischen Ursprung berufen hätte.

In den vierziger Jahren des 19. Jahrhunderts brach jedoch eine Flut von irischen Katholiken in die USA ein. Zu Beginn der Hungersnot wurden, wie schon 50 Jahre lang, die Darbenden nicht gerade zur Einwanderung ermutigt – es gab Kontrollmechanismen wie zum Beispiel Mindestpreise für die Schiffsüberfahrt. Bis 1847 gelangten die meisten Iren über die kanadische Grenze in die USA. Doch als erst einmal von der Hungersnot berichtet wurde, überwogen menschliche Erwägungen die politischen Interessen. In den 15 Jahren zwischen der Hungersnot und dem amerikanischen Bürgerkrieg betrug die Zahl der irischen Einwanderer insgesamt mehr als 100 000 pro Jahr. Nicht nur ihre Anzahl war auf die junge Nation von Einfluß (etwa 5 % der Bevölkerung jener Staaten, in die sie einwanderten), sondern auch ihr Anteil in den von ihnen bevorzugten Städten (ungefähr 30 %). Die Zwischendeckpassagiere gelangten häufig zunächst nach Boston und New York, und oft blieben sie gleich da.[37]

Die Einwanderer waren in der Regel mittellos, häufig krank, ungelernte Arbeiter ohne ein Heim und mit nur wenigen Freunden oder Verwandten, die ihnen helfen konnten. Hinter ihnen lagen vielleicht mehrere Jahre des Hungers, sicherlich einige Jahre des Eiweißmangels, Typhusinfektionen und Lungenentzündungen. In den irisch-katholischen Ghettos drängten sie sich zusammen; am Sonntag war der Priester ihr Freund und unter der Woche der Lokalpolitiker ihr liebenswürdiger Ausbeuter. Diese Gruppe bloß potentieller Wähler konnte zu großen politischen Machtblöcken verschweißt werden, die noch heute in jenen Städten Einfluß haben, die sie zuerst aufnahmen. Der von ihnen gebildeten Subkultur entsprangen in den nächsten beiden Generationen reiche und mächtige Politiker und Privatiers; ihre keltischen Qualitäten waren bei dieser erheblichen Urbanisierung des irisch-katholischen Charakters in keiner Weise verlorengegangen.

Auch in englischen Städten wohnten solche eingewanderten Kelten, doch dort durften sie, solange sie keine Hausbesitzer waren, nicht wählen. In ihren Adoptivstädten fühlten sie sich niemals zu Hause, weil die Heimat ja nur ein paar Reisetage entfernt lag. In Amerika wurde jedoch aus dem irischen Bauern, der noch eine Generation zuvor voll Grimm sein Leid getragen hatte, ein rechtmäßiger Bürger, dessen Stimmzettel zählte, dessen Bedürfnisse erfüllt wurden und dessen Bedeutung frank und frei anerkannt wurde. Diese Verwandlung nahm etwa 50 Jahre in Anspruch – es brauchte seine Zeit, die entsetzlichen Bedingungen zu überwinden, die die Emigranten aus den Mooren und Sümpfen herausgetrieben hatten; aber in jedem Industrie- und Gewerbezweig, in den die Iren Eingang fanden, machten sich neue Tatkraft und erstaunlicher Unternehmungsgeist bemerkbar: Eisenbahnen, Textilien, Bergbau, Dienstleistung, Bauwesen, Maschinenbau, Polizei – und natürlich die Politik.

Die Kunst, einen anderen um seinen Verstand zu reden, stand in voller Blüte, und in jenen Städten mit einem starken irisch-katholischen Anteil war die für die Öffentlichkeit des späten 19. Jahrhunderts charakteristische wortgewandte Rhetorik beliebter als irgendwo sonst. Ob der Redner nun ein Ire war oder einer anderen politischen oder ethnischen Gruppe, die um ihren Beistand bat, angehörte – die Iren hatten immer ihren Spaß daran. Andererseits hatte das Mißtrauen gegenüber den Herrschenden fast 200 Jahre lang den irischen Lebens- und Überlebensstil geprägt; auch unter den neuen Umständen verschwand es nicht sofort, und so trugen die Iren zur politischen Launenhaftigkeit bei und verstärkten die amerikanische Überzeugung, daß nur der Erfolg irgendwelche Mittel rechtfertigt.

Unter allen Charakteristika, die die Iren Amerika vererbten, findet sich eines, über das sich die Gründerväter wohl gewundert hätten, wenn sie lange genug gelebt hätten, um es Mitte des 19. Jahrhunderts noch erleben zu dürfen. Seit den Glücksrittern des 17. Jahrhunderts waren so gut wie alle Einwanderer aus irgendwelchen dringlichen negativen Gründen von Europa weggegangen; doch wenn das Glück ihnen im neuen Land hold war, schlossen sie mit der alten Heimat ihren Frieden, handelten mit England, liehen sich Geld in London, erfreuten sich der Protektion der britischen Marine, schickten ihre Kinder zur Ausbildung nach Europa und imitierten die besten europäischen Moden und Manieren. Zu einer Zeit, da ein hoher Anteil der amerikanischen Bevölkerung angelsächsisch-protestantischer Abstammung war, bildeten unter allen Einwanderern die katholischen Iren die erste politisch organisierte, ethnisch integrierte Gruppe, die von ihrem Haß auf England motiviert war. Obwohl George Washington, Thomas Jefferson und andere nicht gerade Prototypen des weißen angelsächsisch-protestantischen Amerikaners waren und obwohl sie Europa nicht mehr viel Bedeutung oder Wert beimaßen, blieben sie im Grunde doch transatlantische Provinzengländer. Handel, Kreditwesen und Kommunikationswege, Sprache, Literatur und Rechtsprechung hatten die englisch-amerikanische Vetternwirtschaft zu einem für beide Seiten lohnenden Verwandtschaftsverhältnis werden lassen, bei dem man sich nicht mehr stritt als unter Cousins üblich.

Dies bewahrheitete sich schon 1783, als man gleich nach dem Vertrag von Versailles die Handelsbeziehungen wieder aufgenommen hatte, als hätte es die dazwischenliegende Revolution nie gegeben. Auch als beide gegeneinander in den Krieg von 1812 zogen, als viele Briten und Amerikaner dachten, daß das napoleonische Frankreich der eigentliche Feind der neuen Nation sei, traf die oben genannte Regel noch zu. Bis nach dem Zweiten Weltkrieg stellte der Handel miteinander für beide Länder eine Lebensnotwendigkeit dar.

Die irischen Katholiken waren nicht nur die erste Gruppe, mit der Haß in die englisch-amerikanischen Beziehungen kam, sondern auch die erste, die sich in bezug auf die Fehler der eigenen Vergangenheit den vorsätzlichen Gedächtnisschwund angewöhnte. Die unglücklichen Flüchtlinge hatten allen Grund, England zu hassen: Die kaltherzigen, logischen, pessimistischen Engländer hatten zwar die Korngesetze aufgehoben, aber nicht ein Körnchen mehr zu essen produziert. Der Haß der Iren auf die Angelsachsen verschärfte auch erheblich die kritische Haltung, die man in den Städten der Nordstaaten den weißen angelsächsischen Protestanten des Südens entgegenbrachte. 1860 stimmten viele Amerikaner irischer Abstammung für den harten Kurs der Republikaner, die die Macht der Südstaaten brechen und ihren Dünkel vernichten wollten. Mehr noch als gegen die Sklaverei waren die Iren gegen jeden Engländer eingenommen.

Die Kartoffel-Monokultur hatte zu den Ernteausfällen geführt, diese zu den Hungersnöten und diese wiederum zu den Auswanderungen nach Amerika. In den USA angekommen, etablierten die Iren in den dortigen Städten Verhaltensweisen, die späteren ethnischen Gruppen als Vorbild dienten und im gewissen Sinn die junge Nation weiter von Europa abrückten. Vor den Zionisten stellten die Iren die stärkste Lobby im Staat; sie bedienten sich der effizientesten legalen wie illegalen Mittel der Geldbeschaffung; ihre Stimme war die lauteste, wenn es darum ging, den britischen Imperialismus zu verteufeln. Die Iren trimmten Amerika zum antiimperialistischen Musterschüler, verzögerten seinen Kriegseintritt in beiden Weltkriegen und hören auch heute noch nicht damit auf, die britische Diplomatie und Politik in den schwärzesten Farben zu malen – wie leicht das auch immer sein mag.

In Irland selbst gehen die aus der ideologischen Inkonsequenz des 17. Jahrhunderts resultierenden Stammesfehden weiter. Wer darüber grübeln mag, was ohne das Sicherheitsventil der Auswanderungen nach der Reformation aus Europa geworden wäre, möge sich die geteilte irische Insel betrachten. Wegen der Kartoffel schnellte die Bevölkerungszahl in die Höhe, nahm die Geschichte einen so schmerzlichen Verlauf, verschärften sich die gegensätzlichen Mentalitäten auf beiden Seiten: Die Stammesfehden gehen weiter.

War der Kartoffelhunger nun bloß für die Iren von Bedeutung? Wären die Vereinigten Staaten ohne die irischen Hungerflüchtlinge überwiegend weiß, angelsächsisch und protestantisch geblieben? Hätte man in diesem Fall genauso vielen Italienern, Juden, Russen, Polen und anderen europäischen Emigranten die Einwanderung gestattet? 1844 lebten in den Vereinigten Staaten und im Vereinigten Königreich etwa gleich viele Menschen, 22 beziehungsweise 18 Millionen; wäre ihre Geschichte ohne Kartoffelhunger nicht ähnlicher verlaufen, immer noch zwar unter amerikanischer Führung, aber viel vergleichbarer, als dies in den letzten 150 Jahren der Fall war? Was wäre, wenn … Vielleicht wären dann die Vereinigten Staaten, und vor allem New York, heute nicht so quirlig; vielleicht hätten aber auch beide Weltkriege mit all ihren schrecklichen Konsequenzen verhindert werden können. Von allen „Wenns" der Geschichte ist dies vielleicht das gewichtigste, auch wenn kaum jemand es in Betracht zieht.

Aber vielleicht hat die Kartoffel schon genug Offensichtliches angerichtet, so daß man sich extremere Spekulationen sparen sollte.

## Einleitung

1 Mais, von indianisch *Mahizi*, auch Welschkorn oder türkischer Weizen, stammte aus den Anden, verbreitete sich über den größten Teil des vorkolumbianischen Amerika und wurde im Jahre 1492 aus der Karibik nach Spanien gebracht. Auf der Iberischen Halbinsel, in Nordafrika, Italien und Südfrankreich erlangte er so schnell Bedeutung, daß man eine Bedarfslücke als sicher annehmen kann. Schon lange vor den ersten europäischen Siedlungen in Nordamerika stellte Mais in den achtziger Jahren des 16. Jahrhunderts für Spanien eine Art Lebensretter dar. Sogar in seiner ursprünglichen, noch nicht durch Zucht verbesserten Form übertraf sein Ertrag den jedes anderen Getreides im Mittelmeerraum, und in der ganzen Alten Welt erbrachte er viel verläßlichere Ernten als Weizen oder Reis.

Bei der Sojabohne entdeckte man andererseits erst im 20. Jahrhundert das in ihr schlummernde Potential. Sie stammt aus dem Fernen Osten, dessen Grenzen sie wahrscheinlich um 1600 erstmals überwand, aber erst in den vierziger Jahren unseres Jahrhunderts erlangte sie weltweite Bedeutung. Im alten China und Japan war sie nichts weiter als ein Gemüse für die Landbevölkerung (Sojaquark, Sojasauce, Tofu). Man kann die Bohnen in frischer und getrockneter Form verwerten, als Tierfutter nutzen und bei entsprechender Behandlung Pflanzenöl und ein übrigbleibendes Mehl mit hohem Proteingehalt daraus gewinnen. Sojaprodukte sind wahrscheinlich die am leichtesten zu verdauenden Nahrungsmittel der Welt.

Ihr vom jeweiligen Boden abhängiger Ertrag ist nur schwer zu beeinflussen; die Pflanze braucht kurze Tage, mäßig hohe Temperaturen, fruchtbaren Boden, ausreichenden Regen. Sie wird heute zwischen 52° nördlicher und 40° südlicher Breite angebaut. Allein in den Vereinigten Staaten steigerten sich die Erträge von einer bloßen Million Tonnen in den dreißiger Jahren bis auf beinahe 40 Millionen Tonnen heutzutage. Im Welthandel stellt die Sojabohne die wichtigste, von Nahrungsmittelfabrikanten am leichtesten zu modifizierende und von den Konsumenten am leichtesten aufzunehmende Öl- und Proteinquelle dar. Soja hat für die ganze Welt eine Menge getan, besonders aber für die Vegetarier der ersten Welt.

Pfeffer war, wie gesagt, nur eines von nahezu einem Dutzend Gewürzen, mit denen man im Mittelalter Handel trieb. Aber es war auch das bedeutendste; mehr als 100 Jahre lang bestand über die Hälfte aller italienischen Gewürzimporte aus Pfeffer. Kein anderes Gewürz erreichte auch nur ein Zehntel des Pfefferwerts. Von allen Gewürzen konnte allein der Pfeffer stark gepökeltes Fleisch genießbar machen, und außer dem Pökeln wurde in Europa weit und breit keine andere Form des Haltbarmachens angewandt. Salz und Pfeffer bewahrten den Fleischesser Mensch vor dem Hungertod, besonders zur See, in den Hungermonaten und bei Mißernten.

Kapitel 1: Chinarinde

1 Diese romantische Geschichte bildete die Grundlage eines historisch unrichtigen und sehr sentimentalen Romans einer bemerkenswerten Französin. Dieses Buch, 1817 auf französisch und 1827 auf spanisch veröffentlicht, war eines von über 80 der Madame de Genlis (1746–1830), die unter den Schriftsteller/Pädagogen als eine der ersten das Lernen aus der Erfahrung höher bewertete als das mechanische Lernen. Sie überlebte die Revolution, die Restauration und den Verlust ihres Gatten, ihres Liebhabers und des größten Teils ihres Besitzes. Ihre lesbareren Werke sind wahrscheinlich ihre *Mémoires*, die sie 1825 im Alter von 79 Jahren in zehn Bänden veröffentlichte. Sie sind skandalös, ausgelassen, parteiisch, feministisch und historisch ungenau, aber gut zu lesen.

2 *Cinchona* = der botanische Name der Gattung. Quinquina = indianischer Name für die Rinde, wörtlich „Rinde der Rinde"; der Begriff ist heute noch in romanischen Sprachen gebräuchlich. Chinin = gebräuchliche Bezeichnung für den Extrakt und vor allem für das wichtigste der vier Alkaloide; der Einfachheit halber werden in den meisten Fällen alle vier als „Chinin" bezeichnet. Auch andere Namen, wie Peruanische Rinde, spanische Rinde, Jesuitenrinde und Indianerrinde kommen vor.

3 Reis (*Oryta sativa*) ist, wie Weizen, ein einjähriges Getreide, das jedoch wesentlich höhere Temperaturen benötigt. Ursprünglich aus Indien stammend, breitete sich der Reis ostwärts nach China, südwärts nach Ostindien und westwärts bis Persien aus. Im 7. Jahrhundert brachten ihn die Araber in den Mittelmeerraum. Vom Reis gibt es mehr genetische Varianten als von irgendeinem anderen Getreide; einige Unterarten mögen trockenen Boden, doch zeigen diese in subtropischen Klimazonen gegenüber dem Weizen keinen Vorteil. Die einzigen Reissorten, die in den Deltas der Donau, des Nils, Po und so weiter sowie andernorts in Italien, Spanien und auf dem Balkan gewinnbringend angebaut werden können, sind feuchtigkeitsliebende Varianten. Um deren Setzlinge zu pflanzen, braucht man Überschwemmungsboden, auf dem das Wasser oft bis zu zehn Zentimeter hoch steht; es wird dann nach und nach abgelassen. Die Kontrolle über die Überschwemmung, das Bewässe-

rungssystem, ist es, was die Reiskultur möglich macht und die Brutstätten der Mücken zerstört.

4 Der Begriff „Malaria" wurde von MacCulloch gebildet und tauchte in der medizinischen Literatur erstmals 1827 auf. Der Zusammenhang zwischen Sümpfen, Marschen, Feuchtgebieten und gesundheitlicher Beeinträchtigung wurde erstmals spätestens 1000 v. Chr. in Persien und Babylonien erkannt; die Krankheit muß in der antiken Welt zu Hause gewesen sein. Als in den sechziger Jahren unseres Jahrhunderts die WHO optimistisch glaubte, daß die Malaria „abgeschafft" werden könnte, sagte sie voraus, daß in 20 Jahren nur noch vier Millionen Menschen von der Krankheit ernstlich betroffen sein würden. Die tatsächliche Zahl lag bei 400 Millionen, ungefähr 8 % der Weltbevölkerung, was die Malaria so ziemlich zum gravierendsten Gesundheitsproblem (oder Geburtenkontrollmechanismus) der heutigen und der historischen Welt werden läßt. Bis in die vierziger Jahre unseres Jahrhunderts wird in der Fachliteratur nichts darüber berichtet, daß die Mücken ihre Eier auf *fließendes* Wasser legen. Doch nach 1950 finden sich solche Hinweise zuhauf. Rührt dies daher, daß die Mücken sich angepaßt haben oder daß die Menschen die „Schädlinge", die früher im fließenden Wasser die Mückeneier gefressen hatten, ausgerottet haben? Oder könnten vielleicht beide Erklärungen zutreffen? Ebenso finden sich heute mancherlei Hinweise auf Mückenarten, die jeweils Salz-, Brackoder Süßwasser bevorzugen. Solche Unterschiede sind erst in jüngster Zeit aufgetaucht, und man könnte sie, wie alle darwinschen Entwicklungen, in ähnlicher Art und Weise erklären.

5 Die Sache ist natürlich noch viel komplexer, als diese Zusammenfassung vermuten läßt, und die Entdeckung des Lebenszyklus zog sich über eine lange Zeit hin. Ehre dafür gebührt: Laveran, Algerien, 1880; Golgi, Italien, 1886; Danilewski, Rußland, 1889; Celli und Marchiafave, Italien, 1889–90; Smith und Kilborn, USA, 1893; Manson, Indien, 1894; Ross, Indien, 1898; Grassi, Bignami, Bastianelli, Italien, 1898; und in unserem Jahrhundert gab es über 500 Veröffentlichungen zu diesem Thema. Dennoch, die weibliche Mücke muß, kurz gesagt, Blut saugen, um leben zu können, und es muß bereits infiziertes menschliches Blut sein, damit sie überhaupt als Malaria-Überträgerin fungiert. Sie kann auch gut von Rinderblut leben, das Vieh aber wird von Malariaerregern gar nicht befallen. Daß das Vieh zurückgedrängt und das Land landwirtschaftlicher Nutzung zugeführt wurde, hat die Zahl der Malariainfektionen zu allen historischen Zeiten in die Höhe getrieben, in Italien, Frankreich, sogar in England und wahrscheinlich in Texas. Zwar muß die weibliche Mücke menschliches Blut saugen, damit sich der Erreger in ihrem Körper entwickeln kann, den nächsten Menschen infiziert sie jedoch nicht durch ihren „Stich", sondern mit ihrem Speichel.

6 Epidemien im 20. Jahrhundert mit belegten Zahlenangaben:

| | Anzahl der Fälle | Anzahl der Toten | Jahr | Grund |
|---|---|---|---|---|
| UdSSR | 10 000 000 | 60 000 | 1923–26 | Zusammenbruch der medizinischen Versorgung |
| Ceylon | 3 000 000 | 82 000 | 1934–35 | ungewöhnlich starke Regenfälle |
| Brasilien | 100 000 | 14 000 | 1938 | die Mücke *Anopheles gamiae* verursachte die Epidemie, war per Flugzeug aus Afrika gekommen |
| Ägypten | 160 000 | 12 000 | 1943–44 | Kontrollmaßnahmen wurden im Nildelta vernachlässigt |
| Äthiopien | 3 000 000 | 150 000 | 1958 | ungewöhnlich starke Regenfälle |
| Südasien | kontinuierliches Wiederaufleben der Krankheit seit 1977. Seit 1980 hat es niemals weniger als zehn Millionen Kranke auf dem indischen Subkontinent gegeben, wobei jährlich das Leben von über 100 000 Menschen verkürzt wurde. | | | |

7 Ölprodukte und Kupferarsenid waren beide bis ungefähr 1900 vor allem in Zentralamerika – besonders in Kuba und Panama – in Gebrauch. Schließlich erwiesen sich Paraffin und Kerosin als die ökonomischsten Mittel, um den Lebenszyklus der Mücke zu unterbrechen. Bevor es Insektizide wie Pyrethrum und DDT gab, war Kerosin das Standardmittel zur Prävention; es läßt sich sehr viel billiger vom Flugzeug aus versprühen und war in den arktischen Gebieten Kanadas bis in die achtziger Jahre unseres Jahrhunderts in Gebrauch. Es hat den Nachteil, daß aufgrund des Sauerstoffmangels im Wasser die Fische sterben.

8 Charles Creighton, MA, MD; zitiert nach *Encyclopaedia Britannica*, 9. Aufl. 1883.

9 Wohlhabende, gebildete Stadtbewohner sollten Malaria nicht als ein reines Dritte-Welt-Problem ansehen. Nach dem Ersten Weltkrieg gab es 7000 neue Fälle in Frankreich, 500 in Großbritannien und über 1000 in den USA. In all diesen Fällen waren Zivilpersonen von der Krankheit befallen worden, die keinerlei Kontakt, es sei denn über Mücken, mit heimgekehrten Soldaten hatten. In jüngster Zeit hatte der Vietnamkrieg über 20 000 Fälle von „eingeführter Malaria", wie man sie nennt, in den Vereinigten Staaten zwischen 1966 und 1976 verursacht.

10 Bis weit in die zweite Hälfte des 19. Jahrhunderts traf keine Armee irgendwelche Maßnahmen, die auf so etwas wie eine prophylaktische Medizin oder ein Hygienewesen hinausgelaufen wären. Verhinderbare, vermeidbare, heilbare, unnötige Krankheiten forderten mindestens bis

zum Ersten Weltkrieg mehr Tote als die feindlichen Angriffe. Zu den häufigsten Todesursachen gehörte die Malaria auch dann noch, als es bereits die Rinde gab. Vielleicht haben die Kosten eine bedeutende Rolle gespielt oder die Verfügbarkeit, die Probleme bei der Identifizierung der wirksamen Rindenart oder fortschrittsfeindliche Generale.

11 In biochemischer Hinsicht hat die Chinarinde noch zwei andere bizarre Eigenschaften. Zunächst hängt der Anteil der wirksamen Alkaloide in der Rinde von der Höhe ab. Auf Meereshöhe können die Alkaloide fast völlig fehlen. In den höchsten Lagen des Verbreitungsgebiets, nahe der Frostgrenze, erreichen die Alkaloide ihren höchsten Anteil unter den Inhaltsstoffen der Rinde. Die Variationsmöglichkeit erkannte man erst gegen Ende des 19. Jahrhunderts voll und ganz. Sodann mag sich die Lösbarkeit der pulverisierten Rinde im Reagenzglas, *in vitro*, als adäquat erweisen, jedoch als inadäquat im Malariapatienten, *in vivo*. Chininsulfat, lange Zeit die Standardzubereitung, wird von einem geringen Prozentsatz der Patienten nicht aufgenommen; niemand weiß warum. Früher genasen sie entweder spontan oder starben. Später nahm man statt Schwefelsäure Chlorhydrat und Salzsäure für die medizinische Zubereitung und erhielt so die am besten aufzunehmenden und daher wertvollsten aller Chininsalze. Doch diese standen erst nach 1900 allgemein zur Verfügung.

12 In England wurde Chinin bis 1808 offiziell „Jesuitenrinde" genannt, als das Parlament ein Gesetz zur Exportbegrenzung erließ. Dies geschah zur Zeit des britischen Engagements in Portugal und ein Jahr vor der Invasion von Walcheren. Das erste verursachte keine sonderlichen Malariafälle, die zweite ungefähr 30 000.

13 Die Englische Ostindiengesellschaft, von Elisabeth I. im Jahre 1600 gegründet, war nach und nach zur Herrin über die Hälfte des heutigen Indien, Pakistan und Bangladesh geworden, gewissermaßen in einem „Anfall von Geistesabwesenheit", wie Macaulay es ausdrückte. Die andere Hälfte wurde von einheimischen Herrschern regiert. Portugiesen, Franzosen und Niederländern waren praktisch keine Territorien zugestanden worden. Der kommerzielle Zweig der Gesellschaft war größtenteils höchst profitabel, auch wenn er schlecht und korrupt verwaltet wurde, und gründete sich auf ein Tee-, Opium-, Baumwoll- usw.-monopol. Den Handelsmonopolen wurde 1813 ein Ende bereitet, mit Ausnahme desjenigen für Tee, welches erst 1834 das gleiche Schicksal ereilte; die Ostindiengesellschaft stellte alle Aktivitäten außer den verwaltenden ein und blieb bis nach der Meuterei von 1857 eine Kapitalgesellschaft, die einen Subkontinent regierte. (Die Hudson's Bay Company, die in Kanada eine ähnliche Position innegehabt hatte, gab ihre Regierungsrolle auf und machte weitere 100 Jahre lang Geschäfte. Dies war der profitablere und zudem logischere Weg.) Der letzte Angestellte der Ostindiengesellschaft, ein Veteran der Meuterei, starb erst 1932.

14 Die Restriktionen gegen billige vorindustrielle Baumwoll-, Leinen- und Wollimporte aus dem Ausland, einschließlich Irlands und Indiens, begannen 1720 und wurden immer drückender. Fertigprodukte konnten überhaupt nicht frei importiert werden, ehe die britischen Hersteller nach Beginn der industriellen Revolution eine fast marktbeherrschende Stellung erlangt hatten. Zwischen 1800 und 1850 stimmten die meisten Hersteller für „Freihandel", weil sie gar keine echten Mitbewerber hatten. Man vergleiche die Kapitel über Baumwolle und die Kartoffel.

15 Banks brachte aus Island Proben der außerordentlich luxuriösen Eiderdaunen mit, die damals, wie noch heute, von den einheimischen Bauern aus den Nestern der Eiderenten gesammelt werden, die Jahr für Jahr an denselben Platz zurückkehren. Einst wurden so viele Bettdecken in England als „aus Eiderdaunen gefertigt" bezeichnet, daß es für den Dauneninhalt das Hundertfache der Eiderenten-Weltpopulation gebraucht hätte, wenn alles echt gewesen wäre.

16 Während der ganzen spanischen Kolonialzeit, die 1520 in kleinem Rahmen begonnen hatte, kehrte jährlich eine Schatzflotte zurück, gewöhnlich nach Cartagena im heutigen Kolumbien, beladen mit Produkten des Mittelmeerraums, welche die heimwehkranken Siedler im dortigen Land nicht anbauen konnten – Weizen, Wein und Olivenöl. Mit Kuba wurde ein solcher Handel bis um 1890 aufrecht erhalten. Der größte Teil dieser Gebiete bezieht solche Waren heutzutage aus den USA, nicht aus Spanien. Wein wird natürlich in Chile und Argentinien angebaut, wurde aber bis zum Ende der spanischen Oberherrschaft nicht kommerziell produziert.

17 Kew hatte im 19. Jahrhundert drei wesentliche Funktionen: Die Sammlung lebender Pflanzen in den Gärten ermöglichte es den Besuchern, die exotische Flora zu bewundern; eine Sammlung toten Materials ermöglichte das Studium von Pflanzen, die dort nicht wachsen konnten; und die kontinuierliche wissenschaftliche Analyse neuer Pflanzenproben brachte Linaeus' Werk mit jeder Entdeckung auf den neuesten Stand und wies jeder neuen Pflanze, die von einem unersättlichen Botaniker herbeigeschafft wurde, ihre Position zu.

18 Manchmal wurde die Sparsamkeit übertrieben. Die sechs „Mitarbeiter" Markhams wurden nicht gut behandelt. Ihre Gesamtpension belief sich auf 2500 £, die in den 10 000 £ enthalten waren. (Markham, *Peruvian Bark*, 1880)

19 Aus einem Brief, den Lady Dufferin, die Vizekönigin, 1888 schrieb.

20 Eine englisch-niederländische Zusammenarbeit scheint selbstverständlicher zu sein als eine englisch-französische oder eine englisch-deutsche Unternehmung. Zu den gemeinsamen englisch-niederländischen Unternehmungen gehören, neben Chinin, die Schiffahrt, Banken und die großen Unternehmen Shell und Unilever.

21 Im Einzelhandel war Chinin nur in den großen Städten erhältlich. 1895 konnte man in Ägypten, zum Beispiel, Chinin nur in Alexandria und Kairo kaufen.

Die friedliche Einnahme Zyperns in den Jahren 1878 bis 1880 verursachte eine bedauerlich große Zahl von Malariatoten. Hätten die britischen Außenpolitiker und Kriegsoffiziere einen Bibliotheksbesuch in ihre Planung mit einbezogen, wäre ihnen nicht verborgen geblieben, daß sich im Zentrum der Insel eine Ebene befindet, die gewöhnlich von einem Fluß entwässert wird, welcher in die Famagusta-Bucht mündet. Im Sommer jedoch erreicht der Fluß nie das Meer, sondern versickert im Marschland, der klassischen Lebenswelt der Malariamücke. Nachdem die Venezianer 1571 Zypern an die Türken abgetreten hatten, wurden Bäume gefällt, Entwässerungsmaßnahmen vernachlässigt und Zucker- sowie Reispflanzungen der Degeneration zu Sümpfen überlassen; die Bevölkerung ging um über die Hälfte zurück. Wer im 17. Jahrhundert ins Heilige Land reiste, sorgte gewöhnlich dafür, daß in seinem Vertrag ein Passus stand, der unnötigen Aufenthalt „in irgendeinem Hafen Zyperns" ausschloß; so eindeutig berüchtigt war diese Insel kurz nach der Übernahme durch die Türken geworden. Im gesamten Mittelmeerraum war Zypern vielleicht das drastischste Beispiel für eine Malariaausbreitung aufgrund von Nachlässigkeit.

22  Die Entdeckung der Vogelmalaria war wie die der Vogeltuberkulose in den frühen Tagen der Erforschung beider Krankheiten von großem Wert. Lange bevor ein Heilmittel entwickelt wird, ist es von entscheidender Bedeutung, die Anlagen und Charakteristika einer Krankheit aufzuspüren. Die Alternative, die eher einem Münzwurf in einen Brunnen gleichkommt, besteht darin, einem Sterbenskranken eine Reihe von infrage kommenden Mitteln in der Hoffnung zu verabreichen, daß die Krankheit verschwindet, ehe der Patient stirbt. Diese Vorgehensweise ist heute noch verbreiteter, als die meisten Mediziner zugeben würden.

23  Die deutsche Leistungsbilanz ruft immer noch Bewunderung hervor: Westdeutschland, wo die I.G. Farben in drei Gesellschaften aufgeteilt wurde, kann als die führende Nation auf dem Gebiet der organischen Chemie angesehen werden. Auch Ostdeutschland, das 1945 den mathematisch korrekten Anteil der I.G.-Farben-Aktiva erhalten hatte, ist bei der Chemieproduktion den anderen kommunistischen Comecon-Staaten voraus. Im Vergleich zur BRD jedoch hinkt die DDR, mit Ausnahme chemischer Kampfstoffe, 20 Jahre hinterher.

24  Die Immunität gegen die schwerere Form der Malaria, hervorgerufen von *Plasmodium falciparum*, kann zurückgeführt werden auf den hohen Anteil von Hämoglobin S (HbS) bei den Negern in *Falciparum*-Gebieten. Dank dessen, was wir heute Sichelzellenanämie nennen, erstickt die Krankheit regelrecht aufgrund von Sauerstoffmangel. Mit Arzneimitteln versucht man, diesen Effekt synthetisch nachzuahmen.

Die Immunität der Neger, die von so großem Einfluß auf die Geschichte war, scheint sich in einem Prozeß natürlicher Auslese entwickelt zu haben. Westafrika zum Beispiel, das „Grab des weißen Mannes", wurde einst ausschließlich von Negern, die gegen Malaria immun waren, bewohnt. Asiaten, Weiße oder nicht-negride Schwarze haben keine solche Immunität entwickeln können, jedenfalls nicht während der letzten 500 Jahre. In den Malariagebieten Südostasiens kommen andere Formen von Hämoglobin vor, zum Beispiel HbC, HbF und HbE; doch nichts deutet darauf hin, daß diese genetischen Varianten irgendeinen Schutz gegen *Falciparum*-Malaria bieten. Künstlich hervorgerufene Immunität könnte sich letztendlich als allen anderen Maßnahmen überlegen erweisen.

25 Die Syphilis war der große Fluch der Neuen Welt, der auf der Alten Welt lastete. 300 Jahre lang war sie unheilbar, und auch danach gab es nur eine schmerzhafte und gefährliche „Kur" mit verschiedenen Dosen von Quecksilber, die entweder den Patienten umbrachten oder, in den ersten beiden Phasen, die Krankheit besiegten. Ehe man künstlich hervorgerufene Malaria einsetzte, bekämpfte man das tertiäre Stadium mit Kaliumjodid. Salvarsan oder „606", von Ehrlich 1910 erfunden, war dem Quecksilber überlegen, konnte jedoch Kaliumjodid oder künstlich hervorgerufene Malaria nicht ersetzen. Erst in den späten vierziger Jahren konnte die Syphilis mit Hilfe der Antibiotika entgültig besiegt werden.

26 Die tamilische Minorität in Sri Lanka, Verwandte der kleinen, sehr dunkelhäutigen Eingeborenen Südostindiens, wurde ins Land geholt, um die einheimischen Singhalesen zu ersetzen, die als „schlechte Arbeiter" galten. Heute stellen die Tamilen eine sehr starke Minderheit dar, die sich zurückgesetzt fühlt, weil man ihnen Bürgerrechte, wirtschaftliche Vorteile und Meinungsfreiheit verweigert. Sie streben Autonomie an, einen eigenen tamilischen Staat, den man ihnen verweigert; also trat wieder einmal Gewalt an die Stelle von politischem Handeln.

27 „Arbeitsmoral" hat nichts mit Religion oder Schuldbewußtsein zu tun, schon gar nicht in der ersten Hälfte des zwanzigsten Jahrhunderts. Keine unter günstigen Umständen lebende Subsistenz-Kultur, wie zum Beispiel die traditionelle Gesellschaft auf Tahiti, mußte „arbeiten". Auch der weiße Mann hat die Arbeit nicht erfunden, aber er brachte der Welt der Postrenaissance ein verstärktes Bevölkerungswachstum, marktwirtschaftliche Ideen, Spezialisierungen, Grundbesitz-Strukturen und Ansporn aller Art. Welcher dieser materiellen oder mentalen Einflüsse letztendlich entscheidend war, kann nicht durch Phrasendrescherei beantwortet werden, aber man denke nur an die moderne chinesische Landwirtschaft, die die weltweit höchste Wachstumsrate aufweist (12 % jährlich), seit privatwirtschaftliche Nutzungsformen zugelassen wurden (*The Economist*, 2. Febr. 1985).

28 Mindestens 20 Millionen Menschen wurden weltweit als „Kontraktarbeiter" verpflichtet. Sieht man von den echt negriden Schwarzen ab, war dies nur dank Chinin möglich. Offensichtlich schätzte man an den Kontraktarbeitern nicht nur ihren geringen Lohn, sondern auch ihre spartanischen Lebensbedingungen, die keinerlei Ablenkungen erlaubten. In Sri Lanka haben auch heute noch viele Tamilen-Baracken kein künst-

liches Licht, so daß den Kontraktarbeitern nicht viel mehr bleibt als zu arbeiten, essen, schlafen und, natürlich, sich zu vermehren. Nicht nur in Sri Lanka, sondern auch in Guyana, auf den Fidschi- und den meisten anderen Inseln des Pazifischen Ozeans hat Chinin riesige Minoritäten importierter Völker entstehen lassen.

29 Wahrscheinlich wird heute noch genauso viel Chinin verbraucht wie früher, aber nicht als Medizin, sondern für Limonade. Tonic Water enthält manchmal 30 ppm (ppm = Teile auf eine Million) Chinin. Handelt es sich dabei um das aktive Fiebermittel, um Rinde, und wenn ja, um welche Rinde? (Es gibt auch Rinde von einem anderen als dem Chinarindenbaum, *Remijia*, die viel billiger als Chinarinde ist, sehr aromatisch, aber nur ½ bis 2 % aktives Chinin enthält.)

Andere Limonaden, wie Bitter Orange, Bitter Lemon und verschiedene Colas, enthalten ebenfalls Chinin. Wenn man chininhaltige Getränke in großen Mengen zu sich nimmt, kann dies Fieber senken und Krämpfe lösen. Viele Frauen haben gemerkt, daß Gin-Tonic Menstruationsbeschwerden lindert. Natürlich ist es das Chinin, das die Spannungszustände abbaut, obwohl der Gin auch der Verteilung und Aufnahme der Droge in Muskeln und Nerven dienlich ist.

Die erste chininhaltige Limonade scheint 1843 in New Orleans hergestellt worden zu sein; Schweppes begann mit der Massenherstellung von „Indian Tonic Water" um 1870 und führte Bitter Lemon im Jahre 1957 ein. Einige halten Chinindrinks für eine britisch-indische Entwicklung, die als Vehikel für die alltägliche Fiebermitteldosis dienen sollte. Französische und italienische Aperitifs enthalten ebenfalls „Chinin".

Während des Zweiten Weltkriegs wurde Chinin bei Behandlung von Erkältungen und Grippe eingesetzt, meistens zur Fiebersenkung. Es ist eines der sichersten bekannten Antipyretika und kann Fieber bis zu 2°C senken; es wirkt auch schmerzbekämpfend und beruhigend.

Noch 1947 sah der Autor in einem Laden in Kansas Flaschen, auf denen stand: „Sollte nicht von werdenden Müttern genommen werden"; an diesem Elixier war interessant, daß es eine Fehlgeburt hervorrufen konnte. Die Erfolgsquote lag bei etwa 50 %, doch die Anwendung forderte ihren Preis: Die gewaltige Chinindosis führte zu einem sehr niedrigen Blutdruck, verlangsamte den Puls, rief wahrscheinlich Depressionen hervor und führte manchmal zu permanenter Taubheit mit Ohrensausen. Weise Frauen jedoch gaben dem Chinin immer den Vorzug vor irgendwelchen Hinterhof-Engelmachern; bis zur 15. Schwangerschaftswoche wirkte Chinin mit ziemlicher Sicherheit. Wahrscheinlich konnte man solche Mixturen auch in anderen Ländern kaufen.

30 Im August 1985 berichtete die Londoner *Times* unter Berufung auf einen Artikel in *Science* (Band 228, Nr. 4703), daß die Chinesen im Rahmen solcher Forschungen einen Chininersatz gefunden hätten, der durch Extraktion bei niedrigen Temperaturen aus *Artemisia annua* gewonnen wurde.

1 Bevor man sich eingehender mit dieser Behauptung befaßt, sollte man festhalten, daß dieser Verkaufstrick passenderweise die Tatsache ignorierte, daß die Arbeitskräfte auf den ostindischen Zuckerplantagen einer vergleichbaren Abhängigkeit unterworfen waren wie die Neger auf den karibischen. Die englischen Zuckerkäufer wußten davon jedoch meistens nichts.

2 Zuckerrohr ist ein großes, stark gegliedertes Gras, das jedes Jahr zur Reifezeit eine Höhe von 1,5 bis 2 Metern erreicht. Es braucht tiefgründigen, nährstoffreichen Boden, in günstigen Lagen erreicht die Pflanze eine Lebenserwartung von 8 bis 10 Jahren. Unter ungünstigeren Bedingungen muß man Zuckerrohrstecklinge häufiger neu anpflanzen. Frost kann das Zuckerrohr nicht überleben, und schon Temperaturen knapp über dem Gefrierpunkt können es genauso schädigen. Beim Ernten wird das Rohr an der richtigen Stelle knapp über dem Boden abgeschnitten, eine Arbeit, die Geschick und Kraft erfordert.

3 Der im Englischen und Französischen gebräuchliche Begriff *creole* leitet sich von spanisch *criollo* her, einer Verstümmelung von *criadillo*, was soviel wie „geboren, gezüchtet, domestiziert" bedeutet. Mit *creole* bezeichnet man Menschen, Tiere und Pflanzen, die in der Karibik (einschließlich New Orleans und Venezuela) heimisch sind und hier geboren wurden. Alexander von Humboldt, der große deutsche Naturforscher, verzeichnete 1800 in der Karibik drei verschiedene Arten von Zuckerrohr: das einheimische „Creole", das aus Hawaii stammende „Otaheite" und das aus Indonesien stammende „Batavia". Die Bezeichnung *creole*, eingedeutscht zu „Kreole", hatte ursprünglich keine rassistische Nebenbedeutung, sondern bezeichnete lediglich jemanden, der in der Karibik geboren war, ein kreolischer Neger war also hier geboren und nicht in Afrika. Die Annahme, daß damit irgendein Grad von Rassen- bzw. Artenmischung bei Menschen, Tieren oder Pflanzen bezeichnet werde, ist falsch.

4 Nicht aufbereiteter, noch mit Bienenwachs vermischter Honig war in Indien, China und Ägypten mit rituellen Reinigungen in Zusammenhang gebracht worden. Nach ihrem Auszug in die Wüste war es den Juden verboten, Honig oder Sauerteig in irgendeiner Form als Speiseopfer darzubringen (Levitikus 2:11). Vielleicht rührte dies daher, daß der Honig den Ägyptern als Reinheitssymbol galt, wahrscheinlicher aber ist, daß das „Land, wo Milch und Honig fließen", das Ziel der Juden, Bienen und Honig in solchem Überfluß bieten würde, daß man sie nie als heilig betrachten könnte. Auch in Griechenland und Etrurien sowie bei vielen afrikanischen Stämmen wurden Honig und Wachs als heilig betrachtet. Das Bienenwachs für die christlichen Kerzen stammte ursprünglich aus den besten „jungfräulichen" Stöcken, das heißt, von jungen Bienenkolonien, die noch niemals geschwärmt waren. Waren sich die Christen über den Prozeß der Vermehrung, auch bei den Bienen, so im unklaren?

5 Um diese Zeit begannen die Spanier, Zuckerrohr in großen Mengen anzubauen; gleichzeitig eroberten die Venezianer Zypern, damals ein größerer Zuckerproduzent.

6 Es mag überraschen, daß ein so teures Luxusgut wie Zucker so schnell populär werden konnte, wenn doch Honig in großen Mengen frei zur Verfügung stand. Drei Gründe könnten dafür ausschlaggebend gewesen sein: Auch in sehr reiner Form hat Honig einen Geschmack, der vielleicht nicht immer zu den jeweiligen Speisen und Getränken paßt. Bis zum 19. Jahrhundert war reiner Honig sowieso fast unmöglich zu gewinnen: Ihn aus den Waben herauszulösen, war aufwendig und schwierig; der Honig beinhaltete immer einen gewissen Anteil Wachs, und dessen Geschmack war zwar nicht unangenehm, aber stärker als der des eigentlichen Honigs. Schließlich enthält Honig häufig Stoffe, auf die viele Menschen allergisch reagieren.

7 Siehe Einleitung.

8 Die Sklaverei folgte immer derselben unerbittlichen Logik wie jede andere Form von Arbeitsorganisation. Wenige Sklaven – menschliche Behandlung; viele Sklaven – das Leben des Einzelnen zählt nichts – inhumane Behandlung. Wann immer ein erheblicher Anteil einer Bevölkerung aus Sklaven bestand, pflegten ihre Herren sie grausam zu behandeln und sie abseits der freien Menschen wie Hunde, häufig allzeit in Ketten, zu halten. Häufig sprachen Sklaven nur die Sprache ihres Herkunftslandes und blieben so von ihrer Gefangennahme bis zu ihrem Tod Fremde. Der Spartakusaufstand (73 bis 70 v. Chr.), der die Römische Republik bis in ihre Grundfesten erschütterte, verschlechterte die Beziehungen zwischen Herren und Sklaven erheblich, genauso der Verkauf riesiger Zahlen von Sklaven durch die Triumvirn, wie Crassus und Julius Cäsar. Zur Zeit des Augustus überstieg die Sklavenbevölkerung die der freien Bürger. Solche Zahlenverhältnisse führen auf beiden Seiten, bei Herren wie Sklaven gleichermaßen, zu den schlimmsten Auswüchsen.

9 Als Feudalismus bezeichnet man eine Beziehung zwischen Vasallen (Leibeigenen) und Herren (Grundbesitzern), die kein Lohnverhältnis ist. Der „Zins" wurde ursprünglich nicht in Form von Geld oder Naturalien, sondern als Dienstleistung entrichtet.

10 Sklaverei, Leibeigenschaft und „freie" Lohnarbeit haben auch immer etwas mit dem Verhältnis zwischen Herren und Untergebenen zu tun. Für die „Vornehmen" war es lebenswichtig, daß sie sich von früher Kindheit an mit einer Aura der erblichen Überlegenheit umgaben. Damit solche Überlegenheit anerkannt wurde, mußte man die Abhängigen dazu bringen, daß sie sich allzeit unterlegen fühlten. Diesem Umstand können wir die besondere Haltung zuschreiben, die im Feudalismus wie in Sklavenhaltergesellschaften die weißen Männer in bezug auf Rasse und Geschlecht einnahmen. Die Unterlegenen fügten sich voller Respekt in die Situation und versuchten, das Beste daraus zu machen. Man muß sich immer vor Augen halten, daß bei allen Mittelmeervölkern und bei

den meisten Europäern bis mindestens 1500 n. Chr. das Jenseits mehr galt als das Diesseits. Für die Unterprivilegierten, Behinderten oder vom Pech verfolgten Menschen unserer Tage hat solche himmlische Wiedergutmachung ihre Glaubwürdigkeit verloren.

11 „Monokultur" bedeutet, daß auf demselben Stück Land immer wieder dieselbe Feldfrucht angebaut wird.

12 In Genesis 9:25–26 wird prophezeit, daß die Kinder des Ham die Knechte ihrer Brüder sein würden; das galt „guten Christen" als eine der Rechtfertigungen der Sklaverei. Man vermutet, daß „Ham" sich aus dem ägyptischen Wort *khem*, „schwarz", herleitet. In den Psalmen (78:51, 105:23 und 27, 106:22) wird Ägypten als „das Land Hams" bezeichnet. Ob sich die Assoziation Ägyptens mit der Farbe Schwarz auf die Böden des Niltals oder auf die damalige Bevölkerung bezog, weiß man nicht.

13 Der Kaiser war von humaner Gesinnung. 1542 hatte er bereits die Sklaven „emanzipiert", doch seine Untergebenen schenkten dem genausowenig Beachtung wie der Bulle von Papst Leo X. im Jahr 1514: „Nicht allein die christliche Religion, sondern die Natur selbst verdammt die Sklaverei und den Sklavenhandel." Man sieht, daß es einer breiten öffentlichen Unterstützung bedarf, wenn eine weitverbreitete Praxis wie Sklaverei, Folter oder Mißhandlung von Gefangenen abgeschafft werden soll. Der Wille des Herrschers, wie gütig auch immer, reicht allein niemals aus, um ein Verbot durchzusetzen.

14 Das moderne Haiti besteht aus dem westlichen Drittel der Insel Hispaniola, der zweitgrößten Karibikinsel nach Kuba. Die östlichen zwei Drittel bilden die Dominikanische Republik. Als Kolumbus 1492 aus Kuba hier ankam, war Hispaniola oder San Domingo insgesamt dicht von einheimischen Indianern bevölkert, die, wie die Spanier behaupteten, arm an geistigen wie körperlichen Kräften gewesen sein sollen. An die Stelle der Indianer traten Neger aus Afrika; Zuckerrohr wurde eingeführt und entwickelte sich bald zum Hauptprodukt. 1697 wurde Haiti französisch, und dank besseren Bodens und besserer Bewässerungsmöglichkeiten, als irgendeine andere Karibikinsel vorweisen konnte, entwickelte es sich nach 1740 zu einer erfolgreichen und florierenden Zuckerinsel. Um 1780 war Haiti der größte Zuckerproduzent der Welt, die königlich-britische Marine behinderte jedoch in Kriegszeiten den Zuckerexport nach Europa. 1793 bestand die Bevölkerung aus einer privilegierten Kaste weißer Pflanzer, schwarzen Sklaven und freien Mischlingen ohne Bürgerrechte. Übereilt hatten die Franzosen 1790 die Neger in Übereinstimmung mit den besten revolutionären Prinzipien emanzipiert: Die Weißen leisteten Widerstand, die Mischlinge zögerten. Chaos und erhebliche Grausamkeiten waren die Folge, und die französische Regierung griff ein. Auch die Briten, die seit 1794 Krieg gegen Frankreich führten, intervenierten. Auf allen Seiten kam es zu unvorstellbaren Abscheulichkeiten. Ein großer schwarzer Anführer, Toussaint l'Ouverture,

kam an die Macht und regierte mit altertümlichen, animistischen Mitteln. Dies zog noch größeres ökonomisches Chaos nach sich, und die meisten Weißen gingen nach Kuba, Martinique und Guadeloupe. Vom weltweit größten Zuckerproduzenten des Jahres 1790 degenerierte die Kolonie zu einem vom Voodoo gebeutelten „freien" Slum ohne jede ökonomische Bedeutung und ohne viel politische Freiheiten. So ist es bis heute geblieben.

15 Die Bevölkerungsdichte von Barbados wurde damals wahrscheinlich nur, wenn überhaupt, von der der Niederlande oder der Poebene übertroffen. Noch nach 1680 lebten auf dem kleinen Barbados insgesamt mehr Menschen als im riesigen Virginia.

16 „Anpassung" (was man heute wohl „Akklimatisierung" nennen würde) bedeutete, daß die Lebensweise der Neger erheblichen Veränderungen unterworfen wurde. Die Nahrung bestand zum größten Teil aus Maniok und Mais, war besser als die Schiffsverpflegung, aber nicht so gut wie die in Afrika. Neue Krankheiten, am schlimmsten davon das Gelbfieber, drohten. Die Arbeit war für die Neger ungewohnt, die „Erziehung" sehr schmerzlich und der Aufseher fast mit Sicherheit ein brutaler Rohling. Eigenartigerweise überlebten mehr Männer als Frauen die „Anpassung".

17 Obwohl die schwarzen Sklaven psychologisch mehr litten als die zwangsverpflichteten Weißen, hatten doch die Schwarzen erhebliche gesundheitliche Vorteile. Allein ihre genetisch bedingte Sichelzellenanämie ließ sie gegen Malaria immun werden. Doch solche Vorteile konnten die Hoffnungslosigkeit ihrer Zukunftsaussichten nicht ausgleichen. Niemand in der Karibik scheint die Sklavenbefreiung als Politik in Erwägung gezogen zu haben. Nachdem die Lebenserwartung lediglich zehn Jahre betrug, hätte schließlich eine Freilassung zu jener Zeit die Arbeitsleistung zwischenzeitlich steigern können. Diese Lösung wurde in Virginia um 1780 wegen des kindlichen Charakters, den man den Schwarzen zuschrieb, als undurchführbar verworfen.

18 Samuel Johnson

19 Harold Perkin, *The Age of the Railway*, 1970.

20 So der in der Karibik lebende Jeafferson in einem Brief von 1668, zitiert nach Deerr.

21 Es bedurfte tüchtiger Leute und einer gehörigen Portion Glück, wenn man die 4 000 Meilen lange Atlantiküberquerung von Ost nach West in einigermaßen kurzer Zeit schaffen wollte. Die schnellste aufgezeichnete Überfahrt dauerte 23 Tage, die längste 59 Tage. Im letztgenannten Fall haftete mehr als ein Verdacht des Kannibalismus an den Überlebenden.

22 Um der Gerechtigkeit willen sei gesagt, daß sich einige Kapitäne fanden, bei denen die Verluste während ihrer ganzen Dienstzeit nicht mehr als 0−5 % betrugen. Andere, die weniger human, kompetent oder geduldig waren, pflegten Verluste von 25−40 % als normal anzusehen. Letzten Endes waren die kompetenteren Kapitäne wegen ihrer Leistung sehr

gefragt, während die dümmeren, brutaleren oder ungeschickteren ihren Job verloren. So gut wie alles hing vom Kapitän und seiner Mannschaft ab. Kein anderer ursächlicher Faktor kann die sehr breite Streuung der Verlustraten erklären.

23 Wegen der unzulänglichen Kommunikation ging man bis 1815 davon aus, daß alle Schiffe „unter der Linie" Feinde seien. Die „Linie" war der Wendekreis des Krebses, 22,5° nördlicher Breite. Diese Situation führte zu ernsten, bizarren Zwischenfällen, bei denen französische Schiffe mit französischen, niederländische mit niederländischen und englische mit englischen kämpften, weil jeder den anderen für einen Feind gehalten hatte.

24 Tabelle nach Bryan Edwards, *West Indies*, 1819.

25 Der Merkantilismus hatte sich nach der Renaissance und der großen europäischen Expansion des frühen 16. Jahrhunderts allmählich herausgebildet; er spiegelte wahrscheinlich die Erfahrungen, die Venedig im Mittelalter gemacht hatte. In der Folge entwickelte er sich zu der Doktrin, daß Gold und Silber – *specie* – Reichtümer von gleichem Wert wie Land seien, daß eine große, in Manufakturen arbeitende Bevölkerung mehr wert sei als eine mäßige Zahl Menschen, die nur Nahrungsmittel und Rohstoffe produzierte, daß Exporte mehr wert seien als Importe, weil das Anhäufen von Reichtümern mehr einbrächte als der Verbrauch, daß der Staat nach Kräften das Sparen, den Export, das Anhäufen von Gold und den Gebrauch eigener Schiffe unterstützen müsse. Der Merkantilismus wurde, in dieser chronologischen Reihenfolge, von den Niederländern, den Engländern und den Franzosen übernommen. Die von Cromwell eingeführte englische Navigationsakte gab den Interventionsmöglichkeiten des Staates erheblichen Auftrieb und förderte die Ausbildung des Handels und des britischen Weltreiches. Im 19. Jahrhundert wurde der Merkantilismus vom Freihandel abgelöst, nicht zuletzt, weil die „väterliche" Attitüde der Regierung, die für den Merkantilismus notwendig war, in Mißkredit geriet. Logisch durchdacht, war der Merkantilismus schon seit etwa 1720 dem modernen Leben nicht mehr angemessen, obwohl er zum Beispiel in Rußland noch fortlebte, bis er von den Revolutionen des 20. Jahrhunderts überrollt wurde. Noch heute hegen viele europäische Sozialisten merkantilistische Einstellungen, größtenteils, weil sie an die Planwirtschaft glauben. Adam Smith hatte nach 1780 „bewiesen", daß niemand, wie klug auch immer, so gut planen könne wie den frei funktionierende Markt. Der Freihandel jedoch hat fast immer unter dem Problem der ungleichen Verteilung von Information, Qualifikation, Reichtum und Chancen gelitten. Das macht den „Freihandel" etwas weniger frei.

26 Als die Briten den Sklavenhandel abschafften, verlor der Rest der Welt nichts dadurch, daß er diesem Beispiel folgte, weil man den Handel angesichts der Überlegenheit der britischen Marine sowieso nicht aufrechterhalten konnte.

27 Dynamische Lenkung der Wirtschaft durch den Staat.

28 Nach dem spanisch-karibischen Ausdruck *Charqui* nennen die Engländer gedörrtes Rindfleisch noch heute „jerked beef".

29 Man sollte nicht unterschätzen, welche Bedeutung Leder in Europa und den USA vor der Erfindung des vulkanisierten Gummis Mitte des 19. Jahrhunderts hatte. Neben seiner allgemein bekannten Verwendung für Stiefel, Schuhe, Sättel und Geschirre brauchte man Leder auch für vieles, was man heute mit Papier, Gummi und Plastik macht: wetterfeste Kleidung, Taschen, Bücher, Schachteln, Behältnisse aller Art, Futterale, Blasebälge, Unterlegscheiben, Dichtungen, Pumpen und Treibriemen für alle Arten Maschinen. In weiten Teilen der Welt wurden Rinder oder Schafe gezüchtet, deren Fleisch und Knochen man einfach auf den Pampas, Steppen und Weiden verrotten ließ. Die Ledernachfrage war anscheinend unersättlich, und Nachschubmangel konnte manchmal den industriellen und ökonomischen Fortschritt bremsen.

30 Mitteilung des Auswärtigen Amts, zitiert nach Hugh Thomas, *Cuba*.

31 Zeittafel der Sklavenbefreiung:

1761 Sklaverei in portugiesischen Mutterland abgeschafft.

1775 Sklaverei in Madeira abgeschafft.

1789 Erster Vorstoß von Wilberforce in englischen Unterhaus. Sklavenhandel vom 1. 1. 1803 an für Dänen verboten.

1794 Der französische Nationalkonvent gibt allen Sklaven die Freiheit. Der US-Kongreß erklärt den Sklavenexport für illegal.

1800 US-Bürgern wird der Sklavenhandel von und nach Drittländern verboten.

1802 Sklaverei in den französischen Kolonien wieder eingeführt.

1807 Zwischenstaatlicher Sklavenhandel innerhalb der USA abgeschafft. Britischen Bürgern wird der Sklavenhandel vom 1. 3. 1808 an verboten.

1811 Sklaverei in Spanien und den spanischen Kolonien „abgeschafft"; erheblicher Widerstand auf Kuba; Durchsetzung des Verbots nur lasch gehandhabt.

1813 Schweden verbietet schwedischen Bürgern den Sklavenhandel.

1814 Die Niederlande schaffen den Sklavenhandel ab. Die USA und England kommen im Vertrag von Ghent überein, bei der Unterbindung des Sklavenhandels zu kooperieren.

1815 Portugal stimmt der Abschaffung des Sklavenhandels nördlich des Äquators zu. Frankreich beschließt, den Sklavenhandel 1819 abzuschaffen (später bis 1830 verlängert).

1816 Sklavenbesitzer auf Ceylon lassen alle nach dem August 1816 geborenen Sklaven frei.

1818 Sklavenhandel in Niederländisch-Ostindien abgeschafft.

1820 Sklavenhandel von Spanien abgeschafft.

1824–40 Sklaverei von den meisten neuen lateinamerikanischen Republiken abgeschafft.

1830 Beendigung des französischen Sklavenhandels, anstelle dessen das System der *Engagés libres*: Diese wurden in Afrika gekauft oder gekidnappt, nach Amerika gebracht und bei Ankunft „frei" – nichts anderes als Zwangsarbeit. Dieses System währte noch 30 Jahre.

1833 Abschaffung der Sklaverei durch die Briten vom 1. 8. 1834 an mit einer fünfjährigen „Lehrlingszeit".

1842 Emanzipation in Uruguay.

1843 Emanzipation in Argentinien.

1843 Sklaverei im britischen Indien abgeschafft.

1847 Sklaverei in den schwedischen Kolonien abgeschafft.

1848 Emanzipation in den französischen und dänischen Kolonien.

1852 Letzter legaler Sklavenimport nach Brasilien.

1854 Sklaverei in Peru abgeschafft, statt dessen „Peonage": Verdingung von Sträflingen an Unternehmer.

1858 Sklaverei in portugiesischen Kolonien abgeschafft, mit einer zwanzigjährigen „Lehrlingszeit".

1860 Sklaverei in Niederländisch-Ostindien abgeschafft.

1861 Leibeigenschaft in Rußland abgeschafft. Sklavenemanzipation auf den niederländischen Antillen.

1865 Der 13. Nachtrag zur US-Verfassung schreibt die Abschaffung der „unfreiwilligen Dienstverhältnisse", mit Ausnahme für Kriminelle, formal fest.

1870 Emanzipation in den spanischen Kolonien.

1871 Sklaverei in Brasilien mit Wirkung von 1888 abgeschafft.

32 Ein Mulatte ist ein Mischling mit einem schwarzen und einem weißen Elternteil. Ein Quadroon hat einen weißen und einen Mischlings-Elternteil, ist also ein Viertelneger. Ein Sambo oder Zambo (vom spanischen *zambo* – krummbeinig) ist ein Dreiviertelneger, das Kind eines schwarzen und eines Mischlings-Elternteils. In ganz Amerika gibt es nur noch wenige reine Neger, und sie werden Jahr für Jahr weniger, da immer mehr „als Weiße durchgehen". Einst meinte man, daß bis zu 10 % der Negerbevölkerung der USA „als Weiße durchgingen". Heute trifft das nicht mehr zu, weil Schwarze stolz auf ihre rassische Herkunft sind, ihre Abstammung als selbstverständlich betrachten oder sich als Individuen, nicht als Stereotypen begreifen. Obwohl man in den USA keinen sonderlichen Wert darauf legt, muß man einen Unterschied zwischen Schwarzen und Negern machen. Alle Neger sind schwarz, aber nicht alle Schwarzen sind Neger. Unter „Neger" wollen wir in diesem Buch die echt negriden Schwarzen verstehen, die sich zum Beispiel durch die Sichelzellenanämie (siehe Chinin-Kapitel) auszeichnen, welche bei Mischlingen nicht immer, bei Quadroons nur noch sehr selten vorkommt.

33 Die Idee einer zentralen Zuckermühle war keineswegs neu, sondern schon im 15. Jahrhundert in Zypern bei einer Unternehmung, die die

venezianische Familie Martini als Bankiers betreute, aufgetaucht. Auch das ist vielleicht nicht das früheste Beispiel einer solchen industriellen Rationalisierung. Es gibt einige Hinweise, daß in Indien schon 200 v. Chr. zentrale Mühlen am Ganges von Flußschiffen beliefert wurden. Doch die Beschäftigung von Sklaven und die Schwierigkeiten, bei einer großen Zahl von Sklaven die Arbeit rationell zu organisieren, ließen mit Ausnahme der zentralen Mühlen alle Vorstöße hinsichtlich ökonomischerer Verfahrensweisen so gut wie unmöglich werden.

34 Im 20. Jahrhundert mußte die amerikanische Politik vier unterschiedliche Interessenlagen berücksichtigen: US-Zuckerrübenanbauer, US-Zuckerrohranbauer (nur in Hawaii, Florida und Louisiana), privilegierte karibische Produzenten, z.B. auf Puerto Rico, den Jungferninseln und Kuba, sowie schließlich andere Produzenten. Für „andere" war auf dem US-Markt kein Platz. In Niedriglohnländern wie Kuba war die Zuckerrohrproduktion wesentlich profitabler als zu Hause, doch die einheimischen Rübenproduzenten erfreuten sich der Unterstützung von wenigstens 40 Senatoren aus 20 Staaten, und ihren Einfluß verstärkten noch die Zulieferbetriebe und die Viehbarone, deren Rinder von den Rübenresten fett wurden. Zum Rübenanbau gehörten auch noch Wasserrechte, profitable Jagdgründe für Politiker wie Rechtsanwälte.

35 Die Politik der „guten Nachbarschaft" war eine strategisch-politisch-ökonomische Entwicklungsidee der Roosevelt-Administration in den vierziger Jahren. Bis 1939 war Südamerika fast ausschließlich eine iberisch-britische Interessensphäre, weil die Monroedoktrin von 1823 (die weitere europäische Einflußnahmen auf Gesamtamerika unterbinden sollte) auf die Überlegenheit der britischen Flotte gebaut hatte. In den dreißiger Jahren nahmen der italienische und der deutsche Einfluß in Lateinamerika erheblich zu, während die einheimischen Regierungen sich keineswegs zu stabilisieren schienen. Argentinien zum Beispiel, 1929 noch das sechstreichste Land der Welt, war größtenteils aufgrund schlampiger Verwaltung um 1950 auf den 43. Platz zurückgefallen. Um faschistische Machtübernahmen zu verhindern und die damals anderweitig beschäftigten Briten zu ersetzen, belebte Roosevelt die Monroedoktrin dadurch wieder, daß er den Lateinamerikanern ein bißchen wirtschaftliche Unterstützung anbot und jede Menge Reden hielt. Infolgedessen wurde Lateinamerika wenigstens nominell den USA gegenüber freundlich eingestellt; doch die verschiedenen Regimes mit all ihren Schattierungen von Korruption wußten das amerikanische Kapital gut für ihre eigenen Zwecke einzusetzen. Die „einfachen Leute" der betreffenden Länder profitierten auf lange Sicht kaum davon.

36 Zum Ärger aller Südstaatler wird jeder Nordamerikaner in Lateinamerika *Americano* oder *Yanqui* (von „Yankee") genannt.

1 Zitiert nach *Encyclopaedia Britannica*, 3. Aufl. 1788–97, Stichwort „Tea".

2 Vgl. Noel Perrin, *Giving up the Gun: Japan's Reversion to the Sword 1543–1879*, 1980. Auf einem Nebengleis verfolgt dieses Buch, das zum größten Teil im *New Yorker* vorab veröffentlicht wurde, das Sekundärargument, daß das, was in einem Feudalstaat möglich war, auch in der ganzen Welt durchführbar sein müsse: Daß also, wenn Japan auf Kanonen verzichten konnte, die Welt auch auf Atomwaffen verzichten könnte.

3 Die Societas Jesu, 1539 in Spanien von Ignatius von Loyola gegründet, hatte sich binnen einer Generation über die ganze damals bekannte Welt ausgebreitet. Die Jesuiten waren Erzieher, Propagandisten und, in Europa, die Krieger der Gegenreformation. In der nichteuropäischen Welt erlangten sie einen Stand der Missionierung, den später nur wenige andere erreichen und keiner übertreffen konnte. Um 1570 kamen sie nach China, wo sie willkommener waren als in Japan, dessen Bewohner der Societas von ungefähr 1600 an zu Heiligen und Märtyrern verhalfen.

4 Bei guten Winden konnte ein Segelschiff durchschnittlich zwischen 100 und 200 Meilen pro Tag zurücklegen, aber das konnte vielleicht nur 60 bis 80 Meilen Luftlinie entsprechen, da das Schiff seinem Kurs nicht entsprechende Winde und Strömungen berücksichtigen mußte. Südamerika konnte so fast sechs Monate von Spanien entfernt liegen, Nordamerika fast drei Monate von Frankreich oder England und die Karibik irgendwo in der Mitte. Auf einen aus Indien abgeschickten Brief konnte man nicht vor einem Jahr eine Antwort erwarten.

5 Der ganze komplizierte Gewürzhandel, der der große Motivationsfaktor der östlichen Forschungsreisen war, wurde im späten 15. Jahrhundert von den Türken behindert; eine gewisse Zeitlang war er dann ein portugiesisches Monopol, wurde wiederum von den Genuesern und Florentinern übernommen und dann abermals, wie ursprünglich, zu einem venezianischen Geschäft, ja Monopol. Um 1600 waren jedoch in der Zwischenzeit andere Handelsobjekte im Osten entdeckt worden und wichtiger als Gewürze geworden.

6 So genannt wahrscheinlich nach „John Bull", dem Spitznamen für Engländer.

7 Die Mindestentfernung vom Ärmelkanal bis, sagen wir, Kanton rund ums Kap der Guten Hoffnung beträgt weniger als 12 000 Meilen. Für ein Segelschiff, das keinen gradlinigen Kurs verfolgen kann, verdoppelt sich die Entfernung in etwa.

8 In seiner 1737 erschienenen *Genera Plantarum* hatte Linnaeus alle Tees unter den Namen *Thea sinensis* zusammengefaßt und zwei Camellia-Arten, *Camellia japonica* und *Camellia sassanqua*, unterschieden. Ihre Namen erhielten sie zu Ehren des Jesuiten Camellus, 1660–1706, der

über asiatische Pflanzen berichtet hatte. 1762 unterschied Linnaeus zwei Unterarten des Tees, *Thea viridis* und *Thea bohea.* Der erste Name bedeutet „grün", der zweite ist der Name einer Bergregion, aus der, so glaubte man einst, der schwarze Tee stammen sollte. Zwei Jahrhunderte lang hat jeder Botaniker seinen Beitrag zu dieser Debatte geleistet; die von O. Kuntze vorgenommene Einteilung gilt heute als anerkannt. *Camellia* und *Thea* werden heute als Mitglieder derselben Gattung – *Camellia* – angesehen, die zur Familie der *Theaceae* gehört. Es gibt äußerst verschiedene Ökotypen, vor allem die buschige *sinensis* und die weit ausgreifenden Teebäume Assams, die in China auch wild wachsen. Die *Theaceae*-Familie kennt ungefähr 240 Arten, aus sieben von ihnen kann man irgendeine Art Tee aufbrühen. Nur zwei jedoch, die buschigen und die weit ausgreifenden, sind von irgendeiner ökonomischen Bedeutung.

9  Witzigerweise finden sich die weltbesten Vorräte von Kaolin, das man heute noch zu vielen anderen industriellen Zwecken braucht, gerade in Cornwall; von dort exportiert man heute Kaolin in die ganze Welt, sogar nach China, doch diese Lagerstätten waren bis 1750 unbekannt.

10  Wie reich die Kolonialengländer zu dieser Zeit wirklich waren, kann man in Alice Hanson Jones' *Wealth of a Nation to Be* nachlesen.

11  Die Stempelsteuer wurde auf alle Rechtsvorgänge erhoben, die Grundbesitz, Partnerschaften, Anteilszeichnungen und so weiter betrafen; sie betrug gewöhnlich ungefähr 1 % der Kauf-, Verkaufs- oder Erbschaftssumme et cetera. Diese Steuer konnte man kaum umgehen, daher war sie doppelt unpopulär.

12  Die in der Navigationsakte festgelegten Handelsgesetze, erst 1840 abgeschafft, bestimmten, daß der Im- und Exporthandel mit dem Vereinigten Königreich nur mit britischen Schiffen durchgeführt werden dürfte oder mit Schiffen desjenigen Landes, aus dem die Importe stammten beziehungsweise für das die Exporte bestimmt waren. Solche restriktiven Bestimmungen sollten die Handelsflotte stärken.

13  Die verschieden datierten Indianergesetze verboten den Verkauf von Alkoholika, Feuerwaffen und Sprengstoffen an die Indianer. Wie jedem Western-Fan bekannt ist, erfreuten sich die Gesetze mehr der Geringschätzung als der Beachtung.

14  Von 1660 bis 1914 erfreute sich England (und später das Vereinigte Königreich) mit einer kurzen Ausnahme während der Napoleonischen Kriege eines Währungsstandards, mit dem das Pfund in einer bestimmten Menge Gold in Beziehung gesetzt wurde, des sogenannten „Goldstandards". Dies verhalf der britischen Wirtschaft zu einer Stabilität und Disziplin, die späteren Politikern zu lästig war. Seit die Bank von England die Goldzahlungen 1914 einstellte, inflatierte das Preisniveau in Großbritannien um mehr als das 100fache. Zwischen 1660 und 1914 war zum Beispiel der Weizenpreis innerhalb eines vom Handel, von Ernten und Überschüssen bedingten Spektrums stabil geblieben und frei von langfristiger Inflation.

15 Die Bedeutung des Tees konnte man noch 100 Jahre nach der Bostoner Tea Party an der weitverbreiteten Praxis des Kaffee-Streckens ablesen. Zwischen 1859 und 1875 verdoppelte sich der Preis echten Kaffees in New York. In *The American Grocer* vom 29. April 1876 findet sich das folgende Beispiel als exzellente Basis für „gemahlenen Kaffee", der bei einem Gesamtprofit von 400 % für 0,25 $ pro Pfund verkauft wurde:

| | |
|---|---|
| Geröstete Erbsen | 40 % |
| Gerösteter Roggen | 20 % |
| Zichorie | 10 % |
| „Anderes" | 5 % |
| Bester Kaffee | 25 % |

Je nach Fettgehalt der Zichorie umfaßte „Anderes" auch Talg, der immer mit dem trockenen Roggen gemischt werden mußte, bevor das ganze Gemenge gemahlen wurde. Ehe die Massenimporte brasilianischen Kaffees das ganze Verfahren unprofitabel werden ließen, waren solche Streckungen gang und gäbe. Doch noch 1940 war ein guter Teil des an die Verbraucher ausgegebenen „Kaffees" verfälscht. 100 Jahre zuvor war „echter" Kaffee eine große Seltenheit. Das meiste, was außerhalb der Häuser der Reichen serviert wurde, war aus geröstetem Getreide gemacht. Sklaven, Diener und Kinder, denen man echten Kaffee als besonderen Leckerbissen zu Weihnachten servierte, litten häufig an den Wirkungen des ungewohnten Koffeins.

16 Der pH-Wert gibt den Säuregrad beziehungsweise die Alkalinität eines Stoffes an, wobei der Wert 7 „neutral" bedeutet; 5,0 bis 5,5 ist leicht sauer, solch ein Boden eignet sich für Azaleen, Rhododendron und auch Kartoffeln, kaum aber für anspruchsvolles Getreide.

17 Ursprünglich hatte man angenommen, grüner und schwarzer Tee stammten von verschiedenen Pflanzen; vgl. Anm. 8 dieses Kapitels.

18 „Cut-tear-curl"-(„Schneiden-Zerreißen-Kräuseln"-)Maschinen wurden erstmals zu Beginn der dreißiger Jahre gebaut. Sie bestanden ursprünglich aus zwei geritzten Metallwalzen, die wie eine Mangel gegenläufig rotierten, das Produkt aber in einem kontinuierlichen Strom hindurchbeförderten, wobei sich die eine Rolle zehnmal so schnell drehte wie die andere – üblicherweise mit 750 und 75 U/min. Wenn das gewelkte und nur einmal gerollte Blatt durch die CTC-Maschine gegeben wird, werden die Blattzellen ohne Flüssigkeitsverlust oder Temperaturanstieg durch Reibung aufgebrochen. Später wurden auch noch andere Maschinen zur Erledigung derselben Aufgabe konstruiert.

19 Die ungewöhnliche und höchst erfolgreiche Stadt Hongkong, selbst ein Kind des Tees, zeigt, was aus chinesischen Städten ohne das angloamerikanische Zahlungsmittel Opium und ohne die daraus resultierende Destabilisierung Chinas hätte werden können.

20 China hatte keine eigenen Kupfervorkommen. Für wohlhabende Japaner war Seide das einzige Material, das im heißen, feuchten japanischen Sommer angenehm zu tragen war.

21 Die ganze Frage der Kanonen, des Schießpulvers, der Europäer und Christen wird in Noel Perrins *Giving Up the Gun* ausführlich diskutiert.

22 1854 unterzeichnete Perry in Japan ein Abkommen, das Yokohama den amerikanischen Händlern öffnete. Mehr jedoch als mit seinen ökonomischen Argumenten hatte er die zögernden Japaner mit dem überwältigenden Eindruck seiner Seestreitmacht überzeugt. Über zehn Jahre sollten jedoch noch vergehen, ehe es einen nennenswerten Handel zwischen den daran sehr interessierten USA und den gegenteilig orientierten Japanern gab. Erst 1866 wurden die Pflichtzölle auf Importe von 15 auf 5 % reduziert. Seither hat der japanische Außenhandel nichts anderem als den eigenen nationalen Interessen dienen dürfen.

23 Wenn man Feuerkraft, Fahrzeuge, Flugzeuge und sogar die konsumierten Nahrungsmittel zusammenrechnet, haben die Amerikaner für ihren Sieg über Japan beinahe zwanzigmal soviel Rohenergie gebraucht wie die Japaner zu ihrer Verteidigung. Ohne die beiden Atombomben, die angeblich ein weiteres Jahr konventioneller Kriegsführung ersparten, wäre dieser Faktor 20 noch weit übertroffen worden; allein die beiden Bomben haben jedoch mehr Energie freigesetzt, als für den gesamten nordafrikanischen Wüstenkrieg der Jahre 1940−42 gebraucht wurde. Die Verschwender im Westen haben immer noch nicht verstanden, welche Bedeutung die japanische Energieeffizienz für die Gesamtheit des industriellen Erfolgs der Japaner hat.


Kapitel 4: Baumwolle

1 Rathbone Mss., University of Liverpool; der Name des Jungen war Compton.

2 „Liverpool-Partei" nannte man die ehrgeizigen Anführer jener Hafenstadt. Um 1800 hatten sie erfolgreich Bristol und London ihren Rang als die Hauptheimatbasen des Dreieckshandels abgelaufen. Ihre günstige Lage zwischen Lancashires Baumwolle, Irland und dem Eisen, der Kohle sowie den Metallfabriken des Hinterlands ließen ihr Ziel, zum wichtigsten Handelsplatz des Königreichs zu werden, nicht unmöglich erscheinen. Schließlich übte Liverpool großen Einfluß auf den Kapitalmarkt aus und war für die Entwicklung von abgabepflichtigen Straßen, Eisenbahnen und Kanälen von ausschlaggebender Bedeutung, auch wenn sie niemals mehr als eine zweite Londoner City war.

3 Wie auch immer man rechnen mag, Baumwolle war das teuerste vorindustrielle Textilmaterial − teurer als Seide oder feine Wolle.

4 Nicht allein die Länge, sondern auch die „eingebaute" Kräuselung der langfaserigen Baumwolle erlaubt ein kontinuierlicheres Spinnen des Fadens. Daß die Fasern hohl sind, ist ein erheblicher Vorteil gegenüber synthetischen Ersatzstoffen; die eingefangene Luft bietet bessere Isolation, größeren Tragekomfort und mehr „Griffigkeit".

5 Von ein und denselben botanischen Arten gibt es verschiedene Varianten in den Tropen, wo ein Sommertag ungefähr 12 Stunden dauert, und in höheren Breitengraden, wo der Mittsommertag 20 Stunden oder mehr dauern kann. Einige Pflanzen, zum Beispiel Gräser, passen sich leicht an, andere nicht. Baumwolle paßt sich manchmal an, manchmal entwickelt sie Hybriden, was eine Art Anpassung mit anderen Mitteln ist.

6 Wenn man auf primitiven Webstühlen ein rechteckiges Stück Tuch webt, kommt es kaum darauf an, wie Kette und Schuß verlaufen. Wenn man jedoch ein sehr langes Stück Tuch webt, muß die Kette längs des Tuchs liegen. Also muß auch der Kettfaden lang sein und mindestens doppelt so stark wie der Schußfaden. Vielleicht ist daher der Umstand, daß in den meisten Kulturen die Männer weben, darauf zurückzuführen, daß die Arme der Männer meist länger sind als die der Frauen.

7 *Encyclopaedia Britannica*, 3. Aufl., 1788

8 Die Theorie der Arbeitsteilung muß unzählige Male in der Geschichte irgendwelchen Individuen aufgeschienen sein, die, sagen wir, 20 Objekte anfertigen mußten, wobei jedes einzelne mehrere Arbeitsgänge benötigte. 20 Brötchen kann man aus einer Teigmischung anfertigen, zusammen backen und zusammen mit Mohn bestreuen. Diesen Prozeß bei jedem einzelnen Brötchen jedesmal zu wiederholen wäre bizarr. Von dieser Arbeitsteilung in der Zeit ist es nur ein kleiner gedanklicher Schritt bis zur Arbeitsteilung in der Funktion. Zwei, drei oder vier Leute könnten also jeweils einen Arbeitsschritt in einer hypothetischen Brötchenfabrik ausführen. Von der Aufteilung in funktionale Arbeitsschritte bis zur Mechanisierung dieser Schritte, zum Beispiel des Knetens des Brötchenteigs, ist es nur ein weiterer kleiner Schritt. Genau das geschah in der Baumwollindustrie wie später in jedem anderen Gewerbe auch. Seit der Veröffentlichung von Adam Smith' *Wealth of Nations* (1776) ist die Theorie der Arbeitsteilung so sehr Allgemeingut geworden, daß sie keiner weiteren Darlegung bedarf.

9 Vom Ancien régime bis nach 1815 war Großbritannien Frankreich ökonomisch überlegen, was sich schon daran erkennen läßt, daß es 1790 im Vereinigten Königreich über 100 von Wasserkraft oder Tieren angetriebene Baumwollfabriken gab, jedoch nur zwei in Frankreich, die beide auch noch Engländern gehörten. Dieser industrielle Frühstart half dem Vereinigten Königreich, Frankreich und seine napoleonischen Satelliten zu besiegen, deren Bevölkerungen die des Vereinigten Königreichs im Verhältnis 4:1 übertrafen. (Vgl. Arthur Young *Travels in France*, 1787–89.)

10 Nicht nur die Trauernden, sondern auch die Leichen wurden mit eigens dafür entworfenen Kleidern ausstaffiert.

11 Als Vorbereitung wurde das Garn ausgebreitet, in die Länge gezogen und etwas gedreht. Beim Kämmen wurde der Flor auf- und parallel ausgerichtet.

12 Man sollte einmal überlegen, was passiert wäre, wenn alle Rohbaum-

wolle nach 1800 weiterhin aus aller Welt und nicht zu 90 % aus den USA gekommen wäre oder wenn Irland mit seinem riesigen Reservoir ungelernter Arbeiter südlich und nicht westlich Englands gelegen hätte oder wenn die Kohle im Hinterland Southamptons und nicht nahe Liverpool zur Verfügung gestanden hätte.

13 Bei solch einem Vergleich zwischen den Sklaven in Georgia und den unterbezahlten Arbeitern in Lancashire übersieht man leicht, daß Georgia die natürlichen Vorteile des weiten Landes, des Klimas und der Rohstoffe hatte, denen in Lancashire mit seinem feuchten, kalten Wetter, seiner Überbevölkerung und seinen schlecht isolierten, im Sommer heißen und im Winter kalten Häusern rein gar nichts entsprach.

14 Das Konzept der Umfriedung sollte ursprünglich dazu dienen, vom Gemeindeland mittelalterlicher Zeiten besseren Gebrauch zu machen und jedem gewöhnlichen Sterblichen ein angemessenes Stück Land oder als Entschädigung Bargeld zur Verfügung zu stellen. Was einst vorteilhaft und ökonomisch effizient war, entwickelte sich allem Anschein nach zu einem Vehikel, mit dessen Hilfe sich der Grundbesitzer auf Kosten der viel Ärmeren selbst bereichern konnte. Im Verlauf dieser Entwicklung erlangte der Grundbesitzer (vielleicht nicht von Adel, aber sicherlich wohlhabend) nicht nur Macht – oft in Form von Wählerstimmen bei den Parlamentswahlen –, sondern auch eine besitzlose Klasse von Bauern, die seine Felder bestellten, sowie *nolens volens* auch den Ruf eines Ausbeuters. Zweifellos brachten die besitzlosen Bauern mehr Nachwuchs auf die Welt, als das immer knapper werdende Land ernähren konnte, und ihre Kinder wurden zum neuen Proletariat der Städte. Vgl. auch das Kapitel über die Kartoffel.

15 1784 konnte eine Spinnerin durch eine Maschinenspindel ersetzt werden, die weniger als einen Monatslohn kostete. Heute kostet ein Roboter zur Ausführung einer einzigen Tätigkeit, zum Beispiel am Fließband eine einzelne Schraube anziehen, vielleicht 10 000 bis 15 000 DM. Für einen Roboter, der das gleiche leisten würde wie eine damalige Maschinenspindel (sagen wir, vier Funktionen beim Schweißen zu ersetzen), müßte man heute erheblich mehr als einen Jahreslohn ausgeben.

16 Whitneys Egreniermaschine funktionierte nur bei der kurzfaserigen Upland-Baumwolle und ersetzte uralte asiatische Vorrichtungen, die in Indien *churka* hießen und in Italien und Spanien *manganello*. Whitneys Erfindung leistete 50mal soviel wie das Egrenieren von Hand, während mit einer *churka* nur das Fünffache zu erzielen war. Für die langfaserige Sea-Island-Baumwolle wurde vor etwa 100 Jahren die Macarthy-Egreniermaschine erfunden. Die langen Fasern, die von den Sägezähnen der Whitney-Maschine beschädigt worden wären, werden dabei mit Lederrollen zwischen einer Metallplatte (dem „Doktor") und einer Klinge (dem „Treiber") hindurchgezogen, wobei die Samenkörner zurückbleiben. Ende des 19. Jahrhunderts schien das beste Leder für die Rollen von der Magenhaut von Walrossen zu stammen – Jahr für Jahr wurden

25 000 Tiere abgeschlachtet, damit man den Erfordernissen der Baumwollindustrie Genüge tun konnte, wobei man die Karkassen der Tiere
häufig einfach verrotten ließ.

17 Whitney baute seine Fabrik nicht etwa deswegen in Connecticut, weil er
ein Yankee war, sondern weil es fast unmöglich war, im Süden genügend
freie, weiße qualifizierte Arbeiter zu bekommen. Schon früh zeigte sich
hier die Rückständigkeit des Südens, die sich bei Kriegsausbruch als der
größte Nachteil erweisen sollte.

18 Die englische Baumwollnachfrage wuchs, während die Kosten für ex-
portiertes Garn fielen (Tabelle nach *U.S. Bureau of the Census*):

|  | jährlicher Verbrauch in Millionen £ | davon % aus USA | Kosten für in England gesponnenes Garn (in US-Cent ab Liverpool) |
|---|---|---|---|
| 1810 | 79 | 48 | 145 |
| 1820 | 129 | 54 | 90 |
| 1830 | 248 | 70 | 60–70 |
| 1840 | 350 | 79 | 55–105 (1835–45) |
| 1850 | 588 | 86 | 35–75 (1845–55) |
| 1860 | 1083 | 92 | 28–55 |

Der Wert des Garns war geringeren Fluktuationen unterworfen als der
der Rohbaumwolle.

19 „Der Süden" hieß zunächst das Gebiet südlich der Mason-Dixon-Linie,
die 1763–67 festgelegt worden war, um Streitereien zwischen Pennsylvania und Maryland beizulegen. Die Linie wurde nach Westen ausgedehnt
und bildete die Nordgrenze Virginias, Kentuckys, Missouris und Texas'.

Der „Alte Süden" bestand aus den Gebieten östlich der Appalachen,
die zur Zeit des Unabhängigkeitskrieges von Bedeutung waren: Virginia,
North und South Carolina, Maryland und (manchmal) Delaware.

Der „Tiefe Süden" ist eigentlich synonym mit dem Königreich der
Baumwolle, der Plantagenökonomie, dem Reich der Sklaverei. Er bestand aus den landeinwärts gelegenen Teilen North und South Carolinas, Georgia, Alabama, dem Hinterland Louisianas, Mississippi, Arkansas und den Baumwollgebieten Texas'.

Der „Neue Süden" – oder der Südwesten – war ein schillernder Begriff. Um 1800 verstand man darunter Südwest-Georgia und Nord-
Florida, um 1860 nur Texas und Arkansas. Eine gerade Linie von
Washington nach Dallas würde jedoch in jedem Falle die Mittelachse
des Südwestens markieren.

20 1808 wurden Sklavenimporte in die USA illegal; Sklaven wurden jedoch
weiter hineingeschmuggelt oder kamen über Texas, das zunächst mexi-
kanisch war, dann 1836 unabhängig wurde und schließlich 1845 ameri-
kanisch. Virginia und andere ausgelaugte Tabakgegenden fanden Sklaven profitabler als irgendein anderes Produkt. Ein trauriges Bild Virginias zwischen 1784 und 1830, ehe die Sklavenzucht sich entwickelte,
zeichnet Jan Lewis in *The Pursuit of Happiness: Family and Values in*

*Jefferson's Virginia*, New York 1983. Tabak aus Virginia erlangte erst Bedeutung, nachdem 100 Jahre nach der Revolution automatische Zigarettenmaschinen erfunden worden waren. Zwischen 1774 und 1875 erfreute sich Virginiatabak, der auch in Kentucky und North Carolina wuchs, keiner sonderlichen Bedeutung. Obwohl er 1774 ein Sechstel aller US-Exporte repräsentierte, fiel er im 19. Jahrhundert auf wesentlich geringere Anteile zurück. Vgl. Lord Sheffields *Observations on the Nature of Trade between Britain und North America*, 1783.

21 Von Delaware im Norden bis Georgia im Süden, ursprünglich aber nur entlang der Chesapeake Bay, nannte man die noch vom Salzwasser erreichten Küstengebiete „Tidewater", wobei der Begriff alles Land umfaßte, das seetüchtige Schiffe noch erreichen konnten, zum Beispiel entlang des Savannah River, den Segelschiffe mindestens 100 Meilen hinaufsegeln konnten, oder entlang des James River oder des Rappahannock River in Virginia. Die Tidewater-Siedler hielten sich schon um 1670 für eine Art Landadel, obwohl es aufgrund von Überproduktion bereits mehr Tabak gab, als man gebrauchen konnte, das Land schon halb ausgelaugt war und die Oberschicht bei englischen Bankiers und Geschäftspartnern Schulden hatte.

22 Piedmont nannte man die Gegend unterhalb der Blue Ridge Mountains in Virginia und ihre Verlängerung nach Süden und Westen – ebenes, gut entwässertes, holzreiches Land, in dem ein fähiger Mann von Subsistenzwirtschaft leben, seine eigene Kleidung und seinen eigenen Whiskey produzieren und seine Kugeln aus lokalem Blei und Eisen gießen konnte. Tabak, Mais-Whiskey, Leder, Pelze und heilkräftige Wurzeln konnte man gegen Bargeld tauschen. Einzig Schießpulver und guten Stahl für die Äxte mußte man aus England oder nordamerikanischen Staaten importieren. Dieser Teil Virginias war schon 1750 zur Gänze bevölkert. Weiter südlich wurde in Georgia sowie in North und South Carolina das Piedmont zur Heimat der Baumwolle.

23 In jenen längst vergangenen Tagen schätzte man die Zahl der Indianer, die das Gebiet der heutigen USA bevölkerten, auf 3–4 Millionen. In jüngster Zeit ist die Indianerfrage zu einem beliebten und emotional aufgeladenen Thema geworden, und übertriebene Schätzungen belaufen sich auf bis zu 50–60 Millionen. Weder die eine noch die andere dieser extremen Zahlen kann irgendwie belegt werden, aber eine Summe von höchstens 25 Millionen scheint plausibel.

24 Mit Ausnahme weniger Kulturen war Land bei allen Völkern die wichtigste Quelle des Reichtums. Bei allen Ländern, die die Europäer kolonisierten, war der entscheidende Faktor, daß es dort relativ viel mehr Land als Menschen gab, das Gegenteil der Situation in Europa. Gute alte Grundsätze der Sparsamkeit wurden so aufgegeben, bis der Tiefpunkt der Wegwerfgesellschaft nach 1960 erreicht war. In noch groteskerer Weise wird heute nicht mehr Land, sondern vielmehr Energie verschwendet.

25 Um den Krieg mit England wieder aufnehmen zu können, revidierte Napoleon 1803 seine Politik hinsichtlich des Mississippi-Gebiets. Gemeinsam mit seinem Außenminister, Talleyrand, hatte er früher davon geträumt, das Vordringen der Vereinigten Staaten nach Westen dadurch zu unterbinden, daß er New Orleans mit Kanada mittels einer Reihe französischer Siedlungen westlich des großen Flusses verband. Im wesentlichen hatte es solch einen Plan schon 50 Jahre zuvor, zur Zeit des Siebenjährigen Kriegs, gegeben. Mit einer plötzlichen Kehrtwendung wurde jetzt „Louisiana" für 15 Millionen $ an die jungen USA verkauft; das Gebiet umfaßte damals nicht nur das heutige Louisiana, sondern den größten Teil weiterer 12 zukünftiger Staaten. Das war für beide Seiten ein gutes Geschäft, denn Napoleon war nicht stark genug, seine ehrgeizigen Pläne auszuführen, und die französischen Truppen waren in solchen Schwierigkeiten, daß sie noch nicht einmal mit den Problemen im heutigen Haiti fertigwurden.

26 Traditionellerweise waren die nordamerikanischen Kolonien die Fleisch-, Getreide-, Trockenfisch- und Futterlieferanten der karibischen Kolonien gewesen. „Getreide" bedeutete um 1770 Weizen, Gerste, Hafer, Erbsen, Bohnen, Brot, Mehl, Kartoffeln, Reis und Mais (vgl. Lord Sheffields *Observations*, 1783). Nach der Unabhängigkeit wurde zwischen den USA und den britischen Kolonien viel illegaler Handel getrieben. Ob jedoch nach 1784 dieser Handel auch, wie Lord Sheffield glauben machen wollte, 163 komplette Fachwerkhäuser umfaßte, mag bezweifelt werden.

27 Die Feldfruchtfolge hatte sich in der Alten Welt wegen der hohen Kosten des Landes entwickelt, die wiederum auf die Bevölkerungsdichte zurückzuführen waren. Das Gegenteil, billiges Land und geringe Bevölkerungsdichte, hieß auch, daß es in ländlichen Gegenden an Arbeitskräften mangelte. In den nördlichen USA führte dies zur intensiven Entwicklung mechanischer landwirtschaftlicher Geräte, während es im Süden nur die Nachfrage nach Sklaven steigerte. Ganz wie Jefferson sagte, waren es nicht mangelnde landwirtschaftliche Kenntnisse, sondern ihr Geschäftssinn, der die Amerikaner zu „schlechten Bauern" werden ließ.

28 Der Regionalismus ist auch heute noch nicht tot. Man betrachte Washington unter Johnsons Texanern, Carters Georginiern oder Reagans Kaliforniern. In der Hauptstadt spiegeln sich nach Stil und Inhalt immer die Herkunft, die Mitstreiter und die Vorurteile des jeweiligen Präsidenten.

29 Noch heute finden sich in Teilen Virginias und Carolinas Spuren, die zeigen, daß Siedlungen oder Farmen schon um 1780 wieder aufgegeben wurden. Auch zur Zeit des Bürgerkriegs, als die Bevölkerungsdichte wesentlich geringer war, trafen Soldaten beider Seiten häufig auf Siedlungsreste aus dem 17. Jahrhundert, wenn sie in anscheinend unbewohntes Gebiet vordrangen.

30 In der Industrie, beim Transport und im Bergbau half die Dampfkraft, Muskelarbeit zu ersetzen; für die Landwirtschaft konnte sie jedoch nur

wenig tun. Spätestens aber mit dem Aufkommen der elektrischen Maschinen und der Verbrennungsmotoren wäre die Sklaverei im Süden wohl endgültig verschwunden, nur eine Generation nach der Sklavenbefreiung in den USA und der Leibeigenenbefreiung in Rußland.

31 Die Grenze zwischen „unbewußter" und „bewußter" Sklavenzucht war dort zu ziehen, wo man dafür sorgte, daß für *alle* Sklavinnen einer Plantage genügend für die Zucht geeignete Zeuger zur Verfügung standen (Verwandte waren auszunehmen). In diesem Falle konnten 25–40 % aller Sklavinnen ein Baby pro Jahr produzieren. Wenn man die Sklaven heiraten und in Monogamie leben ließ, hatten nur 10–15 % aller Sklavinnen eine Lebendgeburt pro Jahr.

32 Wie es damals um die Hygiene in den Vereinigten Staaten bestellt war, zeigen zum Beispiel die Verluste durch Krankheiten im Bürgerkrieg. Die Nordarmee verlor doppelt so viele Soldaten durch Krankheiten als durch *alle* Schlachten. „Dumme Stadttölpel", sagten die Südstaatler. Der Süden verlor 60 000 durch Krankheiten, 94 000 in *allen* Schlachten. Die meisten Krankheiten waren vermeidbare Darmerkrankungen verschiedener Art. Die Konföderierten kamen damit besser zurecht als die Gegenseite, weil die Südstaatler an solche Krankheiten gewöhnt waren und, meist aufgrund schlechter Ernährung, permanent daran litten. Vgl. Thomas Keneallys *Confederates*, 1979.

33 Unzufriedene Sklaven hatten reichlich Gelegenheit, Rache zu nehmen. Es war fast unmöglich herauszufinden, wer zerstoßenes Glas oder Exkremente ins Essen getan hatte oder Juckpulver in die Betten oder winzige Schlitze in „wasserdichte" Stiefel geschnitten hatte. Sklavenbesitzer waren sehr darum besorgt, ihre Hausklaven bei Laune zu halten, und ironischerweise waren sie, die Besitzer, genauso abhängig wie ihre Sklaven.

34 Einige der Staaten waren hinsichtlich ihrer Finanzwirtschaft ausgesprochen kurzsichtig. Traditionellerweise zog man in schon länger besiedelten Gegenden harte Währung vor, während die Bedingungen in neu zu besiedelnden Gebieten nachgiebiger waren. (Jeder weiß, was passiert, wenn Regierungen zu nachsichtig in Gelddingen sind: Werte werden in einem Inflationsstrom vernichtet.) Die Nutznießer solcher Entwicklungen zogen dann einfach weiter oder wandten sich im 19. Jahrhundert dem Gold zu. J. K. Galbraith, *Money: Whence It Came, Where It Went*, 1975, gibt ein anschauliches Bild der Vorkriegssituation.

35 Weil sich jeder seinen eigenen Whiskey brennen und sich für ein paar Cents betrinken konnte, pflegte man in den jeweiligen Bezirken des Südens und Westens über Alkoholverbote abzustimmen („local option"). Bezirk A konnte also Alkohol ganz verbieten, nebenan im Bezirk B war vielleicht nur Bier legal, im Bezirk C vielleicht alles erlaubt. Die Abstinenzgrenze konnte einst sogar zwischen benachbarten Städten verlaufen; zwischen St. Louis und Ost-St. Louis gab es zum Beispiel über den Mississippi ein erhebliches Verkehrsaufkommen, speziell Samstag nacht.

36 Bei jedem Ballen Baumwolle fiel das Doppelte an Gewicht als pflanzlicher Abfall an. Knapp die Hälfte davon war Fasermaterial, darunter etwas Kleie, die man ans Vieh verfüttern konnte, aber das gesamte Fasermaterial hätte man als Brennstoff verwenden können, ohne seinen Wert als Düngemittel zu zerstören, denn dafür konnte man genausogut die Asche nehmen. Die restliche gute Hälfte des Abfalls hätte zu einem Drittel Öl ergeben können, teils zum Verzehr geeignet, teils nicht, und zu Kochfett, Seife, Lampenöl und sogar etwas Salatöl weiterverarbeitet werden können; die übrigbleibenden zwei Drittel konnte man zu „Baumwollsamen-Kuchen" verarbeiten, die zur Viehfütterung oder als Dünger hätten dienen können. Sie hätten 45 % Rohprotein enthalten oder fast 7 % Stickstoff, besten, leicht zu gebrauchenden organischen Dünger. Erst um 1870 begann man, diese Überreste so zu nutzen. In späteren Jahren waren solche „Abfallprodukte" mehr wert als die eigentliche Baumwolle.

37 In großen bargeldlosen Gesellschaften, die es immer und überall einmal gegeben hat, kann man die Pacht nicht in Geld entrichten. In Europa lag der Zins bei etwa einem Viertel der Ernte. In den Südstaaten war nach dem Bürgerkrieg die gesamte Gesellschaftsorganisation zusammengebrochen wie im besetzten Deutschland 1945. Vor allem war das Geld der Besiegten nichts mehr wert. Ohne Geld und ohne Kredite überließen die Grundbesitzer des Südens ihr Land für einen Ernteanteil Pächtern, manchmal Schwarzen, meist jedoch armen Weißen. Wie sich herausstellte, konnte sich das Land wesentlich schneller erholen, als man sich 1865 vorgestellt hatte.

38 Moralische Argumente hatten die Kompensationsfrage so unlösbar gemacht. 1833 hatten britische Abolitionisten mit Nachdruck gefordert, daß die verruchten karibischen Sklavenbesitzer keinesfalls auch noch einen Profit aus ihrem schändlichen Treiben ziehen dürften, und die gleichen Argumente wurden auch in den USA laut. Schließlich bezahlte der Norden beinahe 12 Milliarden Golddollar für den Krieg – sechsmal soviel wie die Summe der höchsten Kompensationsforderungen.

39 Die Niedertracht der Sklaverei, so die Abolitionisten, wurde dadurch noch erheblich verstärkt, daß man die Sklaven mit bestimmten Praktiken knechtete. Verbot des Lesens und Schreibens, Sperrstunden, Auspeitschen, grausame Todesstrafen (wer eine Weiße vergewaltigte, wurde zum Beispiel bei lebendigem Leibe verbrannt) – nicht alle diese Praktiken waren in jedem Staat üblich, doch die Paß- und Fluchtgesetze galten überall. Ein Sklave, der sich nicht auf dem Grund seines Herrn aufhielt, mußte einen Paß bei sich tragen oder galt als „entwichen". Aufgrund der universell geltenden Gesetze konnte ein entlaufener Sklave auch in einem „freien" Staat verfolgt werden. Es war wahrscheinlich die Behandlung geflohener Sklaven, die in den 30 Jahren vor dem Bürgerkrieg eine Art kalten Krieg zwischen Nord und Süd entstehen ließ. Von 1853 an versuchten entlaufene Sklaven, nach Kanada zu gelangen, wo sie frei und

sicher gewesen wären. Es soll eine regelrechte Untergrundbewegung von
Sympathisanten gegeben haben, die die Sklaven nach Kanada brachten.
Doch nur wenigen gelang dies, die Entfernung von fast 1 200 Kilometern
war einfach zu groß.

40 Die Männer aus den Appalachen und den Alleghenies in Virginia und
Carolina ergriffen nicht gerade begeistert für die Sache des Südens Par-
tei, und ziemlich viele Leute waren damit beschäftigt, die dienstfähigen
Männer einzuberufen. Sie waren häufig die einzigen Arbeitskräfte auf
ihren winzigen Besitzungen und die einzige Unterstützung für ihre
Frauen und Kinder. 40 000 Männer desertierten vermutlich. In West-
Virginia waren die Kleinbauern in der Mehrheit, trennten sich von den
Konföderierten und bildeten 1863 den unabhängigen Staat West-Virginia. Daß sie mehrheitlich für die Sache des Nordens waren, läßt sich
auch in Zahlen ablesen: 36 000 Männer dienten in der Nordarmee,
weniger als 10 000 bei den Konföderierten. Nach dem Krieg erlebte
West-Virginia dank Kohle, Öl und Erdgas einen Boom, heute muß es mit
öffentlichen Geldern unterstützt werden.

41 Die Arbeiter im Norden wurden dazu gebracht, die Sklaven als Rivalen
und als Faktor zum Drücken der Löhne zu verachten und zu fürchten. In
Wirklichkeit stellten die Sklaven überhaupt keine Konkurrenz dar; das
Lohnniveau ungelernter Arbeiter wurde von den Emigranten aus Europa
beeinflußt und nicht von den Sklaven des Südens. Allerdings gingen
kaum Emigranten in den Süden, weil ihnen die Sklavenhaltergesellschaft
zuwider war.

42 Eine große Gebäudegruppe in Kairo, die Zitadelle genannt, wurde in
den Jahren 1175 bis 1200 größtenteils von kriegsgefangenen Kreuz-
fahrern aus einem halben Dutzend europäischer Länder gebaut. Da sie
weder kastriert noch freigelassen wurden, muß ihr Blut noch heute in
den Adern des ägyptischen Volkes fließen.

43 Von ungefähr 1650 an ermutigten europäische Agenten afrikanische
Häuptlinge, mit ihren Nachbarn Krieg anzuzetteln. Dieser heuchlerische
Umweg ermöglichte es, daß man die Gefangenen als Kriegsgefangene
betrachten und ihre Versklavung moralisch akzeptieren konnte. Die dabei zu beklagenden Verluste durch Tote und Verwundete waren jedoch
oft horrend.

44 In diesem Bürgerkrieg mußten 600 000 Soldaten beider Armeen ihr Leben lassen, das waren 12 % aller Einberufenen, über 6 % aller Männer
im wehrfähigen Alter, das man großzügig mit 15 – 50 Jahren bemessen
hatte. Wie hoch die Verluste an Zivilisten waren, weiß niemand, vielleicht 250 000? Die USA verloren fünf- bis sechsmal soviel Soldaten wie
im Zweiten Weltkrieg, mehr als zehnmal soviel wie im Ersten. Eine
traumatische Erfahrung, wie immer man die Verluste auch berechnet.
Viele meinen jedoch, daß sich durch diese Erfahrung erst ein National-
fühl in den USA habe entwickeln können, wie auch die Nationen der
Alten Welt ihre bitteren Erinnerungen, ihre Verluste, ihre Tragödien im

Überfluß haben. Tragödien sind es, die eine Nation zusammenschmieden, nicht Alltäglichkeiten.

45 „Grobes Baumwolltuch" meint hier ungefärbtes, nicht bearbeitetes Tuch, wie es direkt vom Webstuhl kommt; es mußte dann noch gebleicht, bedruckt oder sonstwie bearbeitet werden.

46 1860 hatte *The Economist* in den gesamten USA offensichtlich nicht mehr als 14 Leser; keiner davon lebte südlich Richmonds. Heute sollen es 200000 sein.

47 Die Baumwollgarnproduktion ging im Vereinigten Königreich von 500000 Tonnen 1860 auf 200000 Tonnen 1863, dem schlimmsten Jahr, zurück. Da die Briten damals mehr als die gesamte restliche Welt zusammen produzierten, hatte die Blockade der amerikanischen Baumwollexporte praktisch weltweite Auswirkungen. In Lancashire waren die meisten Arbeiter arbeitslos oder auf Kurzarbeit und litten Hunger. Genauso ging es ihren Kollegen in Neuengland und den mittleren Atlantikstaaten der USA.

48 Heute erinnert am ehesten Südafrika an die Konföderierten, nicht allein wegen der Behandlung der Schwarzen, sondern vor allem, weil die Position der Weißen keine Zukunft mehr hat. Doch ähnliche „Konföderierte" gibt es überall, wo man die Zukunft fürchtet, die Gegenwart auf falsche Voraussetzungen gründet und nostalgisch in die Vergangenheit blickt: Griechenland und die Türkei mit ihrem unveränderlichen Verhältnis zueinander, verschiedene englische Städte, viele einstmals große Universitäten, Körperschaften und andere Institutionen.

49 „Peculiar Institution" („einzigartige Einrichtung") war eine heuchlerische Umschreibung der Südstaatler für die Sklaverei, die erstmals in der *South Carolina Gazette* 1852 auftauchte, jedoch schon zuvor in Gebrauch war.

50 Zu den ersten wirklich ernsten Rassenunruhen des Nordens kam es 1943 in Detroit, nicht erst in den sechziger Jahren, wie man häufig glaubt. Alles in allem sind Städte wie Atlanta mit ihren Rassenproblemen besser fertiggeworden als Städte vergleichbarer Größe im Norden. Sobald sich eine merkliche schwarze Mittelklasse etabliert hat, werden die gesellschaftlichen Gegensätze durch Einkommen, Beruf und Ausbildung bestimmt und nicht mehr von der Rasse. Wenn die Schwarzen jedoch weiterhin am unteren Ende der Sozialhierarchie stehen, kann ihre Position als ungelernte, schlecht bezahlte Lohnarbeiter immer aus dem Umstand, daß sie schwarz sind, erklärt werden.

Kapitel 5: Kartoffel

1 Die Kartoffel vermehrt sich unterirdisch mit ihren Knollen, wobei jedes „Auge" eine komplette neue Pflanze hervorbringen kann, oder oberirdisch mit Samen, die jedoch nicht mehr von allen heutigen Varianten

entwickelt werden. Wilde südamerikanische Typen blühen und entwickeln ganz normal Samen, und solcher Samen gelangte wie die Knollen zunächst nach Europa. Eßbare Wurzelgemüse waren damals recht selten, meistens aß man die Samen von Pflanzen, so daß das Raleigh nachgesagte Verhalten nicht so völlig unsinnig war.

2 Alle drei Pflanzen, die Kartoffel, die Yamswurzel und die Süßkartoffel, sind nützlich und eßbar, die letzten beiden waren von etwa 1550 an überall in der Karibik zu haben. Alle drei wurden zunächst mit ähnlichen Namen bezeichnet, zum Beispiel *Battata, Patata, Potaton, Potade* und so weiter. Ähnliche Bezeichnungen gab es in jeder europäischen Sprache, bis „Kartoffel" und *Pomme de terre* („Erdapfel", so auch noch in deutschen Dialekten gebräuchlich) aufkamen.

3 Die Berge im Südosten Irlands kann man vom äußersten Südwesten Wales' aus sehen. Bei Ausgrabungen fand man oberhalb von Fishguard und nahe Rosslare, östlich und westlich der Meerenge, eine Linie aus vorkeltischer Zeit, deren beide Enden deutlich zu sehen sind. Mit Ausnahme von Angst oder Witterungsbedingungen gibt es keinerlei Grund, warum Wales und Irland nicht schon früh in Verbindung hätten stehen sollen. In vornormannischer Zeit hatten die beiden keltischen Länder reichlich Kontakt, weniger vielleicht später die Angelsachsen und die keltischen Iren.

4 Es gibt nur wenige Zivilisationen, die keine stärkereichen, lagerfähigen Pflanzen als Grundnahrungsmittel kennen – die Eskimos sind die berühmtesten jener Jäger-Sammler-Kulturen, die bis in die Neuzeit überlebt haben. Die Iren hatten bis etwa, sagen wir, 500 v. Chr., als das Wetter sich änderte und sie zu Fleischessern wurden, vielleicht Brot gegessen, vielleicht waren sie aber auch schon immer Fleischesser, die vor Ankunft der Kartoffel kein stärkereiches Grundnahrungsmittel hatten.

5 Die Praxis, lebenden Tieren Blut abzuzapfen, hört sich vielleicht grotesk an, aber sie ist sehr effizient. Von der Milch einer Kuh kann man einen Menschen genauso gut wie ein Kalb ernähren, Blut aber kann man nicht nur Kühen abnehmen, sondern auch Stieren, die um ihres Fleisches willen gezüchtet werden, Ochsen, die als Zugtiere gehalten werden, oder Bullen, die zur Zucht dienen. Ungefähr 2–3 Liter kann man einem erwachsenen Tier pro Tag abzapfen, etwa halbsoviel wie die Milch, die eine Kuh unter vergleichbaren primitiven Bedingungen produziert. Andere Völker, die das Blut ihrer Tiere tranken, waren zum Beispiel die Schotten, die ihren „Haggis" (eine Art Grützwurst) ursprünglich aus Blut und Haferflocken machten, einige Lappen, die das Blut der Rentiere tranken, und die Massai in Kenia, die noch heute das Blut ihrer Tiere lieber trinken als deren Milch.

6 Die Herkunft der Wikinger kann heutzutage nicht genau bestimmt werden. Als sie über die Welt hereinbrachen, kamen sie aus Norwegen, Schweden, Dänemark und von den Ostseeinseln. Zu Land und zu

Wasser waren sie gleichermaßen zu Hause. Gute Navigatoren, Schiffbauer, Fischer, Walfänger, Kleinbauern – Männer, denen einfach alles gelang. Ihre geistige Einstellung war den täglichen Bedürfnissen ihrer rauhen Welt angepaßt: Heiden ohne rhetorischen Optimismus und falsche Hoffnungen. Ihre Götter verkörperten nicht gerade die besten menschlichen Werte wie die in Griechenland oder Rom, sondern waren Kumpane, Mitspieler im Drama des Lebens, die in einem großen Abenteuer ihr Ende finden konnten, zum Beispiel den Tod in einer Schlacht, und dann in Walhalla Einzug hielten. Die Wikinger waren fatalistisch, großherzige und gute Kameraden, schätzten den Krieg, Frauen, Raub und Plünderungen; Piraten, die kein Gewissen kannten, kein Gut und Böse, weder Sünde noch Tugend. Nichts konnte sie aufhalten, ihre Welt kannte keine Grenzen.

Erst im Süden wurden sie von den starken Sachsen und Franken im heutigen Deutschland und Frankreich aufgehalten und im Norden von Eis und Dauerfrost. Weiter ausdehnen konnten sie sich mit ihren Raubzügen, Handelsfahrten und Besiedlungen nur nach Osten und Westen; sie waren nicht nur Räuber, sondern auch unglaublich grausam. Einst reklamierten ein paar Wikinger in England, daß sie gute Menschen seien. „Wir haben vielleicht", so sagten sie, „alle Männer umgebracht und alle Frauen versklavt, aber immerhin haben wir nicht mehr alle Babies auf unsere Schwerter gespießt wie im letzten Jahr."

Dieses tatkräftige Volk drang bis nach Kiew und Nowgorod ins westliche Rußland vor; sie plünderten und besiedelten später große Teile von England, Schottland, Irland und Wales, mieden jedoch die gebirgigeren Regionen. Sie eroberten und besiedelten die Färöer-, Shetland-, Orkney-Inseln und Island. Bis nach Nordamerika kamen sie, Grönland gaben sie erst auf, als das Klima sich verschlechterte. Auf dem europäischen Festland eroberten sie die Normandie, Sizilien, Bordeaux, Sevilla, Cadiz, Pisa und Valence. Aus ihrer Zerstörungsorgie entwickelte sich letzten Endes das stabile, kompetente, kraftvolle Feudalsystem. Die Zerstörer so vieler Siedlungen gründeten alle Städte in Irland, gründeten York erneut und machten aus Rouen eine große Stadt. Die gewissenlosen Schlachtveteranen wurden zu unnachgiebigen, moralistischen Christen, das Erbe ihrer administrativen Begabung begründete den Aufstieg Englands.

7 Brian Boru (auch Bohru, Bohrunna oder Boruma) war ein einheimischer irischer Adliger, Sohn des Kennedy (Cennetig), der wiederum Sohn des Lorcan, König von Thomond in Chashel war. 977 schlug Brian eine Verschwörung nieder, an der Ivar of Limerick, ein Skandinavier, und Donoband sowie Maelmud, die man heute als Kollaborateure bezeichnen würde, beteiligt waren. Brian wurde 978 König von ganz Munster und 984 vom größten Teil Südirlands. In vielen weiteren Kämpfen dehnte er seine Herrschaft durch umsichtigen Gebrauch des Schwertes aus. Daß er in der Schlacht bei Clontarf sein Leben ließ, wird immer als

die große Tragödie des keltischen Irlands betrachtet, aber es ist kaum wahrscheinlich, daß die disziplinierten Wikinger oder Normannen die Wirrnisse keltischer Herrschaft lange tatenlos mit angesehen hätten.

8 Heinrich II. (1133–1189) hatte versucht, Feudalismus und Lehenswesen in ganz Irland einzuführen. Sein Versuch schlug fehl, und die Engländer beherrschten für eine lange Zeit immer nur einen Teil Irlands von wechselnder Größe, den sie das „Pale" nannten. Auch nahm man es in Irland mit dem feudalen Treueid nicht so genau wie im restlichen Europa. Als Kernland des „Pale" gilt die Gegend um Dublin.

9 Mit dem Kirchenzehnt wurde die Kirchengemeinde finanziert, nicht nur der Priester, sondern auch das Kirchengebäude selbst. 1789 schaffte Frankreich ihn ab, 1850 Preußen und 1936 England; in den USA hat es ihn nie gegeben. Der Peterspfennig wurde in der Kirche eingesammelt und nach Rom weitergeleitet, um die römische Kurie und die Kirchenhierarchie zu unterstützen – der Ursprung der modernen Gottesdienstkollekte. Daß die Armen jene unglaublich Reichen aushalten sollten, traf auf heftigen Widerstand. Den kanonischen Erlassen, von Zeit zu Zeit von Rom erlassenen Gesetzen, war die irische Kirche gar nicht gut gesonnen.

10 Damals wie heute haßten die Iren die Angelsachsen als Philister und Chauvinisten, wegen ihrer Habsucht, Arroganz, Selbstsucht und Selbstzufriedenheit.

11 Die Pikten waren vermutlich um 4000 v. Chr. aus Skythien (in der Gegend des heutigen Kiew) zunächst nach Spanien und dann nach Irland gelangt, wo sie sich in der Gegend von Leinster, hauptsächlich in der heutigen Grafschaft Meath, niederließen. Nur wenig später zogen die meisten von ihnen nach Schottland weiter, wo sie später von den Römern und Sachsen aus dem Südosten nach Norden verdrängt wurden.

Auch die Skoten kamen, wenn auch später als die Pikten, aus Irland, wahrscheinlich trafen sie erst kurz vor den Römern in Schottland ein. Sie ließen sich im Westen nieder, wo sie sich mit den Pikten die Highlands teilten, während romanisierte und anglisierte Kelten die Lowlands besetzten. Beiderseits der Meerenge zwischen Schottland und Irland waren die Skoten stark vertreten, und zwischen beiden Ländern gab es regen, wenn auch nicht immer friedlichen Austausch.

12 Elisabeth I. hatte 20 Jahre lang in Irland eine kriegerische Politik des negativen Imperialismus verfolgt: Sie wollte lediglich verhindern, daß die Insel in die Hände der Spanier fiel. Die Geschichte dieser Irischen Kriege ist kompliziert und kann am besten nachgelesen werden in Cyril Falls' klassischem Werk *Elizabeth's Irish Wars*, 1950.

13 Diese Kolonien wurden auf englisch höflich „Plantation" umschrieben, sie umfaßten jedoch nicht nur Anpflanzungen, sondern auch die Männer, die das Land bearbeiteten, und vor allem den Herrn, dem das Recht zur Kolonisierung verliehen worden war.

14 James' Kolonisierung hatte in Tyrone, Donegal, Armagh, Cavon,

Fermanagh oder Derry nicht einen einzigen keltischen Aristrokraten übriggelassen.

15 Schon ein Jahrhundert nach ihrer Einführung in Europa war die Kartoffel in Irland heimisch geworden. 150 Jahre bevor sie anderen europäischen Völkern als Grundnahrungsmittel diente, war sie schon die Hauptanbaupflanze der irischen Bauern. Von 1635 an wurde sogar in den neuen amerikanischen Kolonien die weiße Kartoffel „irische Kartoffel" genannt, lange bevor irische Mutationen Amerika erreichten.

16 Noch bis 1860 betrachteten viele Kriminelle die Deportation – zunächst in die Karibik, dann nach Nordamerika, schließlich nach Australien – als gnädige Alternative zum Galgen. Im Prinzip wurde ein Krimineller an einen Kapitän verkauft, der bei seiner Ankunft ihn wiederum gegen durchschnittlich sieben Jahre Zwangsarbeit weiterverkaufte. Danach war der einstige Kriminelle „frei", durfte jedoch nicht nach England zurückkehren. Etwa ein Drittel starb auf der Schiffsreise, ein weiteres Drittel während der Zwangsarbeit, und die restlichen hatten Schwierigkeiten, wirklich selbständige freie Männer in der Kolonialgesellschaft zu werden, da während der ganzen Zeit ihrer Zwangsverpflichtung ihren Grundbedürfnissen Genüge getan worden war. Die Annalen Virginias zum Beispiel sind voll von Problemen dieser Art. Während des 17. Jahrhunderts lebten nur 10 000 bis 15 000 katholische Iren in den Kolonien des nordamerikanischen Festlands.

17 Beim normalen Anbauverfahren werden die (manchmal noch in Stücke geschnittenen) Saatkartoffeln gepflanzt, dann häuft man Erde auf die Reihen, um zu verhindern, daß die Kartoffeln grün werden. Die Reihen müssen während der gesamten Wachstumsperiode unkrautfrei gehalten werden.

18 Unter „Aszendenz" verstand man: altirische Aristokraten, die Protestanten geworden waren; einheimisch gewordene, aber reich gebliebene „Iren" der neuen Kolonien; Lords anglo-normannischer Abstammung, die sich sowohl als Engländer wie auch als Iren fühlten. Auf jeden Fall zeichnete sich ein Mitglied der Aszendenz durch Grundbesitz, Reichtum und Müßiggang aus.

19 Irlands Status unterschied sich nicht sehr von dem der Kolonien in Nordamerika, der Karibik oder in Indien. Nach der merkantilistischen Theorie mußte eine Kolonie die Rohmaterialien zur Verfügung stellen, Absatzmarkt sein und die Zentralmacht, in diesem Falle England, permanent bereichern. Vgl. auch Anm. 25 im Kapitel über Zucker.

20 Daß so gut wie alle irischen Katholiken, die lesen und schreiben konnten, kontinuierlich verfolgt wurden, führte dazu, daß sich in Irland nur eine protestantische anglo-irische Intellektuellenschicht ausbildete, zum Beispiel Swift, Goldsmith, Burke, Wilde und Shaw.

21 Getreide wurde allerdings schon zwischen den nordamerikanischen Kolonien, die Überschüsse hatten, und den Karibikinseln, wo es fehlte, gehandelt. Der Handel über den Nordatlantik wurde jedoch von allen

Mutterländern, die um ihre einheimische Landwirtschaft Angst hatten, unterbunden.

22 E.C. Large, *The Advance of the Fungi*, 1940.

23 Freihandel hat zur Voraussetzung: Information, Bildung, Training, Straßen, Fahrzeuge, Schiffe, Hafenanlagen für den Warenumschlag sowie gute Kommunikationsnetze, mit denen man sich über Preise, Quantitäten, Lieferungen und Spezifikationen der Handelswaren informieren kann. Weniger fortgeschrittene Länder werden dabei ins Abseits gedrängt.

24 Vgl. Anm. 27 im Kapitel über Zucker.

25 Die Irischen Freiwilligen, vielleicht 40 000 Mann, waren 1770 aufgestellt worden, als Frankreich und die amerikanischen Kolonien sich im Unabhängigkeitskrieg verbündet hatten. Die Freiwilligen wurden bald zu einer politischen Bewegung, die noch bis zum Zusammenschluß 1801 von politischem Einfluß bleiben und die englische Hegemonie bedrohen sollte.

26 Wolfe Tone (1763–1798) hatte die „Vereinigten Iren" 1791 gegründet. 1795 besuchte er die USA, 1796 das revolutionäre Frankreich. Tone überredete die Franzosen, im Interesse der Patrioten in Irland einzufallen, aber den Franzosen gelang es nicht, an Land zu kommen. Tone selbst wurde 1798 an Bord eines französischen Schiffes gefangengenommen und zum Tode verurteilt, aber er beging im Gefängnis Selbstmord.

27 Die „Oranier", eine Geheimloge, waren ursprünglich 1794 von extremen Protestanten gegründet worden, um die nach Wilhelm von Oraniens Erfolg in der Schlacht von Boyne ins Leben gerufene Siedlungsbewegung zu schützen und ein Gegengewicht zu den „Vereinigten Iren" Wolfe Tones zu bilden. Sie beschränkten sich praktisch auf Ulster.

28 Diese zusammengenommen 15 Millionen £ waren bei einer Bevölkerung von 9 Millionen nicht viel, könnte man sagen, nur ungefähr 1,66 £ pro Kopf und Jahr. Doch das war viel zuviel, wenigstens 3 Milliarden DM nach heutiger Währung, etwa soviel wie die Profite einer großen Bank oder einer mittleren Ölgesellschaft oder die Hälfte des Jahresbudgets der UN. Wahrscheinlich entsprach dieses Geld in Wirklichkeit der Gesamtsumme aller jährlichen irischen Zinsen oder Profite in der Zeit der Hungerjahre. Die Insel blutete aus.

29 Eine Parallele läßt sich noch in neuerer Zeit finden: 1943, im Krisenjahr des Zweiten Weltkriegs, tötete eine fürchterliche Hungersnot in Bengalen mehr Menschen, als im ganzen Krieg östlich von Suez zwischen 1941 und 1945 starben. Niemand widmete dieser Hungersnot große Aufmerksamkeit, weil es so viele andere, wichtigere Neuigkeiten gab. Bezeichnenderweise konnte auch nicht viel getan werden, um die Lage der Hungernden zu verbessern. Nicht die Nahrungsmittel waren das Problem, sondern der Mangel an Schiffen, weil die Deutschen so viele alliierte Schiffe versenkt hatten. Die Inder gaben jedoch den Briten die Schuld.

30 Politische Forderungen brauchen immer einen „wissenschaftlichen Beweis", weil man damit die Leute besser überzeugen kann als mit politischer Argumentation. David Ricardo (1772 bis 1823) und Karl Marx (1818–1883) bedienten sich derselben Nachweise, um so gut wie diametral entgegengesetzte wissenschaftliche „Beweise" für die Natur des Lohnwerts zu produzieren. Beide werden von ihren Anhängern in völlig entgegengesetztem Sinn zitiert.

31 Die unterschiedliche Zunahme von Nahrungsmitteln und Bevölkerung läßt sich am besten mit der kleinen Geschichte der zwei Kaninchen illustrieren: Im Februar eines Jahres werden zwei Kaninchen in einem mit Gras bewachsenen, umzäunten Garten von etwa einem Morgen Größe ausgesetzt. 50 Tage später leben dort 14 Kaninchen, 100 Tage später 97, 150 Tage später 682 und 200 Tage später mehr als 3300. Jetzt ist es September, und das Gras wächst gar nicht mehr gut. Doch schon lange zuvor hat es wesentlich mehr Kaninchen gegeben, als ein Morgen Grasland ernähren kann. Obwohl das Gras reagiert hat, denn es wächst besser, wenn es kurz gehalten wird, hat sich die Produktivität des einen Morgens bloß verdoppelt. Menschen vermehren sich nicht so schnell wie Kaninchen, aber immer noch schneller, als der Nahrungsmittelnachschub gesteigert werden kann.

32 Hungersnöte gibt es noch immer, Indien ist seit dem letzten Krieg diesbezüglich das große Problem, und Malthus behielt noch im Jahr 1970 recht: „Ihr bekommt nur Weizen", sagte damals ein indischer Beamter zur bengalischen Dorfbevölkerung, „wenn für jeden gelieferten Sack Weizen eine Intrauterin-Spirale eingesetzt wird": die direkte, mathematische Anwendung Malthusscher Prinzipien.

33 Diese Kehrtwendung spaltete Peels konservative Partei: Die einen folgten als „Liberalkonservative" Peel, während Disraeli seine politische Chance sah und seinen früheren Parteiführer auf schärfste kritisierte.

34 Im 18. Jahrhundert hatte noch niemand moralische und politische Fragen in einen unvermeidlichen Zusammenhang gebracht. Manchmal geschah es, manchmal nicht, manchmal war es nur eine Frage der Bequemlichkeit oder der Höflichkeit. Erst die neuen Liberalen von 1832, dann die Sozialisten und schließlich die Kommunisten nahmen für sich in Anspruch, daß die Moral auf ihrer Seite sei, während die Opposition selbstsüchtig, fortschrittsfeindlich und über alle Maßen bösartig sei. Durch das ganze viktorianische Zeitalter bis 1914 erwiesen sich solche Anmaßungen als sehr wirkungsvoll. In jüngerer Zeit wurden Anstrengungen, solche Verknüpfungen wieder ins Spiel zu bringen, ins Lächerliche gezogen.

35 Im Gegensatz zum Lohnarbeiter, der für seine Arbeitszeit entlohnt wird, wird der Stücklohn-Arbeiter Werkstück für Werkstück für die faktisch geleistete Arbeit bezahlt.

36 Man muß dabei bedenken, daß es heute dank der Effizienz moderner Maschinen absolut billiger als vor 50 Jahren ist, Erde, Steine oder Mine-

ralien zu bewegen. Tagebau muß also in jedem Fall viel billiger als Stollen-Bergbau sein. Daher kann keine europäische Bergbau-Kohle mehr auf dem Weltmarkt mithalten, weder heute noch in der Zukunft. Schiere physikalische Fakten, und nicht die Wähler an den Urnen, diktieren hier politische und ökonomische Ergebnisse.

37 „Zwischendeckpassagiere" hießen sie, weil sie auf den Schiffen im Zwischendeck, in den bescheidensten Unterbringungsmöglichkeiten, zusammengepfercht gewesen waren. Für die Überfahrt bezahlten sie nur ein Zehntel des Preises einer Überfahrt erster Klasse. Die meisten englischen Schiffe, die nach Amerika fuhren, machten in Cork Zwischenstation, um irische Emigranten aufzunehmen. Häufig setzten Iren auch nach Liverpool über, um von dort, wie viele europäische Emigranten, ihre Reise zu beginnen. Es hatte sich so etwas wie ein Verbundsystem entwickelt, an dem sich nicht nur Schiffahrtslinien zwischen, sagen wir, Hamburg und Hull, sondern auch Eisenbahngesellschaften beteiligten.

Bereits in den Anmerkungen zitierte Werke werden hier nicht noch einmal aufgeführt. *Bibliotheca Americana,* hier ebenfalls nicht verzeichnet, enthält angeblich sämtliche in den Jahren 1496 bis 1783 über ganz Amerika erschienene Literatur; Exemplare finden sich in der Library of Congress, Washington, und in der British Library, London.

Schließlich noch ein Wort zu Bibliotheken und Bibliothekaren: Fast jede Bibliothek verfügt über einen sehr nützlichen Schlagwortkatalog, und Bibliothekare verfügen über weit mehr Qualitäten als bloß ein gutes Gedächtnis. Niemals hat eine Bibliothekarin oder ein Bibliothekar, wenn darum gebeten, dem Autor nicht weiterhelfen können.

Altschul, Siri von Reis, 'Exploring the Herbarium', *Scientific American,* Mai 1977

Alvord, C. W. *The Mississippi Valley in British Politics,* Cleveland, 1917

Anderson, A., *An Historical and Chronological Deduction of the Origin of Commerce,* London, 1787–89

Anderson, Edgar, *Plants, Man and Life,* London, 1954

Anderson, S., *The Sailing Ship,* New York, 1947

Andrews, C. M., *The Colonial Period of American History,* New Haven, 1938

Anstey, Roger, *The Atlantic Slave Trade and British Abolition 1760–1810,* London, 1975

Arnold, Sir Thomas, und Alfred Guillaume, *The Legacy of Islam,* London, 1931

Atterbury, P., Hg., *The History of Porcelain,* London, 1982

Barbour, Violet, *Capitalism in Amsterdam in the 17th Century,* Ann Arbor, 1963

Bastin, J., *The British in West Sumatra 1685–1825,* Kuala Lumpur, 1965

Berlin, Isaiah, *Four Essays on Liberty,* London, 1969

Berlin, Isaiah, *Historical Inevitability,* London, 1953

Biddulph, J., *The Pirates of Malabar,* London, 1907

Bloch, Marc, *Die Feudalgesellschaft,* Berlin, 1982

Boswell, James, Hg. Augustine Birrell, *The Life of Samuel Johnson,* London, 1904

Bougainville, L. A. de, *Voyage Autour du Monde,* Paris, 1771

Boxer, C. R., *The Dutch Seaborne Empire,* London, 1965

Brougham, Henry Peter, *An Inquiry into the Colonial Policy of the European Powers,* Edinburgh, 1803; New York, 1969

Bruce, J., *Annals of the East India Company*, London, 1810

Butzer, Karl W., *Early Hydraulic Civilization in Egypt*, Chicago, 1976

*Cambridge Ecomomic History*

*Cambridge History of England*

Campbell, John, *The Spanish Empire in America, by an English Merchant*, London, 1747

Campbell, W., *Formosa under the Dutch*, London, 1903; New York, 1970

Chambers, J. D., und G. E. Murgay, *The Agricultural Revolution*, London, 1966

Champion, Richard, *Considerations on the Present Situation of Great Britain and the United States*, London, 1784

Chang, Kwang-Chih, *The Archaeology of Ancient China*, New Haven, 1978

Childe, V. Gordon, *The Dawn of European Civilization*, London, [6]1973

Clapham, Sir John, *An Economic History of Modern Britain*, Cambridge, 1926–38

Clapham, Sir John, *The Ecomonic Development of France and Germany 1815–1914*, Cambridge, [4]1966

Clark, Colin, *Population Growth and Land Use*, London, 1967

Cook, James, Hg. J. C. Beaglehole, *Journals*, Cambridge, 1966

Crane, Eva, *The Archaeology of Beekeeping*, London, 1983

Curtin, Philip D., *The Atlantic Slave Trade*, Madison, 1969

Dalrymple, A., *An Historical Collection of the Several Voyages and Discoveries in the South Pacific Ocean*, London, 1770–71; New York, 1967

Dampier, William, *A New Voyage Round the World*, London, 1697; New York, 1968

Davis, David Brion, *The Problem of Slavery in Western Culture*, Ithaca, 1966

Davis, Ralph, *The Rise of the English Shipping Industry in the Seventeenth and Eighteenth Centuries*, London, 1962; New York, 1963

Deane, Phyllis, und W. A. Cole, *British Economic Growth 1688–1959*, Cambridge, 1967

Deerr, N., *The History of Sugar*, Oxford, 1950

Dodge, Ernest S., *New England and the South Seas*, Cambridge, Mass., 1965

Drummond, J. C., *The Englishman's Food*, London, 1957

Ernle, Lord (Rowland Prothero), *English Farming, Past and Present*, London, [4]1927

Fisher, H. A. L., *A History of Europe*, London, 1936

Franklin, Benjamin, Hg. A. M. Smyth, *Writings*, New York, 1907

Freyre, Gilberto, *Herrenhaus und Sklavenhütte*, Stuttgart, 1982

Galbraith, V. H., *Domesday Book – Its Place in Administrative History*, Oxford, 1974

Gibbon, Edward, *The History of the Decline and Fall of the Roman Empire*, London, 1969

Gipson, L. H., *The British Empire before the American Revolution*, Bd. X, *The Triumphant Empire; Thunder-clouds Gather in the West, 1763–1768*, New York, 1961

Gray, L. C., *The History of Agriculture in the Southern States to 1860*, Washington, 1933

Greenberg, M., *British Trade and the Opening of China*, Cambridge, 1951

Harler, *The Culture and Marketing of Tea*, Oxford, 1955

Harlow, V. T., *The Founding of the Second British Empire*, London und New York, 1952 und 1964

Harrison, Gordon, *Mosquitoes, Malaria and War. A History of the Hostilities since 1880*, New York, 1978

*Harvard Bibliography of American History*

Hawkesworth, J., *Voyages in the Southern Hemisphere*, London, 1773

*Historical Statistics of the US*, Washington, 1960

Hobsbawm, Eric J., *Industrie und Empire*, Frankfurt am Main, 1975

Hourani, G. F., *Arab Seafaring in the Indian Ocean in Ancient and Early Medieval Times*, Princeton, 1951

Howard, Michael, 'Power at Sea', *Adelphi Papers*, Nr. 124, London, 1976

Howard, Michael, *War in European History*, Oxford, 1975

Huntington, Ellsworth, *Civilisation and Climate*, New Haven, 1924

Jenks, Leland, *Our Cuban Colony: A Study in Sugar*, New York, 1928

Klerck, E. S. de, *History of the Netherlands East Indies*, Rotterdam, 1938

Labaree, L. W., *Royal Government in America: A Study of the British Colonial System before 1783*, New Haven, 1930

Ligon, R., *A True and Exact History of the Island of Barbados*, London, 1657; New York, 1970

Loomis, Robert S., 'Agricultural Systems', *Scientific American*, September 1976

Lynch, John, *The Spanish American Revolutions*, London, 1973

Marwick, Arthur, *Britain in the Century of Total War*, London, 1968

Medawar, P. B., *The Hope of Progress*, London, 1974

Milburn, W., *Oriental Commerce; containing a geographical description of the principal places in the East Indies … with their Produce, Manufactures and Trade …*, London, 1813

Mitchell, B. R., *European Historical Statistics 1750–1970*, London, 1975

Mitchell, B. R., und Phyllis Deane, *Abstract of British Historical Statistics*, Cambridge, 1962

Morison, Samuel Eliot, *Christopher Columbus, Mariner*, London, 1956

Morse, H. B., *The Chronicles of the East India Company Trading in China, 1635–1834*, Oxford, 1926; New York, 1965

Namier, Sir Lewis, *Crossroads of Power*, London, 1962

Nicolson, Harold, *The Congress of Vienna*, London, 1946

Norwood, Richard, *The Seaman's practice, containing a fundamental Problem in Navigation, experimentally verified, viz: touching the Compass of the Earth and Sea, and the Quantity of a Degree in our English*

*Measure, also to keep a reckoning at Sea for all Sailing, etc. etc.*, London, 1637

Oman, Sir C., *A History of the Art of War in the Middle Ages*, London, 1924

Origo, Iris, *Im Namen Gottes und des Geschäfts. Lebensbilder eines toskanischen Kaufmanns der Frührenaissance*. München, 1986

Orwin, C. S., *The Open Fields*, Oxford, 1967

*Oxford History of Technology*

Parry, J. H., *The Age of Reconnaissance*, London, 1963

Parry, J. H., *The Spanish Seaborne Empire*, London, 1966

Parry, J. H., *Trade and Dominion*, London, 1971

Philips, C. H., *The East India Company 1784–1834*, Manchester, 1940

Platon, *Der Staat*, (div. Ausg.)

Plumb, J. H., *Man versus Society in Eighteenth Century England*, London, 1969

Pole, J. R., *Political Representation in England and the Origins of the American Republic*, London, 1966

Price, A. Grenfell, *The Western Invasion of the Pacific and Its Continents*, Oxford, 1963

Read, Herbert, *Anarchy and Order: Essays in Politics*, London, 1954

Rostow, Walt, Hg., *The Economics of 'Take Off' into Self-sustained Growth*, Washington, 1963

Rousseau, Jean-Jacques, „Abhandlung über den Ursprung und die Grundlagen der Ungleichheit unter den Menschen", in: *Sozialphilosophische und Politische Schriften*, München und Zürich, 1980

Russell, E. John, *The World of the Soil*, London, 1961

Sadler, D. H., *Man Is not Lost: a Record of 200 Years of Astronomical Navigation with the Nautical Almanac, 1767–1967*, London, 1968

Salaman, R., *The History and Social Influence of the Potato*, Cambridge, 1949

Sauvy, Alfred, *General Theory of Population*, London, 1969

Sawyer, P. H., *The Age of Vikings*, London, 1962

Steel, David, *Elements and Practice of Rigging and Seamanship*, London, 1794

Steel, David, *Elements and Practice of Naval Architecture*, London, 1805

Tacitus, *Historien*, (div. Ausg.)

Tawney, R. H., *Religion and the Rise of Capitalism*, London, 1969

Tench-Cox, *A View of the United States of America*, Philadelphia, 1794

Thomas, Hugh, *Cuba or the Pursuit of Freedom*, London, 1971

Thomas, Hugh, *Geschichte der Welt*, Stuttgart, 1984

Thompson, E. A., *The Early Germans*, Oxford, 1965

Thompson, Edward P., *Die Entstehung der Englischen Arbeiterklasse*, Frankfurt am Main, i. Vb.

Trevelyan, G. M., *English Social History*, London, 1942

Tucker, Josiah, *The True Interest of Britain, set Forth in Regard to the Colonies: and the Only Means of Living in Peace and Harmony with them,* London, 1774

Wadia, R. A., *The Bombay Dockyard and the Wadia Master-builders,* Bombay, 1957

Walpole, Horace, *Memoirs of the Reign of King George the Third,* London, 1845

Weber, Max, *Die protestantische Ethik,* Gütersloh, 1984

Washington, George, Hg. John C. Fitzpatrick, *Writings,* Washington, 1931–44

Williams, E. T., *A Short History of China,* New York, 1928

Williams, Glyndwr, *The British Search for the Northwest Passage in the Eighteenth Century,* London, 1962; New York, 1967

# Register